4차 산업혁명과 인공지능 시대의

교 육 과 정

박 휴 용

창지사

본 저서는 대한민국 교육부와 한국연구재단의 연구비 지원을 받아 수행된 연구임
(NRF-2021S1A3A2A01090926)

서문

4차 산업혁명으로 인한 급격한 사회 변화와 인공지능의 급속한 발전은 우리의 생활, 노동, 그리고 교육의 방향에 대한 본질적인 질문을 던지고 있다. 이 책, 『4차 산업혁명과 인공지능의 시대의 교육과정』은 이러한 시대적 맥락에서 우리나라 교육과정이 어떻게 변화해왔는지, 그리고 어떻게 변화해야 할 것인지를 탐구하고자 하였다. 이를 위해 본 저서는 3부에 '포스트휴먼 교육과정'을 추가하여, 포스트휴먼 시대에 맞게 학교교육과정의 이론과 실제가 어떻게 변해야 할지에 대해 소개하고자 하였다.

본 저서는 저자의 초판본 『교육과정(2012)』의 개정판으로서, 1부와 2부는 일반적인 『교육과정』 교재의 주요 내용들에서 크게 벗어나지 않는다. 1부 '교육과정의 이론적 기초'에서는 1. 교육과정의 기본 개념과 교육과정의 철학적 배경, 2. 교육과정의 주요 이론들, 그리고 3. 교육과정의 시대적 변천에 대해 다루었고, 2부 '교육과정의 구조와 실천'에서는 4. 교육과정의 유형, 5. 교육과정의 구성, 6. 교육과정의 개발과 실천과 관련한 내용을 다루고 있다. 이 내용들은 기존의 교육과정 저서들 중에서 교육학도를 포함한 사범대생들이 교육과정 과목에 대한 전반적인 이해를 돕기 위한 아주 기본적이면서도 핵심적인 내용을 정리한 것이다.

그리고 본 개정판에서 새롭게 추가된 3부 '포스트휴먼 교육과정'에서는 7. 포스트휴먼 교육과정 지식론, 8. 포스트휴먼 교육과정의 기본 원리, 그리고 9. 인공지능 시대의 교육의 미래에 대해 다루었다. 이 3부는 기존이 교육과정 이론들이 전통적인 교육철학, 학교교육의 성격 및 역할, 인본주의적 학습이론 등을 바탕으로 작성되었던 것과는 다르게, 포스트휴머니즘이라는 철학적 기반과 세계관을 바탕으로 미래 학교의 성격과 운영에 필요한 요소들을 소개하기 위한 목적으로 작성되었다. 즉, 기존의 인본주의적 교육과정 이론을 대신한 포스트휴먼 교육과정 지식론, 인본주의적 교육과정 원리를 대신한 포스트휴먼 교육과정의 기본원리, 그리고 오늘날과 같이 인공지능이 일상화되어가고 있는 상황에서 교육과 학교의 미래가 어떻게 변해갈 것인가에 주목하여 작성하였다. 인공지능의 기술적 요소와 도구들이 교육과 학습 환경에 통합되기 시작하면, 미래의 학생들은 어떤 새로운 학습 방식과 소통 방식을 통해 학습을 하게 될지에 대한 전망을 소개하였다.

본서를 통해 사범대생, 현직 교사, 교육관련 연구들, 그리고 학교 관계자들이 오늘날의 사회적 흐름과 교육적 변화를 더 깊이 이해하고, 더 선제적으로 대응하는데 도움이 되기를 기대해본다. 4차 산업혁명과 인공지능 시대에 우리 교육과정이 겪고 있는 도전과 기회에 대한 본서의 통찰력 있는 분석과 제안이 독자 여러분의 생각과 행동에 새로운 관점을 부여하는 데 기여하기를 희망한다.

2023년 5월 31일

진수당 연구실에서

차례

제1부

교육과정의 이론적 기초

CHAPTER

1 교육과정의 기본 개념 (What is Curriculum?)

교육과정이란 어린이들이나 청소년들이 행동하고 경험해야할 일들을 나열해놓은 것인데, 그 경험들을 잘 해내는 능력을 개발함으로 인해 성인이 되어서의 생활, 혹은 성인으로써 해야만 하는 일들을 준비하게 하는 것이다(Bobbit, 1918, p. 11).

1. 교육과정의 개념

1) '교육과정' 용어의 기원

우리말 교육과정은 한자로는 '敎育課程'으로 표기된다. 이를 직역하면 '敎育(가르칠 교, 기를 육)'은 '가르치고 기르는 활동'으로 풀이되고 '課程'(매길 과, 단위 정)은 '단위를 매기다'라고 풀이되므로, 교육과정은 한마디로 요약하면 "가르치고 기르는 일에 있어서의 적절한 단위를 부여한다"는 의미가 될 것이다. 여기에서 단위를 부여한다는 것은 크게 세 가지 측면에서 이해할 수 있다. 첫째는 교육내용을 선정하는 것(selection), 둘째는 분류하고 체계화하는 것(organization), 셋째는 가르치는 계획을 짜는 것(planning)이다. 즉 교육과정을 실천한다는 것은 어떤 내용을 가르치고 배워야 하는지를 선정하는 문제와 그 내용을 조직하고 체계화시키는 문제, 그리고 조직화된 내용을 어떻게 효과적으로 가르칠 것인가에 대한 계획을 수립하는 문제를 모두 포함하는 것이다.

한편, 교육과정을 영어로는 curriculum(pl. curricula)이라고 하는데, 이는 라틴어의 currere('a running', 'a race', 'a course')에 어원을 둔 것으로 '행위와 경험의 과정' 혹은 '학습의 경로'를 의미한다. 고대 그리스의 사상가였던 키케로(Cicero)는 "자연이 인간의 삶을 유한한 공간에 가두어 두었지만, 그 안에서의 인간의 가능성은 무한하다(Nature has confined out lives within a short space, but that for our glory is infinite.)."라고 강조함으로써, 인간이 경험하게 될 유한하지만 무한한 가능성을 지닌 경로라는 의미로 curere를 사용하였다. 이는 곧 좁은 의미에서는 학습(이수)과정을 의미하는 것이고, 보다 넓은 의미에서는 '목표를 향해 나아가는 과정에서의 경험의 총체'를 의미한다고 볼 수 있다. 오늘날에는 교육과정(커리큘럼)의 개념이 일반적으로 쓰이면서 특정의 목표를 달성하기 위해 고안된 학습 프로그램(과정)을 가리키는 용어로 널리 활용되고 있다.

교육과정을 보다 잘 이해하기 위해 크레민(Cremin, 1976)이 제시한 교육과정의 세 가지 성격을 눈여겨볼 필요가 있다. Cremin은 교육과정은 응집(coherence: 관련 학습내용을 적절하게 선정하여 응집시켜 놓음), 순차(sequence: 학습내용들을 체계적 순서에 따라 기술함), 연계(articulation: 내용들의 전후가 상호 간에 논리적으로 이어져 있음)의 성격을 갖추어야 한다고 강조한 바 있다. 이는 교육과정에 있어서의 내용조직의 원리를 강조한 것으로, 교육과정상 가르치고자 하는 내용을 적절히 선정하고, 체계적으로 나열하며, 각각의 내용들이 전후 상호 간에 논리적 연계성을 띠어야 한다는 뜻이다.

2) 교육과정의 개념의 변천

(1) 내용으로서의 교육과정

교육과정에 대한 초기의 관심은 학생들에게 가르칠 교육의 내용의 선정에 관한 것이었다. 즉, 교육과정이 어떤 내용을 담고 있어야 하는가(What should the curriculum contain?)와 그러한 내용들을 최상으로 조직하는 방법은 무엇인가

(What is the best way to organize these contents?)가 가장 큰 관심사였다. 1643년 영국의 글래스고대학(Univ. of Glasgow) 대학의 한 문서에서 "5년간의 커리큘럼"이라는 표현이 발견됨으로써, 이 시기 대학에서는 일정기간동안 학생들이 졸업을 위해 필수적으로 이수해야 할 교육내용을 가리키는 차원에서 교육과정의 개념이 사용되었음을 알 수 있다. 이 시기의 교육과정의 내용(content)으로 인식되었던 과목들은 인간의 정신능력을 훈련하기 위해서 필요한 내용(What content should be used to exercise the Mind?)으로 여겨졌고, 따라서 그러한 내용의 선정이나 조직이 교육과정에 있어서 가장 중요한 요소로 받아들여졌다.

(2) 방법으로서의 교육과정

방법론의 문제(어떻게 가르칠 것인가?: How things should be taught?)가 교육과정의 핵심사안으로 떠오르게 된 것은 18세기에 들어서면서부터였다. 방법론이 중요하게 등장하게 된 배경으로는 18세기 프랑스 및 러시아 등지에 청각장애아 학교가 설립되기 시작하면서부터였다. 또한 그즈음 의사였던 J.G. Itard가 숲속에 버려진 채 늑대에 의해 길러졌다가 우연히 발견된 Aveyron의 늑대소년의 교육을 시도하게 되었고, 그의 제자 중 한 사람이었던 E. Saguin이 J.G. Itard의 교육적 시도를 체계화하여 정신적 장애(mentally handicapped)를 가진 사람들을 위한 교육론을 정리하게 된 것이 교육에 있어서 방법론에 관심을 갖기 시작한 계기가 되었던 것이다. 이후 이탈리아의 교육학자 M. Montessori는 그 당시에 시도되었던 정신지체아를 위한 교육방법론을 정상아를 위한 교육원리로 응용하여 몬테소리방법론으로 이론화하기 시작하였고, 이어 19세기 들어 J. Rousseau등의 (낭만적) 자연주의 교육사상가 – "Man is born free, but is everywhere in chains."라고 주장한 루소는 인간에 대한 가능성, 선함을 긍정하고 인간이 선한 모습을 보이지 못하는 것은 사회적 굴레, 제약, 영향 때문이라고 주장하였다. 따라서 교육은 그러한 굴레를 벗게 도와주는 것이며, 인간은 본래 선한 존재이므로, 교육에 있어서 내용(무엇을 배울까?)이 중요한 것이 아니라 방법(어떻게 본성을 살릴까?)이 더욱 중요하다고 강조하게 된다. – 에 의해 인간의 선한 본성과 가능성을 일깨워 줄 수 있는 수단으로서의 교육방법에 관심을 갖게 된 것이다.

(3) 목적으로서의 교육과정

20세기 들어서 미국의 대표적 교육사상가였던 듀이(J. Dewey) *Democracy and Education*가 몬테소리의 교육방법론을 지나치게 엄격한 학습법을 적용하고, 아동이 스스로의 경험을 통해 학습할 수 있는 능력을 무시하고 있다고 비판하면서 교육에 있어서 방법론에 대한 관심을 학습자의 개인에 대한 관심으로 전환하면서, 교육(과정)의 진정한 목적이 무엇인지를 고민하게 된다. 즉, 19세기를 거치면서 급격한 세계사의 변화과정(예 20세기 들어 두 차례의 세계대전, 식민주의적 세계사의 종식, 개별국가 내부에서의 신분사회의 종식, 다민족국가의 번성 등) 속에서 미래세계에 대한 단순한 낙관론이 붕괴되고, 사회구성체에 관한 이념적 논쟁의 부활하면서, 과연 그러한 복잡다단한 사회정치적 현실 속에서 교육(학교)의 진정한 역할은 무엇인가 하는 사회적 담론이 형성되게 되었다. 다시 말해서, 지금까지의 교육과정의 관심사였던 내용론(What: 무엇을 가르칠 것인가?)보다는 목적론(What for: 교육의 진정한 목적은 무엇인가?)이 교육과정의 주된 논제로 떠오른 것이다.

그로 인해 교육에 있어서 개인차의 중요성을 인식하기 시작했고, 교육과정의 내용이나 방법보다는 개별적 학생의 필요와 흥미를 토대로 교육과정 내용을 선정 및 구성하려는 다양한 접근이 시도되기 시작한 것이다.

3) 교육과정에 대한 정의들(Definitions)

교육과정은 학자들에 따라 여러 가지 방식으로 정의되어 왔는데, 이러한 정의들을 그 성격에 따라 크게 처방적(prescriptive) 혹은 규범적(normative) 접근과 기술적(descriptive) 접근으로 구분할 수 있다(최호성, 2008).

(1) 처방적(處方的: Prescriptive)/규범적(規範的: Normative) 접근

처방적 접근이란 의사가 자신의 전문지식과 경험에 의해 환자의 병의 원인에 대해 진단하고 치료방법을 처방해 주는 것처럼, 교육과정에 있어서 처방적 접근은 학교교육의 목적, 내용선정, 교수 및 평가방법 등을 전문가들의 관점과 권위에 의거 일방적으로 제시하는 것을 의미한다. 규범적 접근이란, 처방적 접근과 마찬가지로, 교육이 나아가야 할 방향에 대해 규범화(사회적으로 규정된 옳고 그름의 판단기준)하여 이를 학교교육의 교육과정을 통해 성취하려고 하는 접근방법을 의미한다. 이 두 가지 접근의 공통된 특징은 학교교육에 대한 전통적, 관념적, 이상적 견해에 토대하고 있다는 것이다.

처방적/규범적 교육과정의 정의들의 예는 다음과 같다.

- 교육과정은 문법규칙, 읽기, 수사학, 논리학, 수학, 서구사회의 고전 등과 같은 비교적 항구적 성격의 교과들로 구성된다(Hutchins, 1936).
- 교육과정은 학교가 교육목표를 달성하기 위하여 계획하고 지도한 일체의 학습경험을 가리킨다(Tyler, 1957).
- 교육과정이란 특정 학교에 다니고 있는 학생집단을 겨냥하여 설정한 포괄적인 목표나 그에 관련된 구체적인 목표를 달성하기 위하여 적절한 학습경험을 제공하려는 학교의 계획을 말한다(Johnson, 1968).
- 교육과정은 교육받을 사람들에게 일련의 학습기회를 마련해 줄 목적으로 작성된 계획을 말한다(Saylor, Alexander, & Lewis, 1981).
- 교육과정은 발달과정을 통해 학생의 경험을 정점에 달할 수 있도록 활성화하는 일련의 바람직한 목표 혹은 가치체계를 말한다(Wiles & Bondi, 2006).

(2) 기술적(記述的: Descriptive) 접근

기술적 접근이란 '있는 그대로 기술(記述)한다'라는 의미로 교육과정에 대한 이해를 시도함에 있어 학교에서 이루어지는 교육현상을 가능한 한 있는 그대로 이해하고, 설명하려고 하는 입장이다. 즉, 앞서 처방적·규범적 접근으로는 현실적 교육의 문제를 드러내는 교육의 실체를 이해할 수 없다는 입장인 것이다. 이러한 기술적 접근을 바탕으로 한 교육과정에 대한 정의의 예들은 다음과 같다.

- 교사의 지도아래 아동들이 갖게 되는 모든 경험을 교육과정이라 한다(Caswell & Campbell, 1935).
- 폐쇄적인 사회에서는 엘리트의 가치가 대중들에게 강요된다. 교육이 자유의 연습이요 체험이라 한다면, 우리는 마치 학생들을 사물처럼 인식하여 그들에게 지식을 전수하고 연계하는 활동으로서 교육을 인식해서는 안 될 것이다(Freire, 1970).
- 교육과정은 각 개인 학습자가 자신이나 자신의 교육 프로그램에 대해 가지는 실제 경험의 집합 혹은 그 경험에 대한 인식(지각)을 가리킨다(Hass, 1987).
- 교육과정은 감각으로 만질 수 있는 산물이 아니다. 오히려 학생, 교사, 지식 및 환경이 매일같이 역동적으로 상호작용하는 그 자체이다(Cornbleth, 1990).
- 교사와 학생의 관계는 물론이고 교육질서에 대한 새로운 관점이 형성되면서 교육과정의 개념도 달라지고 있다. 오늘날까지 교육을 지배하고 있는 직선적, 계열적, 그리고 쉽게 계량화할 수 있는 순서체계의 접근방식은 보다 복잡하고 다원적이며 예측하기 어려운 체계 혹은 네트워크 관점으로 옮아가고 있다(Doll, 1993).

(3) 교육과정에 대한 종합적 정의

Marsh & Willis(2007)는 교육과정의 정의를 다음과 같은 8가지 대표적 범주로 나누어 보았다.

- 교육과정은 문법, 읽기, 논리, 수사, 수학, 고전 등 본질적인 지식을 가장 잘 구체화하고 있는 영속적 성격의 교과목들을 가리킨다.
- 교육과정은 현재 사회를 영위하는데 가장 유용한 교과들을 가리키는데, 이러한 교과들은 대부분이 현대사회의 문제점이나 쟁점들로 구성된다. 또한 학생 개개인이 가장 유용하다고 생각하는 교과를 선택할 수도 있다.
- 교육과정은 학교가 책임지고 계획한 모든 학습 성과를 가리킨다. 여기서 계획된 학습 성과란 내용이나 의도한 학습 성과의 목록을 구체적으로 진술한 문서 혹은 학생들이 필히 학습해야 할 사항에 내용에 관한 교사들의 의견의 종합체를 가리킨다.
- 교육과정은 학교의 지도 아래 학습자들이 겪게 되는 모든 경험인데, 학생들이 학교에서의 다양한 활동을 통해서 겪는 의미의 총합이다. 여기에는 미리 계획하지 않았어도 학교생활을 통해서 학습하게 되는 잠재적 교육과정도 포함된다.
- 교육과정은 학생들로 하여금 다양한 학습사태 속에서 일반적인 기능과 지식을 획득할 수 있게끔 그들에게 제공된 학습경험의 총체를 가리킨다. 학교에 국한되지 않은 기능과 지식의 학습을 강조한다.
- 교육과정은 학생들이 컴퓨터나 인터넷 등의 도구를 통하여 정보를 탐색하고 지식을 구성해가는 자신만의 의미탐색 및 타인과의 의사소통 과정을 의미한다.
- 교육과정은 기존 지식이나 권위에 대해 회의를 품고 동시에 인간의 삶과 현대사회에 대한 복합적인 이해를 모색하는 것이다.
- 교육과정은 삶의 과정에서 학습자가 갖는 일체의 경험을 가리킨다.

2. 교육과정의 성격과 개발원리

1) 교육과정의 성격

교육과정은 기본적으로 다음과 같은 성격을 띠고 있다.

- 포괄성: 교육과정에 포함된 교육내용은 관련 내용을 포괄적으로 담고 있어야 한다.
- 수단성: 교육과정은 교육목적/목표를 달성하기 위한 수단으로 고안된 것이다.
- 사회성: 교육과정의 내용은 사회적 요구나 필요를 충족시킬 수 있어야 한다.
- 개인차: 교육과정은 다양한 학생들의 개인적 필요나, 욕구, 자질 등의 차이를 고려한 내용을 바탕으로 이루어져야 한다.
- 창발(創發)성: 교육과정은 학습을 통해 학생들의 창의성을 고양시킬 수 있는 촉진제역할을 해야 한다.
- 과학성: 교육과정은 기본적으로 학습자에 대한 과학적 이해를 바탕에 두어야 한다.
- 다양성: 교육과정은 학교/학급별 다양한 사례에 적용될 수 있도록 융통성을 띠어야 한다.

2) 교육과정 개발의 기본원리

이성호(2009, pp. 26-29)는 교육과정 개발에 다음과 같은 사항들을 고려해야 함을 강조하고 있다.

- 교육과정 개발은 교육을 둘러싸고 있는 그 시대와 사회의 변화를 이끌고, 반영하고, 또 그 시대와 사회변화의 산물로서 나타나는 필수 불가결한 절차이다.

- 교육과정 개발은 그 일에 참여하는 많은 사람들 간의 협동적인 의사결정 과정이다.
- 교육과정 개발은 교육에 필요한 모든 가용자원을 총괄적으로 활용하여 계획하고, 실시하고, 평가하는 체제적이고 종합적인 과정이다.
- 교육과정 개발은 부단히 계속되는 점진적 개혁 과정이다.
- 교육과정 개발은 그 일에 참여하는 사람은 물론 교육에 관계하는 모든 사람들의 개발을 통해서 이루어진다.

3) 교육과정의 조직원리

교육과정의 실천범위는 사회 속의 학교, 학교 속의 교실인데, 사회가 학교교육에 기대하는 목적(aims)은 학교교육에서보다 구체적 교육목표(goals)로 구현되고, 다시 이 구체적 교육목표를 달성하기 위한 수업목표(objectives)로 구성된다. 이러한 위계적 목표들은 수업(lesson)을 통해 실천되고 그 효과적 실천여부가 평가(evaluation) 절차에 의해 확인되는데, 이러한 일련의 과정은 논리적 일관성(logical consistency)을 띠어야 한다. 즉, 학교교육의 목표와 학교에서 실질적으로

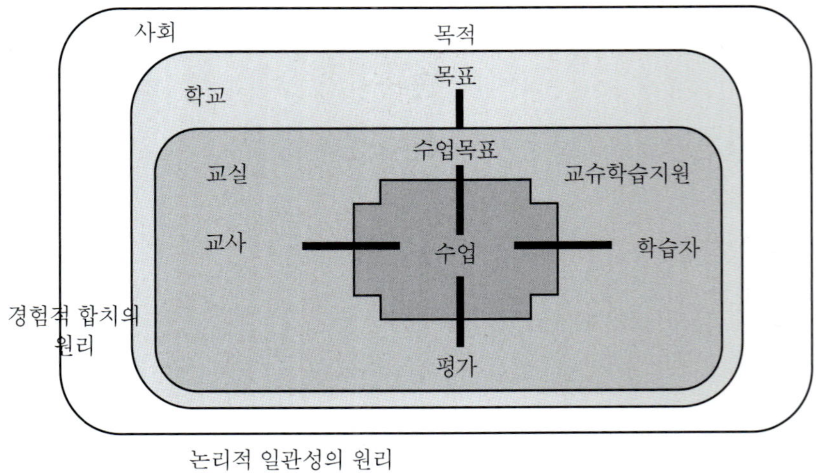

[그림1-1] 교육과정의 조직

이루어진 수업내용, 그리고 그 결과에 대한 평가 사이에는 논리적인 관련성이 있어야 한다는 것이다.

동시에, 교사와 학생들이 수업에 필요한 교재, 교구, 참고자료 등과 같은 다양한 도구적 지원(instrumental support)을 활용하여 실제 가르침(lesson)을 공유하는 경험적 합치(empirical concurrence)의 과정이 이루어져야 한다. 즉, 경험적 합치는 실제 수업현장에서 교사, 학생, 교재가 서로 한데 어우러져 밀도 있는 교육경험이 일어날 수 있어야 한다는 것이다.

3. 교육과정의 유형과 구성요소

1) 교육과정의 유형(type)

많은 학자들이 교육과정의 성격 및 적용되는 상황에 비추어 여러 가지 유형을 구분하여 설명한 바 있는데, 각각의 학자들이 구분한 교육과정의 유형들을 상호 비교하여 정리하면 다음 표와 같다.

〈표 1-1〉 교육과정의 유형 비교표

Goodlad (1984)	Cuban (1993)	Eisner (1994) *영(Null)교육과정	Glatthorn, Boschee, & Whitehead (2006)
이상적(Ideal) 교육과정	–		추천된(Recommended)
공식적(Official) "	공식(Official)	외현적 교육과정	문서화된 (Document)
지각된(Perceived) "	–	–	지원된(Supported)
적용된(Applied) "	가르쳐진(Taught)	–	전달된(Delivered)
경험된(Experienced) "	학습된(Learned)	잠재적(Hidden)	학습된 (Learned)
–	검사된(Tested)		평가기준 교육과정

위 표에서 보이듯이, 학자들마다 교육과정의 유형을 서로 다르게 구분하고 있지만, 그 내용을 들여다보면 서로 유사한 개념에 대해 학자들마다 서로 다른

명칭을 붙이고 있음을 알 수 있다. 따라서, 위 표는 각 학자들의 교육과정 유형구분을 각각 유사한 유형들과 비교하여 정리하였다. 예를 들면, 굿라드(Goodlad, 1984)의 '공식적 교육과정'은 다른 학자들의 '공식' 쿠반(Cuban), '외현적' 아이즈너(Eisner), '문서화된' 글래쏜(Glatthorn et. al.) 교육과정과 비슷한 개념으로 생각할 수 있다. 또한 Glatthorn, Boschee, & Whitehead(2006)은 추천된, 문서화된, 지원된, 전달된, 학습한, 평가기준 교육과정의 여섯 가지 유형을 제시하기도 했다. 여기서 지원된(supported) 교육과정이란 교육과정 운영에 필요한 자원(resource)을 배당시간, 교수시간, 교직원 수, 학습 자료량 등의 차원에서 어떻게 할당할 것인가를 규정하는 것을 의미한다. 따라서 교육과정의 편성을 이러한 자원들을 적절히 할당하여 교육과정을 지원하는 활동으로 이해하는 것이다. 요컨대, 학자들은 교육과정을 이상적인 모델로서의 교육과정, 정부나 학교기관에 의해 공식적으로 인정되고 공표된 교육과정, 교사나 행정가에 의해 인식된 혹은 지각된 교육과정, 실제로 수업에서 적용된 혹은 가르쳐진 교육과정, 학생들이 실제로 경험한 교육과정, 그리고 마지막으로 평가에 의해 확인된 교육과정으로 나누고 있음을 알 수 있다.

2) 교육과정의 구성요소

(1) 교육과정 구성요소

교육과정의 구성요소는 크게 ① 교육목표, ② 교육내용, ③ 교수-학습환경, 그리고 ④ 교육평가의 네 가지로 구분할 수 있다. 위의 교육과정 유형과 마찬가지로 많은 학자들이 교육과정의 구성요소에 대해 논의하였는 바, 그 논의들 속에 나타난 교육과정 구성요소에 대한 의견들을 상호 비교하여 표로 제시하면 다음과 같다.

〈표 1-2〉 교육과정 구성요소에 대한 학자들 의견 비교표

Tyler (1949)	Giles at al. (1942)	Fitzgerald (1955)	Taba (1962)	Glaser (1967)	정범모 (1956)	이영덕 (1981)	김호권 (1994)	종 합
목표	교육목표	철학	목적/ 목표	교수목표	목표설정	목표	목표 상세화	목표
학습경험 선정/ 조직	교과	교과과정	내용	출발점 행동	경험선정/ 조직	내용선정/ 조직	학습경험 선정/ 조직	내용선정/ 조직
	방법/ 조직	배열/ 방법	학습 경험	교수절차	학습지도	학습경험 과정	수업설계/ 실천	교수-학습 경험 /실천
평가	평가	측정/ 진단/ 교정	평가	성취도 평가	평가	평가	학습평가	평가

Tyler가 교육과정을 목표, 학습경험의 선정, 학습경험의 조직, 그리고 평가로 구성된다고 주장했으나, 이후의 학자들은 학습경험의 선정과 조직을 하나의 과정으로 보고, 이를 바탕으로 한 실제적 학습경험을 보다 중요한 요소로 보아 별도의 단계로 강조하는 경향을 띠고 있다. 한편, Fitzgerald(1955) 같은 학자는 '평가'과정을 더욱 중요시하여 이를 세분화하는가 하면, 김호권처럼 수업설계와 실천을 별도의 과정으로 이해한 학자도 있다. 하지만, 여러 학자들의 주장을 종합해 볼 때, 교육과정의 주된 구성요소는 목표, 내용선정 및 조직, 교수학습 실천, 그리고 평가라고 볼 수 있다.

(2) 교육과정 구성의 원리

일반적으로 다음과 같은 교육과정 구성의 원리들이 제시되고 있다.

- 최소 필요량의 원리: 교육과정의 내용이 어느 정도의 깊이와 넓이를 가지고 있으며, 최소한 그 내용으로서 어떤 것을 포함하고 있느냐의 문제다.
- 지역성의 원리: 교육과정을 운영하는 교육기관은 그 교육기관이 속한 사회 및 지역공동체의 사회적 맥락 속에 위치해 있으므로, 그 지역 및 사회의

역사적, 사회적, 문화적 특성을 반영하여야 하고, 마찬가지로 그 학교의 교육과정을 이수한 학생들은 장차 그 지역에 의미 있는 역할을 할 수 있는 인적자원이 되어야 한다.

- 시대성의 원리: 교육과정은 그 내용이나 운영에 있어서 해당 시대의 지배적인 시대정신(zeitgeist) 및 시대의지에서 많은 영향을 받을 수밖에 없음을 인식해야 한다.
- 사회와 개인의 융화: 학생들은 교육과정을 통해서 사회화됨과 동시에 개인적인 특성이 성장, 발달해 가므로 사회화와 개별화는 학습 및 성장 과정의 상호보완적 국면들이다.
- 계속 발전성의 원리: 교육과정의 내용은 계열적으로 일관성을 가지고 지속되어야 하고, 교육과정의 시행을 통해 개선, 발전해 나가면서 계속적으로 심화, 확대될 수 있도록 구성되어야 한다.

교육과정을 개발하거나 구성함에 있어서 위의 다섯 가지의 원리를 고려하여 내용의 적정성, 지역적·사회적·시대적 현실의 반영, 개인의 필요와 사회적 요구의 조화, 끊임없는 재점검 및 보완의 문제 등을 감안하여야 한다는 것이다.

4. 교육과정의 철학적 기초

1) 3대 교육사상

형이상학, 인식론, 가치론, 논리학과 관련된 질문은 관념론, 실재론, 실용주의, 실존주의 등 다양한 철학 사조를 만들어 냈다. 사물의 본질적 실체는 정신 혹은 영혼이라고 보는 입장(관념론), 혹은 실체를 물질 또는 객관적으로 파악될 수 있다고 보는 입장(실재론) 등이 있으며, 한편으론 본질은 따로 있는 것이 아니라, 계속되는 변화와 발전 그 자체라고 보는 입장(실용주의) 등이 있다.

(1) 관념론 (이상주의: Idealism)

궁극적인 실재는 인간의 감각을 통하여 직접적으로 알 수 없고 오로지 정신을 통해서만 알 수 있다고 보는 사조로 도덕과 정신적 실재를 강조한다. 이상주의의 교육원리는 인간성 안에 깃든 가장 좋은 것, 그 사회가 지니고 있는 가장 소중한 것, 교육이 진행해야 할 가 장 아름다운 것을 교육에 적극적으로 반영시켜야 한다는 것이다. 안다는 것은 마음에 이미 나타난 잠재된 관념을 재음미하는 것으로 교사는 잠재된 지식을 의식의 세계로 이끌어내는 역할을 한다고 본다.

① 교육적 의의

- 현실을 초월한 가치를 지향함으로써 자연주의의 한계를 극복하려 하였다.
- 유일의 궁극적 실재를 찾아가는 과정에서 회의주의와 상대주의를 극복했다.
- 인간의 자력에 의한 노력을 중시하여 결정론을 배격했다.
- 완전한 것, 절대적으로 가치가 있는 것은 현실로는 존재하지 않더라도, 그러한 바람직한 방향을 지향하는 노력을 통해서 유물론(唯物論)과 공리주의 극복에 기여하였다.

② 한계점

- 너무 유토피아적이며, 현실의 세계에 회의적이다.
- 사회현실과 단절된 채 이상을 추구하기 쉽다.
- 이상주의적 철인(哲人)에 의해 교육이 주도되므로 지나치게 권위적이며 일방적인 교육이 되기 쉽다.

(2) 실재론(사실주의: Realism)

불변의 법칙과 진리가 존재한다고 믿는 점은 관념론과 동일하나, 실재론자들은 진리가 감각을 통해 검증될 수 있다고 본다. 항상 새로운 경험과 관찰을 통해 인간은 실재를 더 가깝게 이해할 수 있게 된다고 믿는다. 더 조직화되고 분화된 교과내용 및 객관적으로 세분화된 지식으로 구성된 교육과정을 중요시하되, 교육과정의 구성상 최상위에는 가장 일반적이고 추상적 교과를 배치하고 하위에는 구체적이고 일시적 교과를 배치한다. 실재론은 실재와 진리를 과학과 예술에서 찾으려는 경향이 있다.

(3) 실용주의(Utilitarianism)

실용주의는 실재론과 관념론이 상정한 절대적 진리의 존재를 거부한다. 우주는 끊임없이 변화하는 것이며, 진리와 가치는 상대적으로만 인식될 수 있다고 주장한다. 따라서 상황에 따른 명확한 판단과 문제해결 능력에 관심을 두고, 항상 변하고 있는 과정과 현실 속에서 의미있는 내용으로의 지식을 중시한다. 실용주의의 대표적인 학자로는 시조인 피어스(C. S. Peirce)와, 이를 발전시킨 제임스(W. James), 그리고 이를 교육철학 사조에 적용한 듀이(J. Dewey)등이 있다.

2) 교육사조의 형성

교육과정에서는 크게 다음의 여섯 가지 교육사조가 교육과정의 이념에 영향을 미치고 있다고 본다. 즉, 항존주의, 진보주의, 본질주의, 구성주의, 문화/사회재건주의, 그리고 인본주의가 그것이다. 그중에서도 항존주의, 진보주의, 본질주의, 문화재건주의가 미국의 교육과정 이론의 형성에 영향을 미친 네 가지 교육사조로 일컬어진다.

(1) 항존주의(Perennialism)

① 철학적 배경

항존주의는 플라톤의 관념론을 배경으로 하고, 진리의 절대성과 불변성을 강조하며, 오랫동안 전해 내려온 인류의 문화유산에 대한 학습을 강조한다. 또한 선조들의 위대한 사상 및 저작들이나 우주의 영원성을 접하는 기본적 교과들을 중시하며, 따라서 고전연구를 통해 인간 본성에 대한 깨달음, 기본적 성품과 인격의 도야, 이성적 존재로서의 인간의 지적능력 양성을 중심으로 한 교육적 훈련을 목적으로 한다.

② 학습방법

항존주의는 학교에서 전통적으로 행해온 교수학습방법들이 항존주의적 교육철학에 의존하고 있으므로, 절대적 진리에 대해 가르치고 모범을 보이는 권위자로서 교사와 수동적이고 교사의 권위에 잘 따르는 고분고분한 학생의 모습을 가장 이상적인 모습을 여긴다. 또한 교사는 3R(Reading, Writing, & Arithmetic)과 같은 기본기능(basic skills) 교육이나 일반 교양교육, 희랍의 7자유학과와 같은 인문학 등의 교육에 힘써야 한다고 주장한다. 항존주의의 대표적 학자로는 허친스(R. Hutchins: 1899~1977), 아들러(M. Adler, 1902~2001) 등이 있다.

> **허친스(Robert Maynard Hutchins: 1899~1977)**
>
> 미국의 교육자로서 1921년 예일대학교에서 문학사, 1925년 예일대학교 법과대학에서 법학사로 졸업하였고, 1927년에는 법과대학 학장, 2년 후인 30세에 시카고대학교 총장이 된 후 1951년까지 시카고대학교에서 재직하였다. 그는 시카고대학교의 학부와 대학원 교육과정을 재조직하였고, 그의 시카고 플랜(Chicago Plan)은 초기에 학부 학생들에게 인문교양 교육을 장려하고, 출석시간수 보다는 종합적인 시험으로 능력을 평가하는 것을 내용으로 하였다. 대학에 다양한 수준의 고전연구를 도입하였고, 순수학문을 추구하지 않는 세태를 개탄하며 미국 교육기관들이 전문화 · 직업주의 · 실용주의로 흐르는 것을 비판했다. 즉, 대학교육에서 지나친 전문화 현상을 비판하면서 대학교육과정의 균형을 유지하여 서구의 지적 전통을 전승하는 데 노력했다. 그는 1959년에는 포드재단의 주요활동으로서 캘리포니아주 샌타바버라에 민주주의연구소를 설립하여 개인적 자유, 국제적 질서, 생태학적 현안, 소수민족과 여성의 권리, 선한 생활의 본질 등의 주제에 대한 연구와 논의를 장려하였다.

(2) 진보주의교육(Progressive education)

① 철학적 배경

진보주의는 미국에서 1918년 '진보주의 교육협회(Progressive Education Association)'가 창설된 후, 1920~1940년대에 전성기를 이루었던 교육사조 중의 하나이다. 진보주의는 전통적 교과중심 및 교사중심 교육을 부정하면서 아동의 흥미나 호기심을 바탕으로 한 교육의 자발성 및 능동성을 강조하고, 실생활 적응에 필요한 실제 기술, 태도, 지식, 능력 등의 개발에 초점을 맞춘다.

② 강조점

진보주의는 교육의 출발점을 아동의 흥미와 필요(교사<아동, 수동<능동, 교과<생활)에서 찾고, 교육을 통해 아동이 자신만의 고유한 세계를 만들어 가고, 아동의 성장은 경험의 재구성을 통하여 이루어진다고 보았다. 흥미와 생활의 분석을 통한 아동중심적인 교육과정을 마련하고자 했으며, 실용주의적 가치관에 바탕을 두고 항구적인 지식이나 내용보다는 시대적 사회적 변화에 맞추어 현시대 혹은 미래사회에 필요한 내용을 가르치고자 했다. 아울러, 사회생활에 필요한 협동정신과 민주적 가치의 교육에 관심을 가졌다.

③ 학습방법

진보주의의 주된 학습방법은 현장학습, 프로젝트학습, 실천적 학습, 경험적 학습, 아동중심 수업 등을 들 수 있으며, 교사는 조력자(facilitator)로서 아동이 학습에 필요한 환경의 조성과 안내 등의 역할을 하고, 아동들의 흥미나 탈달에 적합한 자연스러운 경험을 제공하여 협동과 사회생활의 실천을 통해서 실용적, 경험적 지식을 배울 수 있다고 주장했다. 진보주의의 대표적 학자로는 J. Dewey, G. Counts, W. H. Kilpatrick 등이 있다.

킬패트릭(William Heard Kilpatrick: 1871~1965)

그는 컬럼비아대학에서 박사학위(1912)를 받은 후, 퇴임 시(1937)까지 그곳에서 교수로 근무하였다. 그는 Dewey의 후계자로서 진보주의 교육을 계승하고, 유아교육 분야에서 커리큘럼이나 교실활동을 각 교과의 핵심적 주제들을 중심으로 조직하는 프로젝트학습법(Project Method)를 도입하였다. 그는 교사는 권위자라기보다는 학습의 안내자나 촉진자(facilitator)가 되어야 하며, 학생들이 스스로 자신의 흥미에 따라 학습을 주도하고 자신의 환경을 탐색해 가면서 모든 감각적 경험을 통해 학습해야 한다고 믿었다.

(3) 본질주의(Essentialism)

① 철학적 배경

본질주의는 실재론(사실주의)적 교육관에 바탕을 두고 1936년 “미국 교육향상을 위한 본질주의자 위원회" 창설과 함께 출발하였다. 진보주의 교육사조의 한계에 대한 문제 제기를 통해 지지자들을 끌어모았고, 1960년대 이후 학문중심 교육과정의 이론적 밑거름이 되었다.

② 강조점

본질주의는 항구적 지식과 전통적인 인류의 문화유산의 학습을 강조하였고, 교과중심적 지식을 통한 지적훈련 및 인격도야를 강조하였다. 아동의 학습은 흥미보다는 노력에 의해 달성된다고 보고, 문화적 핵심으로서 교과의 정확한 이해나 문화, 전통에 기반 한 과학적 지식에 대한 이해를 강조하였다.

③ 학습방법

본질주의는 체계적 지도자로서 교사와 탐구심 및 지적호기심을 가지고 학문적 탐구나 체계적 지식습득을 위해 노력하는 학생을 강조하였다. 본질주의의 대표적 학자로는 진보주의를 비판하고 전통교과를 중시했으며(이해보다는 습득, 자율보다는 체계적 지도, 자유보다는 엄밀한 훈련을 강조함), 학문과목들의 체계적인 학습을 강조한 W. Bagley(1874~1946)나 E. D. Hirsch(1928~)가 있다.

베이글리 (William Chandler Bagley: 1874~1946)

미국의 교육학자로서 코넬대에서 박사학위(1900)를 받고, University of Illinois와 컬럼비아대학에서 교수직을 담당했다. 실용주의나 진보주의적 교육에 반대하여 지식 그 자체로서의 가치, 학문적 교과들을 체계적으로 가르쳐야 됨을 강조하였다. 대표적 저서로 Education and Emergent Man (1934)이 있고, Journal of the National Education Association(1920~1925)와 School and Society (1939~1946)의 편집장을 지내지도 하였다. 그는 본질주의 교육사조의 대표자로서 "확고하고 지속적인 흥미는 종종 그다지 매력적이거나 자극적이진 않지만 배우기 위한 노력을 시작함으로써 생겨날 수 있다(Gripping and enduring interests frequently grow out of initial learning efforts that are not appealing or attractive.)라고 주장한 것으로 유명하다.

한편, 항존주의와 본질주의는 몇 가지 공통적 특징이 있는데, a) 지적능력 개발과 도덕적 자질의 훈련을 강조한 것이나, b) 교사중심의 교실을 옹호한 점, c) 학생들의 관심/호기심/경험 등이 교사 가르침에 방해가 되어서는 안 된다고 주장했던 점 등을 들 수 있다.

(4) 구성주의(Constructivism)

구성주의는 1930년대에 발생한 후 1960년대 이후 번성하여 지금까지 많은 학습이론에 기여한 미국의 주류 교육이론중의 하나로 여겨지고 있다.

① 이론적 배경

구성주의는 모든 지식은 학습자의 경험에 의해서 형성되며, 사물을 이해한다고 하는 것은 그러한 경험들이 학습자의 마음속에서 상호연결된 상태로 조직되어 형성된 하나의 종합적인 사고의 틀이라고 여긴다. 구성주의는 학습(경험)의 과정에서의 학습자의 능동적 자세를 중요시하며, 교사는 경험의 촉진자(facilitator)로서의 역할이 중요시된다. 따라서, 수업시간에는 새롭게 배워야 할 지식을 학습자의 기존의 지식(이해)와 연결시킬 수 있도록 노력하고, 더불어 다른 구체적인 지식(사물)과 연관시키는 작업을 해야 한다고 믿는다. 구성주의 학자로는 인지적 구성주의를 대표하는 J. Piaget와 사회적 구성주의를 대표하는 L. Vygotsky가 있다.

② 피아제(J. Piaget, 1896~1980)

Piaget는 스위스의 발달심리학자로서 그는 발생학적 인식론(developmental epistemology)의 토대를 다졌는데, 이는 그의 발달이론이 생물발생학 및 진화론에서 근본적으로 출발하고 있기 때문이다. 즉, 인간의 인지발달을 유기체로서의 인간이 환경과의 상호작용 속에서 동화와 조절을 통해 환경에 적응하는 과정이라고 주장하고, 그 과정을 인지적 쉐마(scheme)의 형성 및 구조화를 통해 설명하였다. 다시 말해서 Piaget의 발달 및 학습이론은 생물체로서의 성장(biological maturation) 기재에 바탕을 두고 있으며, 아동은 주변환경에 적응하는 과정에서 쉐마와 같은 사고구조("mental maps")를 형성 및 조직하고, 새로운 지식은 기존의 쉐마에 끼워맞추거나 기존의 쉐마를 변화시키면서 받아들이게 된다고 주장하였다. 따라서, 아동이 지적으로 성숙해지고 발달해감에 따라 이러한 쉐마의 구조는 점점 복잡해지고, 또한 생물학적 발달이 단계별로 급격한 질적인 변화가 이루어지듯이 인지발달도 단계마다 질적인 변화(감각운동기–전조작기–구체적 조작기–형식적 조작기)를 겪으면서 발달한다고 주장하였다.

Piaget의 학습이론에서 가장 중요한 것은 아동이 새로운 경험을 하게 되면 기존의 인지구조를 자극하게 되고, 새로운 지식을 습득하게 된다는 것은 기존의 인지구조의 재조직이라는 평형화(Equilibration) 과정을 거치게 된다는 것이다. 즉, 평형화는 새로운 자극으로 생긴 인지적 격차(gap)를 줄이는 과정이고, 학습을 한다는 것은 평형화된 상태에 끊임없는 자극을 주어 인지적 평형을 무너뜨리고, 학습자가 다시 평형을 찾으려는 노력을 통해 사고가 성장해 가면서 결과적으로 인지발달을 이룰 수 있다고 보았다는 점이다. 그러므로, 교사는 학생들의 인지적 평형을 깨는 것(disequilibration)이 가장 중요한 동기유발 과정이고, 그로 인해 학생들은 자신의 인지구조의 변화를 모색하게 되는 것이다.

③ 비고츠키(I. Vygotsky, 1896~1934)

Vygotsky는 1930년대 초반까지 활동한 러시아 심리학자이자 철학자로서, 사회적(social) 구성주의를 대표하고 있다. Vygotsky는 인간을 기본적으로 사회적 존재로서 상정하고 인간관계 및 사회적 관계가 학습 및 발달에 미치는 영향에 관심을 가졌다. 그의 학습이론의 기초는 협동(collaboration)적 학습, 학습의 매개(mediation)가 되는 언어와 문화를 통한 교육, 근접발달영역(Zone of Proximal Development)이론, 지식의 내면화(internalization) 등을 통해 설명할 수 있다.

Vygotsky는 아동의 발달이 문화에 의해 안내되어지고, 인간상호 간의 의사소통에 의해 크게 자극받는다고 주장하였다. 그는 인간의 고등정신능력이 역사적으로 특정한 문화집단 내에서 특히 더 높은 수준으로 발달해왔다는 사실을 바탕으로 문화적 영향이 인간의 사고능력을 향상시킨다고 보았고, 아동들은 특히 그들이 속한 문화의 사고습관, 언어형태, 문헌, 혹은 기타 상징적 지식들에 자극받아 지식을 형성하게 된다고 여겼다. 이것이 바로 문화적 매개(cultural mediation) 과정이고, 거기에서 언어적 매개 또한 큰 역할을 한다고 보았다.

Vygotsky는 더불어 Piaget와는 상이한 언어발달 이론을 제시하고 있다. Piaget는 인간은 생물학적 존재로서 인간의 언어발달은 생물학적 발달과정에 크게 영향을 받으며, 인지발달의 한 하위과정으로 파악했던 것에 반해, Vygotsky는 언어발달 자체가 아동의 태생과 더불어 시작되고, 이러한 언어적 경험이 아동의 인지발달을 촉진시키는 하나의 원동력이라고 보았다. 즉, 언어발달은 인지발달의 결과가 아니라 사회적 문화적 영향과 더불어 인지발달의 촉진요소이므르, 아동의 사회적 관계, 언어적 환경, 언어적 소통 및 경험들은 모두 중요한 인지발달의 요인이 되는 것이다. 그 대표적인 예로 Vygotsky는 언어의 내면화(internalization) 과정에서 나타나는 혼잣말(private speech)을 들었고, 유아의 '혼잣말' 행위는 Piaget가 주장하듯이 불완전한 사회적 언어가 아니라, 인간사고의 외부에서 드러나는 구체적인 행위, 개념 및 사고 등이 인간내면의 영역으로 들어가면서 추상화, 내재화되어가는 단계에서 나타나는 현상이라고 보았다. 즉, 언어는 원래 사회적인 현상인데, 사회적 현상에서 학습하게 된 언어(개념)를 사고가 보다 복잡하고 정교화 됨에 따라 점차 인간의 내적 사고의 영역에서 사용하기 시작하는 현상이라고 본 것이다. 또한 Vygotsky의 근접발달영역 가설은 아동이 실제로 학습하게 되는 내용은 아동의 이해수준 및 범위에서 벗어난 것이 아니라 현재의 이해수준 근처의 내용을 배우게 된다고 보고, 아울러 즉시적, 현재적 학습의 결과보다는 아동 학습의 잠재성, 가능성의 측면이 더 중시하였다. 따라서 아동의 학습에 있어서 결과보다는 학습의 과정에 관심을 갖고, 학습자가 가능한 많은 사회적(대인적) 활동에 참여할 수 있도록 하는 교육환경을 중요시 한다.

Piaget나 Vygotsky의 구성주의 모두 현대 심리학 및 교육학에 큰 영향을 미치고 있으며, 오늘날에는 어느 한쪽의 주장에 치우치기보다 인지발달에 영향을 미치는 개인 심리적(인지적) 특성과 사회적 요인 모두에 관심을 갖는 이중구성주의(Co-constructivism)적 이해가 중시되고 있다. 아울러 구성주의이론을 바탕으로 한 교수방법의 세 가지 특징을 종합하면, A) 수업(Instruction)은 학생들이 능동적으로 학습에 참여하게 자극할 학습경험과 상황을 고려해야 한다(readiness)는 점이고, B) 학습은 가능하면 아동이 쉽게 학습될 수 있도록 구조화되어야 한다(structure of knowledge/ spiral organization)는 점이고, C) 인지적 간극(cognitive gaps)을 줄이는 자극을 제공할 수 있게 디자인되어야 하고 고등정신 능력을 함양하기 위해 더 확장되어야 한다는 점을 들 수 있다.

(5) 사회/문화재건주의(Social/cultural reconstuctionism)

① 철학적 배경

사회적 혹은 문화적 재건주의는 1930년대의 카운츠(G. Counts)와 1950년대의 브라멜드(T. Brameld)에 의하여 주장되었다가, 1970년대에 미국의 주된 교육사조의 하나로 나타났다. 이 사조는 교육을 통한 새로운 사회의 건설과 현재 사회의 가난한 자, 소외된 자, 소수민을 위한 교육에 관심을 갖고, 사회의 소외계층으로서의 노동자 권리나 계급의 문제 등 정치적 이슈에 관심을 갖는다. 따라서 현 사회의 불평등한 구조와 빈부격차 및 계급격차에 대한 비판적인 관점을 토대로 도덕적 사회적 이념 및 이상의 재정립을 통해 새로운 사회질서 및 사회상의 건설을 목표로 한다.

② 교육관

사회/문화재건주의의 교육관은 사회개혁의 수단으로서, 그리고 사회발전의 혁신적 과정으로써 교육을 인식하고, 민주주의의 완벽한 실현이나 미래지향적인 새로운 사회질서의 구현을 통해서 새로운 사회를 건설하고자 한다. 따라서, 현대사회의 위기와 관련된 사회적 쟁점들을 중심으로 교육의 목적과 방법을 재구성하며, 학교교육을 통한 민주적인 방식의 실현, 그리고 학생 개개인의 사회적 자아실현을 목표로 한다.

사회/문화재건주의는 진보주의와 유사한 교육철학을 갖고 있으나, 진보주의보다는 훨씬 더 사회참여적이고, 보다 현실적, 미래지향적인 사회개혁을 주장하고 있다.

재건주의의 학습방법 및 교육과정의 핵심은 학생들이 세상사를 통찰할 수 있게 하는 것이고, 사회적 논란이 되는 사항들을 적극적으로 토의하여 해결책을 찾고, 학생들로 하여금 새로운 변화된 세계에 대한 비전을 제시하게 하며, 교사는 각 문화의 전승들을 새롭게 할 방안을 고안하여 학생들의 논의를 이끌어간다.

③ 대표 학자들

재건주의의 대표적 학자들로는 초기의 Dewey의 추종자였고 비판적 교육학 및 미국에서 최초로 교원노조(Teacher's union)를 창설했던 카운츠(G. Counts: 1889~1974)와 교육의 두 가지 역할을 문화내용의 전달과 문화의 재건이라고 강조하면서, 교사가 교실에서의 사회적 변화의 참여자이고, 글로벌 및 다문화 교육을 지지했던 브라멜드(T. Brameld: 1904~1987)가 있다. 또한 학교가 사회변화의 통로이며, 교사는 새로운 사회창조에 참여하는 변혁적 지식인이고, 이론과 실천의 결합을 통해 학생은 비판적 사고의 도구를 획득해야 되고, 공교육은 세계 개혁의 직접적 도구가 되어야 한다고 주장한 지루(H. Giroux: 1943~)등이 있는데 이들의 주장은 오늘날 비판적 교육학(critical pedagogy)의 모태가 되고 있다.

(6) 인본주의(Humanism)

① 이념적 배경

인본주의적 교육철학은 실존주의 철학을 바탕으로 1950년대 인본주의 심리학자들에 의하여 주장되기 시작하였고, 특히, 지식 위주 교육에 반대하고 정서, 가치, 인성발달을 중심으로 한 교육을 강조하였다.

② 강조점

개인의 자아실현 및 교육의 내재적 가치를 중시하였고, 인간주의적 교육관을 바탕으로 교육의 출발은 인간의 선한 본성을 일깨우는 것이라고 주장하였다. 집단적 교육시스템을 거부하고 개인적 성장을 바탕으로 하여 개인의 선택의 여지와 그에 따른 책임감을 갖는 자세를 강조하였다. 교육이전에 교사와 학생의 인간적/개별적 관계성을 중시하였고, 학습과정에 있어서도 자유로운 선택의 기회를 제공하고자 하였으며, 대규모 학생들을 대상으로 한 근대적 학교에서 자주 나타나는 학습소외 현상에 관심을 갖게 되었다. 교육은 궁극적으로 자유 및 자아실현의 과정이어야 된다고 믿고 따라서, 다양한 자아실현의 방식을 학교교육을 통해 추구하도록 하였다. 또한 기본적으로 지식중심 교육을 비판하고, 그러한 교육이 가져오는 비인간적 학교현실을 고발하는 등 기존의 전통적인 학교교육에 대한 비판을 서슴지 않았다.

③ 대표적 학자

인본주의 교육사조의 대표적 학자로는 욕구위계(Hierarchy of Needs) 이론을 제시한 매슬로우(A. Maslow: 1908~1970), *The Clinical Treatment of the Problem Child*(1939)라는 대표적 저서를 기점으로 인간중심 상담이론을 수립한 로져스(C. Rogers: 1902~1987)나, '나-사물'의 물질적 관계성 보다는 '나-너(I-thou)'의 인간적 관계성을 중시하고 '만남의 철학'을 강조한 Martin Buber(1878~1965) 등이 있다. 또한 노딩스(Nel Noddings: 1929~)는 *Caring: A Feminine Approach to Ethics and Moral Education*(1984)을 통해 교육에는 "보살핌의 환경"이 필요하고, 인본주의적 학교는 구성원이 자신의 생각과 감정과, 신념과, 두려움, 그리고 열정을 공유해야 한다고 주장하기도 했다.

지금까지 언급한 바와 같이 교육과정을 둘러싼 이론들(혹은 사고들)은 그 이론의 형성에 바탕이 되는 여러 철학적 입장을 바탕으로 하고 있으므로, 어떤 이론을 내세우는데 있어서 그 사고의 틀(paradigm)이 어떤 성격을 띠고 있는가를 파악하는 게 중요하다. 교육학은 인간을 다루는 학문이므로 교육학의 패러다임에도 물질이나 이성을 중시하는 패러다임과 정신이나 감성, 실존 등을 중시하는 패러다임은 분명한 대조를 이룬다. 그러한 의미에서 신동로(2009, p. 48)는 이러한 두 가지 패러다임의 특징을 다음과 같은 표로 비교하여 설명하고 있다.

〈표 1-3〉 과학적 패러다임과 인간주의적 패러다임의 비교

	과학적 (이성주의적)		인간주의적 (현상학적)	
기본전제	환원론적	Reductive	전체적	Holistic
	물질론적	Material	가치지향적	Value-oriented
	사실 강조	Fact	견해 중시	Opinion / view
	탈역사적	De-historic	역사적	Historic
	탈맥락적	Decontextualized	맥락적	Contextualized
과 정	수렴적	Convergence	확산적	Divergence
	객관적	Objective	주관적	Subjective
	경험적	Empirical	직관적	Intuitive
	양적	Quantitative	질적	Qualitative
	실험주의	Eexperimental	문화기술	Cultural descriptive
	분석적	Analytic	해석적	Interpretive
진리검증	예측	Prediction	이해	Understanding
	의의도	Significance	의미	Meaning
	이론의 타당성	Validity	논의의 적합성	Adaptability
강 조 점	수단	Mean	목적	Goal
	조작적정의	Operational	정표적 표현	Implication
	대량생산	Mass production	개별/맞춤적	Individual/tailored
특 징	과학적/공리적	Scientific	예술적/창의적	Artistic
	권위주의적	Authoritative	유화적	Cooperative
	능률성	Efficiency	윤리성	Ethics
	지시적	Directive	상호적	Mutual

지금까지 설명한 여섯 가지 교육사조가 이러한 두 패러다임 중 어느 쪽에 속하는 가를 분명히 구분하기는 어렵지만, 개괄적으로 항존주의, 본질주의, 구성주의는 과학적 패러다임에 입각하고 있으며, 진보주의, 문화재건주의, 인본주의는 인간주의적 패러다임에 정초하고 있다고 평가할 수 있다.

CHAPTER

2 교육과정의 주요 이론들

(Curriculum Theories until the 20th Centries)

교육과정은 학생들의 학습의 모든 측면으로써, 학교에 의해서 그 교육적 목표를 획득하기 위해 계획되고 안내된 것이다 (Ralph Tyler, 1957).

1. 교육과정의 이론적 구분

맥도날드(McDonald, 1975) 교육과정 이론가들을 다음의 세 가지 성격으로 구분한 바 있다. 즉, 첫째, 행정적인 효과와 효율성을 염두에 두고 교육과정의 실제를 안내·처방하는 데 관심을 두는 집단, 둘째, 과학적, 기술공학적 이론화를 통하여 교육과정 변인들과 그 변인들 간의 관련성을 식별, 기술, 설명하는 데 관심을 두는 집단, 그리고 셋째, 이론화를 창조적인 지적 과업으로 보면서 새로운 교육과정에 대한 논의를 전개하기 위하여 기존의 개념체계를 비판하고 전통적인 용어와 탐구 방식에서 벗어나려는 집단으로 구분한 것이 그것이다. 한편, 파이너(Pinar, 1978)는 McDonald의 구분을 보완하여 앞서 언급한 세 가지 성격의 교육과정론자들을 각각 전통주의자, 개념적-경험주의자, 재개념주의자로 구분하였다.

1) 전통주의자 (traditionist: ~1950년대)

(1) 특징

전통주의자들은 교육과정을 행정적 편의성, 전문적 책무성, 과학적 관리기법의 도입, 관료주의 차원에서 이해하고, 교육목표를 효과적으로 달성할 수 있는 가장 효율적인 방법론을 모색하는 것에 관심을 갖고, 교수학습 과정을 가능한 한 정확하게 예언하고 통제하려는 입장을 지닌다. 따라서 전통주의자들은 실용주의적 입장에서 실제적인 수업이나 교육행정을 돕기 위한 과학적인 체계를 수립하는데 관심을 갖고, 행동과학적 이론을 바탕을 둔 접근법과 교육 공학(educational engineering)적 이론들을 바탕으로 교육과정을 구성하고자 한다.

(2) 대표적 입장

20세기 초 교육과정의 과학화를 표방했던 보빗(F. Bobbitt)은 그의 저서 *The curriculum*(1918)에서 교육과정 전문가들은 "교육 엔지니어(education engineer)"로서 교육과정을 바라봐야 한다고 주장하면서, 산업체의 생산공정을 모방한 학교교육과정을 추구하였다. 이어서, 타일러(R. Tyler)는 선형적(linear), 기술적(technical)인 생산모형에 기반을 둔 교육과정 개발모형을 제시한 바 있다. 그의 교육과정에 대한 이해의 특징은 교사의 역할과 대비되는 학습자(learner)란 표현을 사용하기 시작했고, 그 학습자가 어떤 성취를 하느냐를 중심으로 교육의 목표를 수립하고, 학교교육은 학습이 효과적으로 일어날 수 있는 학습의 생산체계로 이해하고자 하였다. 같은 맥락에서 그는 교육과정이란 의도된 학습결과가 일어날 수 있도록 하는 체계적으로 조직하는 것이며, 교육과정 계획이란 바람직한 학습결과를 위한 수단을 객관적, 과학적으로 개발하는 것이라고 주장하면서, 교육목표를 성취하기 위한 효율성을 확보하는 것이 교육과정의 가장 큰 과제라고 보았다.

이후, Saylor & Alexander(1974)는 이러한 Tyler의 교육과정에 대한 이론을 바탕으로 교육과정을 "구체적인 목표를 성취하기 위해 일련의 학습기회를 제공하려는 계획"이라고 정의한 바 있고, 마찬가지 의미로 Tanner & Tanner(1980)는 교육과정을 "지식과 경험의 체계적인 재구성을 통하여 형성되고 계획적으로 인도된 학습경험과 의도된 학습성과"라고 설명하면서, 목표중심, 체계중심, 계획중심의 교육과정에 대한 이해를 피력하였다.

(3) 비판점

전통주의자의 교육과정에 대한 이해는 다음과 같은 몇 가지 비판점을 가지고 있다. 첫째는 교육과정의 중심을 교육목표의 달성에 둠으로써 교육과정에 대한 이해가 지나치게 공학적 합리성이나 공장의 생산모형에 의존하고 있어서 관료주의적 효능성만을 강조하게 됨으로써, 탈정치적, 탈윤리적 성격을 띨 수밖에 없다는 점이다. 둘째는 특정 문화나 지식만을 당연시하며 전달하거나 기존 사회기능의 유지만을 위한 교육으로 전락할 위험성이 있다는 점이고, 셋째는 공식적으로 교육목표나 교육계획의 차원에서 언급된 것들에만 관심을 갖게 됨으로써 잠재적 교육과정적 측면을 간과하거나, 지적인 학습 이외의 문화적, 사회적 성장과정을 무시하게 될 위험성이 있다는 점이다.

2) 개념적-경험주의자 (Conceptual-empirist: 1950년대~)

(1) 특징

개념적-경험주의의 특징은 교육과정에 현대의 사회과학과 행동과학적 방법론을 적용하여 실증주의적 탐구에 크게 의존한다는 점이다. 즉, 교육과정 자체를 관찰과 실험이 가능한 전통적인 사회과학적인 탐구의 대상으로 삼아 과학적인 설명이나 기술(記述, description)에 치중하게 되는, 한마디로 경험주의적 사고에 입각하여 교육과정과 관련한 핵심개념들에 대한 학문적 토대를 세우고자 하는 것이다. 개념적-경험주의자들은 교육과정을 개발한다는 것을 "의사결정을 위한 숙고(熟考, deliberation)"의 과정으로 보고, 경험적 합의와 논리적 근거로 규정된 숙고를 통해 교육과정상의 여러 가지 선택의 문제에서 합리성을 추구하는 것이다. 이들은 한마디로 교육과정의 현상에 관련된 개념들을 명확히 하고, 이를 학문적으로 연구하되, 실증적인 연구에 기초한 과학적·기술적 개념 정립에 주력하고, 그러한 교육과정의 연구에 교사 및 학생들도 참여할 수 있도록 하고 있다.

(2) 비판

개념적-경험주의의 한계점은 교육과정 연구의 개념적 토대의 정립 및 그 과정에서의 과학적 방법론의 도입을 강조하고 있으나, 실제적으로 교육내용 자체에 대한 논의나 교육과정에 영향을 미치는 사회학적 요인(이념, 정치, 갈등의 문제 등)에 대한 논의는 부족하다는 점을 들 수 있다.

(3) 대표학자들의 주장

개념적-경험주의와 관련해 많은 학자들의 이론 및 주장들이 있으나, 이중 몇 명만 살펴보고자 한다.

① 존슨(M. Johnson)

Johnson(1968)은 교육과정은 의도된 학습결과를 구조화시켜 나열한 것, 즉 "일련의 구조화되고 의도된 학습결과"라고 보고 선형적 교육과정을 개발하고자 하였다. 타일러의 교육과정 이론과는 달리 교육과정과 수업을 별개로 구분하였으나, 교육과정의 절차를 교육과정선정-교육과정 구조화-수업계획-기술적 평가의 네 단계로 제시하였다는 점은 타일러의 이론과 유사하다고 볼 수 있다. 존슨은 전통주의자와 개념적-경험론자의 사이의 중간 단계에 있는 교육과정 이론가로 평가되고 있다.

② 맥도날드(J. B. Macdonald)

Macdonald(1971)는 중립적인 교육과정의 가능성을 부인하면서 교육과정의 모든 차원에서 서로 다른 가치관들의 본질이 드러난다고 주장했다. 그는 교육과정을 교육적 규준(norm)이나 신념의 저변에 존재하는 기본적 믿음들이 교육과정의 방향을 제시하는 구조적 단계(structural level)와 교육과정 설계의 차원에서 그 구조적 원칙들을 적용되는, 근본적인 가치들의 세부적 실현 차원인 이성적 가치(rational values)로 두 단계로 구분하고, 이러한 두 단계의 틀을 바탕으로 지금까지의 교육과정을 바라보는 서로 다른 세 가지의 입장들(기술적, 해석적, 비판적 관점)을 구분하였다. 한편, 그는 교육과정이란 수업 이전에 이루어지는 모든 계획적인 노력이라고 정의하고, 교육과정을 체제(투입, 내용, 과정, 산출, 환류)적 접근을 통해 이해하려고 하였다.

③ 뷰캠프(G. Beauchamp)

Beauchamp는 그의 저서 *Basic components of curriculum theory*(1968)에서 교육과정이론의 기본 구성요소로 크게 a) 교육목적, 목표, 예상되는 결과, 혹은 의도에 관한 진술, b) 내용에 관한 진술, c) 교수학습 활동들에 관한 진술, 그리고, 감독 및 평가방법에 관한 진술을 포함해야 한다고 주장하였다.

④ 슈왑(J. Schwab)

Schwab(1962)은 교육과정 구성은 과학적 구조와 그 이론들을 바탕으로 정립되어야 한다고 주장하면서, 이를 심도깊은 지식(deep knowledge)이라고 불렀다. 이후 그(1978)는 교육과정은 실천적, 준실천적, 그리고 선택적("the practical, the quasi

−practical, and the eclectic)인 특징을 가져야 한다고 지적하고, 교육과정은 이론보다는 실제를 중심으로 학교교육에 관한 실천적 문제해결("operation")의 방향을 제시할 수 있어야 한다고 주장하였다.

⑤ 워커(D. F. Walker)

Walker(1974)는 실제적 교육과정 개발이 Tyler의 처방대로 진행되지 않는다는 사실을 발견하고는, Schwab의 주장을 수용하여 학교 교육과정이 일반적 상황보다는 특수한 상황적 맥락에 따라 좌우된다고 보았다. 따라서 교육과정 개발의 출발점이 교육자의 신념체계나 집단 구성원들의 신념, 태도, 아이디어, 이상, 희망 등을 바탕이 되고, 교육과정 계획에 있어서 미리 결정된 교육목표보다는 학습자의 흥미, 요구, 관심사에 더 비중을 두어야 한다고 주장하였다. 또한 경험적 연구(empirical study) 강조하면서 수업내용과 방법 및 수업절차 등을 보다 현장에 맞게 진술하고 정교화시키는 노력을 기울여야지만 교육현장에 적절한 교육과정을 개발할 수 있다고 보았다.

3) 재개념주의자 (Reconceptualists: 1970년대~)

재개념주의자들은 지난 20세기초 50여년간 교육과정론을 지배해왔던 기술공학적, 행정관료적, 그리고 양적 분석에 기초한 교육과정 연구경향을 비판함과 동시에 심미적, 인간중심적, 실존주의적 접근을 통한 교육과정의 이해를 제시하면서 등장하였다. 이들의 비판은 크게 다음의 세 가지 측면으로 나누어 볼 수 있다.

(1) 전통주의자 비판

재개념주의자들은 전통주의가 인간학습의 내면적인 측면을 등한시했다고 비판하면서, 교육환경의 정치적, 사회문화적 맥락(context)을 강조한다. 특히 기존의 교육과정이론들은 교육현장에 영향을 미치는 문화적 헤게모니(cultural hegemony), 사회적 재생산, 저항, 잠재적 교육과정, 소외(alienation) 및 주변화(marginalization) 등의 현상을 무시해 왔다고 비판하였다.

(2) 사회, 정치적 비판

재개념주의자들은 교육은 결코 중립적(neutral)이거나 탈가치적(value-free)인 활동이 아니라고 보고, 교육과정은 사회적 이데올로기로부터 분리되어 개발되는 않는다고 주장한다. 예를 들어, 비판적 교육론자인 M. Apple(1979)은 학교교육을 통한 문화적 재생산의 구조를 지적하고, 학교에서 진리처럼 다루어지는 지식들이 과연 누구의 입장을 대변하는 지식인가?(Whose knowledge is it?)라고 문제삼은 바 있다. 마찬가지로, 지루(H. Giroux)는 헤게모니(Hegemony)라는 개념을 통해서 언론 및 교육을 통한 통제가 지배계층의 사회통제의 주요한 방법이라고 지적한다. 이와 비슷한 맥락에서 로튼(Lawton, 1973)은 교육과정의 개발과정이 문화로부터의 선정으로써 5단계[철학적 질문(문화적 보편성)-사회학적 질문(문화적 변인)-문화로부터의 선정-심리학적 질문-교육과정의 조직]를 거치게 된다고 주장한 바 있다.

(3) 심미적, 현상학적 비판과 분석(M. Greene, D.E. Heubner)

재개념주의자들은 또한 기존 교육과정이론가들이 지적, 과학적, 실증주의적 입장을 중심으로 교육과정의 이론화 과정을 주도했던 것과는 다르게, 학습자 개개인의 정체성(identity)의 자각을 중심으로 한 자아이해, 학생 각자의 의미를 성취하는데 도움이 되는 교육과정의 인격화, 심미적(aesthetic) 태도의 고양, 지적인 측면과 상상력, 창의성과의 연계, 포스트모더니즘적 사고 등을 교육과정의 논의 과정에 도입해야 한다고 주장하였다.

마지막으로 재개념주의는 현재, 비판적 교육학(Critical pedagogy)으로 불리워지는 교육에 있어서의 후기식민주의적(post-colonial), 해방적 접근을 강조한 학자들(P. Freire, M. Apple, P. MacLaren, H. Giroux 등)에 의해 교육현상에 대한 비판적 입장에서의 논의를 지속하고 있는데, 이는 별도의 지면을 통해 더 자세하게 논의될 것이다.

4) 하버마스(J. Habermas)의 인간의 지적 관심과 지식이론

Habermas는 그의 저서 *Knowledge and Human Interest*(1978)에서 인간의 지적관심에 따라 지식이 어떻게 나누어지는가, 그리고 그에 따라 학교교육이 어떤 역할을 담당하는가에 대해 질문하면서, 다음과 같이 세 가지 다른 성격의 교육과정의 특성을 비교하여 제시하고 있다.

첫째, 경험적, 분석적 탐구유형은 기술적인 지적관심을 가지고 있고, 교육의 역할을 교과내용의 효과적 전달 방법의 차원에서 이해하고 있다. 따라서 학교는 그러한 교육내용 전달 과업이 진행되는 장소이며, 학교교육의 성격은 효율성,

경제성, 확실성의 원리를 바탕으로 통제되어져야 하는 기관으로 인식하고, 경험적으로 검증가능한 개념들이나, 가치중립적인 지식을 주된 학습의 대상으로 이해한다.

둘째, 해석학적 탐구유형은 실천적인 면에 지적관심을 두고, 교육의 역할은 학생들이 내용을 가지고 유의미한 상호작용을 할 수 있도록 조장하는 것이라고 믿고, 따라서 학교는 그러한 상호작용을 통한 다양한 경험을 활발히 제공하는 장소가 되어야 한다고 여긴다. 해석학적 탐구유형에서는 학교교육이 이해와 의사소통적 상호작용을 통해 학생을 지식의 능동적 창조자가 될 수 있도록 하고, 일상적인 가정(assumption)이 갖는 의미를 탐색적 논의를 통해 모색하도록 격려한다. 이들이 바라보는 현상의 실체는 간주관적(inter-subjective)으로 구성되며, 지식은 역사적, 정치적, 사회적 맥락 속에서 생겨나며 공유되는 것이라고 보고, 특히 철학적 논의가 그러하듯이 언어사용을 통해 나타나는 의미의 파악에 초점을 맞추고자 한다.

셋째, 비판적 탐구유형은 학교교육의 해방적 기능에 지적 관심을 두고, 사회변혁과 인간해방이 학교교육의 궁극적 목적이라고 본다. 또한 학교는 다양한 사회적 세력들이 영향력을 미치고 있는 권력의 장이며, 따라서 학교교육은 이러한 사회적 불평등한 권력작용에 대한 이념적 비판과 실천을 논의하는 곳이며, 인간의 삶을 둘러싼 불평등구조를 노출시키고, 학교에서 다루는 지식이 학생들의 삶에 어떤 영향을 미치는가를 깨닫게 하는 장소라고 여긴다. 이러한 비판적 입장은 지식이란 사회적, 역사적, 정치적으로 형성되는 것으로 지식의 상대성이나 객관성을 부정하고, 지식의 형성 및 재생산에 영향을 미치는 사회적 이념 및 세력에 대한 비판을 통해 교육의 진정한 사회적 역할이 비판적 회고(critical reflection)임을 학생들이 깨닫게 하는 것이라고 믿는다.

이상의 논의를 표로 요약하여 제시하면 다음과 같다.

〈표 2-1〉 학교 및 교육과정의 세 가지 성격 비교

탐구유형	경험적/분석적	해석학적	비판적
지적관심	기술적	실천적	해방적
교육의 역할	효과적 내용전달 (Transmission)	유의미한 상호작용 (Transaction)	사회변혁과 인간해방 (Transformation)
사회/학교	작업장	경험의 장	권력의 장
성격	–통제와 확실성, 효율성, 경제성의 원리 –경험적으로 검증가능한 개념에 관심 –지식은 가치중립적 –지식의 객관화 가능 –사회적 현실을 수용	–의사소통적 상호작용 –인간은 지식의 능동적 창조자 –일상의 가정과 의미모색 –실체는 간주관적으로 구성 –역사적, 정치사회적 맥락 강조 –언어적, 철학적 의미	–이념적 비판과 실천 –사회 불평등구조 노출 –지식의 사회적 구성 –지식의 객관성 부정 –실천적 지식 –교육의 사회적 역할

5) 학자별 교육과정 성격의 비교

오늘날에 이르기까지 다수의 학자들이 교육과정의 성격을 다양하게 구분하여 왔는데, 쉬로(Schiro, 2008)는 어떤 것이 유용한 지식(useful knowledge)인가에 대해 다음과 같은 네 가지 관점이 있어왔다고 정리하고 있다.

(1) 학자·학문적 이념(Scholar Academics ideology)

학자·학문적 이념은 지식을 통해 사람들은 자신의 세계를 이해할 수 있게 된다고 본다. 지식은 내용(content)과 과정(process) 두 가지 측면이 있는데(Schwab, 1964, p. 72), 이 경우 지식은 교수적(instructive) 혹은 교훈적(didactic) 형태를 띤다. 교수적 지식은 반복적, 일반적(impersonal)인 형태로 전달되므로 지식은 실재의 재현(representation of reality)이지 실재 그 자체가 아니다. 학생들은 실재에 대해서(about reality) 배우는 것이지, 실재 자체를 배우는 것이 아니고, 교사도 실재에 관한 지식(knowledge of reality)을 전달하는 것이지, 실재 그 자체를 전달하는 것은 아니다. 결과적으로 학생들은 실재에 관한 지식을 얻게 되고, 실재 자체를 얻게 되는 것이 바로 학자·학문적 이념이 바라보는 지식에 대한 관점이다.

(2) 사회적 효능성 이념(Social Efficiency ideology)

사회적 효능성을 강조하는 교육자들의 지식에 대한 관점은 두 가지 특징을 가지고 있다. 첫째는 학습자에게 가르쳐지는 것은 본질적으로 실천능력(a capability for action)이다는 것이고, 둘째는 그러한 능력을 구별해내고 가치를 부여하는 것은 주관적 실재와 객관적 실재(subjective and objective reality)의 이중성을 인정하는 것에서부터 출발한다. 지식이란 "어떤 종류의 과업들을 성공적으로 수행해내는 것(successful performance of a class of tasks: Gagne, 1967, p. 355)"으로 알려진 실천능력인데, 그것은 하나의 기술이자, 사람들이 배워서 할 수 있는 어떤 것이다. 행하기 위해 필요한 정보를 갖는 것과 실제로 행할 수 있는 능력, 그리고 '아는 것(knowing that)'과 '할 줄 아는 것(knowing how)' 사이에는 분명 밀접한 관계가 있지만, 사회적 효능성을 강조하는 학자들은 실제로 행하는 능력이 행할 수 있는 정보를 획득하는 것보다 더 중요하다고 본다.

(3)학습자 중심 이념(Learner Centered ideology)

학습자 중심 이념은 지식은 개별적인 의미(personal meaning)를 갖는 것이라고 본다. 개별적 의미는 감각적 정보가 학습자에게 지각되어 그의 현재의 인지구조 속에 동화(assimilation)와 조절(accommodation)이라는 이중적 과정을 통해 통합되어 진다고 본다. 지식이 개별적 의미의 형태를 띠는 이유는 그 개별적 의의(personal significance)가 기존에 획득한 지식이 마련해 놓은 유의미한 맥락 속에서 창조되어지기 때문이다. 즉, 지식이 독특한 개별적 의미의 형태를 띠게 되는 것은 학습자마다 색다르게 존재하는 기존 지식이 있고 그러한 지식은 그 지식이 얻어졌던 독특한 상황 속에서 만들어진 것이기 때문이다. 그러므로 지식은 학습자에 의해 능동적으로 구성되어지거나, 창조 혹은 발견되어지는 것이다. 학습자는 이러한 과정을 통해서 끊임없이 자신의 인지구조를 구성 및 재구성하게 되고, 지식의 구성과정에서 인지적 회고(reflection)가 중요한 역할을 하게 된다.

(4) 사회재건 이념(Social Reconstruction ideology)

사회재건주의자들은 지식은 "사회적으로 구성되거나, 문화적으로 매개되어지고, 역사적인 맥락에서 발생한다"고 본다(McLaren, 2007, p. 210). 지식은 사회의 세력관계에 깊은 뿌리를 두고 사회적으로 형성되어지며, 그러한 구조에 대한 동의 혹은 동조의 결과로 만들어지는 것이라고 본다. 아이들은 지식을 통해서 자신들의 사회를 해석하거나 재구조화시키게 되는데, 그러한 개인적 지식의 구조화 과정에서 문화적 맥락 속에서의 또래나 성인들과의 사회적 관계(Social interaction)가 매우 중요한 역할을 하게 된다. 아이들은 의미를 재발견하거나 자신들의 개념체계를 재구조화시키면서 끊임없이 자신들의 세계에 대해서 배워 나가게 되는 것이다.

쉬로(Schiro, 2008)는 위와 같은 구분을 기준으로 지금까지 학자들의 교육과정 성격에 대한 구분들과 비교하여 다음과 같이 표로 제시하였다.

〈표 2-2〉 Schiro(2008)의 교육과정 이론의 성격 구분

Schiro(2008)	학문적	사회효율성	학습자중심	사회재건
McNeil(1972)	학문적	기술공학적	인본주의자	사회재건주의
Eisner(1974)	학문적 합리주의	공학과 인지과정	자아실현	사회재건
Fenstermacher & Soltis(1992)	자유주의자	행정실무주의자	치료주의자	–
Posner(1992)	전통적 및 학문구조적	행동주의적	경험적 및 인지적	–
Zeichner(1993)	학구적	사회효율성	발달주의자	사회재건주의자
Schubert(1996)	지성 전통주의	사회행동주의자	경험주의자	비판적 재구성주의
Joseph el al.(2000)	이해력구성, 규범 관련	일과 생존을 위한 훈련	자아와 영성 개발	지배질서저항, 민주주의 숙고
Ellis(2004)	지식중심	–	진보적,학습자중심	사회중심적
Kliebard(2004)	인본주의자	사회효율성	아동연구	사회개량주의자

위의 표에서 보여지듯이, Schiro는 교육과정이론들의 성격을 학문적, 사회효율성 측면, 학습자 중심, 그리고 사회재건적 측면의 네 가지고 구분하였고, 기존의

학자들의 구분도 그러한 틀에 비추어 유사한 양상으로 구분하여 볼 수 있다고 주장하였다. 즉, 학문적 측면이란 교육과정을 학생들이 배워야 할 지식의 모둠으로, 사회효율성 측면이란 교육과정을 지식을 전달하는 효과적인 방법론의 차원에서, 학습자중심이란 교육과정을 통해 어떤 학생들을 교육·양성하고자 하는지에 대한 관심으로, 마지막으로 사회재건적 측면이란 교육과정을 사회적 측면의 학교교육의 역할 차원에서 이해하는 입장을 나타낸다.

2. 지식의 사회학 (Sociology of Knowledge)

지식의 사회학이란 "지식은 어떻게 사회적으로 구성되는가?"에 대한 질문에 대한 해답 즉, 지식이 생성되는 사회적, 정치적, 문화적 배경에 대한 이해를 추구하는 학문분야이다. 한마디로, 지식(knowledge)이란 인간의 앎의 대상으로써, 시대와 장소를 뛰어넘어 영구불변하게 존재하는 어떤 객관적 진리가 아니라 역사적, 문화적, 사회적인 맥락 속에서 형성되고, 전달되고, 공유되는 인류 경험의 총체라는 관점이다.

1) 지식의 본질

(1) 지식의 본질에 대한 사회학적 이해

지식의 본질에 대한 사회학적 이해는 여러 이론적 입장에서 출발한다. 독일의 철학자, 경제학자 및 역사사회학자였던 마르크스(K. Marx, 1818–1883)는 기존의 지배적 지식은 대부분 지배귀족에 의해 만들어진 것이라고 주장하였고, 유대계 헝가리인으로서 지식사회학의 시조인 만하임(K. Mannheim, 1893~1947)은 인간은 각 사회계층별로 지식에 대한 제한된 접근방식을 통해 사회화된다고 주장하였다. 즉, 모든 지식은 이데올로기적이며, 학교의 교육과정을 통해 어떤 지식을 가르치는 것은 학생들에게 기존 질서, 세대의 규범과 인습을 강요하는 역할에 머물 수밖에 없다는 것이다. 그래서 이들은 학교에서 다루어지는 지식이 영구불변한 진리라고 여기고, 과학성, 객관성, 합리성의 측면에 입각하여 학교교육의 형식적, 기능적 측면만을 강조하는 기능주의 학교론을 비판한다.

이에 반해, 갈등주의이론은 지식은 진리처럼 당연하게 받아들여야 하는 것이 아니라 "객관적, 과학적 지식은 없다"고 주장하면서, "어떤 지식을, 왜, 어떻게 가르쳐야 될 것인가"하는 질문을 통해 학교교육을 이해해야 한다고 주장한다.

이렇듯 학교교육의 기능에 대한 기능주의 이론과 갈등주의 이론을 비교하면 다음의 표와 같다.

〈표 2-3〉 학교의 기능에 대한 상반된 입장

Functionalism (기능주의이론)	Conflict Theory (갈등이론)
–학교교육목표: 사회질서유지, 대중시민의 이익을 위해 존재 –교육목표: 지적, 인지기술을 훈련 정치적 측면: 체제순응적 인간관 사회적 측면: 사회적 응집력 증진 경제적 측면: 직업준비, , 개인적 재능양성 –재능 · 업적주의(Meritocracy) 옹호	–지배집단의 불평등 구조 –교육은 불평등 정당화 · 차별적 사회화 수단 –학교교육기능: (재능이 아니라 인종, 계급적 정체성에 의한 분류 –Meritocracy=능력차이라는 이데올로기 * Bowles & Gintis(경제적 재생산이론): 학교와 사회의 사회적 관계를 대응(corresponding)시킴

(2) 학교 교육과정에서의 지식의 특성

Ornstein과 Hunkins는 학교교육에서 지식은 다음과 같은 특징을 지녀야 한다고 강조한 바 있다(Ornstein & Hunkins, 1988, pp. 127–130).

- 3R과 의사소통능력, computer literacy와 같은 지식획득을 위한 기본도구 포함.
- 새로운 지식의 학습에 기존 지식을 활용하는 능력을 신장토록 하는 것.
- 실제 현실세계에 적용할 수 있는 것이어야 한다.
- 학습자의 자아개념, 인식기능, 자아통정감을 높여줄 수 있어야 한다.
- 다양한 형태와 방법으로 구성되어야 한다.
- 개개인이 미래의 기술공학적 세계에 대비할 수 있도록 준비시켜야 한다.

- 개개인으로 하여금 관료주의적 세계에 대해 준비시켜야 한다.
- 새 정보를 얻기 위해 옛 정보를 수정, 변경, 저장할 수 있어야 한다.
- 지식의 습득은 평생의 과정이어야 한다.
- 지식은 가치의 문제와 결부시켜 가르쳐야 한다.

2) 교과와 학문의 본질

과거에는 지식을 객관적이고 정적인 것으로 보았으나, 지금은 주관적이며 역동적인 것으로 보는 경향이 강하다. 과거의 학교교육은 과거 세대의 지식을 다음 세대인 학생들에게 전달하는 것이 주된 목적이었으나, 현재는 학생들의 앎의 과정, 비판적, 창의적으로 사고하고 지식을 탐구해 나가는 과정을 중요시한다. 만일 지식이 영구불변의 절대적 진리로 존재하는 것이 아니라면, 이제는 과연 그러한 지식의 근거가 무엇인가에 대해 고민할 필요가 있다. 한마디로 지식은 역사적, 사회적, 문화적 소산으로서 모든 인류경험의 총체이다. 그래서 지식은 객관적으로 존재하는 객체(object)가 아니라 주관적으로 구성되는 주체(subject)라고 이해되므로 학교에서 가르쳐지는 지식의 조직화된 모음을 교과(subject)라고 부른다. 한편, 학문(discipline)이란 보다 더 넓은 범주로 인류의 지식이 그 특성에 따라 범주화된 단위로써 학자들이 수많은 지식을 연구, 논의하기 위해 구분한 지식의 범주화(category)이다. 이러한 학문적 범주에 의거하여, 학교에서 관련지식의 모음을 학생들에게 보다 효과적으로 가르치기 위해 세분화하여 조직한 것이 교과이다(이성호, 2009, pp. 94–95).

3) 지식의 분류와 통합

지금까지 많은 학자들이 나름대로의 기준을 통해 지식에 대한 분류를 시도하여 왔는데, 그 중 몇 가지 분류를 소개하면 다음과 같다.

(1) 스펜서(H. Spencer, 1820~1903)

영국의 사회학자이자 사회진화론의 시조인 Spencer는 *Education: Intellectual, Moral, Physical*(1860)에서 인간의 지식을 그 유용성에 따라 분류한 바 있다. 그는 어떤 지식이 가장 유용한가?(What knowledge is of most worth?)란 질문에서 출발하여 지적, 도덕적, 신체적 교육으로 나눈 후 지식을 다음과 같이 구분하였다.

〈표 2-4〉 스펜서의 지식의 구분

생리학	인간의 자기보존에 직접 관계되는 활동에 관한 지식
물리, 화학, 수학, 경제학	생활필수품을 획득하는 수단으로서, 인간의 자기보존에 간접적으로 관계되는 활동에 관한 지식
도덕, 심리학	자녀의 양육과 교육에 관계되는 활동에 관한 지식
사회학, 역사학	적절한 사회적, 정치적 관계를 유지하는데 필요한 활동에 관한 지식
음악, 미술 등	개인적 기호와 취미를 만족시키기 위한 여러 여가활동에 관한 지식

"학습내용은 학문의 '대표 아이디어'(representative idea)를 나타내기 위해 선정되어야 한다. 대표 아이디어는 학문의 주요 특징에 대한 이해를 제공할 수 있는 개념들이다. 그것은 사소하거나 부수적인 아이디어가 아니라, 학문의 본질을 보여줄 수 있는 것이다. 대표 아이디어는 중요한 전체 양상을 나타내는 교과의 요소이자, … 교과의 정수(epitómes)다" (Phenix, 1964, p. 322-323).

(2) 피닉스(P. H. Phenix)

Phenix(1964)는 그의 저서 *Realms of Meaning*에서 인간은 의미를 경험하는 힘을 가진 존재라고 보고 지식은 외연적 측면에서 단수, 일반, 종합적 지식으로 구분하고, 내포적 측면에서 사실, 형태, 규범으로 나누어 다음과 같이 지식을 분류하였다.

〈표 2-5〉 Phenix(1964)의 의미의 성격에 따른 지식과 학문의 구분

외연 extension	내포 intension	용어 Term	학문의 예
단수적	사실	실존적 Synnoetics	철학, 심리학, 종교
	형태	심미적 Aesthetics	음악, 예술, 문학
	규범	윤리적 Ethics	도덕, 윤리
일반적	사실	경험적 Empirics	물리학, 생명 · 자연과학, 수학
	형태	표상적 Symbolics	언어, 수학
	규범	윤리적 Ethics	도덕, 윤리
종합적	사실	개괄적 Synoptics	역사(경험의 총체, 역사적 사실)
	형태	개괄적 Synoptics	철학(인식론, 존재론, 형이상학)
	규범	개괄적 Synoptics	종교 (도덕 및 윤리의 기초)

한편, Henderson(1965)은 지적 활동의 양식에 따라서 지식을 실증적 지식(자연과학, 사회과학), 논리적(수학), 도덕적(도덕, 윤리), 심미적(미술, 음악)으로 구분하기도 했다.

(3) 지식의 통합

역사적으로 많은 학자들이 지식을 분류해 온 한편, 최근에는 이러한 지식의 통합에 대한 논의가 큰 관심을 끌고 있다. 우선 Pring et al.(1978)은 교육과정의 통합방식을 교과목들의 상호연계, 주제를 통한 통합, 실생활 속의 실천적 사고 속에서 통합, 학습자 개인적 관심을 중심으로 한 통합으로 나눈 바 있고, Jantsch(1972)는 교육과정 개발상의 보편적 통합방식으로 다음과 같은 다섯 가지 통합방식으로 구분하고 있다.

- 다학문적(multi-disciplinary) 통합: 학문의 범주에 구애받지 않고 다양한 학문영역을 두루 섭렵하는 상태
- 복수학문적(pluri-disciplinary) 통합: 유사한 학문들간의 내용적 연계를 시도하는 상태

- 학문의 횡적연계(cross–disciplinary): 주제를 중심으로 관련 학문들의 내용이 광범위하게 연결되는 상태.
- 학문간 내적통합(inter–disciplinary): 최고 수준의 통합으로써, 관련성이 깊은 학문들간의 창조적 화합과 재조정이 일어나는 상태.
- 학문간 전교(Trans–disciplinary): 학문내용이 모든 수준에서 평등하게 조정과 통합이 이루어지면서, 학문적 구분이 모호해지는 상태.

이러한 학문의 통합방식은 현재 다양한 방식이 활발하게 시도되어지고 있으며, 이 구분의 타당성이 안정적으로 받아들여지기까지는 많은 시행착오가 필요하다고 볼 수 있다.

4) 교육과정과 문화

(1) 교육과정에서의 문화의 역할

교육과정은 그 사회의 문화(사고, 사상, 경험, 지식들이 학교에서 배워야 할 내용으로 구성된 총체)가 반영된 것이라는 말처럼, 교육과정과 문화(적 내용)는 밀접한 관계를 갖는다. 일찍이 Parsons(1952)는 문화란 한 사회 내에서 학습되고, 공유되고, 전달되는 되는 경험의 총체라고 정의함으로써 교육의 한 역할로서의 문화의 계승의 중요성을 강조했고, 문화들간의 상호접촉 및 상호작용(문화변용: acculturation), 사회화(socialization) 등이 교육의 중요한 요소로 자리잡고 있다. 특히 한 사회의 '계층화·계급화'(예 상류층문화, 중산층문화…)의 문제는 매우 중요하고도 민감한 문제로써 교육이 이에 어떠한 기여를 하는가가 '문화적 재생산(cultural reproduction)' 측면에서 교육의 중요한 논점 중의 하나이다. 마지막으로 문화의 특성 중 하나인 '다양성 vs. 동질성의 문제'와 그에 따라서 동일성사회 혹은 다문화사회에서 어떠한 교육을 지향해야 할 것인가, 그리고 매우 '유동적·역동적'인 문화의 특성에 따라 교육의 내용 및 방법을 어떻게 적용할 것인가를 고민해야 한다.

위와 같은 문화가 교육과정에 미치는 영향을 고려해 볼 때, 다음에서 설명하는 문화적 재생산이론과 헤게모니 이론은 교육과정에서 지식에 대한 이해가 얼마나 중요한지를 보여주고 있다.

(2) 문화적 재생산(Cultural reproduction) 이론

Bowls & Gintis(1976)의 *Schooling in capitalist America*에서 소개된 경제적 재생산이론이 경제적 측면에만 초점을 맞추었다면, Broudieu(1981)는 문화적 재생산 이론을 통해 경제적 재생산이론의 한계를 극복하고 경제적 측면 이외의 문화적 요인이 어떻게 교육을 통해 사회의 불평등 구조를 재생산하는가를 설명하고자 했다. 브르디외는 "학교교육이 어떻게 사회적 불평등을 영속화시키는가?"라는 질문에서 출발하여, 특권계급의 문화가 두드러져서 계층간 사회문화적 차이를 강화시키고 있다고 보고, 또한 학교교육을 통해 학문지식적 위계가 사회적 위계로 재생산되고 있다고 주장하였다.

그는 문화자본(cultural capital)이라는 개념을 사용하여 재화처럼 문화적 가치가 생산, 유통, 가치화된다고 보고 그 대표적인 예로 언어능력과 문화적 능력을 들었다. 즉, 사회계층간에 언어와 문화적 능력 같은 문화자본이 불평등하게 분배되고, 이는 사회계급적 불평등으로 이어지게 된다고 보았다. 즉, 지배집단은 권력의 힘으로 자신들의 문화자본을 보편화시키고 학교교육의 내용은 지배집단의 문화를 중심으로 구성되어 피지배계급의 아동들은 학습 내용을 이해하는 데 어려움을 겪거나 학습활동이 위축되어 결과적으로 문화자본을 더 많이 상속받은 중상류 계층의 학생들과의 경쟁에서 밀리게 되는 것이다. 이러한 경험의 축적에 따라 학생들은 주관적인 포부·희망의 결정과정에 있어서도 자신들의 문화적, 사회적, 경제적 현실의 객관적 한계에 맞추게 되어, 교육은 결국 지위의 불평등을 재생산하는 수단으로 전락하게 되는 것이다. 그는 교육과정이 기본적으로 문화적 재생산의 도구이며, 교육내용은 지배계급에 유리한 내용이 우선시되어 가르쳐지고, 수업방법 또한 문화자본을 소유한 부유층에 유리한 수업방식이나 시험제도를 통해 학습이 이루어진다고 주장하였다. 요컨대, 사회계급구조와 교육의 선발기능 간에는 밀접한 관계가 있으며, 학교 밖의 사회활동에서도 이러한 구별된 사회계층 및 지위집단을 상징해 주는 수많은 문화적 양상 등이 범람하게 된다고 설명하였다.

(3) 헤게모니(Hegemony) 이론

이탈리아 마르크스주의자인 그람시(A. Gramsci)는 심각한 경제 위기가 노동자들을 자동으로 혁명가로 만들 것이라는 마르크스주의의 "결정론적" 해석을 거부하고, 왜 노동자들이 자신들에게 적대적인 체제를 점차 받아들이게 되는가를 연구하였다. 이를 바탕으로 지배계급이 자본주의만이 최상의 사회 운영 방식이라고 노동자들을 설득하는 방식을 문화적 헤게모니 이론을 통해 설명하게 된다. 그는 지배계급이 교회·학교·언론·정당뿐 아니라 심지어 노동조합 같은 제도도 포함한 시민사회의 구조들을 통해 "지적·도덕적 지도력"을 유지하고 있다고 설명한다. 그는 이 제도들이 모두 자본주의를 지키는 "강력한 성채와 보루 체계"로 기능하면서, 자본주의를 지지하는 지배계급의 사상이 자연스러운 "상식"이 되도록 만들며, '노동자가 아니라 기업주가 부를 창출한다'거나 '사회복지를 주장하는 사람들은 게으르다'와 같은 주장 들이 설득력을 얻게 하고, 자본주의를 폐지하면 대혼란에 빠지거나 전체주의가 득세한다는 주장들을 사람들이 믿게 만드는 것이다. 헤게모니의 행사방식은 흔히 강제와 동의의 보완적 결합에 의해 이루어지고, 이러한 지배계급의 헤게모니 덕분에 정부나 기업은 자연스럽게 시민이나 노동계급을 계속 지배할 수 있게 된다고 본다. Gramsci가 헤게모니의 이론은 계급지배가 강압적인 힘의 사용만이 아니라, 전체 사회에 대한 지적·도덕적 지배를 구축할 수 있게 만드는 이데올로기적으로 흡인력 즉, 대중들의 지배계급의 세계관과 주장에 대한 합의에 의한 것임을 강조한다. 헤게모니 개념을 통해 자본주의 사회의 계급적 모순(예 하류층이 지배계층에 이득이 되는 주장을 계속 지지하는 현상)을 극복하기 위한 실천적 대안이 있어야 한다는 것이다. Gramsci는 마르크스 사상을 사회와 역사에 대한 비판으로 받아들이면서 의식의 실천을 강조하는데,

그 실천의 한 가지 방법이 생산 양식, 생산과 소유관계, 사상과 제도, 삶의 방식을 변형시키는 인간의 참된 존재실현을 위한 실천으로써 정치적 행동을 하는 것이라고 본다.

- 헤게모니(Hegemony): 피지배계층이 지배계층의 문화를 자연스럽게 수용토록 만드는 관습, 문화 등의 제도화된 규칙(=일상생활과 사회의식에 깊이 스며든 지배집단의 가치체계)
- 이데올로기(Ideology): 사회적 실천에서 구체화되면서 헤게모니를 유지시키는 생각, 주장, 신념, 논점, 사고체계 등.

미국의 대표적 비판 이론가인 애플(M. Apple)은 현대사회에 다음의 세 가지 이념이 사회를 지배하고 있다고 주장한다. 첫째, 사회발전이 과학 및 산업의 발달에 크게 의존하고 있다는 생각(과학주의이념), 둘째, 경쟁시장을 통해 개인의 능력이 최대로 실현될 수 있다는 생각(경쟁주의 이념), 그리고 셋째, 훌륭한 개인이란 상품이나 서비스를 생산하는 데 기여하고, 이를 또한 잘 소비해주는 역할을 하는 소비자가 되어야 한다는 생각(자본주의 이념).

Apple은 이러한 이데올로기의 생산과정에서 전문적이고, 생산적 지식을 많이 만들어내는 대학과 같은 고등교육기관이 결정적인 역할을 하고 있다고 지적한다. 한편으로 이러한 사회지배적 이데올로기를 이해하는데 있어서, 노동계층, 사회적 소외계층, 미성년·청소년 계층이 어떠한 저항, 순응을 하고 있는지를 같이 이해할 수 있어야 한다고 지적하였다.

이러한 헤게모니 이론은 현재 교육학을 이끌어가는 핵심 이론·세계관 중의 하나인 비판적 교육학(critical pedagogy)의 출발이 되는 것으로, 비판적 교육학은 현대 사회의 교육문제들이 갖고 있는 물질주의, 경쟁주의, 비인간화, 소외, 양극화, 후기식민주의, 포스트모더니즘 등의 문제들이 갖는 원인에 대한 비판과 그 대안적 방안을 제시하는 하나의 중요한 관점으로 활발히 논의되고 있다.

3. 비판적 교육학 (Critical Pedagogy)

1) 비판적 교육학의 정의 및 성격

(1) 정의

비판적 교육학이란 학생들이 자신의 삶과 사회에 대한 의식적, 비판적 시각을 통해서 사회에 존재하는 각종 억압과 불평등, 부정의의 근원을 깨닫게 하고, 이를 근본적으로 개혁할 수 있는 실천가로 성장하게 하는 것을 목표로 하는 교육철학 및 이론이다.

후기식민주의(post-colonialism)란 16, 17세기의 근대국가의 형성과정에서 서유럽의 강대국들에 의한 식민주의적 영토확장의 세계사적 흐름이 20세기 중반에 제2차 세계대전의 종식으로 수백년간의 서유럽 강대국 및 북미에 의한 형식적인 식민 지배체계가 종료되었지만, 그 이후에도 그동안의 식민 지배 역사의 여파로 과거의 식민 피지배국들인 남미, 아시아, 아프리카 등의 제3세계 국가의 정치, 경제, 사회, 문화의 모든 영역에 걸쳐 피식민지였던 과거사의 잔재가 남아있는 현상을 비판적인 관점으로 해석하려는 제반 이론을 가리킨다.

(2) 성격

비판적 교육학은 기본적으로 후기식민주의(post-colonial)적 교육의 관점을 토대로 하는데, 이러한 후기식민주의적 성격으로 인해 식민주의적 잔재가 피식민 국가의 모든 사회현상에 남아있어서, 교육의 문제에도 근본적인 영향을 미치고 있다고 주장한다. 따라서, 교육은 식민지배국의 지식, 문화 등의 단순한 수용이나 확장이 되어서는 안 된다고 보고, 교육은 본질적으로 정치중립적이거나 가치중립적인 것이 아니라 정치적인 현상이라고 주장한다(Kincheloe, 2008). 그러므로, 사회 속에서의 지배집단의 세력의 기원에 대한 논의나, 개인·집단들간의 세력다툼이나 이권개입에 대한 분석, 그리고 교육내용에 기득권세력의 사회질서유지를 위한 이데올로기 등이 내재되어있지는 않는지에 대한 비판적 인식이 필요하다고 주장한다.

한편, 비판적 교육학에서 교사와 학생의 관계는 '상호 간의 깊은 존중의식(A deep respect)'을 갖고, 교사 및 학생들이 서로 가르치고 배울 수 있는 상호적인 관계(a teacher who learns & a learner who teaches)를 지향한다. 또한 교사는 실천연구자(action researcher)이자, 학생들의 배경과 관심사에 대해 잘 알고 이해할 수 있어야 하며, 궁극적으로 '학생들을 위해 헌신하고 대신 싸워줄 수 있는 교사(warrior intellectuals)'를 지향한다.

지식의 정치학: 지식 그 자체가 정치적이라 여기고, 상대적 진리관을 갖고 있다. M. Apple은 어떤 지식이 공식적으로(official) 가르쳐지고 있는가를 문제 삼았고, 많은 교육기관들이 기득권자와 비기득권자의 차이를 유지하는 역할을 한다고 지적하였다. 또한 대학에서 배우는 '공인된' 지식들이나 학계의 자기보존(self-sustaining) 시스템에 대해 비판하기도 한다. 아울러, 현재의 지식의 형성을 주도하는 남성 구미 백인학자들(European white male scholars)의 기득권을 문제시하기도 한다.

(3) 비판적 교육학의 역할

비판적 교육학의 역할은 교육을 통해 사회나 학생 자신들을 둘러싼 각종 사회적 불평등요소, 억압, 선입견 등을 깨닫게 하고, 특히 학생들을 의식화(concientization) 교육을 통해 모든 사회적, 정치적, 경제적 억압으로부터 해방시키며, 학생들이 자기 스스로를 돕도록 만드는 것이다. 비판적 교육학은 교육의 근간을 사회적 정의의 비전을 세우는 것으로 보고, 기본적으로 정의와 평등을 위한 교육을 지향하며, 억압받는 대중의 인권 문제해결이 교육의 중요한 목적 중의 하나가 된다. 결국 교육은 학생들의 해방과 지적인 성장(emancipation & intellectual growth)을 지향하여, 학생들이 자신의 삶을 개척해나갈 수 있도록 하고, 자신이 속한 공동체에 사회적 불평등을 극복하고 정의를 세울 수 있는 혁신가가 되도록 돕고자 한다.

(4) 비판적 교육론의 주된 학자들

① 킨키로우(J. Kincheloe, 1950~2008)

캐나다 맥길대학 교수로 재직하면서 비판적 교육학, 비판적 후기형식주의 교육심리학, 비판적 다문화주의, 비판적 혼성주의(critical bricolage), 비판적 존재론(critical ontology), 비판적 복합인식론(critical complex epistemology) 분야에서 많은 학문적 업적을 쌓았다. 그는 무엇보다도 현지인들의 문화, 역사, 의술, 종교, 전통 등의 가치를 존중하는 토착지식(Indigenous knowledge)의 중요성을 강조했으며, 토착지식을 통해서 원주민들은 자신들의 힘을 키워야 하고 그들의 삶을 옭아매고 있는 식민주의적 틀에서 벗어날 수 있다고 주장하였다. 그의 최근 저서로는 *Knowledge and Critical Pedagogy: An Introduction*(2008), *Knowledge of indigenous peoples across the globe*(2007), *Critical Pedagogy*(2004), *Teachers as Researchers: Qualitative Paths to Empowerment*(2002) 등이 있다.

② 쇼어(I. Shor)

Shor는 뉴욕시립대의 교수로 작문과 수사를 가르치고 있는데, 교육은 학생중심의 민주적이고 변증법적(dialogic)이며, 간학문적인 활동이 되어야 하고, 교사중심의 학습이 아닌 학생 스스로 자신의 배움을 주도할 수 있어야 한다고 주장한다. 비판적 교수는 학생들의 주도에 의한 주제를 바탕으로 생소한 문제들에 대한 회고(reflection)를 통해 이를 자신의 것으로 소화시키는 것으로부터 시작한다고 본다. 자신의 저서 *Empowering Education*(1992)에서 사고하고 읽고 쓰고 표현하는 활동을 바탕으로 표면적 사회현상 이면에 있는 내면적인 것에 대한 숙고를 통해 학생들은 사회 속에 존재하는 신화(myths), 관용표현(clichés), 관습적 가치, 근거없는 주장 들을 극복할 수 있어야 한다고 강조했다. 그녀의 최근 저서로는 *When Students Have Power*(1996), *Critical Literacy in Action*(1999), *Education is Politics*(1999) 등이 있다.

③ 맥라렌(P. McLaren, 1948~)

현재 미국 UCLA의 교수로 재직 중인 McLaren은 비판적 문해(Critical Literacy), 문화연구(cultural studies), 비판적 문화인류학(cultural ethnography) 및 막스주의적 인본주의(Maxist humanist)의 대표학자로 불리운다. 그의 주요 저서로는 *Capitalists and Conquerors*(2005), *Teaching Against Global Capitalism and the New Imperialism*(2005), *Revolutionary Multiculturalism: Pedagogies of Dissent for the New Millennium*(1997), *Critical Pedagogy and Predatory Culture*(1995) 등이 있다.

④ 지루(H. Giroux, 1943~)

Giroux는 문화비평, 청년연구, 고등교육, 미디어연구 및 비판이론 분야의 세계적인 연구자로서, 마르크시즘과 프레이리의 사상적 영향아래, 급진적 민주주의자이며, 신자유주의, 군사주의, 제국주의, 종교적 근본주의에 대한 강력한 비판을 제기하고 있는 것으로 유명하다. 그의 주저로는 *Ideology, Culture and the Process of Schooling*(1981), *Theory and Resistance in Education*(1983), *The Hidden Curriculum and Moral Education: Deception or Discovery? with David E. Purpel*(1983), *Teachers as Intellectuals: Toward a Critical Pedagogy of Learning*(1988), *Border Crossings: Cultural Workers and the Politics of Education*(1992), *The University in Chains: Confronting the Military-Industrial-Academic Complex*(2007), *Youth in a Suspect Society: Democracy or Disposability?*(2009) 등이 있다.

2) 프레이리(P. Freire: 1921~1997)의 교육론

(1) 배경

Freire는 브라질의 한 중산층 가정에서 태어났는데, 1929년 미국의 경제대공항의 여파로 가세가 기울어 경제적 어려움에 처하게 되었다. 그는 가난과 배고픔으로 더 이상 학업을 지속할 수 없다는 것을 깨닫고, 이 문제의 해결을 위해 여생을 헌신키로 결심하고, 브라질 빈민층을 위한 문해(literacy)교육 사업에 정진하였다.

하지만, 1964년 브라질에서 군사쿠데타가 일어나자 그는 반정부 활동을 했다는 혐의로 70일간 감옥에 갇히게 되었고, 이 일을 경험으로 "왜 정부는 변화를 요구하는 사람들의 입을 막는 걸까?"라는 근본적인 의문을 갖게 되었고, 그러한 문제의식을 바탕으로 자신의 교육철학을 담은 *Pedagogy of the Oppressed*(1968)을 출간하게 된다.

(2) 억압된 자들을 위한 교육(Pedagogy of the Oppressed)

'억압된 자'란 인종, 계급, 성차, 종교, 그리고 신체적 소수자들을 가리킨다. 프레이리는 진정한 교육은 이들을 위해서 봉사하는 것이고, 그들이 대화·변증(dialogue)의 방법론을 통해서 인간과 실존적 필요성을 대면할 수 있도록 하고 회고(reflection)와 실천적 참여(praxis)를 통해서 자신의 삶을 변혁(transform)할 수 있도록 돕는 것이 참된 교육의 역할이라고 믿었다.

(3) 교육의 핵심목표

프레이리는 교육의 핵심목표를 한마디로 '세계의 변혁(transform the world)'이라고 보았다. 이를 위한 교육방법론으로 대화·변증(dialogue)을 강조했는데, 그 선결조건은 다음과 같다.

- Profound love for the world: 억압된 자들의 상황인식
- Humility: modesty, no arrogance(겸허함, 낮은 자세)
- Intense faith in man: mutual trust(인간에 대한 신뢰)
- Hope: incessant pursuit of the humanity(희망)
- Critical thinking(비판적 사고력): indivisible solidarity(연대)

(4) 교육원리

프레이리 교육이론은 변증법적인 대화를 통한 소통이 진정한 교육의 출발점이라고 보고, 기존의 지식축적식 학습(óanti–dialogic banking)을 강하게 비판하였다.

① 자각(awareness), 회고(reflection), 해방(emancipation)

학생들은 인간성이나 사회현실, 그리고 억압받는 자들의 상황에 대한 자각으로부터 출발하여 자신의 삶이나 사고의 굴레로부터 스스로의 회고과정을 통해 해방을 모색해야 하고, 궁극적인 자신의 삶의 의미를 확인하고, 자신이 살아가는 사회의 역사문화적 맥락에 대한 이해를 추구하는 것이 교육의 출발점이라고 믿었다.

② 지식축적식 교육(educational banking system) 탈피

학생은 지식을 채워야 할 '빈 통장'이 아니고, 교육과 학습의 기초가 될 삶의 경험과 자기 고유의 지식을 형성해 나가야 할 존재이므로, 학생들의 실패를 비난하거나 그들의 사전경험이나 지식을 불합리, 비이성적, 원시적인 것으로 매도하지 말아야 한다. 한편, 프레이리의 교육방법은 한마디로 '비판적 실천의 순환'으로 이름지을 수 있다. 프레이리는 실천(Praxis)이란 바로 문제해결이며, 그 실천의 과정은 a) 문제의 규명, b) 문제원인의 분석, c) 문제를 해결하기 위한 집단적 계획 구상, d) 집단적(collective) 행동계획을 도입, e) 행동의 평가, 효과성 분석 및 문제의 현 상태 재점검으로 나누어 볼 수 있다고 주장하였다.

4. 융합 교육과정

1) 융합교육과정의 등장과 변천

사회가 발달함에 따라 지식이 폭발적으로 증가함으로써, 이를 후대에 가르쳐야 한다는 교육적 부담도 커지고 있다. 하지만 지식의 증가와는 별도로 사회에서 요구하는 태도, 기술, 가치관 등에 대한 교육적 요구도 적지 않기 때문에 학교교육에서 어떤 내용을 어느 정도 수준으로 다루어야 하는가의 문제는 교육과정의 중요한 이슈이자 학교교육의 책임으로 간주되고 있다.

통합의 일반적 정의는 "부분들이 결합되어 부분들이 지니지 않은 전체성을 만들고 있는 상태"를 말한다. 그리고 교육과정 통합은 지식이란 파편적인 것이 아니라 궁극적으로 통합적이라는 인식론적 토대를 바탕으로 한 것이지만, 실제로는 지식이 폭발적으로 증가하는 미래에 대응하기 위한 학교 교육과정의 역할에 부응하고자 한 것이었다(Vogler, 2003). 본 저서에서는 융합과 통합이 학교교육에서 쓰이는 방식을 '지식의 융합'과 '교육과정의 통합'으로 정리하여 사용하고자 한다. '지식의 융합은' 사회적 및 자연적 현상에 대한 지식이 단편적인 사실에서 나오는 것이 아니라 다양한 현상을 서로 다른 관점으로, 그리고 변화 양태까지 파악하기 위해 융합적 인식이 필요하기 때문에 그러한 지식의 융합적 특성을 자연스럽게 수용한다는 것이다. '교육과정의 통합'은 학생을 효과적으로 가르치기 위해 기존의 분절된 지식의 범주를 학교교육의 실천 차원에서 의도적으로 통합한다는 의미이다. 이러한 구분은 융합(fusion)과 통합(integration)이라는 본래의 언의(lexicon)에 비추어 봐도 손색이 없는 구분이다.

교육과정 통합의 방향을 바라보는 시각은 다양하게 존재한다. 첫째, 학생중심의 관점에서는 통합교육과정의 의미는 수업의 중심이 교과 지식에 있는 것이 아니라 학생에 있다는 것이다. 따라서 교사의 역할도 학생을 교과에 맞추려하는 것이 아니라, 교과를 학생에게 맞춰주는 역할을 해야 한다. 한 교과에서 나온 주제를 중심으로 하거나, 여러 개의 교과를 연결하여 학생들의 학습을 돕기 위한 보다 적절한 수업을 구성하여 학생과 함께 수업을 진행하는 것이 통합교육과정의 목표라는 것이다. 즉, 교과 통합 수업은 그 자체가 목적이 아니라 학습자의 편에서 통합이 의미 있게 지각되고 활용되기 위한 수단이자 그러한 노력의 결과인 것이다.

둘째, 통합은 학생들이 개별적 교과지식의 습득이 아니라 지식 세계의 전체성을 탐색하기 위한 기회라는 관점이다. 즉, 통합적 접근의 의미는 여러 교과지식들의 논리적인 통합의 수준에 의해 판단할 수 있는 것이 아니라. 학습자 자신과 그들의 세계에 대해 의미 있는 문제와 개념들을 보다 전체적인 견지에서 탐구하게 한다면 의미가 있다는 것이다(유광찬, 2008).

셋째, 통합에서의 전체성의 실현이 의미가 있지만, 실제적인 교육과정에서는 교과들의 상호관련성(inter−relation)을 모색하는 것이 더 현실적이라는 입장이다. 즉, 통합이란 차별성보다 관련성에 초점을 맞추어 종합적인 사고의 신장을 도모할 수 있는 교육적 접근이라고 본다(김대현, 2011).

그렇다면 교육과정의 통합은 어디에서부터 시작되었는가? 20세기 초반에 Dewey의 경험주의 철학을 바탕으로 한 진보주의교육운동(The Progressive Education Movement)이 한창이었던 시기에 교과 지식 자체에 대한 학습에서 벗어나 아동의 흥미와 호기심을 중심으로 한 교육의 차원에서 교육과정에 대한 통합적 접근이 관심을 끌었다. 지식의 통합, 그리고 이를 실천하기 위한 교육과정의 통합에 대한 대표적인 관점의 예로, Dewey(1916)는 교과 지식은 현재 사회생활에 필요한 내용을 중심으로 이루어져야 하고, 학습은 지식 자체가 아니라 실제적인 경험의 재구성이며, 그러한 경험은 통합적으로 조직되어야 한다고 주장하였다. 같은 맥락에서 독일 교육철학자 Frobel(1926)도 유아는 모든 경험을 통합함으로써 전인 발달을 이룰 수 있다고 주장한 바 있다.

교육과정 통합은 특히 1940년대에 대두된 중핵교육과정(core curriculum) 개념의 등장과 더불어 활발히 논의되기도 하였다. Lorenzen(1940)은 사회문제 연구를 위해 교과영역들을 통합하고자 하였는데, 이것이 곧 중핵교육과정의 출발점이었다. 중핵교육과정은 진보주의 교육의 한계를 극복하기 위해 학생의 흥미와 간학문적인 지식의 관계를 연계시키거나 아동이 인식한 문제들을 사회문제와 통합하여 가르치고자 하는 접근법으로써, '아동의 적합성'과 '사회적 적합성'을 동시에 고려하고 지식 탐구의 중요성을 강조한 것이다. 따라서 중핵 교육과정의 특징(Oliva, 2001)은 i) 모든 학생에게 필수적으로 요구되는 내용으로 교육과정의 일부분을 구성하고, ii) 교과를 결합하거나 융합하며, iii) 수업내용은 대부분 학문의 경계를 횡단하는 문제들로 구성된다는 것이다. 그에 따라 중핵교육과정의 대표적 학습방법은 문제해결법이며 교사들과 학생이 함께 교육과정을 설계하기도 했다.

그러던 중 1960년의 브루너(J. Bruner)의 학문중심 교육과정이 학문 영역마다 특수한 지식의 구조에 대한 탐색을 강조하면서 교육과정에 대한 분과주의적 접근이 우세해지면서 교육과정의 통합에 대한 관심이 잠시 움츠러들기도 했다. 하지만, 이러한 학문중심 교육과정의 지나친 분과주의적 접근은 1970년 들어 엘리트중심의 교육과 지식중심 학문 탐구의 편중성에 대한 비판에 직면하면서, 다시금 융합적 지식에 대한 관심이 고개를 들기도 했다.

이러한 시대적 변화를 거친 후, 1970년대 후반 들어 '교육과정 통합'(curriculum integration)이란 개념이 이론적으로 체계화되기 시작하였다. 이때 통합(integration)이란 용어는 두 개 이상의 교과를 조합(combination)하는 것을 나타내기 위해 사용되었다. 1980년대에 들어서도 통합교육과정은 당시의 급속한 사회 변화에 교육 제도가 융통성있게 대처하기 위한 필수적인 수단이라고 보았고, 기존의 형식적인 학교 교육에 대한 개혁의 한 방법으로서 여겨졌다. 이후 21세기에 들어선 이후까지도 통합 교육과정의 개념의 정의에 대한 학자들의 동의가 이루어지지 않았고, 앞서 언급한 것처럼 동일한 주제에 대해 2개 이상의 교과의 핵심 개념을 동시에 다루는 것이라는 가장 단순한 의미에서 사용되어 왔다(Buxton & Whatley, 2002).

2) 교육과정 통합과 융합의 개념 차이

(1) 지식의 통합과 융합

지식의 통합(integration)은 그 자체로서는 의미를 갖기 어려운 단편적 지식, 정보, 사실들을 특별한 목적에 활용하기 위해 수집하고 정리하여 보다 일관성 있게 지식을 체계화하는 과정이라고 볼 수 있다. 그런 의미에서 지식의 통합은 다음과 같은 역할을 한다: 첫째, 우리의 사고의 범주를 확장(expand)함으로써 우리가 직면한 다루기 어려움직한 난관들을 극복할 수 있는 아이디어들의 조합을 얻을 수 있다. 둘째, 상충하는 아이디어들을 조율(reconcile)함으로써 우리는 숨은 가정들과 논리적 불일치(logical inconsistencies)들을 보다 개방적으로 직면할 수 있다. 셋째, 다양한 관점들을 통합(synthesize)함으로써 우리의 사고를 보다 분명하게 하여 일관성이 없거나, 불일치하거나 불확실한 영역((in)coherence, (dis)agreement, or (un)certainty)을 두드러지게 할 수 있다. 넷째, 아이디어들을 연결(connect)함으로써 우리는 부분의 합 이상의 총체성(whole)을 창조해 낼 수 있다. 그러므로 지식 통합의 목표는 다양한 아이디어를 엮어서 보다 일관성있는 네트워크로 만들어 내는 것인데, 그 네트워크는 상호연결된 아이디어들의 조합이 가져오는 시너지를 바탕으로 보다 확실하고(robust) 기능적으로 작동함으로써 복잡한 상황들에 대해 보다 지적인 해결능력을 발휘할 수 있게 되는 것이다.

반면, 지식의 융합(fusion) 혹은 융합적 지식(fused knowledge)이란 개념은 각 교과 지식이 독자적인 학문 영역이나 지식의 특징을 가지고 있다는 전제가 강하지 않다. 예를 들어, 과거에는 화학 분야의 지식과 생물학 분야의 지식이 엄격히 다르다고 여겨졌지만, 오늘날 생화학 분야에 대한 학문적 성과들은 두 영역이 결코 간단히 분리될 수 있는 영역이 아니라는 것을 깨닫게 해주었다. 즉, 지식의 통합이 지식의 독자성을 전제로 한 이후에 그것의 결합을 의미하는 것이라면, 융합적 지식이란 어떤 한 지식이 다른 지식에 포함되거나(embedding)나 인위적으로 통합(integrating)한다는 개념을 넘어 기본적으로 지식을 학문 영역별로 분리하여 다루지 않는다는 것이다.

(2) 교육과정의 통합과 융합

교육과정의 통합과 융합의 차이는 두 가지 점에서 논의할 수 있다. 첫째, 통합 교육과정이 하나의 교과 지식에 다른 교과 지식을 내포(embedding), 삽입(inserting), 이식(implanting)하는 것이라면, 융합 교육과정은 두 개 이상의 교과영역의 내용을 동등하고 균형 있게 다루는 것을 목표로 하고 있다. 즉, 융합교육과정은 단순히 한 교과지식에 다른 교과지식을 끼워 넣거나 섞거나, 삽입(incorporating) 혹은 결합(combine)하고자 하는 것이 아니고, 두 개 혹은 그 이상의 교과들의 학습 목표나 표준(standards)을 이음새 없이 융합함으로써 교과 내용 간의 충분한 결속이 이루어지게 하는 것이다.

둘째, 통합 교육과정은 지식이나 학문 영역을 우선으로 한 다음 그것의 통합을 통해 현실 문제에 접근하고자 한다면, 융합교육과정은 지식이 적용되는 현실 세계의 문제들에 대한 인식을 우선으로 하고, 그러한 문제를 다루기 위해 학문과 지식의 역할이 무엇인가를 고민하는 것이다. 즉, 지식의 통합이 지식(이론)에서 출발하여 지식의 통합을 통해 실천의 문제를 다루려는 연역적 접근(deductive)이라면, 융합적 지식은 현실적 문제를 해결하기 위해 관련된 지식들을 탐색하고 해결책을 모색하는 귀납적 접근(inductive)을 취하는 관점으로 이해할 수 있다.

이러한 이유들을 놓고 볼 때, 오늘날의 지식에 대한 접근은 지식의 통합의 차원에서보다는 융합적 지식의 차원에서 이루어지는 것이 더욱 시의적절하다. 우리는 구분되어있는 지식을 의도적으로 통합하려고 하는 것이 아니라, 지식은 본질적으로 융합적이기 때문에 그러한 지식의 본질에 맞는 학문적이고 교육적인 실천방법을 모색하는 것이 바로 융합교육과정인 것이다.

(3) 융합교육과정의 목적과 특징

융합교육과정은 세 가지 측면에서 그 의의를 찾을 수 있다. 우선 일정한 교육목표를 달성하기 위한 교육내용 차원의 융합적 접근이 있고, 다음으로는 그러한 융합된 교육내용을 바탕으로 학습자의 지식적 측면뿐만이 아니라 정서, 인성, 기술 등 전인적인 성장을 위한 통일적 접근의 측면이 있으며, 마지막으로 개인들의 그러한 보다 온전한 교육을 바탕으로 보다 바람직한 사회를 만들어 가고자 하는 것이 융합교육과정의 목적이다.

이러한 목적은 융합교육과정의 다음과 같은 특징으로 인해 달성될 수 있다. 첫째, 지식의 분결화를 극복함으로써 배우고자 하는 어떤 주제나 현상과 관련된 다양한 분야의 교과 지식을 종합적으로 다룰 수 있다. 둘째, 학생들의 심리적 특성을 더 많이 고려할 수 있고, 학생들의 다양한 학습스타일을 보다 존중해 줄 수 있다. 셋째, 학습동기를 더 효과적으로 유발하기 때문에 학습효과를 증진시켜줄 수 있고, 따라서 지식 습득 자체 뿐 아니라 전반적 사고력의 발달에도 도움이 된다. 넷째, 교과 지식 자체 보다는 실제적인 삶 속에 적용될 수 있는 지식과 기술에 집중하여 가르칠 수 있기 때문에, 학습된 지식을 적용해 볼 기회가 많다. 다섯째, 교육과정 편성의 차원에서도 보다 효과적으로 교육내용을 조직화하고 한정된 시간을 중요하고 핵심적인 내용을 가르치는데 할애할 수 있다.

현재까지 많은 현장 교사들은 학생들이 교과 통합을 통해 지식과 기술을 넓힐 수 있다는데 동의하고 있다(James, Lamb, Householder, & Bailey, 2000). 하지만 지금까지 교과지식은 개별 학문들 영역의 구분에 따라 분과주의적으로 조직되어 왔기 때문에 지식의 융합은 현실적으로 쉽지 않다. 두 개 혹은 그 이상의 교과영역에서 서로 완전히 융합된 성질의 지식이나 기술들을 교육목표로 설정할 수 있으면 좋겠지만, 지금까지 형성되어온 학교교육 지식의 환경 속에서 이것이 그리 쉬운 일이 아니다. 융합하고자 하는 교과들 간의 지적 연관성이나 중요도(비중), 그리고 핵심 개념들을 어떻게 설정할 것인가에 대한 학문적 갈등도 문제지만, 교과들 혹은 학문 분야들 간의 주도권 문제와 같은 비학문적 갈등요인들도 융합 교육과정의 개발에 큰 영향을 미친다.

그렇다면 학교교육과정에서 지식의 융합은 어떻게 이루어지는가? 교육과정의 융합은 교육과정 내에서 교과지식들이 조직되는 여러 원리들을 바탕으로 이루어질 수 있다. 즉, 교육과정 내용조직의 원리에 대한 초기 이론은 Tyler(1949)가 제시한 계열성(sequence), 연속성·계속성(continuity), 통합성(integration)을 강조하였고, 쉬레이더(Schrader)는 계속성, 나선성, 응집성, 그리고 통합성을 제시한 바 있다. 이러한 교육과정 내용 조직의 주요한 원리는 다음과 같은 것들이 있다.

〈표 2-6〉 교육과정 내용 조직의 원리들

범위(Scope)	내용의 폭과 깊이	교육과정 내용선정시 최우선 고려 사항
계열성 (Sequence)	내용의 순차적 조직 (통시적)	학습내용이나 경험의 시간적 순서로써, 내용계열화의 원리에 따른다(예 연대기, 유용성, 문화기이론, 발달단계, 논리적 관계 등)
통합성 (Integration)	학문의 융합, 통일 (통시적)	교육과정경험의 수평적 관련성 Beane (1997): 교육과정 통합의 차원 (경험, 사회, 지식, 교육과정 설계방안 통합) Ingram(1979, p. 44-54): 교육과정통합의 기능을 인식론적 기능, 심리학적 기능, 사회적 기능으로 나눔.
연속성 (Continuity)	내용의 반복성 (공시적)	이미 배운 내용과 앞으로 배울 내용과의 관련성으로써, 교육내용의 반복 및 누적효과를 노린다.
연계성 (Articulation)	내용상호간 관련성 (통시적)	교과의 수평적 관련성이나 학습자의 내적 지식의 통합:
균형성 (Balance)	내용상의 균형	내용들, 관점들, 이론 · 실천의 균등한 이해와 분배

(4) 교육과정의 융합 방식과 융합교육과정의 여러 형태

교육과정은 학교교육이 체계적이고 효율적으로 이루어질 수 있도록 학생들이 배워야할 지식 즉 교과내용을 선정하고 체계적으로 조직하는 역할을 한다. 그런데, 교육과정 지식에 대한 융합적 접근이 시도되기 이전에는 전통적으로 내용중심(content–oriented) 교육과정이 있었고, 두세 개의 내용(교과)을 통합한 내용중심 통합(integrated) 교육과정도 존재했으며, 또한 교과내용이 아닌 학생들의 사고과정을 중심으로 지식을 통합한 사고과정중심(thinking–oriented) 교육과정이 개발되기도 하였다(Costa & Liebman, 1997). 이처럼 여러 학문 분야의 지식이 교육과정에 포함되는 방식에 따라 다양한 교육과정의 설계가 이루어진다. 20세기 중반 이후의 교육과정의 발전과정을 놓고 볼 때, 교육과정의 설계방식은 크게 세 가지 설계유형으로 나누어 이해할 수 있다.

첫째는 교과중심설계인데, 이는 교과(subject)의 형태로 분류되고 구성된 지식 자체의 존재를 그대로 인정한 채, 통합의 정도에 따라 네 가지 유형–즉, 분과형, 상관형, 융합형, 광역형–으로 구분한 것이다. 분과형은 교과 각자가 독립적으로 다루어지는 교육과정이고, 광역형은 다양한 분야의 교과들이 교육과정 안에서 통합적으로 다루어지는 방식을 말한다.

둘째는 활동중심설계로써, 아동중심, 활동중심 교육원리를 강조한 Dewey의 교육사상을 기반으로 한 진보주의 교육운동(the progressive education movement)의 결과로 나타난 교육과정이다. 그러므로, 활동중심 설계에는 교과 지식을 중심으로 하기보다는 학생들의 흥미나 호기심을 기반으로 지식을 재구성하는 아동중심(child–centered) 교육과정이나, 지식을 이론적으로 다루는 것이 아니라 실제적인 활동(activity)과 경험을 중심으로 수업을 조직하는 활동중심 교육과정이 여기에 속한다.

셋째는 문제중심설계인데, 이는 1970년대에 등장한 사회재건주의(social reconstructionism) 교육사조의 영향을 받아 소개된 교육과정이다. 문제중심 설계는 기존의 교과지식이나 학생들의 흥미, 호기심에 기반한 경험 자체를 중심으로 수업

내용을 설계하는 것이 아니라, 학생들이 직접적으로 사회에 적응하고 사회문제를 이해할 수 있도록 수업내용을 조직하고자 하였다. 이 문제중심 설계의 대표적인 교육과정으로 항상적 생활장면 중심의 설계와 사회문제중심의 중핵설계가 있다. 전자는 학생들이 살아가는 가정과 사회에서의 일상적 삶의 모습들을 중심으로 학생들이 보다 직접적으로 사회에 적응하고 사회 문제들에 참여할 수 있도록 돕는 수업내용으로 교육과정을 구성하는 방식이다. 후자는 사회가 당면한 여러 문제들과 사회적 요구들을 중심으로 수업내용을 구성하되, 학생들의 요구와 교과지식의 성격을 동시에 고려하여 그 중첩되는 요소들을 중심으로 교과 내용을 구성하는 중핵교육과정의 성격을 갖는다. Oliva(2001, p. 273)는 이러한 중핵 교육과정의 특징으로 i) 모든 학생에게 필수적으로 요구되는 교과지식의 일부분을 포함하면서도, 교과지식을 결합하거나 융합할 수 있고, ii) 수업 내용의 대부분이 학문의 경계를 횡단하는 문제들로 구성되며, iii) 주된 학습방법으로 교사와 학생들의 협력을 강조하는 문제해결 학습, 프로젝트 학습을 수행함으로써 보다 실용적이고 실제적인 학습을 할 수 있다는 것을 강조하였다.

위와 같이 교육사조에 따라 다양한 교육과정 통합의 유형이 존재하는데, Jacobs(1989, 14–18)는 이를 종합하여 교육과정의 설계방식을 다양한 지식들의 통합정도에 따라 '분과형–병행형 – 다학문형 – 학제형 – 통합일괄형–완전개방형'으로 구분하기도 하였다. 여기서 분과형은 각 교과지식들을 완전히 별개로 다루어지고 통합이 이루어지지 않는 상태에서 교육과정을 설계하는 것을, 병행형은 두 개 정도의 교과 지식이 같이 다루어지는 수업을 포함한 교육과정을, 다학문형은 두 개 이상의 복수의 교과지식들을 포괄하여 설계된 수업으로 이루어진 교육과정을 가리킨다. 그리고 학제형 교육과정은 오늘날 인문학, 자연과학, 사회과학처럼 특정 학문 영역 내의 모든 지식을 포괄하는 수준의 수업으로 이루어진 교육과정을, 통합일괄형은 학문 영역의 구분을 넘어서 완전히 지식을 통합하여 구성한 수업으로 이루어진 교육과정을, 마지막으로 완전개방형은 학문영역이나 교과지식의 구분 자체가 없이 수업내용을 구성하여 설계된 교육과정을 가리킨다. 이러한 Jacobs의 구분은 교육과정 융합이 얼마나 다양한 수준과 통합의 정도로 이루어질 수 있는지를 잘 보여준다.

아울러, 교육과정이 융합되는 방식에도 다양한 유형이 존재한다.

첫째, 개념적 통합(conceptual integration)은 과학적 지식 체계를 신봉하는 과학자들이 가장 선호하는 형태의 교육과정 통합으로, 통합적으로 가르치고자 하는 학문분야들이 공유할 수 있는 기본 개념을 수립하여 그것을 중심으로 수업을 전개하는 것을 말한다. 물론 과학 교과가 아닌 사회 교과나 인문교과에서도 개념적 통합의 방식으로 교육과정 융합을 시도할 수 있다.

둘째, 탐구과정 중심의 통합(expedition-based integration)은 교과 지식이 갖는 핵심 개념 자체로부터 통합의 구심점을 찾는 것이 아니라, 학생들의 사고과정이나 지식을 탐구하는 과정을 중심으로 수업을 전개하되, 그러한 수업 주제나 내용에 관련된 지식을 통합적으로 다루는 것이다.

셋째, 간학문적(inter-disciplinary) 통합은 학문 간의 구조적 혹은 탐구 방법상의 관련성을 생각하여 학문 간의 내용을 구조적으로 묶어서 통합하는 방식으로 유사한 성격의 지식이나 학문 영역 간의 통합을 시도할 때 유용하다.

넷째, 다학문적(multi-disciplinary) 융합은 각 교과영역의 자율성이 보장되면서 여러 다른 학문분야의 지식들이 통합되어 다루어질 수 있도록 수업내용을 조직하는 것을 가리키며, 학문 간의 전통적인 유사성이나 인접성에 얽매이지 않고 보다 포괄적인 통합을 시도한다.

다섯째, 탈학문적(post-disciplinary) 통합은 교육내용을 구성할 때 특정 학문분야를 고려하지 않고 수업주제나 이야기의 전개 순서대로 관련 지식을 활용하여 수업내용을 구성하는 것을 말한다.

(5) 융합지식과 창의성

융합적 지식과 창의성의 관계에 대해 이해하기 위해서는 창의성에 대한 새로운 이해로부터 출발할 필요가 있다.

가. 확산적 사고와 지식의 융합

창의성 연구의 토대를 마련한 대표적인 학자인 Guilford(1959)는 창의성을 창의적 문제해결(Creative problem solving)을 위한 핵심 능력으로 간주하였고, 이를 바탕으로 "창의적 문제 해결"을 위한 4단계(문제인식, 아이디어 생성, 아이디어 평가, 해결책 확인)이론을 제시한 바 있다. 한편 Rhodes(1961)는 창의성 개념을 창의성 발현을 위한 4가지 요인들을 중심으로 한 4P이론[사람(person), 산물(product), 과정(process), 그리고 환경(press)]의 차원에서 설명하였다. 현재는 이 4P이론에 단계·무대(phase: The Stages of Creativity)가 더해져 현재는 5P이론이 널리 알려져 있다.

Rhodes(1961)의 4P(person, product, process, press)이론

1) 사람(Person)이라는 것은 창조의 주체로서 창의적 생산물을 만들어내는 개인의 심리와 연관되는 요인들을 다룬다. 이 요인은 개인의 성격적 자질(예 낙관성, 솔직함, 자신감)이나 동기부여(내재적 및 외재적), 그리고 감정적 요소(흥분, 희망, 공포)의 측면에서 창의성을 지니고 있는 사람마다 뚜렷이 구별된다고 여겨진다(Cropley & Cropley, 2013).

2) 산물(Product)은 창의적 활동의 산출물(output)에 대한 것인데, 이 산출물은 일반적인 새로운 발명품(artefact) 뿐만이 아니라, 창의적 과정(process), 시스템, 그리고 기발하고 유용한 아이디어나 서비스까지 확장될 수 있다(Cropley & Cropley, 2005). Mackinnon(1978)은 창의적 산출물의 특성을 참신성(novelty)과 유용성(usefulness) 두 가지로 설명하면서, 창의적인 산물은 독창적이고 놀라운 것(original and surprising)이어야 하고, 실제 문제(real problem)를 해결하거나 실제적 필요(real need)를 만족시켜야 한다고 보았다.
3) 과정(Process)은 창의적인 산출물을 낳는 사고방식에 관한 것인데, Guilford(1950)에 따르면 창의적 사고방식에는 수렴적 사고와 확산적 사고가 있다.
4) 환경(Press)는 창의력을 촉발해내는 환경적 동력으로써 창의성에 대한 사회적, 조직적 요인들(환경)의 역할에 대한 것이다. 적합한 press(환경)은 개인 또는 집단의 창의성을 가능하게 하고, 창의성을 격려하거나 촉진하는 구체적인 조건들을 제공한다. 이 환경적 요인에는 i)운영의 지원 요인(창의성에 대한 보상책, 도전 risk-taking의 격려), ii) 물리적 환경(적절한 시설과 보조기구), iii) 규범으로부터의 일탈에 대한 사회의 관용, vi) 전문적인 활동을 지배하는 규칙과 기준 등으로 이루어져 있다. 예를 들어, 물질적인 제도적 구조와 시설(작업장소, 실험실, 정보처리 시설, 도서관, 교실, 워크숍 등)이나, 이 물질적 구조와 사람 간의 상호작용에 영향을 미치는 비물질적인 제도적 요인(전통, 기준, 규범, 그리고 관습 등), 그리고 상호작용에 영향을 미치는 심리적인 요인들(역할, 관계, 사회적 계층, 상호작용 규칙, 의사소통 경로 등)이 모두 환경적 요인에 포함된다.

아울러 전통적 창의성의 개념을 바탕으로 최근의 '창의성'에 대한 정의들 중의 하나로 Plucker & Beghetto(2004, p. 90)는 "소질, 과정 및 환경 사이의 상호작용인데, 개인이나 집단이 사회적 맥락 속에서 참신하고 유용한 산물을 생산하는 것이다."라고 정의한 바 있다. 위와 같은 창의성에 대한 개념과 이론들을 정리해보면 다음과 같은 사실을 확인할 수 있다. 첫째, 창의성은 실제적 문제해결에 기여하는 실용적이고 실천적 능력이라는 점이다. 둘째, 창의성의 발현은 여러 단계의 과정들과 그 과정 속에서 여러 요인들의 영향을 받아 이루어진다는 사실이다. 그리고 셋째, 가장 중요한 것은 창의성이 개인의 타고난 지적 자질이 아니라 집단과 사회, 그리고 창의성이 발현되는 과정에서 생겨나는 수많은 환경적 요인의 최종 결과물이라는 것이다.

그렇다면 이러한 창의성의 개념과 특성들은 융합적 지식과 어떤 관련이 있는가? 이는 창의적 과정(process)을 촉진하는 확산적 사고의 역할에 주목함으로써 이해할 수 있다. Guilford(1959)의 초기 창의성 이론에서도 창의적 사고의 과정을 수렴적 사고와 확산적 사고로 구분하여 다음 〈표 2-7〉와 같이 그 특징을 논의된 바 있다.

〈표 2-7〉 수렴적 사고와 확산적 사고의 특징

구분	확산적 사고	수렴적 사고
대표적인 과정들	비인습적으로 생각하기 새로운 견해를 파악하기 이질적인 것을 결합하기 다양한 답변을 생산하기 관점을 이동하기 알려진 것을 변형하기 새로운 가능성을 파악하기	논리적으로 생각하기 익숙한 것을 인지하기 비슷한 유형의 것들을 결합하기 최상의 답을 탐색해 나가기 집합 기법을 재적용하기 이미 알려진 사실을 고수하기 정확성과 정답을 모색하기
대표적인 결과들	대안적이거나 다양한 해결책 산출 일상적인 것으로부터 일탈 기발하고 새로운 답변에 도달 과업에 대한 새로운 접근 방법들 즐겁거나 도전적인 과업의 가능성탐색하기	이미 존재하고 있는 것에 훨씬 익숙함 사실을 더 잘 파악함 신속하고 "옳은" 답변에 도달 존재하고 있는 기술들의 향상시킴 어떤 이슈들을 해결(종결)하기

창의력을 발휘하기 위해서는 기존의 지식의 새로운 조합을 요구한다는 점에서 수렴적 사고도 필요하지만, 문제 해결의 실마리를 찾아내는 데에는 확산적 사고가 훨씬 큰 역할을 한다.

보다 최근에 Sternberg(2007)는 확산적 사고를 바탕으로 하여 창의성을 개발하기 위한 조건들로 다음의 3가지를 제시한 바 있다: I) 학생들은 창의성에 종사하는 기회를 가져야 한다. 기회는 프로그램과 코스들을 통틀어 통합적이고 상호보완적인 방식으로 내장되어야 한다. ii) 학생들은 창의성을 요구하는 과업에 종사할 때 호의적인 격려를 받아야 한다. iii) 학생들은 훌륭한 창의성을 발휘할 때 보상을 받아야 한다는 것이다. 이 개념을 바탕으로 Sternberg(2007, pp. 8－15)는 창의적 습관을 기르기 위한 12가지 전략들을 다음 〈표 2-8〉와 같이 소개하고 있다.

〈표 2-8〉 창의성 습관을 개발하기 위한 12가지 열쇠(Sternberg, 2007)

12가지 핵심적 창의적 습관 (Twelve keys for developing the creativity habit)	문제를 재정립하라.
	질문하라 그리고 가정(假定)을 분석하라.
	창의적인 아이디어는 스스로를 판다고 가정하지 말라.
	아이디어 생성을 장려하라.
	지식은 양날의 검이라는 점을 인지하고, 그에 따라 행동하라.
	장애물을 확인하고 그것을 극복하는 아이들을 격려하라.
	합리적인 위험감수를 장려하라.
	모호함의 관용을 장려하라.
	자기 옹호를 하는 아이들을 도와라.
	하고 싶은 것을 찾는 아이들을 도와라.
	아이들에게 만족을 유예하는 것의 중요성을 가르쳐라.
	창의성을 촉진하는 환경을 제공하라.

확산적 사고의 특징들 중 한 가지 예를 들면, 낯선 것들끼리 연관성을 찾는(making associations) 과정이 있다. Mednick(1962)은 참신성은 전통, 관습, 정통

(예 닭과 달걀의 연결, 잔디와 녹색의 연결은 일상적인 연결)을 넘어서거나 기능적 고착성(functional fixedness: 가장 많이 쓰이는 기능과 연결하려는 경향)을 넘어서는 생소한 인식과 경험들에서 참신성이 나온다고 강조하였다. 즉, 확산적 사고는 다양한 지식과 경험에 대한 수용적 태도와 지식의 영역과 경계에 구애받지 않는 접근, 지식의 상호연결과 재배치 등을 통해 촉발되는 것이다. 요컨대, 창의성을 배가시키는 확산적 사고는 지식의 융합이나 융합적 지식을 활용함으로써 더욱 촉발될 수 있다.

나. 창의성과 네트워크 이론

본 저서의 앞부분에서 네트워크의 원리가 지식의 융합에 어떤 역할을 하는지 자세히 소개한 바 있다. 같은 맥락에서 창의성이 단순히 개인적 사유의 특징이 아니라 집단적이고 공동체적인 협력의 산물이 될 수 있다는 것을 이해할 필요가 있다. 그런 차원에서 네트워크의 특성(인적 조직, 정보망, 정보의 교류 등)이 어떻게 창의성의 발현에 관여하고 있는지를 Sgourev(2016)의 설명을 통해서 이해해 보자.

우리는 지적 공동체의 구성원 간의 네트워크에서 중심부(core)에 있는 것과 주변부(periphery)에 있는 것 중에서 어느 쪽이 창의성의 발현에 더 큰 영향을 미칠까? 핵심써클 혹은 내부 서클의 영역에 있는 사람들은 집단 내 다른 영향력있는 구성원들과 밀접한 관계를 맺을 수 있다. 이처럼 중심부에 있는 사람들은 여러 사람들과의 대면접촉의 기회도 더 많고 트렌드를 접할 기회도 많으며 다양한 자원들과 아이디어들을 조합할 기회가 더 많기 때문에 창의성을 발휘할 가능성이 더 높은 것으로 여겨지고 있다.

이러한 이유로 인해 많은 연구들이 지적공동체에서 주변부 인물들로부터 새로운 아이디어가 나오는 일이 드물다는 결과를 내놓은 바 있다. 반면 다른 사회학 연구들은 주변부 인물들이 네트워크 중심부의 특징인 동료들로부터의 압력이나 높은 기대에 얽매이지 않기 때문에 정체상태에 도전하여 변화를 가져오는 핵심 요인이 된다고 주장한다.

결국 네트워크의 중심성(network centrality)은 단계적 변화에는 적합하지만, 보다 급진적이고 보다 광범위하고 예측하기 어려운 개혁을 설명하는 데는 적합하지 않다: 즉, 주변부가 급진적 참신성의 주요 원천인 것이다. 그러한 측면에서 비결정적인(indeterminate) 사회적 관계가 친밀한(intermediate) 사회적 지위보다 훨씬 더 창의적 가능성(creative potential)을 발현시킬 수 있다고 주장하는 학자들도 있다.

이와는 다른 연구의 흐름은 참신성의 출현(emergence of novelty)을 다중 연결 네트워크(multiple connected networks)의 맥락에서 고차원적으로 분석하면서, 창의성을 개인적 특질이 아니라 시스템적 특질(systemic property)로 인식하는 것이다. 다중네트워크의 구조(multiple-network architecture) 속에서 참신성은 사회적 관계성이 흐르는 교차점에서 차고넘치기(spillover), 위치변화(transpositoin), 그리고 재조합(recombination) 등의 메커니즘을 통해 나타난다. 이 말은 새로운 아이디어가 산출되는 것은 개인이 아니라, 사회적 관계로 이루어진 네트워크의 작동에 의한다는 것이다: 개인은 단지 아이디어나 실천이 상호교차된 네트워크 속에서의 위치변화의 이동수단일 뿐이라는 것이다.

창의성은 인성이나 개인적 특질에 의해 결정되는 것이 아니라 개인 초월적 특성이다(supra-individual). 아이디어의 생성은 개인에 의해서가 아니라 개인들 간에 흐르는 네트워크에 의한 것이다. 요컨대, 모호성, 이질성(heterogeneity), 그리고 기회포착(opportunism)이 바로 창의성 생성을 위한 원재료(raw materials)인데, 이것은 재조합(recombination), 위치전환(transposition), 그리고 혼합(mixing)의 메커니즘을 통해 새로운 것들이 나타날 수 있다.

또한 Cattani & Ferriani(2008)에 따르면 기존의 창의성과 혁신(innovation)에 대한 연구는 지나치게 개인이나 네트워크 혹은 현장(field)의 관계나, 구조(structure)와 수행자(agency) 사이의 연결성에 국한하여 연구되었다고 주장한다. Cattani & Ferriani는 그보다는 창의적 과정의 핵심요소가 되는 개인, 네트워크, 그리고 사회문화적 현장의 삼중적 상호작용 차원에서 이해해야 된다고 주장한다. 창의성에 대한 분석을 거시적 수준과 미시적 수준으로 나눔으로 인해 나타나는 격차를 줄이기 위해 두 가지 과정[구조적 과정이 어떻게 개인으로 하여금 기회와 아이디어-수행의 조건(opportunities and idea-conducive conditions)을 생성하게 하는지(Macro)와 개인이 주어진 기회를 어떻게 활용하여(harness) 창의성을 가능케 하는지에 대한 정체성(identity: micro)]를 다룰수 있어야 한다는 것이다. 예를 들어, 개인의 경력(career) 변화는 전문성(전문적 지식)의 변화를 야기할 뿐만 아니라, 개인의 정체성에도 변화를 야기하는데, 그러한 변화가 개인들의 창의성을 증가시키는 요인이 되기도 한다. 이러한 변화를 경험한 개인들은 여러 분야의 새로운 지식과 경험들의 혼재를 견디어 내는 힘이 강화되고(tolerance to new experiences), 지적 영역들 간의 경계를 넘어서는 경험(즉, 영역의 구분에 얽매이지 않은 사고와 실천)을 통해서 창의성을 발휘할 수 있는 역량도 훨씬 커지는 것이다.

다. 모호성과 창의적 사고

파편화(fragmentation)가 생성하는 의미와 실천의 다양성은 모호성(ambiguity: 두 가지 이상의 서로 다른 해석이 공존함으로 인해 명확성과 확실성이 없는 상태)을 가져오게 한다. 그런데 이 모호성이 바로 창의성의 핵심 요인인 것이다. 모호성에 대한 인내가 왜 창의성의 발현과 관련이 있는지 생각해보자.

창의적(혁신적) 사고는 경계를 허무는 과정에서 나오고, '경계허물기'는 범주화된 경계의 구분에 구속되지 않는 사고에서 나온다. 범주화(categorization)는 인간의 중 사유방식의 하나로서 사물들 간의 다양하고 복잡한 차이들을 몇 가지 인식가능한 특성을 기준으로 분류하는 것인데, 이러한 범주화를 통해 우리의 두뇌는 수많은 사물들과 사건들에 대한 정보처리를 보다 쉽게 수행함으로써 인지적 부담을 줄이고 학습의 효율성을 높일 수 있다. 그러므로 범주화는 모호성을 참지 못하고, 새로운 정보나 복잡한 사물의 특성들을 기존에 형성된 범주적 틀 속에 분배해 놓는 경향이 있다. 문제는 이러한 범주화는 결코 완전하거나 정확한 것이 아니며, 범주화가 습관화될 경우는 사물들 간의 미세한 차이를 구별하지 못하거나 관습적 사고의 틀에 얽매이게 될 위험성이 따르는 것이다.

사물들을 범주화하는 것은 인지적 부담을 줄이기 위한 전략일 뿐 그 범주가 사물의 본질을 대변한다고 볼 수 없다. 오히려 모호성(ambiguity: 두 가지 이상의 서로 다른 해석이 공존함으로 인해 명확성과 확실성이 없는 상태)이 사물의 본질일 수 있다. 다중적 의미가 존재함으로 인해 일어나는 혼란(모호성)은 참신성의 생성에 본질적인 요소가 되는 아이디어, 사회적 구성(social construction), 그리고 발명품(invention)들을 재해석하게 만든다. 따라서 이러한 모호성을 그대로 수용하고 그것을 사고의 출발점으로 삼는 태도 속에서 창의성이 발현될 수 있는 것이다.

또한 모호성은 지식들 간의 의도적인 구분을 하지 않는다. 다양한 색깔로 물들어가는 노을을 바라보는 인간의 의식은 인지의 영역인가, 정서의 영역인가, 아니면 감각의 영역에서 일어나는 작용인가? 현재까지 우리가 그러한 의식의 영역을 이해하기 위해 시도하고 있는 학문적 접근은 편의상 일시적으로 설정한 탐구의 발판(scaffold)일 뿐이다. 노을을 바라보는 인간의 의식에 대한 이해(즉, 인간사유에 대한 지식)은 그렇게 인위적으로 구분할 수 있는 것이 아니다. 그러므로 이러한 모호성을 자연스럽게 받아들일 수 있는 마음가짐에서 창의성의 씨앗이 발현될 수 있다.

요컨대, 앞서 소개한 지식 융합의 원리이자 특성인 혼성성(hybridity), 접목, 브리콜뢰르 등의 개념들은 지식 자체가 엄격하게 구분되는 것이 아니라 본질적으로 다양한 지식들이 혼합될 수 있고 지식들 간의 경계가 모호할 수 있다는 것을 보여준다. 하지만 그것이 지식의 결격사유가 아니라 지식의 본질일 수 있으며, 더 나아가 그러한 모호성이 창의성 발현의 자원이자 원동력이 될 수 있다는 것에 주목할 필요가 있다. 이를 융합적 지식과 창의성의 관련성을 통해 보다 자세히 논의해 보기로 하자.

CHAPTER

3 교육과정의 시대적 변천
(Historical changes of Curriculum)

교육과정이란 학교의 후원아래 체계적 개발된 지식과 경험의 재구성으로써, 학습자들이 그들의 지식과 경험에 대한 통제능력을 키우는 것이다 (Tanner and Tanner, 1988).

1. 미국 교육과정의 변천과정

1) 항존주의적 전통의 시기 (1880~1920년대)

1920년까지의 미국의 교육은 항존주의 교육철학, 능력심리학 및 Herbart의 교육이론 등을 중심으로 한 지적전통주의와 지능검사의 출현과 더불어 20세기 행동주의의 이론적 기반이 되었던 사회적 행동주의 및 경험주의적 사조, 그리고 자신만의 독특한 교육이념 및 철학적 이해를 바탕으로 20세기 교육철학의 큰 획을 긋고 아동교육 및 교육사상에 큰 영향을 끼쳤던 Dewey식의 경험주의 교육사조가 한데 어우러져 교육학의 학문적 기반을 다졌던 시기이다.

(1) 지적전통주의

지적전통주의는 고대 그리스, 로마의 전통을 계승하고 중세의 7자유학과

*Septem Artes Liberales*의 학습을 강조한 고전주의(The Classics)와 맥을 같이 한다. 대표적인 저서로 H. Spencer의 *Education: Intellectual, Moral, and Physical*(1861)을 들 수 있다.

이 시기에 능력심리학이라는 학파가 대두되어 "지성은 고전적 교과를 배우면 개발될 수 있는 근육과 같다"고 비유하고 특별한 훈련(exercise)을 통해 관찰, 지각, 상상, 기억 등의 정신능력을 키울 수 있다고 주장하면서 A. V. Humboldt의 정신도야(精神陶冶)의 개념을 강조한다. 이후 학자들은 과학적 방법을 적용하여 이와 같은 능력심리학 가설에 대한 검증을 시도하였으나, "기억력은 훈련으로 향상되는 게 아니다"(W. James), "라틴어, 수학 같은 전통교과가 다른 교과보다 지성을 더욱 발달시키지 않는다"(L. Thondike) 등의 결론을 내리게 된다. 그럼에도 불구하고, 오늘날 능력심리학은 대중교육, 보편교육, 실제적 교육 측면의 발달에 기여한 부분이 있다.

한편 Herbart는 J. Locke, J. H. Pestalozzi 등의 영향을 받아 정신은 경험을 통해 형식과 내용이 주어지는 백지상태이며, 학습이란 경험과 지식이 두뇌 속에서 저장고 역할을 하는 유화체제에 축적되어 세상을 인식하고 해석하는 작용이 가능해진다고 보았다. 따라서 이러한 유화체제와 관련짓는 자극을 강화하는 학습방법과 아동발달에 대한 연구를 더욱 세밀하게 수행해야 한다는 주장을 처음으로 하게 되었다. Herbart는 이를 위해 준비, 제시, 비교, 일반화, 적용으로 구성된 5단계 교수법을 소개하면서, 일상생활의 경험 중 유화체제에 의한 지식 획득과정에 적용시킬 수 있는 방법을 모색하고 이를 학교학습에 확장할 것을 주장하였다. 이와 같이 지적전통주의는 1920년경까지 Bagley(1910)를 중심으로 교육과정의 사상측면에서의 영향력을 이어갔지만, 교육과정의 설계측면에서는 점차 구시대적인 이론으로 간주되게 되었다.

(2) 사회적 행동주의

사회적 행동주의는 아동에 대한 과학적 연구를 강조하고 자연과학의 기법(기술적 관찰, 객관적 분석, 계량화, 일반화, 통계적 분석)을 모방한 교육연구법을 도입했다. 예를 들어, 미국의 심리학자이자 독일의 분트(W. Wundt)의 제자이기도 한 홀(G. S. Hall)은 발생반복설(發生反復說: 유아는 동물이고, 아동은 야만인이며, 청소년은 원시인, 성인은 현생인류라는 식으로 개체의 발생이 계통의 발생과정을 뒤따른다는 학설)에 바탕을 두고 "아동발달은 인류문화의 신기원을 이루어 온 역사와 유사하다"고 주장한 바 있다. 이러한 학설을 바탕으로 교육과정 모델의 개발 및 아동연구의 기초를 다졌는데, 이로 인해 아동연구가 교육과정 연구의 핵심적 요소로 자리 잡게 되었다.

한편, 클리블랜드 회의(1913)를 통해 E. Thorndike, L. Gray 등의 사회적 행동주의자들은 교육과정에 과학적 연구가 필요함을 천명하였다. 이어서, 보빗(F. Bobbitt)은 *What the Schools Teach & Might Teach*(1915)를 통해서 교육과정에 대한 규범적·기술적 이해를 바탕으로 '활동분석'(생산적이고 효율적인 생활에서 늘 필요한 활동들을 학교 학습경험으로 해석하는 것)의 원리를 제시하였다. 여기서 Bobbitt는 성인 생활활동을, 뒤이은 Charters(1923)는 직업활동을, 그리고 Harap(1924)는 성인의 소비생활을 분석하였다. 이들은 기본적으로 교육은 사회에 순응하는 것이지 사회를 개조하는 것은 주목적이 아니라고 보았다.

(3) 듀이(Dewey) 진보주의의 태동

이러한 사회적 행동주의에 맞서 Dewey는 그의 저서 *My Pedagogic Creed*(1897)를 통해서 아동연구는 사회적 행동주의자보다 더 실제적이어야 하고, 사회적 가치를 반영하여야 하며, 문제해결방식을 다루어야 한다고 주장하면서, 아동의 문화적 성장에 적합한 수업을 개발하기 위해선 사회제도의 과학적 탐구가 중요하고, 아동의 지적발달은 아동의 흥미에 대한 이해에서 출발해야 된다고 주장한다. Dewey는 또한 *The Child & the Curriculum*(1902)에서 자신이 재직한 시카고 대학에 실험학교(Laboratory School)를 설립하고 자신의 교육이론을 실천한 내용을 기술하였는데, 여기서 그는 구(舊)교육(교과중심, 지적전통주의)과 신(新)교육(아동흥미에 기초한 모형)을 대비함으로써 그의 다른 저서 *The School and Society*(1900)와 더불어 경험주의적 교육의 이론적 기초를 다지게 된다. 즉, Dewey는 최상의 교육방법은 학생흥미를 바탕으로 학습내용을 심리학적으로 구축하여 제시하는 것이라고 믿었고, 문제해결력(의사소통훈련, 모둠학습, 상호존중)의 양성을 강조하였으며, 이것이 '민주적 생활'의 기초가 된다고 믿었다. 한편, 이러한 경험주의 운동에 반대했던 학자들로서는 Bagley, Judd, Horne, Morrison 등이 있었고, 이중 McMurry(1906)는 신헤르바르트(Neo-Herbartian)주의자로써 교육방법을 특히 강조하였다.

Dewey는 *Democracy & Education*(1916)을 통해 민주주의 사회의 교육철학, 구체적 맥락에 바탕을 둔 교육, 과학적 탐구를 강조하였고, *How we Think*(1910)을 통해서 '반성적 사고'의 중요성을 강조하였다. 한편, Kilpatrick(1918)은 방법과 교육과정을 연계한 프로젝트 학습법을 주창하였는데, 이것이 오늘날 프로젝트 학습의 최초의 형태라고 볼 수 있다.

'주제중심 프로젝트 접근법'

프로젝트 접근법은 다음과 같은 사항들을 강조한다:

① 기본 아이디어와 활동이 통합되어 일상생활에서 접하듯이 상호 연결하기.

② 개념 또는 중심 아이디어와 연결된 여러 과목들을 서로 관계지어 접근하기.

③ 아동의 발달 수준에 따른 활동을 계획하여 실시하기.

④ 의미를 구성하고 문제를 해결하고 관계를 발견하는 기술 또는 과정을 활용하기.

이로써 특정주제를 중심으로 한 프로젝트 접근법을 통해서 아동들은 통합적 학습을 모색하게 된다. 통합적 발달은 신체적, 사회적, 정서적, 인지적 발달의 각 영역이 서로의 발달에 영향을 주고받아 총체적 · 균형적으로 발달하는 것을 의미하므로, 통합적 학습은 통합적 발달을 향해서 여러 교과 영역의 학습을 통합적으로 시도하는 것이다. 예를 들어, 사회과 관련 아이디어를 다루는 프로젝트를 하면서 읽기와 쓰기에 대한 지식을 확장하며, 음악과 체육활동을 통해 수학적 개념을 학습하는 등의 형태로 이뤄진다.

(4) 교육과정 사상 및 이론 보고서

당시 하버드대 총장이었던 Eliot가 주도하고, NEA(National Educational Association)의 중등교육 10인 위원회(1893) 및 초등교육 15인 위원회(1918)를 주축으로 교과지향적이고 지적 전통주의 입장을 강조한 『중등교육의 핵심원리(Cardinal Principles of Secondary Education)』가 발표되는데 이는 기존의 교육과정과 관련한 이론·입장들에 대한 통합을 시도한 작업이었다. 여기서 위원회는 중등교육의 7대 기본원리—건강한 사람 기르기, 기초학습능력 기르기, 가족구성원으로서의 역할 익히기, 직업수행 능력 준비하기, 시민성 함양하기, 여가선용하기, 윤리적 품성 기르기—를 발표했는데, 이는 Spencer(1861)의 온전한 삶을 이끄는 5대 교육적 영역—직접적인 자기보전, 의식주에 필요한 상품조달, 자녀양육과 가족관계, 적절한 정치적·사회적 관계, 취미·예술·여가의 만족—의 내용을 승계한 것이었다. 이러한 보고서는 향후 1) 미국 공립학교의 정체성 확립에 도움을 주었고, 2) 교육과정학이 학문으로써 자리매김하는 계기가 되었으며, 3) 취사 선택적이고 유동적인 교육과정 관점을 확립하는 데 기여하였다.

2) 진보주의 교육사조의 유행(1920~1940년대)

이 시기는 지적 전통주의자의 주도가 경험주의자 및 사회적 행동주의자들에게 그 주도권을 점차 넘겨주는 시기이며, 경험주의의 황금기라고 불리우는 시기이다. 특히 진보주의 교육이 경험주의자의 사상을 대변하는 것으로 여겨지면서 본격적으로 연구되었고, 교육심리, 유아교육, 여성교육, 교육철학과 관련된 인접 교육영역의 연구가 활발했던 시기이다.

(1) 1920년대

이 시기의 몇 가지 특징은 첫째, 초중등 학교급별 구분된 교육과정의 제시가 시도되었고, 둘째, 처방적 교육과정의 입장에서 학습경험의 본질과 순서에 대해 강조하기 시작하였는데, 진보주의의 교육이론을 실천했던 학교들이 더욱 처방적인 성격을 띠었다. 셋째, Holloway(1928) 및 Burton(1929) 등은 소규모 학교의 문제들에 관심을 가지면서 교육과정에 '장학'의 개념을 포함시켰다. 한편, 1920년대 교육과정 관련 저서들의 경향은 학교 현장에 관한 연구와 실천가들에게 지침을 제공하고자 하는 저서들이 주를 이루었다.

(2) 경험주의사상을 대변한 진보주의

1920년대 후반 활동중심교육과정이 진보주의 학파에서 만개하게 되었는데, 예를 들어, Rugg와 Shumaker(1928)는 그들의 저서 *The Child-Centered School*에서 '아동의 생활'에 관심을 갖기 시작하였고, Burke와 동료들(1923)은 아동의 흥미와 요구를 다룬 행동교육과정(conduct curriculum)에 관한 규정을 제시하였다.

한편, 경험주의의 주도자였던 Rugg의 지도아래 Bagley, Bobbitt, Bonser, Charters, Counts, Courtis, Horn, Judd, Kelly, Rugg, Works 등이 서명한 *NSSE 26th Yearbook I, II*(1927)가 차례로 발표되었는데, 여기서 기존의 교육과정학자들의 주장이 정리되고 종합되었다. 이 저서는 당시 교육과정 학자들이 학파를 떠나 교육과정의 미래에 대해 의견을 종합한 현재까지 유일무이한 시도였다. 이처럼, 1920년대는 한마디로 당시의 시대적 주류인 경험주의 사상이 진보주의에 의해 꽃을 핀 시기라고 정리해 볼 수 있다.

(3) 1930년대

이 시기에는 교육과정 문헌의 범위에 학습지도, 교수법, 지침, 교재, 행정, 조직, 교과 외 활동 등의 범주들이 추가되기 시작하였다. 또한 학교수준에 따른 교육과정 관련 문헌들은 이전보다 그 영역이 더욱 확대되게 되었다. 경험주의자들은 1930년대에 '행하면서 배운다(Learning by doing)' 등을 주제로 한 많은 저서 쏟아내었다. 반면, Russell은 *Education and the Modern World*(1932)에서 사회적 선을 추구하기 위해서 교육에서 보수적, 전통적 방향이 필요함을 역설하였는데,

이러한 맥락을 바탕으로 Bagley(1934)는 진보주의 교육과의 맞대결을 선언하기도 했다.

(4) 비판적 관점의 등장

한편, 1930년대에 G. S. Counts는 *Dare the School Build a New Social Order?*(1932)를 통해 비판적 재건주의의 선두적인 역할을 하였다. 이 시기의 사회재건주의는 진보주의의 아동중심, 개인중심, 중산층중심 교육사조에 반기를 들고, 대신 사회중심, 대중 중심의 교육을 표방하게 된다. 또한, Bode(1938)는 지적 전통주의나 사회적 행동주의의 철학적 배경에 대해 비판하였는데, 목적으로서 민주주의와 수단으로서 과학을 적절하게 조화시키는 교육철학을 정립하였다. 예를 들어, "과학적 연구방법을 인용하면서 과학을 잘못 이해하고 있다."고 사회적 행동주의자에 대해 비판하였고, "철학적 결론을 너무 신성시하여 사고가 진보하지 못하고 있다."고 지적 전통주의자들에 대해서 비판한 것이다. 한편, Bode는 그의 저서 *Progressive Education at the Crossroads*(1938)에서 "경험주의자들은 이론과 실천이 미약하다"고 지적하고," '아동중심'에 집착하여 진정한 민주적 교육을 시도하고 있지 못하다"고 비판하였다.

(5) 8년 연구(1933~1941년)

'8년 연구'는 진보주의 학회 주도로 3000여 명의 고등학교 학생들의 대학 진학 후 교육적 성취를 인종, 가족배경, 나이, 성격, 시험성적 등을 통해 비교한 대규모 종단연구의 하나였다. 8년 연구를 통해 실험학교 출신 학생들이 대학학점, 과외활동, 판단, 비판적 사고, 지식의 측면에서 우수한 성취를 보이고 있음을 확인하였으며, 실험학교들 간 프로그램의 성격이 매우 다른 상황 속에서, 전통적 학교의 모습에서 탈피한 학교출신 학생일수록 대학에서의 성취도가 높음을 확인하였다. 이를 바탕으로, Thayer, Zachry, & Kotinsk(1939)가 중등학교 재설계안을 제시한 토대가 되었다. 결론적으로, '무엇을 배웠느냐'보다는 '어떻게 가르치고 배웠느냐'가 학생들의 사회적응력을 결정짓는 요인임을 확인하고, 이러한 결과를 바탕으로 교육과정 개발 및 평가에 있어 가장 핵심적인 네 가지 질문을 제시하게 되는데 이것이 구체화된 것이 R.W.Tyler의 저서(1949)이다. 그 후속연구(Willis, 1961)에서는 Ohio State 실험학교 학생들이 자기만족, 생활안정, 직업전문성에서 매우 성공적이라는 결론이 나왔는데, 이는 Terman의 영재아연구 대상들보다 더 나은 성취였던 것으로 평가되었다.

(6) 1940년대

이 시기는 2차 세계대전이 발발했던 시기로써, 미국은 대내외적으로 경제적, 사회적, 정치적 혼란기였다고 볼 수 있다. 교육사조 측면에서는 특정사조가 두드러지는 현상은 나타나지 않았고, 교육과정분야에 있어서 전환기로 여겨지는 시기이다.

이 시기의 특징은 첫째, 사회적 행동주의와 아동중심 교육과정이 결합하여 '생활적응' 교육(사회적 행동주의자) 혹은 '생활요구'교육(경험주의자)이 강조되었고, 둘째, 경험주의 측면에서는 Kelly(1955)의 개별화된 교육이나 Brameld의 사회재건 교육이념이 등장하였고, 셋째, 다양한 교육사조들을 통합하고자 했던 절충주의적 입장은 여러 가지 교육과정 관련 위원회들의 보고서 및 개론서들을 통해 드러나고 있었다.

예를 들어, Lorenzen(1940)은 사회문제 연구를 위해 교과영역들을 통합하고자 하였는데, 이것이 곧 중핵교육과정 [아동의 관심사나 아동이 인식한 문제들을 사회문제와 통합하여 가르치고자 하는 접근법으로써, '아동의 적합성'과 '사회적 적합성' 모두를 고려한 탐구의 중요성을 강조하였다]의 출발점이었다. 한편, 2차 세계대전이 종료된 후 교육분야에서 교육과정의 재구성이 필요하다는 주장이 제기되었고, 그 결과 Tyler의 교육과정이론이나 Tyler이론의 변형으로써 '의사결정'이나 '사회적 과정'의 중요성을 강조한 Taba이론이 제시되었다.

반면, 미네소타 대학에 재직 중이던 T. Brameld는 사회재건주의를 실천에 옮긴 실험적인 민주주의 교육에 대한 보고서를 작성하였고, G. Counts는 미국 교육과정의 사회적 목적을 강조하였다. 또한 Alberty는 *Reorganizing the High School Curriculum*(1947)에서 중등학교에서 사회문제를 비판적으로 검증하고자 하였는데, 이것이 1950년대 사회재건 경험주의자들의 문제제기의 수단으로써 활용되게 된다.

요컨대, 1940년대 후반기에 들어서면서 한동안 유행했던 진보주의 교육운동이 급속히 몰락하게 된다. 당시 사회적 병폐의 원인으로 실질적 성과 없는 진보주의가 지목되었고, 전쟁에 대한 반성과 전후 사회를 복구하기 위해 교육과정에서 '조직'의 중요성이 새롭게 인식되기 시작했다. 그 대표적인 예로, Tyler의 주저 *Basic Principles of Curriculum and Instruction*(1949)가 발간됨으로써 교육과정에 대한 관점에 일대 변혁을 가져왔으며, 이는 향후 30년간 절대적 지지를 받으며 교육과정 분야의 이론화와 교육전반에 큰 영향력을 미치게 되었다.

3) 전후재건과 학문발전의 토대기 (1950~1960년대)

1950년대는 교육과정에 관한 여러 가지 개론서들이 계속 이어져 출간되었는데, 이 개론서들의 특징은 경험주의, 사회적 행동주의, 지적 전통주의 사상을 절충적으로 혼합하는 경향을 띠었다. 또한 1960년대는 과학, 수학, 언어 등과 같은 학문기반형 교육과정이 정부의 적극적 재정지원으로 개발되었던 "교육과정 프로젝트의 황금기"라고 불린다. 한마디로, 이 시기의 교육과정 개정의 방향은 변화, 혁신, 근대성을 강조하는 시대적 변화에 편승하여 3가지 교육사조 흐름의 융합을 시도하고자 하였다.

(1) 1950년대의 지적 전통주의

이 시기의 지적 전통주의의 성격은 크게 두 가지로 나뉜다. 하나는 항존주의적 전통의 연장이고, 다른 하나는 과학주의를 도입한 학교교육 및 교육과정의 체제화 움직임이다. 전자의 예로, Hutchins(1952)는 "교육은 인류사의 위대한 사상을 생각하는 능력을 갖는 것"이라고 강조하면서 고전중심 교육과정을 제시하였다.

후자의 예로, Herrick & Tyler(1950)는 온전한 교육과정이론이 포함해야 하는 요소는 무엇인가라는 질문 하에 교육과정 이론개발을 시도한 점을 들 수 있다. 아울러, Benjamin Bloom(1956)는 교육과정 목적을 고려하고 논리적 구조를 가진 학습목표의 제시를 통해 교육목표 분류학을 체계화하였다.

한편, 1950년에 미국에서 국립과학재단이 설립되었지만, 1957년에 소련이 먼저 인공위성 스푸트니크(Sputnik)호를 발사하게 된 것에 자극을 받아 그 후로 정부차원에서의 대규모 재정지원을 바탕으로 한 기초과학교육의 육성정책이 적극 추진된다. 따라서 이 시기의 교육과정 연구의 특징은 협동적 프로젝트, 시범학교를 통한 현장 실험적용 시도, 일선교사 재교육, 과학적 태도의 개발과 과학적 탐구의 본질을 규명하는 학문적 분위기를 조성하는 것이었다. 특히, 카네기재단의 후원을 받아 교육과정에 있어서 다양한 학사운영 방법론이 제안되었는데, 그러한 방법론의 예로써 많은 필수학점, 소규모학교 통합, 개별화된 과목이수체계, 필수·선택 구분, 능력별 집단구성, 성적표의 도입, 엄격한 학사관리, 영재교육과정, 대학인정과목, 하루 6~8시간 수업, 외국어와 과학에 대한 강조, 논술강조, 직업준비과목 등과 같은 세부적인 사항들이 논의되고 검토되었다.

(2) 경험주의적 입장

진보주의의 영향으로 활동중심교육과정과 전후병폐와의 연결고리를 타파하기 위해 학생의 흥미와 간학문적인 지식의 관계를 연계시킨 중핵교육과정이 시도되었다. 특히 Kilpatrick의 *Community school*나 S. Corey의 *Action research*(1953) 등에서 학교교육이 지역사회에의 적극적인 참여를 통해 민주주의를 가르치고 실천해야 함을 강조하였고, Harap(1953)는 "균형 잡힌 학교생활"의 개념을 통해 절충적 교육과정을 강조하였다. 한편, 개념적 경험주의자들(conceptual-empirists)로서 Meier, Cleary, & Davis(1952)는 교육과정개발에서의 '민주적 숙의과정'을 강조하고, 교육과정개발의 내용 및 결과의 측면까지 다루고 있었다.

(3) 재건주의적 입장

G. Counts와 더불어 대표적인 사회재건주의자인 T. Brameld(1955)는 새로운 사회질서를 창출하도록 교육과정을 설계해야한다고 강조하였다. 그는 사회문제에 대한 조사는 지적인 훈련이 아니라 사회적 행동으로 귀결되는 정치적 역동성을 반영한 작업이어야 한다고 믿었다. Brameld(1956)는 교육이 사회문제 극복의 최선의 방략이라고 주장하였다.

사회재건주의 교육과정의 특징

- 사회의 문화유산과 전체 문명을 비판적으로 검토한다.
- 교육은 논쟁이 되는 사회적 문제를 적극적으로 다루어야 한다.
- 학교는 사회의 건설적 변화를 가져오는 책무를 기꺼이 담당한다.
- 세상의 현실을 고려하여 미래를 계획하는 태도를 배양한다.
- 문화혁신과 간문화주의(interculturalism)를 고양한다.
- 교사는 사회적 변화, 문화갱신, 국제주의의 촉매자가 되어야 한다.

사회재건주의 계열의 여성교육실천가인 J. Adams는 *Educating America's Child*(1954)을 통해 교육과정에서 교수법을 적극적으로 다루어야 한다고 주장하면서 교수법과 교육과정의 재결합을 강조하였다.

요컨대, 1950년대의 교육과정 논의들을 종합해 보면: ㄱ) 다양한 개론서들의 출간이 절정을 이루었던 시기, ㄴ) 중핵교육과정의 실험적인 시행이 지속되었던 시기, ㄷ) 교육과정평가의 필요성이 제시되었던 시기, ㄹ) 교육과정과 관련한 연구의 영역이 다양하게 확대되었던 시기, ㅁ) 내용에 있어서 학생들의 사회적응을 도울수 있는 교과에 대한 관심이 커졌던 시기, ㅂ) 지금까지의 다양한 학파들의 관점이나 주장들이 융합되려는 시도가 있었던 시기로 정리할 수 있다

(4) 1960년대 학문중심 교육과정의 발전

1950년대의 미국의 대내외적 상황은 J. Bruner의『교육의 과정(The Process of Education)』(1960)을 주축으로 한 지식의 구조(the structure of knowledge) 개념

을 바탕으로 하여 학문적 체계화를 강조하는 본질주의 교육사조의 태동을 가져왔다. 그는 여기서 "지식이라는 구조물을 경험하려면 환경과의 상호작용에서 아동의 흥미와 활동이 최우선되어야 하며, 그 결과 학문적 교과에서 구조화된 지식을 축적할 수 있다"고 주장하였는데, 이는 단순히 교육과정을 계획하는 것과 그것이 실제적으로 실행되는 과정 간에는 분명한 차이가 있음을 상기시켰고, 교육과정에서 목표로 한 성공적 학습을 위해서는 그 내용의 근간이 되는 지식의 구조화를 통한 학습이 필수적임을 역설하였다.

'8년 연구'의 결과가 진보주의적 실험학교의 성공을 보여주었음에도 불구하고, 시대적 변화로 인해 1950년대 초반부터 교육과정의 중심이 점차 경험주의에서 멀어져 갔고, 오히려 수많은 교육과정 프로젝트들이 지녔던 성격상의 특징으로 인해 교육과정에서 정확성, 효율성, 사전준비의 개념 등을 강조하는 사회적 행동주의가 영향력을 확대해 가기 시작했다. 그 일례로, R. Mager(1962)는 *Preparing Instructional Objectives*에서 '성취행동,' '성취상황,' '성취준거' 등의 개념을 강조하면서, 관찰가능한 행동을 교육의 목표로 설정하여 실현에 소요되는 시간제한과 성취평가의 준거로 목표를 상세화하여 진술해야 한다고 강조하였다. 하지만, 이러한 상세목표 진술의 문제점이 지적되자 나중에는 이를 보완한 '수행능력(competencies)'의 개념이 등장하게 된다. 또한 G. A. Beauchamp는 *Curriculum Theory*(1961)에서 자연과학의 시스템이론과 공학모델을 교육과정 이론화에 적용하였고, H. Taba는 *Curriculum Development: Theory and Practice*(1962)에서 Tyler의 논의를 바탕으로 진단(diagnosis), 요구사정(need analysis), 단원구성의 개념을 추가하였다.

(5) 인본주의 교육사조 및 잠재적 교육과정의 등장

1960년대에는 학문중심 교육사조와는 별도로 인본주의 교육사조가 등장하기 시작한다. 1962년에 발행된 인식하기(Perceiving), 행동하기(Behaving), 개선하기(Becoming)를 주제로한 ASCD연감을 통해 인간화 또는 개별화교육이 강조되기 시작했고, C. Rogers, A. Maslow, A. Combs 등의 학자들은 전인으로서의 아동중심, 흥미에 기초한 경험주의, 실존적, 현상학적 관점을 교육심리학적 이해에 추가하였다. 아울러, 대안적 교육과정에 대한 제안으로써 초등학교(Goodlad, Anderson) 및 중등학교(Brown)에 무학년제 도입이나, 라이트(Wright)의 중핵적 접근, 매닝(Manning)의 인본주의 교육과정 등이 제안되었고, Frazier는 자신이 편찬한 *New Insights and the Curriculum*(1963)에서 열린교육, 능력별 학급편성, 다학년 학급편성, 팀티칭, 학과별조직, 다양한 종류의 교원구성, 미니코스, 동료학습 등의 주제들을 다룬 바 있다.

또한 ASCD는 *The Unstudied Curriculum*(1963)이라는 책을 통해 잠재적 교육과정의 개념을 소개하였고, P. Jackson은 *Life in Classrooms*(1968)에서 학교교육에서 발생하는 잠재적 교육과정의 측면과 그에 대한 다양한 해석들을 제시하였으며, G. R. Snyder는 그의 저서 *The Hidden Curriculum*(1970)을 통해 표면적 교육과정의 이면에서 발생하는 학교생활의 결과를 기술하였다.

한편, Joseph Schwab(1969)은 상호작용에 의해 탐구된 개별적 상황에 초점을 둔 실제적 탐구를 중시하였는데, "교사, 학생, 교과, 환경의 역동적 상호관계로서 교육과정을 보아야 한다"고 주장하면서, 기존의 미국의 교육과정 비판하고, 실천적이고 종합적인 원리 강조하기도 했다. 이러한 인본주의자들의 새로운 교육이론은 ASCD 연감(1962)을 통해 J. B Macdonald, D. Huebner 등과 같은 인본주의자들의 대안적 방법으로 소개되었는데, 이는 이후 1970년대에 더욱 큰 반향을 일으키게 된다.

인본주의 심리학의 학습원리

- 인간은 학습에 대한 자연적 잠재능력이 있다.
- 학습자 자신의 목표와 관련되어 학습자료가 인식될 때 의미있는 학습이 이루어질 수 있다.
- 학습은 자아에 대한 외적인 위협이 최소일 때 더욱 용이하게 지각되고 동화된다.
- 안정적인 자존감 속에서, 세분화된 경험들이 지각될 수 있으며 학습이 진전될 수 있다.
- 의미있는 학습은 행함으로써 습득된다.
- 학습은 학습자가 스스로가 책임있게 학습과정에 참여할 때 촉진된다.

- 지력 및 감성을 소유한 전인적 학습자의 적극적 개입에 따른 자기주도적 학습이 가장 오래 지속되고 파지된다.
- 독립심, 창의성, 그리고 자기신뢰는 자기비판 및 자기평가를 바탕으로 하고, 거기에 타인의 평가가 덧붙여졌을 때 가장 잘 촉진될 수 있다.
- 현대 사회에 가장 유익한 학습은 학습과정을 배우는 것인데, 그것은 새로운 경험에 대한 끊임없는 개방과 이를 자신의 변화 과정에 통합시키는 것이다.

4) 교육의 사회적 역할 재조명: 사회재건주의 운동 (1970~1980년대)

1970년대는 경제 불황으로 인한 교육기금의 대폭 축소되기 시작하였고, 아울러 신진보주의의 출현, 반체제문화 교육자들의 활동, 비판적 재건주의의 등장의 상황이 전개되었다. 이어서 1980년대는 1980년에 공화당의 레이건 대통령이 취임하고, W. Bennett가 교육부 장관을 맡게 됨으로써 지적전통주의의 부활을 강력하게 지지하게 된 시기였다.

(1) 교육과정 이론의 재검토

① 교육과정의 숙고(Deliberation)

미국의 교육과정 학자 J. Schwab은 *The Practical: A Language for Curriculum* (1970)에서 이론적 연구와 실제 교육상황과의 불일치를 지적하였는데, 교육과정 경험의 4요소인 교과, 학습자, 교사, 환경의 상호의존성을 밝혀주는 숙고에 기초한 연구가 필요하다고 역설하였다.

② 인본주의(Humanism)

상황에 따른 문제인식, 지식생성에서의 환경과 상호작용, 사람들 간의 변증법적 대화, 전인적 존재로서의 인간, 폭넓은 사회기능, 흥미위주의 심리적 내용조직, 다양한 대안의 수용, 개인의 중요성을 강조한 교육과정의 개발의 필요성이 제기되었다.

③ 재개념주의(Reconceptualization)

1970년대는 W. Pinar 및 H. Giroux에 의해 교육과정이론들이 재개념주의로 분류되는 시기인데, 이는 교육과정 구상에 있어서 현상학적, 실존주의적, 정신분석학적, 역사적, 마르크스적 담론이 필요함을 역설하였지만, 이러한 제안은 실제 학교교육에는 그다지 큰 영향을 주지 못하였다.

④ 비판적 교육학(Critical pedagogy)

프레이리(P. Freire)의 *Pedagogy of the Oppressed*(1970)과 Pinar & Grumet의 *Toward a Poor Curriculum*(1976)에서는 학습의 과정에서 나타나는 인간내면의 감정에 관한 교육과정을 강조하였다. 즉, ("반추하여 자신의 과거를 감지하고, 진보적으로 자신의 미래를 투영하며, 분석에 의해 자신의 현재를 인식한다. 그리고 자아실현을 위해 이 세 가지를 꾸준히 점진적으로 종합한다")란 표현을 통해 교육의 궁극적 목적이 자신의 변혁을 위한 반성적 성찰임을 강조한 것이다. Eliot Eisner는 *The Educational Imagination*(1979)에서 예술가로서의 미학적 관점에서 교육에 대해 저술하였는데, 여기서 교육과정내용에 대한 비판적인 인식과, 대안적인 표현방법을 반영해야 함을 역설하였고, 이를 위해 비평(批評), 감식(鑑識)과 같은 질적 평가방법을 제안하였다.

> 예술성(Artistry)이란 것은 교육을 위한 통제적 이상이나 학교에서 중요하게 다루어지는 것의 윤곽을 제시해주는 비전으로 활용될 수 있다. 학생들을 예술가로서 인식하여 그들이 배우는 과학교과나, 예술교과, 혹은 인문교과 등에서 예술적 활동을 하게 하는 것은 생소하지만 의미 깊은 도전이다. 그것은 교육개혁과 교수법의 패러다임을 시간표대로 움직이는 공장의 생산라인의 모형에서 스튜디오나 혁신적 과학 실험실 모형으로 바꾸어 우리가 가르치고자 하는 학생들의 미래와 그들의 잠재력에 보다 적합한 비전을 제시하는 것에 해당한다. 그런 의미에서 나는 교육학의 영역에서 교육적 실천의 측면에서 예술의 영역에서 많은 것을 배울 수 있다고 믿는다(Eisner, 2004).

(2) 교육과정 학파의 흐름

① 경험주의

이 시기에는 경험주의의 영향을 받아, 가) 통합교육과정, 학교와 지역사회간의 장벽 허물기, 무학년제, 개별맞춤교육과정, 활동과 탐구의 통합, 열린교실, 평생학습 등의 교육방법론이 제시되었고, 나) 인본주의적이고 정의적인 활동의 통합, 학생중심 강조, 자아실현과 해방, 명상·환상·동양적 사고, 지각·의사소통, 학습자에 대한 분석적 관점을 강조하는 인본주의적 교육방법이 등장하였으며, 다) 생활의 향상을 위한 의사결정, 상황중심교육과정, 학습환경에 대한 해석 등 환경 및 맥락을 고려한 교육의 중요성이 거론되었다.

② 사회적 행동주의

교육과정 프로젝트에 사회과학적 방법론을 적용하거나, 인과관계에 대한 행동주의적 탐구, 논리적 실증주의, 목표와 능력을 세분화하고 조직하여 더 나은 인간을 육성하려는 학교의 기술적 전략에 대한 이론적 토대들이 쌓이기 시작하였다. 따라서 체제이론, 조직개발, 경영이론 등을 강조한 Mager(1975)나 교육과정에서의 질관리를 강조한 English(1978)의 저서를 통해 능력, 행동주의적 목표, 전산화, 체제적 요구사정 등을 통해 인본주의 요소와 행동주의 요소의 결합이 시도되었다. 예컨대, Willis(1978) 등에 의해 사회적 행동주의자적 해석을 바탕으로 한 교육과정의 평가가 시도되었는데, 이들은 사실적, 문학적, 예술적 해석을 바탕으로 한 질적평가를 중요시하였다.

③ 철학적, 현상학적 접근

Pinar(1974, 1975, 1976)와 Macdonald, Wolfson, & Zaret(1973), 그리고 Greene(1973) 등은 교육목적에 대한 현상학적, 실존학적 관점을 제시하였다. 또한 Beauchamp(1975)는 *Curriculum Theory*에서 체제중심 접근을 소개하였고, Brent(1978)는 *Philosophical Foundation for the Curriculum*에서 철학적 분석이 교육과정 탐구의 필수적 기초가 됨을 강조하였다.

④ 문화, 국제주의적 접근

대중문화, 인종문제, 학교중도탈락자, 문화쇄신과 그 가치, 다양한 사회적 경향, 미국흑인의 역사와 문화, 페미니스트, 히스패닉 학생들, 시민활동, 의사소통 효과, 종일 육아문제, 대중매체 등과 관련된 문화적 요인들의 교육과정에의 영향 등이 논의되었다. 이로 인해 점차 교육과정의 관심이 사회문화적 차원으로 확대되기 시작하였는데, 경제적 사고의 확대, 비판적 사회현실, 세계화시대, 특수교육 분야, 변화무쌍한 시대 속에서의 교육과정 준비의 필요성 등이 이러한 문화적 요인들에 대한 관심을 증폭시켰다고 볼 수 있다. 더 나아가, 베커(Becker, 1979)는 국제협력, Miel & Berman(1970)은 국제이해교육과정, Taylor & Johnson(1974)에서는 교육과정의 국제비교와 같은 교육과정에 대한 국제적 비교가 시도되었다. 결과적으로, 1970년대 최초로 미국과 영국의 교육학자들이 교육과정 저서들을 공동출판하게 된다. 하지만 유럽저서들을 번역하기 위한 재정이 부족했기 때문에 헤르바르트(Herbart), 프뢰벨(Froebel), 페스탈로치(Pestalozzi), 몬테소리(Montessori), 피아제(Piaget)와 같은 몇몇 유명학자들을 제외하고는 비영어권 참고문헌은 매우 드문 실정이었다.

⑤ 비판적 교육학의 관점

프레이리(P. Freire)의 *Pedagogy of the Oppressed*(1970)이나 M. Young(1971)의 지배적인 사회계층이념의 영향에 대한 논의, ASCD(1971)의 학교교육에 대한 관료주의와 자유의 문제, M. Seaman의 이데올로기와 혁신의 관련성에 대한 저서들[예 *Alienation and engagement*(1972)]이 출간되었다. 이러한 저서들은 사회적 변화와 교육과정, 개방사회에서의 교육설계, 자유의 실존적 문제와 사회정책, 지역사회의 실질적 참여, 교육과정계획에서의 목적, 권력, 교육과정에 대한 문화의 영향, 사회적 결정요소, 학교교육과 지식의 관련성, 다양한 교육세력의 상호작용, 교육과정의 법적 영향력 등의 문제들을 다루고 있었다.

(3) 지적전통주의 부활

교육의 수월성제고을 위한 국가위원회(National Commission on Excellence in Education)에서 '위기에 처한 국가(A Nation at Risk)'라는 구호아래 "수학, 과학 교과의 학업성취가 산업국가의 경제력"이고, 공교육쇠퇴의 원인은 1960~70년대 경험주의자들의 인본주의적 사회발전을 강조했던 때문이라고 주장하게 된다. 같은 맥락에서 연방교육위원회(Educational commission of the States: 1983)에서는 "경제성장을 위한 교육정책"을 표방하며 읽기, 쓰기, 말하기, 듣기, 추론하기 그리고 경제능력 등을 중심으로 한 교육과정 개정을 주장하였다.

하지만, 전미교육연구협회(American Education Studies Association; AESA, 1983)과 같이 지적전통주의의 부활을 경계한 그룹에서는 교육의 철학적 역사적 사회적 문화적 기초인 인간성의 부활을 강조하면서, 여전히 교육적 형평성 문제를 중시하였고, 신진보주의에 대한 근거없는 비난을 성토하고, 진보주의적 관점을 기반으로 한 기초적 기능(basic skills)을 교육과정의 내용으로 제시하면서 비판적 재건주의자의 입장을 지지하기도 했다. 한편, 본질주의 교육사조를 대표하는 본질주의 학교연합회(The coalition of Essential Schools)는 지적이고 도덕적인 습관의 개발을 강조하면서 1) 탐구와 표현의 기초, 2) 수학과 과학, 3) 문학과 예술, 4) 역사와 철학의 네 가지 영역을 중심으로 한 교육과정을 제안하였다. 예를 들어, A. Bloom은 *The Closing of the American Mind*(1987)에서 "현 대학생이 지적능력 부족하다"고 지적하였고, Adler는 *Paideia* 교육 3부작(1982, 1983, 1984)에서 기본지식 및 기술습득, 지적 습관의 개발, 역동적인 현대생활을 위해 지적훈련을 확대할 것을 제안하였다. 또한 E. D. Hirsh는 *Cultural Literacy*(1987)에서 모든 학생들에게 역사, 전설, 신화, 문학의 공통핵심사항을 가르쳐야 한다고 주장하였는데, 이는 지적 전통주의와 사회적 행동주의를 결합한 것으로 그러한 기본지식을 수단으로 하여 학생들이 현대사회에 효과적으로 활동할 수 있어야 한다고 믿었다.

(4) 비판적 재건주의

W. Pinar(1981)는 Habermas의 사회적 지식에 대한 관점을 바탕으로 교육과정의 이론적 흐름을 전통주의, 개념적 경험주의, 재개념주의로 구분하여 기존의 교육과정 이론들을 분류하였다. 이로써 비판적 재건주의자들은 공립학교의 교육과정이 자본주의적 이해관계에 의해 확립된 통합적인 관점을 고집한다고 비판하였고, 그에 따라 교육과 사회전체의 민주적인 재건을 주장하였는데, 이들은 1930년대 경험주의자 범주의 G. Counts, C. Woodson과 1950년대 전후의 T. Brameld의 이념을 공유하고 있었다.

예를 들어, H. Giroux(1981)는 *Ideology, Culture, and Process of Schooling*에서, Apple(1982)은 *Economic Reproduction in Education*, *Education and power*를 통해 학교수업이 사회적 지배 권력을 재생산(reproduction)하는 역할을 한다고 강조하였는데, 이는 학교로 대표되는 제도적인 조직들이 사회의 경제적이고 정치적인 질서의 재생산 기능을 담당한다고 주장하는 것이다. 또한, Giroux는 *Theory and Resistance in Education*(1983)에서 대중문화와 비판적 교육을 통한 저항의 방식이 필요함으로 역설하였고, Giroux & McLaren(1989)은 비판교육의 정치적 가능성을 고찰하였다. 한편, Apple은 *Teachers and Textbooks*(1986)에서 출판산업과 교과서의 정치적인 통제에 대해 문제제기하였으며, I. Shor의 *Cultural Wars*(1986)와 Shor & Freire(1986)는 인간해방을 촉진하는 실제적인 교육의 확립가능성을 타진하였다.

(5) 인간중심 교육과정

인간중심 교육과정은 실존주의적, 현상학적, 포스트모던적 사상에 영향을 받았는데, "교육과정이 한 개인에게 어떻게 영향을 미칠 수 있는가?", "학생과 교사가 삶의 사건과 관계로부터 개별적인 교육과정을 어떻게 창조하는가?" 등의 질문에 관심을 갖고, 삶의 경험에서 의미를 읽고 발견하는 개인으로서 학생에 대한 인식을 교육의 출발점으로 삼았다. 또한 이 시기에는 다민족교육, 다문화교육의 접근법에 관심을 갖게 되고, 교육과정이 민족의 유산을 명확히 다룰 필요성 등이 제기되었다.

이 시기의 교육과정 연구는 실천적 연구의 역동성이나, 교육과정 실제에 관한 사회학적 사례연구, 비판적 사회학을 도구로 한 분석, 비판이론과 포스트모던 사상의 영향을 받은 교육과정 연구, 혹은 탐구의 도구로서 비판적 문화인류학 사용에 관한 연구들이 유행하게 되었다.

2. 우리나라 교육과정의 발전과정

1) 해방전 교육과정(~1945년)

근대적 교육기 이전의 우리나라의 교육은 19세기 후반까지의 조선시대의 유교경전 중심의 교육을 대표적으로 들 수 있다. 이후 갑오개혁(1894)을 전후로 하여 근대적 학교의 설립이 이루어졌다. 이후 서양문물을 받아들이기 위한 개화의 수단으로써 관립학교를 설립하여 통역요원을 양성하는 교육과정이 시도되기도 하였으며, 특히 관립학교로서는 최초로 서양의 교육과정을 도입했던 육영공원이 설립되기도 하였다. 또한 이 시기의 대부분의 사립학교는 기독교 정신을 바탕으로 포교와 개화를 목표로 한 사립학교들을 통해서 서구식 교과를 소개하고 가르치게 되었다.

2) 해방이후부터 1차 교육과정기

1945년 8월 15일 광복 후, 우리나라의 교육과정은 미군이 남한에 진주하면서 생긴 미군정청 학무국(1945~1948)의 관할 하에 10개 분과 100여 명의 한국인으로 구성된 '교육심의회'를 통하여 일제식민지 교육제도에서 탈피한 학교교육제도의 기초를 다지기 시작했다. 이 심의회에서 '홍익인간'의 교육이념이나 6-3-3-4

의 학제가 정해졌고, 그 이후 지금까지 우리나라의 학제로 자리 잡게 되었다. 이후 교수요목제정위원회가 구성되어 학교급별로 교수요목을 제정하였으며, 그에 따라 교과시간 배당표의 작성이나 교과서 편찬 등의 작업이 이루어졌다. 이 시기는 크게 교수요목기와 제 1차 교육과정기로 나눌 수 있다.

(1) 교수요목(Syllabus)기(1945~1955년)

교수요목기(敎授要目期)는 오늘날 교육과정의 모태로써 그 특징은 다음과 같이 요약되어 있다(문교개관, 1958).

- 교과의 지도내용을 상세히 표시하고 기초능력을 배양하는데 주력한다.
- 분과주의 교과를 통해 체계적인 지도, 지력(智力)의 배양 등에 중점을 둔다.
- 애국애족의 교육을 강화하며 일본잔재를 제거하는 데 노력한다.

1946년 6월 교과목 편제와 시간 배당표에 대한 수정된 내용이 발표되었다. 이후 대한민국 정부수립(1948) 후 교육법(1949)이 최초로 제정되었고, 이 교육법을 통해 교육이념, 목표, 제도, 행정조직, 재정, 교원교육 및 장학 등의 규정이 만들어졌고, 이러한 규정에 의거 학교교육이 실행되었다.

(2) 1차 개정 교육과정기(1955~1963년)

당시 문교부는 새로운 교육목표 및 교육과정을 구성하기 위해 '교수요목제정심의회규정'을 공포(1950년)하였으나 한국전쟁으로 중단되었고, 한국전쟁의 혼란을 극복해나가면서 초, 중, 고, 사범학교의 교육과정에 있어서 '시간배당 기준령'이 공포(1954년 문교부령)되었고, 이를 바탕으로 1955년에 각급 학교 교과과정이 제정·공포되었는데, 이것이 우리나라 최초의 교육과정에 대한 체계적인 성문화된 규정이었다. 이 시기는 '새교육운동'이라는 이름하에 미국 교육사절단 및 Peabody 사범대학 교수단의 영향으로 미국의 아동중심, 경험중심 교육과정이 소개되기 시작했고, 분과주의를 탈피하여 전인적이고 통합적인 인격양성을 위한 교육을 지향하면서 현재에 '도덕' 과목에 해당하는 '도의' 교육이 당시의 시대적 요구로서 강화되었다. 또한 '특별활동'이 교육과정의 한 영역으로 설정되기도 하였다. 한마디로 1차 교과과정기의 특징은 교과중심체제, 진보주의 교육사조 수용, 전인적, 통합적 인격형성 지향, 반공·도의·실업교육 강조, 그리고 교수요목, 교과과정, 교육과정 개념의 혼용기였던 점을 들 수 있다.

교과과정 작성의 기본 태도 (김종철 외, 1974)

- 현실 생활개선 향상을 위한 포부와 이념의 포함
- 교육목적의 구체적 분석과 구현방도로서의 계획
- 학생의 심신발달과정과 생활 이상에 맞도록 교육과정 내용 배열
- 교육과정 내용의 수와 양을 최소한으로 제한
- 전인적이고 종합적인 내용으로 학생의 각 방면의 욕구를 고루 충당
- 우리나라 특수성에 비추어 반공, 도의, 실업교육 강조 및 각 지역의 특색 구현
- 풍부한 재료단원 포함

3) 2차 개정 교육과정기(1963~1973년)

이 시기는 본격적으로 '교육과정'이라는 명칭이 사용되기 시작하였고, 경험 중심 교육과정의 영향이 교과 내용을 조직하는데 충실히 반영되었다. 아동중심, 경험중심 교육은 학교와 지역사회(향토사회)와의 교육적 연계를 강조함으로써 '향토학교운동'을 강조하기도 하였다. 또한 쿠데타에 의해 정권을 잡은 박정희 정권(제3공화국)은 새로운 정권의 정당화를 위해 반공, 도덕의 이념을 하나의 교육과정 영역으로 새롭게 설정되면서 교육과정이 교과활동, 반공·도덕, 그리고 특별활동의 세 영역으로 구성되었다. 한편, 고등학교 교육과정에 처음으로 단위제가 도입되었고, '과정'개념을 바탕으로 인문과정, 자연과정, 직업과정, 예능과정 등의 트랙형 교육과정을 시도하기도 하였다.

4) 3차 개정 교육과정기(1973~1981년)

이 시기의 교육과정은 국민교육헌장 공포(1968년), 성장위주의 경제개발, 10월 유신(1972년) 등의 시대적, 정치사회적 배경이 반영된 교육과정이었다. 결과적으로, 반공, 도덕, 국사 교과가 독립되어 강조되었으며 이를 통해 민족 주체적인 가치관 확립이나, 국민정신교육 및 인간교육 등이 강조되었다. 또한 지식·기술 교육의 쇄신 등을 강조함으로써, 지식의 구조를 강조하고 발견학습을 권장하는 학문중심 교육과정이 도입되어 각 교과별 최신의 이론과 지식이 소개되기 시작하였다. 한편, 고등학교의 경우 '자유선택교과목' 신설되기도 하였으나, 전반적으로 학문중심을 강조한 나머지 학습내용을 과다해지거나 아동의 흥미와 무관한 교과목 위주의 분과교육이 이루어졌고, 결과적으로 전인교육은 도외시되었다.

5) 4차 개정 교육과정기(1981~1987년)

이 시기의 교육과정 개정의 방향은 제5공화국 출범에 따른 교육 개혁 조치(1980년)들을 반영한 결과였다. 전문적인 교육연구기관인 한국교육개발원이 설립되어 교육과정 개혁을 주도하였고, 최초로 초등학교 1, 2학년에서 교과의 통합(슬기로운 생활, 즐거운 생활, 바른 생활)을 모색하여 통합 교육과정이 도입되게 되었다. 즉, 종전에 교과별로 분리하여 가르쳤던 것을 관련 교과끼리 통합하여 수업할 수 있도록 교과별 시간배당을 묶어놓았다. 또한 중학교에 '자유 선택 과목'을 신설하기도 했으나, 학교 현장에서 실질적인 효과를 거두지 못했다.

6) 5차 개정 교육과정기(1987~1994년)

5차 교육과정 개정안에서는 지식의 팽창과 과학발전에 따른 고도 산업화 및 정보화, 국제관계의 변화, 자유민주주의 사회의 기반조성이라는 사회적 요구에 부응하여 다음과 같은 사항들이 강조되었다.

- 학생들의 기본적인 학습기능을 중요시함
- 교과목 및 내용간의 통폐합을 시도함
- 학습내용의 양과 수준에서 적정화를 꾀함
- 학생의 선택범위를 확대하고 학교의 교육과정 운영상의 자율성을 확대함
- 다양한 교수, 학습자료의 개발을 시도함
- 교육평가에서 다양한 평가원의 확보를 도모함
- 형식화되어 부실하게 운영되어 온 특별활동의 정상화를 도모함
- 지역에 교육과정 개발의 권한을 일부 부여함으로써 교육과정의 지역화를 꾀함
- 1교과 다교과서 체제 도입(예 산수 교과: 산수, 산수익힘책 ; 바른생활 교과: 바른생활, 바른 생활이야기)

한편, 5차 교육과정기의 문제점들로는 다음과 같은 사항들을 들 수 있다(신동로, 2009).

- 교육과정 결정의 중앙집중성
- 교육과정 구조의 경직성 및 획일성
- 교육내용의 부적합성(교육과정 내용이 시대적, 학문적 측면에서 부적합 요소가 다수 발견됨.)
- 교육과정 목표달성의 비효율성
- 교육과정 편성, 운영의 폐쇄성, 경직성

7) 6차 개정 교육과정기(1995~1996년)

6차 교육과정은 5차 교육과정과 연계를 유지하면서 21세기를 주도할 건강하고, 도덕적이고, 자주적이며, 도덕적인 한국인의 육성을 기본방향으로 하고 있다. 이 시기 교육과정의 특징은 다음과 같다.

- 중앙 집중적인 교육과정을 지방분권형 교육과정으로 전환하여 고등학교 교육과정에서 교육과정 결정의 분권화를 시도함으로써, 과정별 필수과목은 시·도 교육청이 지정하고 과정별 선택과목은 각 고등학교에서 선택하도록 하였다.
- 교육과정을 '교과', '특별활동', '학교 재량시간'의 3대 영역으로 편성하였다.
- 구조의 다양화를 꾀하였다는 것이다. 교육과정 구조의 다양화와 관련한 구체적인 예들을 몇 가지 들면, 초등학교 '산수' 교과의 명칭이 '수학'으로 변경되거나, 중학교에 선택교과제('한문', '컴퓨터', '환경')가 도입되었고, 중학교 '국사'와 '사회'가 통합하여 '사회' 교과로 전환되거나, 이수 내용(실업, 가정)에 따른 남녀 성차별 철폐하였고, 보통교과(70과목) 중 공통 필수과목 10과목만을 교육부가 지정하고 나머지는 선택교과로 전환하는 것을 들 수 있다. 또한 교육과정의 적정화 및 효율화를 꾀하거나, 교육방법 및 평가를 중시하게 된 것을 그 특징으로 꼽을 수 있다.

8) 7차 교육과정기(1997~2008년)

(1) 7차 교육과정 개정안의 특징

7차 교육과정 개정안의 가장 큰 특징은 '국민공통 기본 교육과정'의 도입을 들 수 있다. 이에 대한 핵심 내용은 다음과 같다.

- 국민 공통 기본 교육기간(초1~고1)동안 10개의 필수과목을 설정하여 이를 의무적으로 학습하는 것이 그 기본개념이다.
- 국민공통 기본교육과정은 교과재량활동, 특별활동으로 편성한다.
- 교과는 국어, 도덕, 사회, 수학, 과학, 실과(기술·가정), 체육, 음악, 미술, 외국어(영어)로 한다. 단, 초등학교 1,2학년의 경우 국어, 수학, 바른생활, 슬기로운생활, 즐거운 생활 및 우리들은 1학년으로 한다.
- 재량 활동은 교과 재량활동과 창의적 재량활동으로 한다.
- 특별 활동은 자치활동, 적응활동, 계발활동, 봉사활동, 행사활동으로 한다.

(2) 수준별 교육과정

학생들의 능력수준에 따라 교육의 내용이나 방법을 달리하여, 교과를 다음의 세 가지 형태로 구분하여 구성한다.

① 단계형

교과의 내용 요소간의 위계가 분명하여 이전 학습에서의 결손이 이후 학습에 큰 영향을 미칠 것으로 예상되는 과목에 적용하므로, 대표적으로 수학이나 (중등)영어에 적용할 수 있다. 학기 말에 각 단계의 성공적인 이수 여부를 확인하기 위한 평가를 받고 그 결과에 따라 다음 학기에 새로운 단계를 이수하거나 이전 단계를 재이수하게 된다. 실제로는 재이수보다는 학생들에게 특별보충활동과정을 이수하게 한다.

② 심화·보충형

내용 요소 간의 위계가 그다지 분명하지 않은 국어, 사회, 과학, (초등)영어에 적용하게 된다. 기본 내용, 심화 내용, 보충 내용으로 구성하는데, 기본 내용을 공통으로 가르치고 학생들의 이해 정도에 따라 심화 내용이나 보충 내용을 가르치는 것을 뜻한다.

③ 과목선택형

다양한 종류의 교과목들을 개설, 고등학교 2~3학년 과정에서 편성, 운영하는 것이다. 동일 교과에서 위계가 다른 여러 과목을 제시한 다음 자신에 수준에 맞는 교과목을 선택하면 된다.

(3) 재량활동

교과 재량활동(중등 학교의 선택 과목 학습과 국민 공통 기본 교과의 심화, 보충학습을 위한 것)과 창의적 재량활동(학교의 독특한 교육적 필요, 학생의 요구 등에 따른 범교과 학습과 자기 주도적 학습을 위한 것)으로 구분한다.

기타 특징으로는 고교 2~3학년을 중심으로 선택 중심 교육과정(교과[보통교과, 전문교과]와 특별활동)을 운영하고, 학생들이 자신의 능력, 흥미, 관심, 및 적성에 따라 진로를 선택할 수 있게 하고, 선택과목을 교육청, 학교, 학생이 골고루 참여하여 지정하는 것을 원칙으로 한다.

9) 8차 개정 교육과정기 (2009~2010년)

교육과정 수시 개정체제가 도입(2003년 10월)된 후 앞으로는 기존의 전면적 일시 개정의 문제점을 근본적으로 극복하고자 필요할 때면 언제든지 일정한 절차를 거쳐 부분적으로 개정이 가능한 체제로 전환하게 되었다. 특히 교육과정 개정과정에 있어서 현장교원이나 학부모 등의 참여기회를 확대하기 위하여, 교육과정심의회의 조사 및 연구기능을 강화하고, 상설 운영되도록 하였다.

요컨대, 8차 교육과정 개정의 기본 방향 및 골자(교육인적자원부 발표자료)는 다음과 같다.

- 7차 교육과정의 내용이 분량이 많고 수준이 높다는 문제가 제기되어 교육내용의 양과 수준을 적정화하여 학습분량을 축소하도록 하였고, 제7차 교육과정 기본 철학과 체제를 유지하면서, 운영상의 문제점을 보완하는 수준에서 최소한 개정을 시도함.
- 주요 변경 내용은 수업시수의 일부를 조정하고, 과학·역사 교육을 강화하였으며, 단위 학교의 재량권 확대하고, 고등학교 선택중심 교육과정의 문제점을 개선하게 되었다.

– 수업시수 일부 조정: 주 5일 수업제의 월 2회 시행에 따라 학교급별로 자율적으로 수업시수를 감축하도록 하였고, 특별활동과 창의적 재량활동이 축소되지 않도록 하여 실천중심의 체험교육 통해 인성교육을 강화하였다.

– 과학·역사 교육 강화: 세계화 시대의 국가 경쟁력을 높이고 과학적 기초 소양 교육을 강화하기 위해 고등학교 1학년 과학과 수업시수를 주당 3시간에

서 4시간으로 증대하였다. 또한 중·고등학교의 사회 교과에서 역사과목을 독립시켰고, 고등학교 선택과목으로 '동아시아사'를 신설하거나, 고등학교 1학년 역사과목 수업시수를 주당 2시간에서 3시간으로 증대하였다.

- 단위학교 교육과정 운영의 자율성 확대: 교과의 효율적인 운영을 위해 중학교 및 고등학교의 경우 학기 또는 학년 단위로 집중이수가 가능하도록 "교과 집중 이수제"를 도입하였다. 또한 재량활동은 초등학교에서는 창의적 재량활동으로 하여 학교 자율적으로 운영하도록 하는 등 단위 학교 교육과정 편성·운영의 자율권을 대폭 확대하였다.
- 고등학교 선택중심 교육과정 개선: 선택과목의 효율적인 편성·운영을 위해 선택과목에 따라 다양한 단위 수(4, 6, 8단위)를 6단위로 조정하였다. 또한 일반선택과 심화선택의 구분을 폐지하여 선택의 폭을 넓히고 운영상의 혼란을 해소하고자 하였다.

이러한 고등학교 선택과목군의 예를 보면, '국어, 도덕, 사회', '수학, 과학, 기술·가정', '체육', '음악, 미술', '외국어', '교양'으로 6개 영역으로 구성되어 있다.

이를 2009년 초등학교 1, 2학년부터 연차적으로 적용할 예정이고, 주5일 수업제 전면 도입과 미래 사회에 대비하여 학교의 다양한 교육활동을 정규 교육과정에 수용하는 방안을 추진하고 있다.

10) 9차 교육과정기 (2011~): 미래형 교육과정

2010년 12월에 부분개정(교육과학기술부 고시 제2009-41호/ 2009.12.23. 확정발표)된 교육과정은 흔히 '미래형교육과정'으로 불리운다. 이 미래형 교육과정의 특징은 창의와 인성교육을 강조하고, "하고 싶은 공부, 즐거운 학교"를 표어로 하고 있다. 주요 개정내용을 보면, 학년군, 교과군 집중이수제(학기당 이수과목을 8개 이하로 축소)를 도입하였고, 창의적 체험활동을 강화하는 창의인재를 양성하는 교육을 지향하고 있으며, 고등학교에서 기초교육(국·영·수)과 탐구영역

(사회, 과학), 선택집중 교육(체육예술, 생활교양)을 분리하고, 특히 모든 학교가 특성화된 교육과정을 운영할 수 있도록 허용하였다. 미래형 교육과정의 개요 및 학교급별 공통된 특징은 다음에 자세히 나와 있다(교육과정특별연구회, 2009).

(1) 미래형 교육과정으로의 개정 배경

- 획일적인 교육과 사교육을 유발하는 국가교육과정기준에서 탈피하여 교육의 질을 끌어올리는 기준을 만들고 학교 교육과정의 자율화를 신장하기 위함
- 21세기의 글로벌 창의 인재를 기르는 데 필요한 핵심역량을 구명하고, 이를 교과와 교과외활동에 최대한 반영한 교육과정을 개발하기 위함
- 교육과정 총론 부문을 개정해 교육과정의 운영 방식을 바꾸어 수업과 교육 성과를 높이기 위해
- 이수과목수 축소, 학습 및 평가 부담 축소, 교과 교실제 확충을 위한 교육과정 개선 필요
- 주5일 수업제의 전면 실시에 앞서 주간 수업을 강화하고, 지역 및 학교 단위 주말 교육프로그램의 활성화를 위해

(2) 미래형 교육과정의 주요 특징

- 학교의 교육과정 편성권 부여
- 교과와 교과 외 활동으로 구분(기존의 특별활동과 창의적 재량활동의 통합)
- 교과수의 축소, 교과목군 및 학년군/ 학년, 학기, 분기 집중이수방안 도입
- 초등학교 모든 학년의 수업 시간 균등화
- 국민공통기본 교육과정의 명칭 변경(공통 교육과정) 및 적용 시기의 중3으로 조정
- 고교 3년간 선택 교육과정 적용 및 보통 교과와 특목계 고교의 전문 교과의 통합 제시하는 방안, 학교 간 격차 해소 방안.
- 고교의 학생 진로에 따른 교육과정 다양화 및 그 실현 방안 제시, 조기 졸업

및 대체 이수 방안의 제시

- 교육의 질 관리를 위한 초6, 중3의 국가수준 학업성취도평가 실시 및 고교와 대학 교육을 연계하는 대학수학능력시험안의 제안
- 실과(기술 가정)의 3단계 평가 방안, 도덕(윤리)의 평가결과 문장기술식 표기, 고입연합고사 과목 축소 등

마지막으로, 우리나라 교육과정의 변천과정(1차~9차)에 따른 특징을 표로 정리하면 다음과 같다.

〈표 3-1〉 한국 교육과정 변천과정 대비표

교육사조	시 기 별 특 징	교육과정
	개화기(1894–1910)	
	일제 침략기(1911–1945)	
형식주의	교과중심 교육과정기 교육법제정(1949), 홍익인간 이념, 6–3–3–4제, 일제잔재 청산	교수요목기 (1945~1954)
진보주의	새교육운동, 전인교육, 반공도덕교육, 실업교육 특별 활동영역의 독립, 지역성 고려	제1차 개정 교육과정 (1955~1963)
경험중심	박정희정권, 기초학력강조, 고등학교 단위제 자주성, 유용성, 합리성, 지역성 강조	제2차 개정 교육과정 (1963–1973)
학문중심	10월 유신, 국민교육헌장, 새마을운동: 지식의 구조, 탐구수업, 도덕 · 국사교육, 지식 · 기술교육, 인간교육강화	제3차 개정 교육과정 (1973–1981)
인간중심	제5공화국(전두환정권): 국민정신교육강화, 전인교육, 진로교육 강조, 전인적발달 강조 [교육과정의 적합성]	제4차 개정 교육과정 (1981–1987)
통합교육	교육자치제 시행: 교과 간 연계성, 선택과목 확대, 학교의 자율성 신장, 교육과정의 지역화, 검인정 교과서 확대 [교육과정의 질적 제고]	제5차 개정 교육과정 (1987~1994)
–	문민정부 출범, 신한국창조: 선택교과제 도입, 교육과정 구조의 합리적 조정, 과학기술교육 및 환경교육 강화, 연간수업시수 축소 (*1995.5.31 교육개혁조치: 교육과정 개정 발표)	제6차 개정 교육과정 (1995~1996)
신자유주의	국민의 정부: 정보화, 세계화, 열린교육, 평생학습사회 '수요자중심' 교육과정기/ [국민공통기본교육과정], 선택중심 교육과정/ 수준별 교육과정	제7차 개정 교육과정 (1997~2008)

소비자주의	교육의 양과 수준 적정화, 교과집중이수제, 고등학교 선택중심 교과 개정	제8차 개정 교육과정 (2009~2010)
미래형	미래형 교육과정: 창의와 인성교육을 강조	제9차 개정 교육과정 (2011~)

요컨대, 최근의 교육과정의 흐름과 변화의 방향은 일정한 시간이 지난 후 그 영향요인에 대한 분석, 교육과정의 성패에 따른 결과, 일선 학교 및 학생들의 반응 등에 비추어보아 학자들에 의해 다시 정리되고, 그 교육과정 변천사적 의미가 드러나게 될 것이다.

제2부

교육과정의 구조와 실천

CHAPTER

4 교육과정의 유형
(Types of Curriculum)

모든 교육과정은 그 독특한 구성계획과는 무관하게 모두 어떤 요소들로 이루어져 있다. 교육과정은 교육목적과 구체적인 교육목표에 대한 진술, 교육내용의 선정이나 조직에 대한 기술, 교육목표에 따른 것이든 아니면 내용조직으로 인한 것이든 간에 특정한 형태의 교수 및 학습활동에 대한 암시 내지는 표방을 포함한다. 그리고 마지막으로 교육의 결과에 대한 평가의 프로그램을 포함하고 있다 (Taba, 1962).

교육과정은 그 교육과정의 사상적, 철학적 배경이 되는 특정 교육사조의 영향하에서 교육의 목적, 인간에 대한 이해, 지식에 대한 관점, 교수방법적 상이한 접근법, 평가의 방법 등과 관련하여 해당 교육사조와 맥락을 같이 하는 여러 교육이론들을 중심으로 형성되게 된다. 따라서 몇 가지로 유형화된 교육과정들은 각각 특정한 교육사조와 밀접하게 관련하여 이해해 볼 수 있다. 지금까지 다양한 종류의 교육과정들의 학교교육에서 적용되어 왔는데, 이 중 중요한 교육과정을 간추려 소개하면 다음과 같다.

1. 교과중심 교육과정

교과중심 교육과정은 우리가 현재 교과(subject)라고 부르고 있는 특정 내용과 관련한 지식을 종합, 정리한 수업과목을 중심으로 교육과정을 구성하는 것인데,

이는 과거 그리스의 7자유학과(*Septem Artes Liberals*)와 같이 주로 서양의 고전들(The Classics)을 중심으로 교육과정을 구성하기 때문에 고전중심 교육과정이라고도 불리우고, 또는 그러한 고전들을 중심으로 논리적 사고의 형식적 훈련을 통한 이성의 교육을 강조했기 때문에 형식주의 교육과정이라고도 불리운다.

1) 교과중심 교육과정의 유형

교과중심 교육과정은 세부적으로 다음과 같이 네 가지로 나누어질 수 있다.

(1) 분과(分課) 교육과정

각 교과의 종적 체계는 있으나, 횡적 관련은 전혀 없이 조직되어 각 교과가 별개로 가르쳐지는 형태

(2) 상관(相關) 교육과정

두 개 이상의 교과가 선을 유지하지만 공통된 내용 및 주제를 중심으로 서로 관련된 교육과정(예 역사와 지리, 과학과 수학, 생물과 화학 등)

(3) 융합(融合) 교육과정

'상관'과 '광역' 교육과정의 중간 형태로써, 내용 및 성격상 매우 밀접한 두세가지 교과가 하나의 교과로 통합되어 가르쳐지는 형태(예 생물학: 식물 + 동물 + 생리학, 사회과: 지리+역사+공민)

(4) 광역(廣域) 교육과정

교과목 간의 엄격한 구별의 한계를 뛰어넘어, 어떤 주제를 중심으로 여러 교과를 섭렵하여 가르쳐지는 형태(예 일반과학: 물리, 화학, 생물, 지리, 천문, 사회과: 역사, 지리, 정치, 사회학, 문화인류학)

2) 특징

교과중심 교육과정은 대부분 교사주도형으로써 학습자 개인의 의견이나 문제 또는 욕구 등은 수업에 반영되기 어렵다. 대체로 사전에 철저하게 준비된 계획에 따라 지식전달 위주로 수업이 진행되고, 일률적인 교재에 의하여 정해진 교재의 범위 안에서 학습활동이 전개된다.

3) 장단점

교과중심 교육과정의 장점은 새로운 지식이 해당 교과서에 논리적, 체계적으로 정리되어 있어서 이를 효과적으로 학습하는데 유리하고, 따라서 학생들의 지적 능력을 향상시키는 데 적합하다. 가장 오랜 동안 실제 학교교육에서 널리 활용되고 있다. 하지만, 단점으로는 학생들의 흥미, 필요, 능력 등 심리적인 요소를 충분히 고려하지 않고 구성된 교육과정이므로 학생들의 실제적 학습과정에 부적합하고, 특히 교과 간의 관련성이나 통일성 등을 고려하기 힘들며, 교과목 그 자체의 내용을 학습하는 것이 학생들의 보편적 인지능력 향상에 기여하지 못한다는 것이 문제점으로 지적되어 왔다.

2. 경험중심 교육과정

경험중심 교육과정은 Herbart, Rousseau, Pestalozzi, Froebel 등의 학자들의 교육관을 이어받아 Dewey에 의해 체계화된 진보주의 교육사조에 바탕을 두고 발전되어 왔으며, 기존의 교과중심에서 탈피하여 아동의 흥미와 호기심으로부터 교수학습의 출발점을 모색함으로 인해 아동중심 교육과정이라고도 불리운다. 기존의 지식위주, 교과위주의 학교학습에 반기를 들고, 사회 속에 직접 참여함으로써 얻는 다양한 경험을 통해 학습자의 전체적인 성장을 이끌고 현재 혹은 미래의 사회 속에서의 삶에 대비하게 하는 것이 교육의 주된 목표가 된다.

1) 유형

경험중심 교육과정은 크게 활동중심 교육과정과 생활영역 교육과정으로 나눌 수 있다. 활동중심교육과정은 이론중심의 교육과정에서 탈피하여 학생의 흥미나 요구가 무엇인가에 따라 수업활동을 결정하는데 놀이와 활동을 위주로 교육과정을 구성하되, 감각교육, 개념발달, 상호작용의 중요성을 강조하고 이를 통해 유아들의 개별성, 창의성, 책임감 및 독립심을 기르고 활동과정에서 자유와 선택의 기회를 보장하여 유아들의 자존감이 길러질 수 있도록 돕는다.

생활영역교육과정은 개인으로 하여금 주요 생활영역에 효과적으로 참여할 수 있도록 하는 경험을 기초로 교육과정을 구성하는데, 예를 들어 [2007년 개정 유치원 교육과정(2009. 3. 1. 시행)]은 건강생활 영역, 사회생활 영역, 표현생활 영역, 언어생활 영역, 그리고 탐구생활 영역으로 나뉘어 구성되어 있다.

2) 특징

경험중심 교육과정은 학생의 흥미와 필요를 기초로 학습내용을 구성하고, 학생들의 자발적 활동을 촉구한다. 그리고 직접경험(“seeing is believing”), 행하면서 배운다("learning by doing")는 원칙하에 사회활동의 주제들과 관련한 활발한 학습활동을 전개하며, 실제적인 생활문제와 결부되는 학습활동을 함으로써 생활사태를 올바르고 종합적으로 처리할 수 있는 능력을 기른다. 더불어 민주사회에 필요한 창의성, 책임감, 사회성, 협동정신, 반성적 사고 능력을 기르는데 주안점을 둔다.

3) 장단점

장점으로는 학습자의 흥미와 필요에 기초하므로 적극적인 참여가 유발되기 쉽고, 현실적, 실제적 생활문제를 해결하는 데 도움이 된다. 또한 민주시민으로서의 자질 함양이나, 학교와 지역사회의 유대를 강화하는 활동을 활용할 수 있다는 점을 들 수 있다. 한편, 단점으로는 학생들의 기초학력 저하를 가져올 수 있고, 활동이 교육과정 어디에 속하는지 불분명할 수 있으며, 경험이 많지 않은 교사는 자유로운 교실수업의 분위기 속에서 수업운영에 실패하기 쉽고, 행정적 통제도 어렵다는 점을 들 수 있다.

학문지식, 교과지식, 학교지식의 비교 (김국현, 2010, pp. 18-19 참조)

가. 학문지식과 교과

학문지식은 교과의 교육 내용을 구성하는 가장 일차적인 원천이지만, 모든 학문 분야의 지식이 교과의 교육 내용이 되는 것은 아니다. 학문지식은 학교 교육을 전제로 하고, 교수 및 학습을 가정하는 교과교육과 관련성을 가질 때 교과지식이나 학교지식으로 조직된다. 학문지식은 특정 학문 공동체 속에서 공유되고 있는 패러다임으로써, 신념, 가치, 기술, 예제 등을 포괄한다. 특정 학문의 패러다임은 연구와 교육을 통해 학문 공동체의 구성원들에게 공유되며, 학문 공동체의 초심자에게는 학문 활동의 출발점이 되고, 학문의 개념구조 및 본질구조는 교과교육 내용을 형성하는 원천으로서 학습자들을 특정 학문으로 안내하게 된다.

나. 교과지식과 교과

교과는 수업을 위해 조직된 관련된 학문지식의 모음이라 할 수 있는데(Walker, 1977: 12), 그러한 교과는 학습자들에게 지식을 신속하고 효율적으로 전수하려는 목적에 따라 관련된 학문지식이 조직된 것이다. 학교 교육에서 교과교육의 내용으로 변환된 학문지식은 학습자들에게 교과서를 통해 제시되는데, 교과지식에는 일반적으로 하나 이상의 학문 분야가 포함될 수 있고, 교과를 구성하는데 학문지식 뿐만 아니라 광범위한 지식에 대한 사회적 이해(사회적 인식, 지식, 상식, 가치관, 이념 등)의 영향을 받아 생성되기도 한다(Pring, 1978: 137-138).

교과지식은 교과의 교육내용을 이루는 지식으로 교과 속의 개념, 원리, 기능을 가리키는데, 교과 내용지식에 포함된 핵심 아이디어, 개념, 기능들은 교육과정을 구성하는 데 있어서 뼈대의 역할을 한다(Chen & Ennis, 1995). 학문중심 교육과정에서 강조하는 것처럼, 지식의 위계성에 근거한 교과의 경우 학문지식이 학교지식으로 변환된다.

다. 학교지식과 교과 교육

학교지식은 학교교육을 통해 실행되어야 하는 교육과정의 내용체계를 구성하는 지식을 말하고, 교과지식을 근거로 이루어지기 때문에 교과지식의 구조의 범위와 그 구성요소들에 의해 제약을 받는다. 학교지식을 구성하는 과정에서는 국가 · 사회적 요구, 교육과정이 운영되는 지역사회의 요구, 교사와 학습자의 발달 특성 등이 보편적 요인으로서 기본적으로 고려된다.

학교지식은 학문의 구조를 배경으로 하여 구체적인 교수.학습의 내용을 구체화한 것으로서 교육과정의 '내용'으로 제시된다. 학문지식의 양이 폭증하고 지식의 학제적 특성이 강화되어 가는 등 지식의 생산과 유통 방식이 변화됨에 따라 학문지식과 학교지식 사이에는 교육과정 지체현상(curriculum lag)이 발생하는데, 이는 학문지식 자체의 속성과 더불어 학교지식의 수요자인 학습자들의 지식에 대한 요구와 관심이 변화하고 다양화되기 때문에 나타나는 불가피한 현상이다. 따라서, 학문지식과 학교지식간의 격차를 줄이기 위해 효과적인 교과지식의 구성이 필요하지만, 학교지식은 학문지식의 새로운 변화를 신속하게 수용하여 최신의 지식을 제공하는 데 구조적으로 한계가 있다. 그 이유는 새로운 학교지식이 구성되는 과정에는 연구 · 개발, 모의실험 또는 적용, 교육과정 고시, 교육과정에 따른 교과서 및 학습 자료 개발 등의 절차가 거쳐야 하며, 그러한 변화에 적응할 수 있도록 하는 교사를 교육하는 등의 절차에 일정한 기간이 소요되기 때문이다.

3. 학문중심 교육과정

1) 배경

학문중심교육과정은 진보주의가 대세를 이루었던 1920~1950년대의 학교교육에서 아동의 흥미나 호기심 위주의 교육으로 인해 아동의 지적 훈련이나 학문적 발전이 더디게 된 점을 반성하면서, 특히 1950년 이후 지식의 폭발적 증가와 기초 과학 중심의 교육의 필요성이 제기되었던 시대적 배경에 따라 1960년에 미국의 교육학자들(예 Bruner, Broudy, Phenix)이 모여 지식의 체계적 학습을 통한 기초 학문의 양성을 목표로 제시되었던 교육과정이다.

즉, 경험중심 교육과정에 의한 학교교육이 학생들의 훈련 및 통제에 무력하게 되고, 과학적 인지능력을 양성하여 고차원적 학습으로 유도하는데 한계가 있음을 깨닫는 한편, 과거의 교과중심 교육과정의 문제였던 잡다하고 단편적 지식의 전수나 주입식 교육에서 탈피하여 체계적 지식의 구조를 가르치고자 했던 시도에서 시작되었다.

2) 특징

학문중심 교육과정은 Bruner가 주장한 각 학문적 영역의 '지식의 구조,' 즉 해당 학문을 이해하는데 있어서 '핵심적인 아이디어' 또는 '기본적 원리 및 개념'을 중시하고, 어떤 교과라도 지적 성격을 그대로 두고 표현만 달리한다면 어떤 발달단계에 있는 어린이라도 효과적으로 가르칠 수 있다고 보았다. 따라서, 분석적 사고와 동시에 직관적 사고를 중시하고, 학습자의 외적 동기보다는 내적 보상에 의한 학습동기의 유발 및 학습에 있어서 창조성을 강조한다.

지식의 구조 (Structure of Knowledge)

교과의 구조를 이해하는 것은 다른 많은 것을 의미 있게 연결하는 방법으로써 구조를 이해하는 것인데, 여기서 이해(understanding)란 여섯 가지 측면에서 설명될 수 있다. 1) 설명할 수 있는 상태(explainable), 2) 해석할 수 있는 상태(interpretable), 3) 적용할 수 있는 상태(applicable), 4) 관점을 갖는 상태(having perspective), 5) 공감할 수 있는 상태(empathizing), 그리고 6) 자기 자신만의 지식을 형성하는 상태(having self-knowledge)가 그것이다.

구조를 배워야 하는 이유는 한마디로 내용들이 서로 어떻게 관련되는지를 배우는 것이다. 수학의 예를 들어, 대수(Algebra)는 기지수(known)와 미지수(unknown)를 방정식에서 나열하여 미지수를 알아내도록 하는 것이다. 이 과정에는 세 가지의 요소가 포함되는데… 그것은 교환(exchange), 분배(distribution), 결합(union)이다. 일단 학생들이 이 세 가지 기본요소들의 체계적 관계성을 이해한다면 그들은 방정식의 풀이가 그리 어렵지 않다는 것을 알게 될 것이다(Bruner, 1960, 7-8).

3) 장단점

학문중심 교육과정은 교육내용을 선정, 조직하는 데 경제성을 꾀할 수 있고, 교육내용이 기본적 개념을 중심으로 조직되므로 지식의 전체 구조를 쉽게 파악할 수 있어서 기본개념의 이해를 촉진시킬 수 있다. 또한 학생 스스로 능동적으로 탐구과정에 참여함으로써 탐구력을 향상시킬 수 있고, 학습 내용 중 기본적이고 핵심적인 것을 다루므로 학습에 관한 흥미를 지속적으로 유발할 수 있다. 하지만, 단점으로는 지식의 구조의 파악을 바탕으로 한 수업은 학업능력이 우수한 학생들이나, 일부 교과(자연과학 분야)에 적합한 것으로, 기타 문학, 철학, 예술 계통의 교과 등에 적용하기에는 무리가 있다고 여겨진다. 또 다른 문제는 탐구과정을 촉진하기 위한 교육환경의 구비가 쉽지 않고, 어떤 평가방법을 활용해야 되는지의 문제나 기본적으로 다양한 학습자의 욕구와 그들의 생활문제 등을 등한시하기 쉽다는 단점이 있다.

핵심적 아이디어

아이디어(idea)에는 다음과 같은 범주가 포함된다: 개념(concept), 테마(themes), 지속적인 논쟁이나 관점, 역설(paradox), 이론, 잠재적인 가정(presupposition), 핵심적 질문, 이해(understanding) 혹은 원리(principles). 이러한 핵심적 아이디어의 성격은 다음과 같다:

- 어떤 학습에 초점을 맞추는 개념적인 '인식의 눈'을 제공하는 것.
- 이해의 핵심으로써 제공되는 많은 사실, 기능, 경험을 연결하고 조직하는 것에 따라 의미의 폭을 제공하는 것.
- 그 과목의 전문적인 이해의 중심에서 아이디어를 지적하는 것.
- 의미 혹은 가치가 학습자에게 분명하지 않거나 직관적으로 알 수 없고 오해하기 쉽기 때문에 '심층적 학습'을 필요로 하는 것.
- 많은 다른 연구와 쟁점을 오랜 시간동안 (교육과정과 학교 밖에서 수평적으로 그리고 수직적으로 연계하여) 활용하고 중요한 전이가 이루어지게 하는 것이 핵심적 아이디어의 역할이다(Wiggins & McTighe, 2008, pp. 98-99).

4. 인간중심(인본주의) 교육과정

인간중심 교육과정은 실존주의 철학 및 인본주의 교육사조를 바탕으로 하여, 1960년대 후반부터 나타난 본질주의 교육사조 및 학문중심 교육과정의 폐해들에 대한 비판으로 제기된 교육과정이다. 인본주의 교육과정은 사회현실이나 아동들의 전인적, 총체적 발달과 동떨어진 채 지식위주의 교육 및 엘리트중심의 교육, 그리고 과학주의 일변도의 교육으로 치닫는 학교교육에 대한 비판에서 시작하여, 근본적으로 교육을 통한 학생들의 자기정체성 확립, 전인적인 발달, 학생 개별적인 문제들에 대한 교육적 해결책 모색 등을 교육의 목적으로 삼고 학교교육이 이러한 문제들을 다룰 수 있어야 한다고 주장하였다.

1) 유형

인간중심 교육과정의 유형에는 학습자의 학습을 조장할 수 있는 방법을 최우선적으로 고려하는 방법기조형, 모든 교육적 관심이 학습자의 천부적인 잠재가능성의 발현에 모으고 있는 학습자중심형, 어떤 실체를 원형대로 전수하기보다는 어떤 마당에서 생성되어 우러나는 분위기에 젖어서 자연스럽게 일어나는 감동, 흥미의 획득 및 느낌을 중요시하는 방법강조형으로 나누어 볼 수 있다.

2) 특징

인간중심 교육과정은 공식적 교육과정의 측면뿐 만 아니라 잠재적 교육과정(hidden curriculum)의 측면도 중시하고, 학교 환경 전체를 인간중심적으로 조성하는 데 노력한다.

인간중심 교육과정은 학생들에게 다양한 선택의 기회를 주고, 학생들이 자유로운 환경에서 공부할 수 있는 분위기를 조성하고자 한다. 학교는 의무교육의 수행이나 강제적 수용공간이 아니라, 학생들이 학업을 통해 자신과 동료들과 어울리고 자신의 가능성을 발견할 수 있는 즐겁고 보람된 경험을 극대화하는 공간으로 만들고자 한다. 따라서 학생 개개인의 자아실현에 궁극적 교육목표를 두고, 이를 실천하기 위해 인간주의적인 특성을 바탕으로 교육에 임하는 교사상을 필요로 하게 된다.

3) 장단점

인간중심 교육과정의 장점은 지적, 신체적, 사회적, 정서적 성장을 조화롭게 발전시키는 전인교육을 목표로 하고 있다는 점이고, 학습자 개개인의 자기 성장을 조장할 수 있으며, 학습자의 자아개념을 긍정적으로 형성시키는 데 도움이 된다. 또한 교수-학습 과정에서 개방적, 자율적 분위기를 조성하여 내면화를 촉진할 수 있다.

한편, 단점으로는 교사들의 투철한 교육관이 없으면 교육성과를 기대할 수 없고, 경쟁과 비교를 지양하는 환경 및 행정체계가 전제되지 않으면 실현이 불가능하다. 또한, 주지 교과의 난이도 하향조정, 교과의 통합, 시간 단위의 융통성 있는 운영 등이 선행되지 않으면 효과를 기대할 수 없다는 점을 들 수 있다.

5. 사회중심 교육사조

사회중심 교육사조는 교육의 사회적 역할이 무엇인가에 따른 입장을 중심으로 사회문제의 이해 및 학생들이 학교교육을 통해 추구하는 하는 바에 대해 학교교육의 역할에 관심을 갖는다.

1) 기본 입장

사회중심 교육사조는 크게 사회적응적 입장과 사회개혁적 입장으로 나누고,

사회변화에 대한 관점을 미시적 혹은 거시적으로 어떻게 바라보느냐에 따라 각기 다른 이론적 입장을 취한다.

(1) 사회적응 대 사회개혁적 입장

학교교육이 사회적으로 유용한 지식과 기능을 가르쳐 학생들이 사회에 큰 어려움 없이 적응하도록 돕고, 기존 사회질서를 안정되게 유지하는 것을 기본 목표로 한다. 반면, 사회 개혁적 입장은 학생들로 하여금 사회가 지닌 문제와 모순을 깨닫고 학교교육을 통해 이를 극복할 대안들을 모색하게 한다.

(2) 사회변화의 관점에서 미시적 관점

사회변화에 대한 미시적 관점은 교실 내에서의 사회적 상호작용과, 교과서 내용이 담고 있는 사회적 의미를 분석하는데 주력하지만, 거시적 관점은 정치·경제·문화 등 거시적 사회구조의 일부로서 학교교육이 어떤 기능을 하는가를 비판적으로 조명하는데 관심을 가지고 있다.

(3) 잠재적 교육과정

사회중심 교육사조는 특히 공식적 학교 교육과정 이면에 발생할 수밖에 없는 비공식적 혹은 잠재적 교육과정의 현상에 주목하고, 1) 어떻게 학교교육을 통해 사회통제의 이념이 관철되는지 분석하거나, 2) 학교교육의 결과 발생하는 의도되지 않는 교육적 결과가 무엇인지 조명하며, 3) 동시에 기존의 공식적 학교교육에 대한 저항적, 비판적 담론(discourse)과 주장 등에 관심을 갖는다. 따라서 학교교육 현장에 작용하는 사회적 이데올로기를 분석하면서, 경제적·정치적 불평등이 학교교육 내용에서 어떻게 합법화 혹은 묵인되는지를 드러냄으로써, 결국 사회화 논리의 저변에는 계급제도를 유지하기 위한 체제적응 및 체제 순응의 논리가 학교교육을 통해 작동하고 있음을 밝히고자 한다. 더불어 학교에서 가르치고 있는 지식의 사회적·정치적·경제적 성격을 분석하고 학교지식의 중립성·객관성 등을 부정하며 학교지식을 선정하고 전달하고자 하는 계급적 이념을 분석하여 사회적 권력이 교육을 통해 재현되는 현상을 비판적으로 지적한다. 더 자세한 내용은 다음 절에서 논의된다.

2) 사회중심 교육과정의 설계

사회중심 교육과정 설계는 사회의 유지와 개선을 목적으로 교육과정을 조직하게 되며, 사회적 요구를 분석하는 데서 출발한다. 사회적 요구의 분석은 주로 사회적 주제(issues)나 논쟁들(issues)을 중심으로 이루어지며, 이때 사회적응, 지역사회 문제 개선, 미래사회의 대비 등의 주제들이 일반적으로 다루어진다. 이 같은 주제들을 중심으로 교육과정을 조직함에 있어서 교과수준 혹은 단원수준 모두에 적용될 수 있다.

(1) 사회중심 교육과정의 목적 및 취지

사회중심 교육과정의 목적은 학습자로 하여금 인류가 당면한 심각하고 절실한 문제를 정면으로 바라보게 하는 것인데, 이때 학교교육만을 통해 사회 자체를 새로 건설할 수 있다고 주장하기보다는 미래사회를 대비한 변화추구를 뒷받침하는 학생들의 태도와 신념을 기르는 도덕과 비판적 지성의 재건설을 강조한다. 따라서 사회중심 교육과정은 우선 학교에서 다루어지는 지식이 갖고 있는 이념적 배경을 분석하고 비판하는 데서 시작하여, 이를 통해 현 사회의 문제점 및 한계를 지적하고, 나아가 새로운 사회로 변화하기 위한 가능성을 모색하고자 하는 것이다.

(2) 사회중심 교육과정 설계의 특징

사회중심 설계는 학습자들이 성인이 되었을 때 하게 될 여러 가지 중요한 활동이나 조직적인 집단생활에서 필요로 하는 인간 활동 범위 내에서 아동의 배경 경험이나 성장 단계에 관계없이 그들이 당면하게 될 공통적인 생활사태를 분석하여 이를 주제로 삼아 교육내용을 선택하고 조직한다. 또한 사회중심 설계는 학문에서 발전된 지식, 기능, 가치 자체가 중요하다기 보다는, 그것이 지닌 사회 유지 및 개선에 대한 필요성과 학생들의 개인적 발전을 위한 수단으로써 중시하게 된다.

(3) 사회중심 교육과정의 교육내용

사회중심 설계는 학교를 보다 큰 사회의 일부분으로 보아 그 성격을 구체적인 사회의 틀 안에서 파악하고, 학교에서 다루어지는 지식과 교육과정 역시 보다 광범위한 문화로부터 선정된 일부로 간주한다. 따라서 교육내용을 학문 자체보다는 보다 넓은 자원들로부터 활용하기 때문에 학문중심 설계와는 구별되며, 변화하는 사회여건과 이에 따른 사회의 요구에 맞게 교과나 단원을 만들어 활용할 수 있다는 점이 장점이기도 하다. 반면, 그러한 이유 때문에 학문들 속에 들어있는 개념, 원리, 이론들을 체계적으로 학습시키는 데 어려움이 있다는 단점을 지니기도 한다.

6. 잠재적 교육과정

1960년대 후반에 들어서면서 많은 연구자들이 공식적 교육과정이 주도하는 학교교육에서 벗어난 학교교육의 잠재적 효과 및 영향력에 관심을 갖고, 학교의 공식적인 교육과정 이면에서 학생에게 전달되는 신념이나 가치가 무엇인가를 규명하기 시작하였다. 이 신념이나 가치는 학교가 의도하지 않은 학습결과로 나타난 것으로 해석할 수도 있고(부수적 효과: side effects), 아니면 학교교육을 통해 강요되는 기존 사회의 지배구조에 저항하는 신념이나 가치(비판적 입장: critical standpoint) 측면에서 이해할 수도 있다. 한마디로, 교육과정에서 의도하고 계획한 것을 기준으로 평가하는 입장에서, 실제로 학생들이 경험하게 되는 교육적 결과를 평가하는 쪽으로 관점의 변화가 이루어진 것이다.

1) 기능주의적 입장

잠재적 교육과정을 부수적 효과 차원에서 이해하려는 보수적 입장으로는 잭슨(P. Jackson), 드리븐(R. Dreeben), 김종서 등을 들 수 있는데, 예컨대, 잭슨(*Life in Classrooms*, 1968)의 연구는 '태도', '순종', '경쟁심'과 같은 부정적인 가치들이 어떻게 학생들에게 전달되고 내면화되고 있는가에 주목하고, 학교생활을 통해 학생들은 실제 교육과정에서 가르치지는 않았지만, 거짓말 배우기, 평가 중심적 교실생활, 외적 동기화, 수동성, 교사와의 불평등한 인간관계, 교사의 욕망과 희망에 동조와 복종하는 태도 등을 배우게 된다고 지적하였다.

드리븐(R. Dreeben)은 그의 저서 *On What is Learned in School*(1968)에서 학교교육이 수행하는 사회화 기능의 관점에서 잠재적 교육과정을 분석하였는데, 잠재적 교육과정의 결과 학생들은 학교생활을 통해서 독립심과 성취감을 학습하고 성인권위에 수용하는 것을 배우게 된다고 주장하였다. 그는 학교가 수행하는 사회화의 기능 중에 '독립심'과 '성취감'이라는 규범의 학습과 '성인 권위의 수용'이 가장 중요한 잠재적 교육과정의 내용인데, 예를 들어, 학생들이 과제를 수행하거나 시험을 보는 행위를 통하여 독립심을 기를 뿐만 아니라 다른 학생들과 경쟁하는 마음을 기르게 되고, 경쟁에서 승리할 경우 성취감을, 실패할 경우 자괴감을 경험하게 되는 것이다. 또한 학생들은 학교생활을 통하여 가정의 혈연관계를 벗어나 객관적이고 합리적인 수준에서 성인권위를 인정하는 것을 학습하게 되는데, 드리븐에 의하면, 학교는 인간적인 관계로 특징지어지는 가정과, 권위적인 관계로 특징지어지는 사회의 중간에 위치하며, 학교는 사회에 나가기 전의 학생들에게 사회생활에 필요한 규범, 가치, 태도 등을 잠재적 교육과정을 통하여 학습시키는 장인 셈이다.

김종서(1979)는 잠재적 교육과정이 작용하는 학교의 사태를 물리적 조건, 제도 및 행적조직. 사회 및 심리적 상황으로 구분하고, 이들을 잠재적 교육과정이 나타나는 장이라고 명명하였다. 그는 잠재적 교육과정의 원천으로 학교교육의 목적성, 강요성, 군집성, 위계성을 제시하고, 공식적(표면적) 교육과정과 대비되는 비공식적(잠재적) 교육과정의 특징을 다음과 같이 9가지로 정리하여 제시하였다.

〈표 4-1〉 표면적 교육과정과 잠재적 교육과정의 비교

표면적 교육과정	잠재적 교육과정
의도되고 계획된 것	학교생활 과정에서 은연중 배우게 되는 것
주로 지적인 것과 관련	지적인 것과 정의적인 영역에 관련
주로 교과와 관련	학교생활의 문화풍토에 관련
단기적이고 일시적으로 배우게 됨	반복적이고 장기적이고 항구적인 경향
교사의 지적, 기능적인 영향	교사의 인격적인 감화
사회규범에 일치하는 내용	사회규범을 벗어난 내용도 포함
-표면적 교육과정이 잠재적 교육과정과 서로 조화되고 상보적인 관계에 있을 때 학생행동에 강력한 영향을 미칠 수 있다.	
-잠재적 교육과정은 의도적으로 억제하거나 제거할 수 있는 성질의 것이 아니다.	
-표면적 교육과정 자체에 잠재적 교육과정의 긍정적 측면을 포함하고 있다.	

2) 비판적 입장

급진적 혹은 비판적 관점에서 잠재적 교육과정을 해석한 학자로는 일리치(Ivan Illich), 보울즈(S. Bowles)와 긴티스(H. Gintis), 애플(M. Apple), 그리고 지루(H. Giroux) 등을 들 수 있다.

Illich는 *Deschooling society*(1971)를 통해서 강제적인 교육과정의 일괄적 적용에, 종일제로 학생들을 가두어 두고, 연령집단별 조직 및 교사위주의 운영으로 모든 근대적 학교교육은 구조적으로 부정적인 측면의 잠재적 교육과정의 원천이라고 주장하였다. 그는 사악한 잠재적 교육과정의 네 가지 요소를 다음과 같이 설명하고 있다. 즉, 1) 학년이 올라가는 것을 교육받는 것으로 간주하도록 가르치고, 2) 학교교육은 반드시 필요하다고 관념을 주입시키며, 3) 학교는 학생들을 소외시키고, 4) 학생들에게 현존하는 제도나 기관이 절대적으로 필요하다는 신념을 심어 주는 것 등을 비판한 바 있다.

보울즈와 긴티스는 학교교육은 잠재적 교육과정의 성격을 통해 자본주의의 이념을 재생산하는 도구이며, 결과적으로 지배계층과 피지배계층의 사회적 구별을 받아들이게끔 가르치고 있다고 비판하였다. 또한 애플과 지로는 학교교육의 숨겨진 기능은 지배집단의 헤게모니(hegemony)와 그 지배구조를 영속화시키기 위한 이데올로기(ideology)까지 학생들이 무의식적으로 받아들이게끔 무비판적이고 수용적인 자세를 가르치고 있다고 주장하였다.

대응이론(Corresponding theory)

경제학자인 Bowles와 행동주의 학자인 Gintis는 『자본주의 미국사회에서의 학교교육(Schooling in Capitalist America)』(1976)에서 일반적으로 알려진 바와는 달리 학교에서 가르치는 것이 인지적 요소가 아닌 비인지적 요소, 즉 자본주의 체제에 적합한 가치 · 태도 · 규범 · 인성 등을 중요시하고 있다고 주장하였다. 미국에서의 학교교육은 민주주의적 기능보다는 자본주의적 사회관계에 잘 순응할 수 있는 노동력을 양산하기 위한 제도로 발전되어 왔으며 학교에서의 '잠재적 교육과정'을 통해 학생들은 부지불식간에 체제 순응적 성격특성을 학습한다고 주장한 것이다. 보울스와 긴티스의 연구는 학교교육의 기능이 첫째, 불평등의 정당화, 즉 기회균등과 능력주의 이데올로기에 의해 사회적 불평등을 학교교육 과정을 통해 정당화시킨다는 것이다. 학교교육의 두 번째 기능은 순응적인 노동자 양성인데, 즉 학교는 계급지배 체제와 노동시장에 잘 적응할 수 있도록 학생들을 사회화시킨다는 것이다. 이것은 경제체제와 학교교육체제의 대응의 원리에 의해 생산의 사회적 관계가 억압적이고 권위적이기 때문에 그러한 생산체제의 노동자를 양성하는 학교의 역할은 전인적 성장을 가능케 해주는 민주적인 사회적 관계를 담아낼 수 없다는 것이다.

7. 영 교육과정(null curriculum)

1) 개념

영교육과정이란 아이즈너(E. Eisner: The educational imagination: On design and evaluation of school programs, 1994)가 개념화한 것으로 학교에서 소홀히 하거나 공식적으로 가르치지 않는 지식, 사고양식, 태도, 교과 등을 가리킨다. 즉, 교육과정은 부득이하게 특정 교육내용의 선정과정을 거쳐야 되므로, 그 과정에서 의도적으로 특정지식, 가치, 행동양식이 배제되어, 학생들에게 가르쳐지지 않는 경우가 생기기 마련인데, 이때 그렇게 선택에서 제외되거나 배제된 교육내용을 영 교육과정이라고 불렀다.

2) 특징

아이즈너(E. Eisner)는 전인적 성장과 사회의 총체성을 감안하여 배제된 교육내용 또한 중요한 내용 혹은 사상을 포함할 수 있다는 점을 강조하였다. 배제된 교육과정의 예로는, 자본주의사회에서 사회주의적 맑스이론 등은 금기시하는 것이나, 과학주의, 합리주의는 강조하면서, 직관적 사고, 상상력, 예술성 등은 비과학적인 것으로 치부하는 현상, 특히, 인지중심, 과학주의 중심 학교교육에서 감정가·비평가가 갖는 예술적 이미지와 교육적 사고에서의 심미적 측면 등이 배제되고 있다고 지적하였다.

3) 비판점

영교육과정에 대한 고려로 인해 교육과정의 내용영역이 대폭 확대될 경우, 교육과정의 구성자체가 어려워질 수 있고(선택의 불가피성), 내용선택의 과정에서 평가하기 쉬운 내용만 가르쳐질 가능성이 있으며(교육의 비전문화), 또한 소수의 이익집단의 압력으로 특정영역의 내용위주로 선택할 위험이 있다.

아이즈너(Eisner)의 감정 및 비평 개념

감정(Connoisseurship)이라고 하는 것은 평가하여 판단하는 예술이다. 그것은 교육적 활동을 포함하여 어떤 영역에서도 활용될 수 있다(Eisner, 1998: 63). 만일 감정이 평가의 예술이라면, 비평(criticism)은 폭로의 예술이다. 비평은 듀이가 경험으로써의 예술(Art as Experience)에서 지적한 바와 같이, 지각의 재교육(re-education of perception)에 목적이 있다. ... 비평하는 과업은 우리로 하여금 판단하는 눈을 갖게 하는 것이다. 그러므로 감정행위는 교과내용에 대한 비평의 기회를 제공한다. 감정행위는 개인적인 것이지만 비판은 공적인 행위이다. 감정행위는 간단히 말해 경험한 것에 대해 감상하는 것이지만, 비평은 그러한 질적 특성들을 예술적이고 비판적인 드러냄(exclosure)을 통해서 생생하게 보여주는 것이다(Eisner, 1985: 92-93).

8. 통합 교육과정

1) 개념

통합 교육과정에 대한 사전적 정의는 시간적으로 공간적으로 그리고 내용영역에 있어서 각각 다른 학습 경험들이 상호 관련지어 의미 있게 모아져서 하나의 전체로서의 학습을 완성시켜 인격 성숙으로 이르게 하는 과정 또는 결과로 설명되어진다. 다시 말하면 통합교육과정은 학교의 지도하에 시간적으로 공간적으로 그리고 내용영역에 있어서 각각 다른 것들을 상호 관련짓고, 의미 있게 모아서, 전체로서의 학습이 이루어지고 나아가서 인간의 성향 변화가 가치있게 이루어지도록 구성한 교육과정인 것이다(김재복, 1985). 통합교육과정 운영은 교육내용 편성방법뿐 아니라 수업운영방식에도 적용할 수 있는데, 이는 교육과정의 통합이 교육내용을 선정, 조직차원에서만 중요한 것이 아니라 교육내용에 대한 효과적인 학습에서도 중요하기 때문이다(Katz & Chards, 1989). 통합교육과정이 갖는 학습지도상의 의미에 곽병선(1987)은 다음과 같이 강조하고 있다.

- 지식을 통합적 안목으로 파악하는 능력을 키워준다.
- 지식의 생성력을 증대시킬 수 있다.
- 학습자의 흥미와 필요에 부응하는 수업을 할 수 있다.
- 융통성 있는 수업과정의 허용으로 수업의 밀도를 높이는 데 공헌한다.

2) 기원

20세기 초반에 진보주의교육 운동이 한창기였던 시기에 교육과정에 대한 논의가 시작되면서 통합교육과정에 대한 관심이 증대된 후, 1940년대 대두된 중핵교육과정 운동과 더불어 활발하게 논의되기 시작했다. 그러다 1960년대 부르너(J. Bruner, 1960)의 학문중심 교육과정에 의해 통합교육과정에 대한 관심이 잠시 주춤했다가, 1970년대 초 학문중심 교육과정의 지나친 분과주의, 현실과 유리된 학문에의 편중성에 반기를 들면서 통합교육과정의 필요성이 재고되었다(유광찬, 1997).

통합교육과정의 개념은 상당히 다양화된 상태인데, 이는 그 이론적 배경의 다양성에 기인한다고 볼 수 있다. 예를 들어, 프뢰벨(F. Froebel, 1926)은 유아는 모든 경험을 통합함으로써 전인발달을 이룰 수 있다고 주장하였고, 듀이(J. Dewey, 1916)는 교과는 현재 사회생활에 필요한 내용을 취해야 하고, 학습은 경험의 재구성이며, 그러한 경험은 통합적으로 조직되어야 한다고 주장한 바 있다. 또한 인그램(J.B. Ingram)의 *Curriculum Integration and Lifelong Education*(1979)은 1960년대 이후에 나타난 통합교육과정에 대한 다양한 관점들을 제시하며, 통합교육과정을 문제 중심적 활동으로 보는 인간, 아동 중심적 활동으로 보는 인간, 인지적 활동의 보충적인 것으로 보는 인간, 교육과정계획의 한 특징으로 보는 인간 등으로 다양하게 분류한 바 있다. 그는 통합교육과정은 오늘날 급속한 사회 변화에 대해 교육 제도를 통해 조정될 수 있는 수단을 마련하고, 형식적인 학교 교육에 도전하는 하나의 방법이라고 강조하였다.

3) 목표 및 특징

통합교육과정의 목표는 일정한 교육목표를 중심으로 교육내용을 융합하고자 하는 것이며, 융합된 교육내용에 의해 개인의 바람직한 방향의 인격적인 통일을 지향하고, 아울러 통일된 인격체로서 개인에 의해 구성되는 바람직한 사회를 실현하고자 하는 것이 통합교육과정의 궁극적 목표이다. 한편, 통합교육과정의 일반적 특징은 다음과 같다.

- 지식의 분결화를 극복하고자 한다.
- 교과지식의 논리적 특성보다는 학생들의 심리적 특성을 더 많이 고려한다.
- 다양한 지식에 대한 통합적 접근은 학생들의 학습동기를 유발하는데 더 효과적이다.
- 학습된 지식의 적용 차원에서도 더 많은 기회를 제공해 줄 수 있다.
- 학습효과의 증진 및 지적발달에 도움이 된다.

통합교육과정 개발이란 단위 학교 차원에서 교사, 학생, 학교행정가, 학부모 등이 주축이 되어 통합적인 학습프로그램을 계획, 설계, 실행, 평가하는 과정을 의미하는데, 이렇게 학교에서 교사가 직접 통합 교육과정을 개발하고 운영함으로써, 첫째, 아동이 개인차, 학교와 지역사회의 특성을 더욱 잘 반영할 수 있고, 둘째, 아동이 학습의 주체로서 참여하게 되며, 셋째, 민주적이고 허용적인 분위기 속에서 아동이 편안하고 즐겁게 학습을 수행할 가능성이 높고, 마지막으로 넷째, 실제 생활의 문제를 직접 해결하는 경험을 갖게 되므로 학습 경험의 전이효과가 크다(이영덕, 1983).

4) 유형

(1) 통합교육과정의 종류

우리나라 교육과정에서 많이 적용되고 활용되어왔던 통합교육과정은 듀이 등에 의해 강조된 경험중심 통합교육과정, 부르너(Bruner), 타바(Taba), 뱅크스(Banks)에 의해 주장되어 온 개념중심의 통합모형, 그리고 최근 열린교육의 활성화와 함께 우리나라에서 주목받고 있는 주제중심 통합교육과정이라 할 수 있다. 우선, 경험중심 통합교육과정은 국어, 수학, 과학 등 전통적인 교과 구분에 따라 조직될 필요가 없이 생활에서 일어나는 문제를 중심으로 그것에 관련된 여러 교과들을 통합하여 가르치고, 전통적인 교과 구분을 따르는 경우에도 그 내용은 주로 생활의 문제를 해결하는데 도움이 되도록 선정·조직되는 방식이다. 또한 개념중심의 통합교육과정은 교과가 내포하고 있는 기본 개념들과 이들의 구조화 및 학습에서의 인지적 과정에 강조를 두는 교육과정인데, 이 개념중심 통합교육과정은 중복되는 내용을 피하고 단순한 지식이나 사실보다는 그것을 관통하는 개념, 원리나 원칙을 강조하게 된다. 강충렬(1997)은 주제중심 통합교육을 "어떤 한 주제를 중심으로 다양한 학습 경험들을 교과의 요구, 학생의 흥미, 사회의 요구를 반영하여 선정, 조직하고 학생 주도의 활동을 통한 학습을 유도함으로써 전인적 발달을 도모하는 과정이다"(pp. 86-87)라고 정의하고, 다음의 네 가지, 즉 주제, 다양한 학습 경험의 선정·조직, 활동중심의 학습, 전인적 발달의 도모를 강조하였다.

(2) 통합교육과정의 성격에 따른 유형

통합교육과정의 성격에 따른 유형은 일반적으로 크게 다음과 같이 나누어진다.

- 다학문적(multi-disciplinary): 각 교과영역의 자율성이 보장되면서 여러 다른 학문분야와 통합하여 다룰 수 있는 내용의 통합.
- 간학문적(inter-disciplinary): 학문 간의 구조적 혹은 탐구 방법상의 관련성

을 생각하여 학문 간의 내용을 구조적으로 묶어서 통합하는 방식.

- 탈학문적(post–disciplinary): 특정한 학문적 고려 없이 논리 및 이야기 전개 순서대로 통합해 나가는 방식.
- 개념적 통합(conceptual integrity) : 과학지식 체계를 신봉하는 과학자들이 가장 선호하는 형태의 교육과정으로써, 기본 개념을 과학교과의 교육과정에 골자가 되도록 구성.
- 탐구과정 중심의 통합(inquiry–based integrity): 과학교과의 기본성격을 탐구과정으로 보고 탐구과정 중심으로 과학내용을 통합하려는 방식.

이러한 통합교육과정의 다양한 형식은 아직 이론적으로 체계화되고 검증된 구분이라기보다는 통합교육과정에 대한 논의가 활성화됨에 따라 다양한 통합의 원리와 방법론들이 시도되면서 제안된 것들로 이해하면 된다. 따라서, 현재로선 간학문적(inter–disciplinary) 통합이 가장 널리 시도되고 있지만, 그러한 시도들이 여기서 구분한 통합교육과정의 성격들에 의해 엄밀하게 구분될 수 있는 것은 아니고, 통합을 위한 다양한 개념적 접근법이라고 보면 된다.

9. 중핵(core)교육과정

1) 등장배경

1930년대 미국의 진보주의 교육의 유행 속에서 지역사회(community) 학교를 강조하면서, “사회가 학교 속에, 그리고 학교가 사회 속에”라는 표제 및 “교육경험이 생활문제를 해결하는데 적절하게 통합되어야 의미 있는 교육이다”라는 주장아래 교육의 사회적 기능 충족하고자 하였다. 또한 교과중심(지식중심)과 경험중심(아동중심) 교육과정의 한계를 극복하기 위해 교과통합학습 및 사회적 방향감이나 책임감 등을 강조하는 차원에서 지식, 아동, 사회 세 분야의 핵심적 요소들을 중심으로 교육과정을 구성하고자 하였다. 이러한 중핵교육과정은 우리나라

1차 교육과정기에 일부 시도되었다가, 학문중심교육과정의 도입으로 쇠퇴하게 되었다.

2) 기본구조

중핵교육과정은 교과나 과목 등 지식습득에만 지나치게 집착한 교과중심 교육과정과 아동의 흥미나 필요 또는 학습자의 활동 등에만 집착한 경험중심 교육과정 등 두 유형이 각각 가지고 있는 결함, 즉 전자는 단편적인 지식화이고, 후자는 지나치게 현실만족이라는 단점을 시정 또는 보완하기 위한 시도이다. 중핵(core)이란 어떤 내용이나 영역이 핵심을 중심으로 그 외의 부분이 중핵내용과 긴밀한 관계를 가지며 하나의 통합을 이루게끔 하는 것이다. 이때 어디에서 중핵으로서의 학습영역을 찾고 또 어떤 방식으로 그 중핵의 내부와 주변의 전 수업활동을 찾아 통일할 것인가가 문제가 된다.

중핵교육과정의 기본구조는 중심학습과 주변학습과정이 동심원적으로 구성된다. 이때 중심학습과정은 종합과정이며 중심에 위치하고 생활학습을 중심으로 하는 과정이면서 장시간을 취하고 그 내용은 개인 및 집단의 공통적인 욕구를 충족시킬 수 있는 것으로 되어 있다. 또 주변학습과정은 몇 개의 영역으로 분화되어 있으면서 중심학습과정을 둘러싸고 있고, 또 그 것과 밀접한 관련을 맺고 있으며 그 내용은 각 영역이 중심학습과정과 관련을 가지는 한편 그 자체로서도 발전해 가는 계열을 이루고 있다(유광찬, 2008, p. 223).

3) 목표

중핵교육과정의 목표는 첫째, 일정한 중심에 의해서 교육내용의 통합을 기하고(교육내용의 중심통합), 둘째, 통합된 교육내용에 의해서 개인의 인격적 통합을 이룩하자는 것이며(인격통합), 셋째, 인격체로서 개인에 의하여 구성되는 통합된 사회(사회의 통합)를 실현하려는 데에 있다.

4) 특징

중핵교육과정의 주요한 특징은 첫째, 교재를 통합함으로써 학습을 통합시키고자 하므로, 통합된 교과 간 내용의 상호관련성이 강화된다. 둘째, 학습활동은 전통적인 교과의 선을 폐기하므로, 개별교과의 특성을 유지하기 어렵게 된다. 셋째, 수업계획을 생활문제와 학생의 흥미에 관련시키려 노력한다. 넷째, 소풍, 실험, 조사 및 토론 등의 학습이 될 수 있으며 융통성 있고, 다채로운 활동을 전개하기 위하여 시간표를 비교적 크게 묶는 시간으로 배정한다. 다섯째, 중핵교육과정의 조직은 그 단원 속에 포함되어 있는 중심문제에 직접 도움을 줄 수 없는 연습이나 실험·실습을 배제하고, 교과중심 교육과정보다 더 광범위한 단원, 더 융통성이 있고 자유스러운 교수절차, 더 다양한 학습경험을 사용한다. 마지막으로, 중핵교육과정에서는 장시간 동안 중핵과정을 학습하도록 학생들에게 요구하기 때문에 학생들이 하고 싶은 어떤 일정분야의 학습에 많은 시간을 사용할 수 없고 전문적인 학습이 어렵다고 평가되고 있다(유광찬, 2008, p. 226).

5) 내용 및 유형

중핵교육과정의 주된 내용은 청소년들의 관심을 끄는 사회문제나 생활욕구와 관련된 내용 및 경험을 중심으로 구성된다. 따라서, 전문교육이 아닌 일반교육 위주이고, 교과서의 통합을 시도하며, 개인차의 고려 및 집단의 공동욕구를 충족하는 내용을 위주로 교사와 학생의 협력을 바탕으로 한 수업을 전개한다.

중핵교육과정의 유형은 그 핵심요소 세 가지 중에서 어느 부분에 더 집중하느냐에 따라 교과중심(예 역사중심), 개인중심(예 청소년욕구중심), 사회중심(예 사회기능)의 유형으로 나눌 수 있다.

청소년 욕구법

청소년 욕구법에서는 민주주의 이상 실현을 강조하면서 학습자에 대한 관심을 중요하게 취급한다. 민주주의 이상은 모든 개인의 최적한 발달이 최고의 선이 되는 사회 조직의 한 형태로서, 인간은 그의 동료와의 협동과 타인에 미치는 자신의 행동 결과를 고려하여 행동할 때만 최고의 발달을 성취할 수 있다는 것이다. 청소년 욕구법은 학습자에 대한 관심을 강조하면서, 청소년 연구의 필요성을 다음과 같이 역설하고 있다.

"교육과정은 우리 목표의 성질과 일치하고 우리들 사회에서 변화하고 있는 청년의 역할에 계속적으로 적합해야 하는 것이다. 이런 이유 때문에 고등학교 학생의 교육과정 설계를 결정하기 전에 청년의 특성, 청년에 작용하는 긴장과 부담, 문화와 그들과의 상호작용에서 유래하는 성장과 같은 폭넓은 의미로 생각되는 그들의 문제 및 욕구 등을 조사하는 것은 적절하다고 생각한다. 우리들은 그것이 교육과정 설계에 도움이 될 단서를 마련해 줄 것이라는 희망에서 이것을 행하는 것이다." (Alberty & Alberty, 1963: 114)

6) 장단점

중핵교육과정의 장점은 다양하고 신축성 있는 여러 학습방법을 장려하고, 자발적이고 능률적인 수업참여로 의미 있는 학습경험이 가능하다는 점이고, 광범위한 단원학습을 활용하여 협동적 계획을 촉진하고, 학생들의 관심이나 문제에 접근한 생활지도가 가능하다는 점을 들 수 있다. 한편, 단점으로는 중핵교육과정을 실천하기 위한 학습내용의 충분히 마련되어 있지 않고, 중핵학습을 위한 시설과 자료가 부족하며, 교사들의 중핵학습지도에 대한 훈련이 부족하다는 점이다. 또한 경험주의 교육과정의 단점과 마찬가지로, 체계적 학습이 곤란하다거나, 수업이 보통 장시간제로 구성되어 있어서 시간과 장소 및 비용을 많이 차지하고, 학습결과에 대한 평가가 쉽지 않고, 중핵교육과정을 진행하다보면 경험이나 지식의 누락 및 중복의 위험성이 많이 생긴다는 것이다.

10. 구성주의 교육과정

1) 등장배경

구성주의 교육과정은 1920년대의 경험주의적 실험주의를 바탕으로 1930~1940년대에 생겨났고, 이후 1960년대의 과학주의의 유행과 1970년대 후반의 인지과학의 발전으로 이어진 후 1980년대 이후에 하나의 교육이론으로 재정립되었다.

구성주의의 등장 배경은 정보화 시대의 변화하는 환경에 걸맞은 행동주의와 인지주의를 비롯한 기존의 객관주의적 패러다임에 근거한 이론의 한계를 지적하고, 지식을 개인의 의지와 관계없이 독립적으로 존재하는 고정되고 절대적인 실체로 보았던 전통적인 객관주의적 견해에 근본적인 변화를 요구하게 되었다. 구성주의적 교육과정의 기본전제는 지식은 개인의 경험과 이해의 수준에 따라 구성되며, 학습자는 의미를 추구하는 능동적 유기체라고 인식하고, 지식의 습득과 형성은 개인의 인지적 작용과 사회 속의 개인의 상호작용에 의해 지속적으로 변화되는 과정이라고 여긴다. 따라서 구성주의는 학생들이 어떤 식으로 의미를 만들어가고 어떻게 지식을 구성해 가는가에 관심을 갖게 된다.

2) 특징

구성주의 교육과정의 특징은 학생들의 주체적 지식의 구성과 능동적 학습참여를 강조하고, 교수학습은 구체적 상황에서 일어나는 실제적인 과제를 중심으로 조직한다. 모든 지식은 학습자의 선행경험(previous experiences)에서 출발하여 학습자의 인지구조 속에서 형성되고, 이해한다는 것은 새로운 지식을 기존의 지식과 관련시키게 되는 것이라고 여긴다. 따라서 가능하면 수업시간에 새로운 지식을 다른 구체적인 지식(사물)과 연관시킬 수 있는 활동을 장려한다. 교사는 학생들을 도와주는 동반자적 관계이므로, 교사는 학습의 도우미(facilitator), 조언자의 역할을 한다. 평가의 측면에서는 학습자 중심 평가와 학습과정의 평가를 강조한다.

3) 장단점

구성주의 교육과정의 장점은 자기주도적 학습 및 동료와의 협동학습을 장려한다. 또한 학습자중심의 교육환경을 조성하여 현실문제에 대한 해결방법을 학습하게 하고, 학습과정 중심의 평가와 실제 문제상황에 대한 수행평가 강조한다. 구성주의의 단점으로는 아직까지 경험적 연구결과가 부족한 상태이고, 구성주의 교육에 대해 교사들의 이해가 깊지 않으면 성과를 기대하기 어렵다는 점과, 인지적 구성주의의 경우 지식구성에 있어 사회적, 문화적 영향에 대한 이해를 등한시하기 쉽다는 점을 들 수 있다.

4) 구성주의의 종류

(1) Piaget의 인지적 구성주의(cognitive constructivism)

① 배경

발생학적 인식론자(developmental epistemologist)인 Piaget는 유기체가 환경에 적응해나가는 생물진화론적 이해를 아동의 인지발달 및 학습이론에 적용하여 인지발달은 생물학적인 성숙(biological maturation)과 본질적으로 유사하다고 여겼다. 따라서, 아동은 환경 속에서 경험을 통해 환경을 이해하고 변화시키는 적응(adaptation)의 과정을 겪게 되며, 이 과정에서 인지지도(mental maps: schemes)를 창조하면서 학습한다고 보았다. 이러한 schemes는 아동들이 주변환경에 적응하기 위한 기재로 발달하게 되며, 지식이란 기존의 schema 속에 새로운 정보(경험)들이 통합되어감으로써 획득되며, 그러한 schema는 아동의 발달이 지속됨에 따라 점차 복잡화, 구조화되어 간다고 보았다.

② 특징

이 과정에서 환경에 대한 작용인 조작(operation)이 중요하며, 오늘날 협동(Co-operation)의 개념은 아동 개인이 아닌 여러 아동들이 함께 조작해 가면서 작업하는 것으로 이해했다. Piaget의 인지적 구성주의에 따르면, 아동의 언어발달은 전반적인 인지발달 과정의 일부이자, 인지발달의 단계에 의존하여 언어발달의 현상들이 나타나게 된다고 보았다. 특히 인지적 구성주의 이론은 생물학적 발달에 이론적 토대를 둠에 따라, 아동의 인지발달도 생물학적, 생체시계적, 단계별 질적변화를 특징으로 하는 단계이론의 성격을 지닌다고 보

겠다. 또한 학습이라는 것은 끊임없는 환경 속에서의 적응의 과정이므로, 새로운 환경(경험, 정보 등)은 유기체인 아동들의 기존 인지구조의 변화를 초래하게 되고, 이러한 변화는 곧 안정된 인지체계의 균형을 깨뜨리는 것이므로 이러한 불균형(disequilibrium)의 상태가 학습자에게는 자신의 인지구조의 평형화를 다시 찾게끔 사고하게 하는 동기가 될 수 있다. 그러므로 학습의 조건은 아동의 안정된 인지상태를 자극하는 경험을 제공하여, 아동이 다시금 인지적 균형을 잡아나가게끔 끊임없는 지적자극의 경험을 제공하는 것이어야 한다.

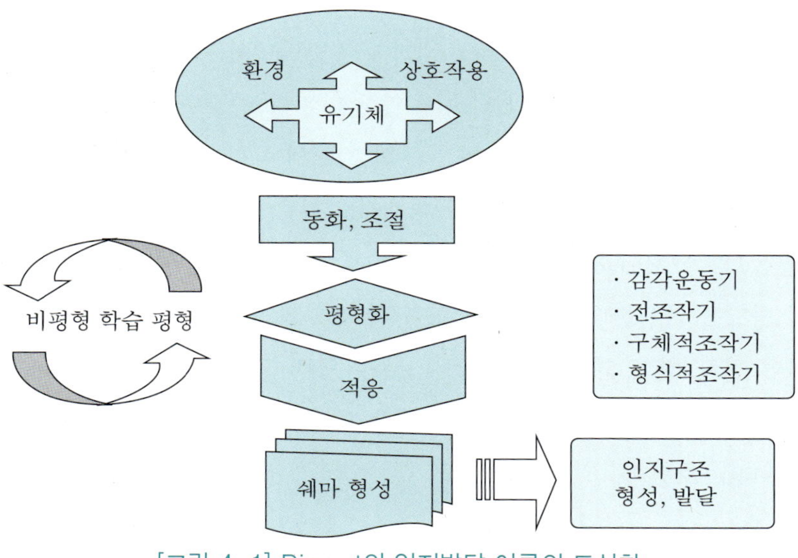

[그림 4-1] Piaget의 인지발달 이론의 도식화

(2) 비고스키(Vygotsky)의 사회적 구성주의

① 배경

러시아의 심리학자이자 철학자인 Vygotsky는 20세기 초의 젊은 나이에 짧은 생을 마감하였다. 당시 그의 아동 발달 및 학습이론은 러시아 및 유럽에서는 인정을 받았지만, 사회주의적 사상에 대해 적대적이었다 미국의 학계에서는 크게 환영을 받지 못하였다. Vygotsky는 기본적으로 사회적 인간관계, 문화적 요소가 아동의 발달 및 학습에 지대한 영향을 미친다고 여겼고, 아동이 자라는 사회적 구조, 영향, 관계성 등이 아동의 정신적 발달 및 성장에 영향을 미치게 된다고 주장하였다.

② 이론적 특징

그는 학습의 가장 중요한 두 가지 매개체(Mediation)는 언어와 문화라고 보았고, 학습은 학습자와 선행학습자 사이의 상호작용으로 발생하기 때문에 또래집단의 영향 및 또래와의 협력(Collaboration)이 중요한 역할을 한다고 주장하였다. 학습의 결과보다는 학습의 과정에 중점을 두고, 학습자들이 사회적 활동에 참여하는 것 자체가 중요한 학습의 기회가 된다고 보았다. 또한 그는 발달을 2 영역, 즉 현재 발달영역(current development)과 근접발달영역(Zone of Proximal Development)으로 구분하여, 아동의 학습에 있어서 가장 중요한 것은 이러한 근접발달영역에 속하는 학습내용, 경험 등을 중심으로 해야 한다고 역설하였다.

언어발달과 인지발달의 관계성에 대해서, 그는 언어발달 자체가 인지발달을 주도한다고 보아, Piaget의 이론처럼 '발달'이 '사회화'를 앞서는 것이 아니라, 사회화가 발달을 촉진한다고 보았다. 또한 학습의 과정은 외부적 사회적 학습에서 출발하여 점차 내적, 추상적인 고등사고능력으로 진행되어 가기 때문에 발달이 진행되면서 다양한 문화적 기호(signs)들을 내면화(internalization)시키는 과정이 이루어진다고 보았다.

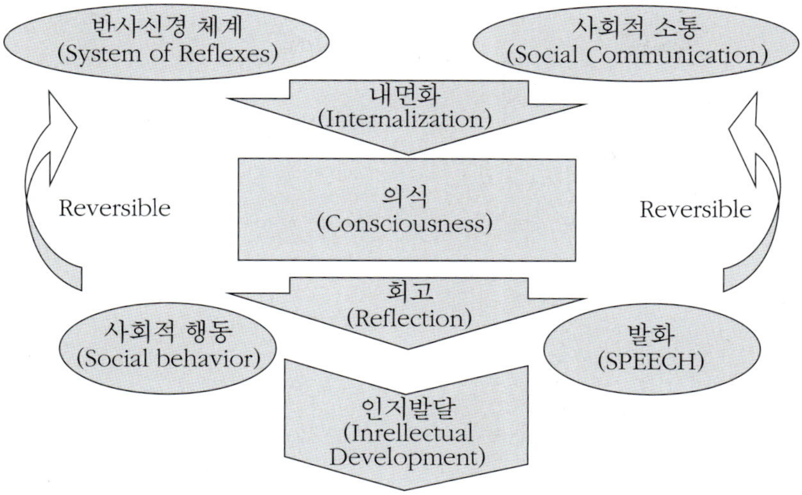

[그림 4-2] Vygotsky의 '언어의 내면화internalization' 개념도 (박휴용, 2006)

(3) 사회적, 인지적 구성주의의 비교

인지주의 및 사회주의 구성주의의 차이는 Piaget와 Vygotsky의 언어발달 및 언어와 인지와의 관계에 대한 견해들을 대조시킴으로서 분명하게 이해할 수 있다. 우선 Piaget는 영아 초기에 인간은 사회적 존재로써 아직 성숙되지 않은 전사회적(pre-social)이고 생물학적 존재로 여긴 데 반해, Vygotsky는 영어초기가 완전한 사회적 존재로 성숙되지는 않았지만, 사회적 존재로서의 가능성이 충만한 부사회적(para-social) 존재로 사회적 상호작용의 준비가 되어있는 존재로 보았다. 또한 Piaget는 유아 초기에 나타나는 자기중심적 언어(egocentric speech)에 대해서 아직 의사소통 측면에서 기능이나 인지적 역할이 완성되지 않은 상태로 파악하고 있는데 반해, Vygotsky는 언어가 사회적인 의사소통의 수단에서 출발하여 내면적인 사고기능의 언어로 도약하기 위한 중간단계로 나타나는 현상으로 보고, 자기중심적 언어는 사고기능의 발달을 촉진시키는 역할을 한다고 보았다. 아울러, Piaget는 아동의 사회화나 언어발달이 주체(아동)와 객체(환경)의 물질적 관계성을 바탕으로 환경을 탐색해가는 과정에서 언어가 그 주된 역할을 다한다고 보았으나, Vygotsky는 사회화란 기본적으로 주체(아동)와 주체(아동,

성인)의 인간적 관계성에 바탕을 두고 있으며, 언어는 그 사회적 관계형성에 중요한 매개체가 된다고 보았다. 마지막으로, 빠아제는 인간의 발달이 자기중심에서 점차 사회적 차원으로, 즉 내부에서 외부로 발달해나간다고 보았으나, Vygotsky는 사회적 존재로서의 인간에서 출발하여 점차 사고의 내면화 과정을 통해서 추상적인 고등사고능력을 키워나가는 방향으로 발달해나간다고 보았다. 이상을 정리하면 다음의 표와 같다(박휴용, 2006).

〈표 4-2〉 피아제(Piaget)와 비고스키(Vygotsky)의 언어발달론 비교

구 분	피아제	비고스키
자기중심적 언어 (Egocentric speech)	부정적 인식: 의사소통 및 인지기능 부재	긍정적 인식: 내면어(사고기능 발달 촉진)
영아 초기상태	전사회적(Pre-social)이고 생물학적 존재	부사회적('Para-social') 존재 (상호작용적)
의도성(Intentionality)	환경과 상호작용: 1차적 의도	의사소통적: 2차적 의도
사회화 · 언어	주체-객체(물질적)관계: 수행으로서의 언어	주체-주체(사회적)관계: 매개로서의 언어
발달과정	자기중심으로부터 점차 사회적 차원으로 발달	자기중심어가 점차 언어적 사고의 형태를 띠며 자기회고적 발달

(4)구성주의에 대한 평가

구성주의는 ㄱ) 지식획득에 있어서 학생의 자발적 역할 강조했다는 점에서 획기적 의미가 있고, ㄴ) 인지발달에 대한 사회문화이론(Sociocultural theory)적 이해를 도입함으로써, 학습에 있어서 사회적 맥락(context)의 중요성 상기시켰다는 점에서 의의가 있고, ㄷ) 학급을 단순한 학생들의 모임이 아닌 학습의 공동체(Communities of practice) 혹은 탐구의 공동체(communities of inquiry)로 인식하게 해주었다는데 의의가 있다. 결국 구성주의는 20c 중반 미국의 사고학파("schools for thought")의 형성을 통해 현재 중요한 학습이론의 하나로 자리잡고

있다. 구성주의에 대한 비판점으로는, 구성주의가 말하는 상호작용을 통한 학습("learning through interaction")에 대한 학문개념적 명료성이 부족하고, 현실적으로 구성주의 학습방법에 대한 학생들의 반응양식에 큰 차이가 존재하기 때문에, 실용성이 떨어진다는 지적이 있으며, 구성주의의 완벽한 실현을 위해서는 이상적 환경이 필요하다는 단점도 있다. 결국 오늘날에는 사회적, 인지적 구성주의의 양 측면을 존중하는 이중적 구성주의(co-constructivism)의 측면에서 많이 연구되고 있다.

CHAPTER

5 교육과정의 구성

(Constructs of curriculum)

교육과정은 영구적 성격의 학문들, 즉 문법적 규칙들, 읽기, 논리와 수사, 수학(초, 중등 교육의 경우), 그리고 서양세계의 위대한 고전들(중등학교 초기의 경우)로 짜여져야 한다(Robert Hutchins, 1936).

교육과정은 타일러(R. Tyler)의 이론을 바탕으로 크게 교육목표, 교육내용 선정 및 조직, 교수·학습활동, 그리고 평가의 영역으로 구성되어 있다. 본 장에서도 이러한 틀을 중심으로, 1) 교육목표 설정과 관련한 영역, 2) 교육내용 선정과 관련한 내용, 3) 교육내용 조직과 관련한 내용, 4) 교수방법의 설계 및 수업이론과 관련한 내용으로 이루어져 있다. 이중 교육평가는 별도로 다루어지고 있기 때문에 본 교재에서는 생략되었다. 이러한 교육과정 구성상의 중요 요소들을 도식으로 간략하게 나타내면 다음과 같다.

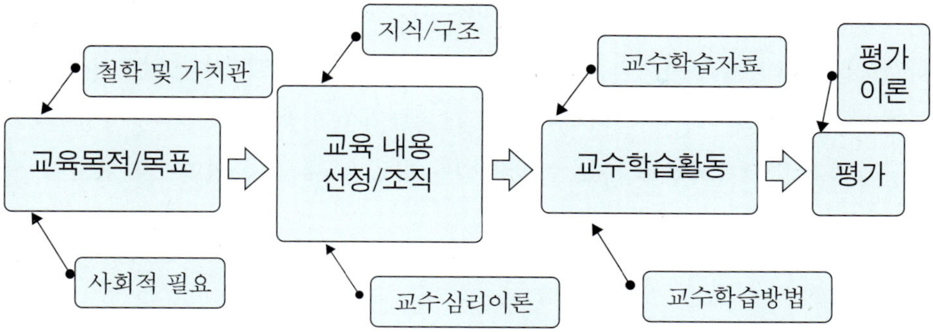

[그림 5-1] 교육과정 주요 구성요소

즉, 철학 및 가치관이나 사회적 필요가 교육의 목적 및 목표를 결정하는데 영향을 미치고, 지식에 대한 이해 및 구분이나 여러 교육심리학적인 이론이 교육내용의 선정 및 조직에 영향을 미치게 되고, 다양한 교수학습 자료나 교수학습방법론 등을 바탕으로 교수학습활동을 고안하게 되며, 마지막으로 평가이론이나 통계적 방법론 등이 교육평가에 활용된다.

1. 교육과정 목표의 설정

1) 목표설정의 접근 유형

교육과정에 대한 목표설정 접근의 이론적 유형의 예로 다음의 세 가지 접근법을 들 수 있다.

(1) 블룸(B.S. Bloom)의 분류학적 접근

블룸의 분류학적 접근 *Taxonomy of educational objectives*(1956)은 1950년대 블룸과 그 제자들에 의해 논의되기 시작한 인간의 학습영역에 대한 분류로 지적영역, 정의적 영역, 심동적 영역의 세 가지를 제시한 것에서 유래한다. 이후

오랫동안 이러한 블룸의 분류학에 근거한 인간의 학습영역에 대한 이해가 교육학뿐 만 아니라 여러 사회과학 분야에서 받아들여져 왔는데, 최근에는 이러한 이론에 제기된 여러 비판에 근거하여 새로운 분류기준이 제시되고 있는 실정이다.

분류학적인 교육과정의 목표 설정은 다음과 같은 세 가지 영역으로 목표를 설정하고 교육과정을 운영함을 의미한다.

〈표 5-1〉 교육과정의 세 가지 목표영역

지적영역 (Bloom, 1956)	정의적 영역 (Bloom, Krathwohl, Masia, 1964)	심동적 영역 (Harrow, 1972)
지식(knowledge)	감수 (Receiving)	모방(Imitation)
이해(Understanding)	반응 (Responding)	조작(Manipulation)
분석(Analysis)	가치화 (Valuing)	정교(Precision)
적용(Adaptation)	조직화 (Organization)	연결(Articulation)
종합(Synthesis)	가치복합에 의한 인격화 (Characterization)	숙달(Naturalization)
평가(Evaluation)		

(2) 메이거(R.F. Mager)의 조작적 접근

Mager(1962)의 조작적 접근은 행동주의이론을 바탕으로 수업의 목표 진술은 다음의 세 가지 요소를 중심으로 이루어져야 한다고 보았다. 첫째는 수업결과 관찰될 수 있는 도착점 행동을 나타내는 동사로 목표가 진술되어야 하고(행동: behavior), 둘째는 도착점 행위가 발생되어야 할 중요조건이나 장면(종착행동: condition)에 대한 구체적인 기술이 있어야 하며, 마지막으로 도착점 행위가 성취되었는지를 판별하기 위한 기준(degree, criteria)에 대한 기술이 있어야 한다는 것이다. 특히 Mager는 여기서 사용되는 도착점 행동을 나타내는 동사들이 기존의 암시적(covert) 동사가 아니라 다음과 같은 명시적(overt)인 동사를 사용하여야 한다고 주장하였다.

〈표 5-2〉 암시적 동사와 명시적 동사

암시적 동사 (X)	명시적 동사 (O)
안다 / 이해한다 / 깨닫는다 / 파악한다 / 인식한다/믿는다 / 감상한다 / 사고한다	쓴다 / 해석한다 / 지적한다 / 열거한다 / 구별한다 / 말한다 / 찾아낸다 / 계산한다 (예 잡지에서 잘못된 철자의 글자를 찾아낼 수 있다.)

조건(condition)의 예	정도/기준(Degree/criteria)의 예
다음과 같은 문제가 주어졌을 때... 다음의 리스트 중에서… 여러분이 선택한 참조물(reference) 중에서… 다음의 상관관계표에서… 표준적인 도구의 모음이 주어졌을때… 적절하게 작동하는 ~의 조건하에서 참조물의 도움없이… 다음의 참조물을 활용하여… 계산기를 사용하지 않고… 도구를 사용하지 않고…	성공의 준거를 보여주는 표현들을 목표진술에 추가하여 인정가능한 수행의 정도를 분명하게 밝힌다. 평가기준의 예: 제한시간(time limit) 정확도 (accuracy), 질적 수준 (Quality)

(3) 가네(R. Gagne)의 결과분석적 접근

Gagne는 그의 저서 『학습의 조건』(1965, 1985)에서 학습결과로서 성취하려는 교수목표가 크게 언어정보(verbal information), 지적기능(intellectual skills), 인지전략(cognitive strategy), 태도(attitudes), 심리운동기능(psychomotive function)의 다섯 가지로 나누어질 수 있다고 보고, 이를 기준으로 교육과정 및 수업의 목표가 진술되어야 한다고 주장하였다. 예를 들어, 언어적 정보는 명제적 지식(knowing-that)이나 선언적(declarative) 지식으로써 어떤 사실 또는 일련의 사건에 대해 구두로 말하거나 글로 진술하여 쓰는 것을 가리킨다. 예컨대, '임진왜란' 하면 '1592년' 하는 식으로 하나의 자극에 한 가지로 반응하는 능력으로써, 이는 상징적인 조작능력을 요구하는 규칙적용력이나 문제해결능력과는 구분된다.

이와 같은 Gagne의 학습이론은 교수계획에 대한 체계적 접근의 도입에 큰 영향을 미쳤다(Gredler, 1997). 교수계획의 체계적 모형의 특징은 첫째, 목표지향성(goal-directed)으로 교수란 특정한 목표와 학습목표를 겨냥해 고안되어야 한다는 것이고, 둘째, 폐쇄회로적 과정(closed-loop process)으로 원하는 목표에 도달하기 위해서는 반복적인 과정과 시도, 그리고 수정이 필요하다는 것을 암시한다.

(4) 목표설정 접근에 대한 비판적 관점

앞서 설명한 블룸이나 Mager의 목표설정 접근은 일반적으로 다음과 같은 비판점들을 가지고 있다. 첫째, 앞선 블룸의 학습영역에 대한 분류는 그 개념화나 분류의 방식이 너무 인위적이거나 과도하게 위계적 순서에 집착하고 있다는 지적이 있다. 예를 들어, 지적영역에서 학습자의 학습수준이 반드시 지식, 이해, 분석, 적용, 종합, 평가라는 순서에 의해 결정되지는 않는다는 주장이다. 결국, 이러한 위계적 구분에 대한 많은 이론적 비판이 이어졌고, 현재 대안적 이론들이 제시되고 있지만, 이러한 위계적 순서를 지나치게 강조하는 것은 여전히 학습자의 학습과정이나 사고과정을 지나치게 단순화, 형식화시키고 있다는 문제점을 안고 있다. 더욱이 지금까지 대부분의 연구가 지적영역을 중심으로 이루어져왔고, 학습목표도 지적인 영역을 중심으로 설정되어 왔기 때문에 정의적, 운동 기능적 영역에 대한 학자들의 개념적, 이론적 합의 및 연구가 부족하다는 점이 분류학적 목표설정의 근본적인 한계점이다.

둘째, 목표설정 접근은 Mager의 접근법에서와 같이 지나치게 행동주의적 입장에서 가시적인 결과만을 목표달성의 기준으로 삼고 있기 때문에, 학습자의 내면적 성장이나 학습의 과정을 측정하기가 곤란하다는 근본적인 한계를 갖고 있다. 따라서 행동적 목표에 국한하여 학습목표를 기술하다 보니 교육과정 목표가 과도하게 단순화되어가는 경향이 있고, 아울러 행위동사로 표현되기 어려운 학습자의 심리적 특성은 학습의 목표 및 수업과정에서 무시되어온 경향이 있다는 점이다. 또한 목표달성 여부를 평가할 준거가 되는 성취준거의 설정도 쉽지 않은 것이 이 접근법의 근본적인 한계점중의 하나이다.

2) 행동적 목표설정의 본질

교육과정의 목표설정에 관한 가장 대표적인 접근방식이 바로 행동주의 이론을 바탕으로 한 행동적 목표설정이다.

(1) 행동적 목표설정의 출발

행동적 목표설정은 한마디로 20세기의 산업화와 과학주의, 그리고 군대의 군사교육 시스템의 영향을 받았다고 볼 수 있다. 즉, 군대의 훈련시스템의 교육현장에 도입되기 시작했고, 산업사회에서 중요시되는 효능성(efficacy) 및 효율성(effectiveness)이나, 책무성, 신속성, 객관성, 순차성, 공정성 등을 강조하는 과학적 경영원칙이 교육과정의 설계에 반영된 것이다. 따라서, 이러한 원리하에서는 분명하고 정밀하고 구체적인 목표진술을 중요시하고, 교육과정의 실천에 있어서 자원의 효율적 활용 및 의사소통 체계, 자기환류(feedback) 기재, 그리고 분명하고 객관적인 평가기준 등을 강조하게 된 것이다.

Tyler가 제시한 바 있는 다음과 같은 교육목표 이원분류법도 이러한 행동적 목표설정에 이론적 기반을 두고 있다고 볼 수 있다. 즉, Tyler는 교육목표를 효과적으로 분류하기 위하여 학습내용을 구체적으로 분류하는 '내용영역'의 축과, 그 내용을 학습하기 위한 학습자들의 학습활동을 구체적으로 표시하는 '행동영역'의 축 두 가지 축으로 교육목표를 세분화하여 제시해야 한다고 강조한 바 있다. 여기서 그는 행동영역을 구분하는 틀로써 블룸의 분류학적 기준을 활용한 것이다.

〈표 5-3〉 Tyler(1951)의 교육목표 이원분류(예)

행동영역 / 내용영역	지식	이해	적용	분석	…
생태계	• 정의 • 용어 • 개념	• 생태계 보존과 환경오염의 관계	• 생태계 보존 실천	• 외래생물의 분류	
진화와 유전	진화의 개념/유전이란?	진화와 유전의 관계	유전적 현상과 비유전적 현상	유전의 영향요인	
수생 식물	식물의 정의	식물생장에 있어 물의 역할	수생식물의 선별과 양육	환경에 따른 식물의 성장	
…	–	–	–	–	

Tyler의 교육목표 이원분류의 진술양식은 다음과 같다.

- 구체적인 다룰 '내용'과 함께 추구할 '행동'이 이원분류 방식으로 포함되어 한 진술문 속에 제시되어야 한다는 것이다.
- 수업목표 진술은 학습자의 행동으로 진술하여야 한다.
- 행동과 함께 내용도 진술하여야 한다.
- 기대되는 학습자 행동은 충분히 세분화하여야 한다.
- 수업목표를 내용-행동 이원분류표를 만들고 명세화하여 제시하고, 그에 따라 평가문항을 작성하면, 그 평가도구는 내용타당도가 높아진다고 할 수 있다.

한편, 그론룬트(Gronlund, 1995)는 이후에 이러한 Tyler의 이원분류표에서 행동영역에 대해 기존의 분류학적인 기준 대신에 다음과 같은 새로운 구분을 제시하기도 하였다.

〈표 5-4〉 그론룬트 (Gronlund, 1995) 행동분류(예)

행동영역 / 내용영역	용어 (terms)	특수사실 (specific facts)	원리/적용 (principles/application)	도해 (visualigation)	계
음 식	생태계	멸종 위기종	먹이 사슬	먹이 피라미드	
에너지	쉐일가스	탄소세	오염자 지불 원칙	국가별 탄소세 부과표	
기 후	기후 변화	인류세	온실효과	오존층 파괴지도	
계					

Gronlund는 행동영역에서 용어에 대한 학습을 출발점으로 해서, 구체적이고 특수한 사실들에 대한 학습, 그 원리 및 적용방법에 대한 학습, 그리고 자신이 학습한 바를 다양한 도해를 통해 정리할 수 있는 수준으로 나아가는 것이 학습의 방향이라고 믿고 그에 따라 교육목표를 설정해야 한다고 주장하였다.

(2) 행동적 목표설정의 문제점

행동적 목표설정에 대해서 많은 문제점들이 지적되고 있다. 첫째는 과도한 형식주의(formalism)가 그것이다. 즉, 외현적 학습이나 학습의 가시적 목표 및 결과에만 치중함으로써, 교육과정이 갖고 있는 잠재적(부수적) 교육과정의 측면을 등한시하고 있다는 점이다. 둘째는, 원자론(atomism)적 사고이다. 지나치게 세분화된 행동적 목표를 제시하다 보면, 학습의 결과를 미시적이고 근시안적인 측면에만 관심을 갖게 되는데, 그러한 측면이 학습자의 진정한 학습의 목표가 될 수 있는지와 같은 학습의 대표성에 의문을 갖지 않을 수 없다. 결국 그러한 환원주의적(reductionism) 혹은 원자론적 학습목표는 학습자의 자발성 신장을 점차 방해하게 될 것이다. 셋째, 행동적 목표설정은 폐쇄적, 기계적 패러다임(closed-system paradigm)의 한계를 가지고 있다. 폐쇄적 계(system)란 기계적 시스템(mechanic system)으로써 외부에서 투입된 자원 및 에너지에 의해서 내부장치가 구동하고, 그 결과는 어떤 자원을 얼마만큼 투입했느냐에 따라 결정되는 기계적, 산업모형적 계를 가리킨다. 이러한 기계적 시스템의 모형을 학생들의 학습과정에 적용함으로써, 과도하게 효능주의적, 획일적, 결정론적 관점에서 교육을 바라보게 되고, 그 결과 학습자의 창의성을 제한하거나, 학습자의 인간성이나 정서적 측면의 학습양태는 무시하게 되면, 학교가 갖는 사회문화적 혹은 환경적 요소는 무시하게 된다는 근본적인 한계점을 가지고 있다. 이것이 바로 기계적, 선형적(linear)인 학습모형의 한계이자, 유기체로서의 학습자나 다양한 변수가 존재하는 학습환경에 대한 융통성 있고, 반응적이며(responsive), 유동적, 비선형적, 변화적 요인들의 대한 대처하거나 적응하지 못하게 하는 결과를 낳게 하는 것이다. 마지막으로, 계량화(quantification)의 문제점인데, 과도한 수량화는 학습과제 및 학생들의 사고과정에 대한 질적판단을 어렵게 만들고, 추상적, 개념적, 고차원적 학습을 장려하지 못하며, 학교교육에 대한 이해가 점차 물질주의적, 계량적, 생산위주적, 탈가치적으로 흘러갈 위험성을 초래하게 될 것이다.

(3) 행동적 목표설정의 대안

① 인본주의적 목표분류(Combs, 1978)

우선 인본주의 교육에 대해 간략하게 정리해보면 다음과 같다.

첫째, 인본주의의 핵심적 교육이념은 '인간존중'으로써, 개인의 흥미와 관심을 존중하여 인간의 잠재력을 개발하고 이를 통해 자아실현을 이룬다는 의미이다. 한마디로 '자아실현을 위한 교육'을 추구하는 것이 인본주의 교육이다.

둘째, 자아실현을 위한 교육을 위해서는 교과 교육목표를 설정시 다음의 사항을 고려해야 한다: ㄱ) 자신의 인간성을 찾아보는 일, ㄴ) 흥미와 관심을 가질 수 있고 자신의 정체성을 확인할 수 있는 일, ㄷ) 교과에서 학습한 내용을 의미 있는 산지식이 되도록 하는 일, ㄹ) 협력 학습을 통해 상대방으로부터 배우고 인간적 통찰력을 획득하게 하는 일 등을 중심으로 교육 목표를 설정하게 된다.

셋째, 인본주의 교육 내용은 정의 교육까지 포함해야 한다. 현재의 학교교육은 지나치게 지적인 측면의 교과교육에 치중하고 있는데, 정의적 특성은 학습동기를 유발할 수 있고, 학생의 잠재력을 실현하는데 영향을 미칠 수 있으므로 학교가 정의적 특성의 함양을 위한 노력해야 한다.

넷째, 인본주의 교육은 학생의 학습 욕구를 자극하고 학생들에게 학습하는 방법을 지도해야 한다. 학교에서 학생들에게 가르쳐야 할 것은 지식의 전수가 아니라 지식을 알고 싶어 하는 욕구를 갖게 하는 것이다. 인간은 누구나 자신이 배우고자 하는 욕구가 있는 것을 열정적으로 학습하게 되기 때문이다. 또한 학습하는 방법을 알고 있다면 어떠한 새로운 환경에서도 탐구력을 발휘하여 문제를 해결해 나갈 수 있을 것이다.

다섯째, 교사와 학생의 인간관계는 학생들의 지적 정의적 성장에 영향을 준다. 학생은 교사의 권위와 입장을 이해하고 수용하며 교사는 학생의 요구와 관심을 수용하여 긍정적인 대인관계를 형성해야 한다. 교사와 학생 간에 긍정적인 대인관계가 형성되어야만 교육 내용, 교육방법이 인간화될 수 있기 때문이다.

② 아이즈너(E. Eisner)의 목표설정의 예술적 입장

Eisner(1933~)는 그의 주저 *Education Imagination*(1979)에서 수업의 목표설정에 있어 문제해결목표을 중심으로 목표의 우선순위를 설정하는 것을 중요시했으며, 특히 예술적, 표현적 활동의 의미를 강조하였다. Eisner는 학생들이 궁극적으로 배워야할 사회적 실재(reality)는 삶을 영위하는 사람들에 의해 끊임없이 구성되고 재구성되는 것이기 때문에 이러한 사회적 실재를 배우기 위해서는 자신에게 의미있는 내용을 중심으로 참여적 활동을 통해 총체적인 접근을 통해 학습해야 한다고 주장하였다. 예를 들어 문화재감상 활동의 경우, 문화재가 갖는 다양성 및 개별적 독특성, 그 역사적 배경 및 그 문화재가 갖는 현실적 맥락의 의미를 바탕으로 문화재를 감상할 수 있어야 하며, 그 감상에 있어서도 개인적인 느낌의 차이를 충분히 존중하고, 그러한 감상의 표현에 있어서 학생들의 창의성이 드러날 수 있는 경험을 갖도록 교사들은 학습활동을 조장해야 한다.

(4) 기타 개정된 교육목표 분류

블룸(Bloom)의 교육목표분류학을 바탕으로 한 행동적 목표분류는 이후에 여러 학자들에 의해 그 문제점을 보완되어 다양하게 제시되어 왔다.

① 마르짜노(R. Marzano)의 교육목표분류

Marzano는 *Designing a new taxonomy of educational objectives*(2000)에서 다음과 같이 지식의 수준과 지식차원을 기준으로 교육목표 2원분류 방식을 제시하였다.

〈표 5-5〉 마르짜노(R. Marzano)의 교육목표분류

수준 / 지식차원	정보 영역 (Information)	정신적 절차 (Mental procedure)	심동적 절차 (Psychomotor)
지식의 인출	Q: 한국의 수도는? A: 서울	Q: $30 서비스에 20%팁을 계산하면? A: $6	Q: 바이올린으로 어떻게 Scale을 표현하나?
이해	한국의 수도에 대해 말로 설명해 보자.	팁 계산하는 방법을 설명해 보자.	바이올린으로 Scale을 한 단계씩 연주해 보자
분석	한용운의 '님의 침묵' 주제 찾기	통계 Data Set에서 패턴을 발견하기	바이올린 협주곡에서 바이올린 파트만 연주하기
지식활용	-	-	-
메타인지	특정 지식을 학습하기 위한 가장 효좌적인 전략은?	다른 방법으로 수학풀이 해법은?	자신의 바이올린 연주에 대해 평가해보기
자기사고의 가장 고차적 수준	자기계획: 특정 학습 목표를 어떻게 달성해 나갈 것인가? 자기조절: 특정 학습 목표를 달성하기 위해 나는 어떤 전략을 사용할 것인가?		

마르짜노의 분류는 세 가지 종류의 지식—정보(declarative knowledge), 정신적 절차(procedural knowledge), 그리고 심동적 절차—의 혼합인데, Marzano는 또한 1) 자기체계(self system), 2) 상위인지체계(metacognitive system), 그리고 3) 반추(retrieval), 이해(comprehension), 분석(analysis), 지식응용(knowledge utilization)을 포괄하는 인지체계(cognitive system)와 같이 세 단계의 위계적 관련성을 지닌 사고체계를 따르는 행동과정 모형(processing model of actions)을 개발하였다.

② 수정된 Bloom의 교육목표 분류체계

신 교육목표분류체계는 명사로 이루어진 지식 차원과 동사로 이루어진 인지과정 차원으로 구성된 이차원적 구조로 이루어져 있다. 이를 통해 지식과 지식에 대해 작동되는 정신작용을 구분하여 목표가 더욱 명확하게 분류될 수 있도록 하였다(Anderson & Krathwohl, 2001; Krathwohl, 2002).

〈표 5-6〉 수정된 교육목표분류학 (Krathwohl, 2002) -지식 차원

구분	내용	종류
사실적 (factual) 지식	학생들이 특정 학문에 친숙해지고 그 학문에 내재된 문제들을 해결하기 위해 반드시 알아야 하는 기본 요소들	전문용어에 대한 지식 구체적 사실과 요소들
개념적 (conceptual) 지식	기본요소들이 통합적으로 기능할 수 있도록 상위구조 내에서 그 기본요소들 간의 상호관련성	분류와 유목 원리와 일반화 이론, 모형 및 구조들
절차적 (procedural) 지식	어떤 일을 수행하는 방법, 즉 탐구하는 방법 그리고 기능, 알고리즘, 기법 및 방법들을 활용하기 위한 준거에 관련된 지식	교과,특수기능과 알고리즘 교과 특수기법과 방법 적절한 절차 사용시기 결정의 준거
메타인지적 (metacognitive) 지식	자기 자신의 인지에 관한 각성 및 지식 뿐만 아니라 일반적인 의미로 인지에 관한 지식	전략적 지식 적절한 맥락적 지식과 조건적 지식을 포함한 인지과제들 자기자신에 관한 지식

〈표 5-7〉 수정된 교육목표분류학(Krathwohl, 2002) - 인지과정

구분	내용	종류
기억하다 (Remember)	장기기억에서 관련 지식을 인출하는 것	재인하기 recognizin 회상하기 recalling
이해하다 (Understand)	구두, 문자, 그래픽의 의사전달체제를 포함한 수업메시지들의 의미를 결정하는 것	해석하기 interpreting/ 예증하기 exemplifying/ 요약하기 summerizing/ 추론하기 inferring/ 비교하기 comparing/ 설명하기 explaining/ 분류하기 classifying
적용하다 (Apply)	특정상황에 어떤 절차를 사용하거나 실행하는 것	집행하기 executing 실행하기 implementing
분석하다 (Analyze)	자료를 하위구성부분들로 나누고, 그 부분들 간의 상호관계와 또 전체 구조나 목적과의 관계가 어떻게 되어 있는가를 검색하는 것	구분하기 differentiating 조직하기 organizing 귀속하기 attributing
평가하다 (Evaluate)	준거와 표준에 따라 판단하는 것	점검하기 checking 비판하기 critiquing
창조하다 (Create)	새로운 일관성 있는 전체를 형성하기 위해 요소들을 함께 묶거나 독창적인 산출물을 만드는 것	생성하기 generating 계획하기 planning 산출하기 producing

③ 하우엔쉬타인(D. Hauenstein)의 교육목표분류학

Hauenstein(1998)의 신교육목표분류학은 교육목표 영역 간 통합성과 연계성을 높이기 위하여 보완적인 기능을 하게 될 제4의 영역, 즉 행동영역을 설정하여 새로운 수업체제를 마련하고, 교사와 교육과정 설계자에게 전통적인 교육목표 분류학에 대해 하나의 전체론적인 접근 방식을 제시해 주는 데 그 취지가 있다.

〈표 5-8〉 하우엔쉬타인의 교육목표 분류

구분		행동 영역	인지적 영역	정의적 영역	심동적 영역
단기 목표	1.0	습득: 수용, 지각, 개념화	개념화: 확인, 정의, 일반화	감수: 감지, 자진 감수, 주의집중	지각: 감각, 인식, 관찰, 선행경향성
	2.0	동화: 반응, 이해, 시뮬레이션	이해: 번역, 해석, 추론	반응: 묵종반응, 자진반응, 평가	시뮬레이션: 활성화, 모방,조정
	3.0	적응: 가치화, 적용, 적합화	적용: 명료화, 해결	가치화: 가치수용, 가치채택, 확정	적합화: 통합, 표준화
장기 목표	4.0	수행: 신념화, 평가, 산출	평가:분석, 적격판정	신념화: 신뢰하기, 헌신하기	산출: 유지, 조절
	5.0	포부: 행동화, 종합, 숙달	종합: 가설, 결정	행동화: 시연하기, 행동수정하기	숙달: 창안, 완성

2. 교육과정 내용의 선정

교육과정에서 내용선정의 문제는 곧 교육과정을 이해하는 방식, 구체적인 교수학습 과정의 형태 및 특성, 그리고 학습의 내용이 되는 지식(knowledge)을 어떻게 바라보고 범주화하느냐에 따라 영향을 받는다.

1) 교육과정 내용으로서의 지식범주론(Category of knowledge)

인류의 지적유산과 인간지식의 총체를 어떻게 구분할 것인가의 문제는 학자들마다 서로 다른 기준에 의해 그 범주가 구분되어 왔다.

〈표 5-9〉 학자별 교육과정 지식 범주화

Aritsotle	Phenix (1964)	Hirst & Peters (1974)	Broudy (1988)
이론적 지식 (수학, 과학) 실천적 지식 (정치,윤리학) 생산적 지식 (음악,건축학)	상징적(Symbolics): 일상언어, 수학, 감정, 가치, 직관을 표현하는 상징 경험적(Empirics): 물리학, 생물학, 심리학, 사회과학 심미적(Aesthetics): 음악, 미술, 무용, 문학 실존적(Synnoetics): 개인적 지식 윤리적(Ethics): 도덕적 지식, 법률 종관적(Synoptics):역사, 종교, 철학	논리학과 수학 자연과학 인간과학 역사 종교 문학과 예술 철학 도덕적 지식	지식분류 기준제시: –용어, 개념의 합의 –공인된 사실, 일반통칙, 규칙 및 원리의 네트워크 –학문영역별 특수한 탐구방법 –증거를 평가하는 규칙

위 표에서 요약한 바와 같이 일찍이 그리스의 철학자 아리스토텔레스는 지식을 이론적, 실천적, 생산적 지식의 세 가지로 구분한 바 있다. 또한 앞장에서 언급된 바와 같이 Phenix(1964)의 *Realms of Meaning*에서는 지식은 의미를 담는 그릇으로, 인간은 의미를 창조하고 표현하는 동물로 상정한 후, 교육이란 근원적인 의미를 개발하고 익혀나가는 과정이라고 보고 지식을 상징적 지식(symbolic), 경험적 지식(empirics), 심미적 지식(aesthetics), 실존적 지식(synnoetics), 윤리학(ethics), 그리고 종관학(synoptics)으로 구분한 바 있다. 한편 브라우디(Broudy, 1988)는 학교교육의 기능에 관심을 두고 학교교육의 기능을 재생적(reproductive), 연상적(referential), 응용적(applicative), 해석적(hermeneutic)으로 나누고, 그에 따른 지식분류의 기준을 제시하기도 하였다. 마지막으로 Hirst(1974)는 지식을 인류가 축적해온 합리적 이해의 형식이라고 정의하고 그에 따라 지식을 학문적 양식으로 세분화하여 제시하였다.

2) 교육과정 내용 선정에 관한 여러 원리들

바람직한 교육과정 내용의 속성으로는 다음과 같은 것들이 제시되고 있다. 즉, 교육과정 내용은 첫째, 해당 내용전문가들이 가장 중요하다고 생각하는 본질적인 사실이나 이해 및 기능을 중심으로 구성되어야 하고, 둘째, 학생들이 심층적인 이해력을 발달시키는 기회를 촉진하는 내용이어야 하고, 셋째, 학생들의 문제해결과제들은 심층적인 이해의 발달이라는 목표와 일관성을 유지하도록 조직되어야 하며, 넷째, 정신적으로나 정서적으로 동기를 유발하고 즐거움을 줄 수 있는 내용이어야 하며, 마지막으로 다섯째, 학습자에게 학습의 선택가능성을 열어주고, 그들의 삶이나 세계와 연관되며, 새롭고 호기심을 자극할 수 있는 내용이어야 한다.

예를 들어, 많은 학자들은 교육과정에 있어서 내용선정의 원리를 다음과 같이 제시하여왔다.

(1) 코메니우스(J. A. Comenius: 1592~1670)의 교육과정의 원리

17C 보헤미아 출신의 교육개혁가인 Comenius는 자신의 대표적 저서 *The Great Didactic*(1896)에서 교육내용선정의 원리를 다음과 같이 제시한 바 있다.

- 학습자의 마음이 새로운 지식을 받아들일 수 있도록 준비시켜야 한다,
- 일반적인 것으로부터 구체적이고 세부적인 것으로 진행해야 한다,
- 쉬운 것부터 좀 더 어려운 것으로 나아가야 한다,
- 학습자의 자연적 발달 단계와 특징에 따라야 한다,
- 내용이 어떻게 이용될 것인지를 고려해야 한다.

(2) 타일러(R. Tyler)의 학습경험의 개발원리

Tyler는 그의 저서 『교육과정과 학습지도의 기본 원리』(1949, p. 65-70)에서 교육목표를 달성하기 위해 적합한 학습경험의 개발원리 다섯 가지를 다음과 같

이 제시하고 있다.

- 연습할 기회의 원리
- 만족감의 원리
- 성취(학습)가능성의 원리
- 다원적 경험(일목표 다경험)의 원리
- 복합성과(일경험 다성과)의 원리

Tyler가 생각한 학습경험은 학생들이 무엇을 경험했는가의 문제인데, Tyler는 가르쳐야 할 '내용' 이상으로 학생들이 교육과정의 의도(목표)를 만족시키는 데 필요한 학습경험을 갖는 것에 관심이 있었다. 나아가 학생이 학습경험 과정에서 그들에게 기대되는 행동이 무엇인지를 인식하고 그들이 바람직한 행동을 실천할 기회를 가져야 한다고 보았다. 더 나아가 대략적인 학습경험이 선정되면 목표에 비추어 이의 타당성을 다시 점검해 보아야 하는데, 선정된 학습경험의 타당성을 점검하는 질문의 예를 몇 가지 들면 다음과 같다.

- 선정된 학습경험이 학생들에게 목표에서 제시한 행위를 수행할 수 있도록 이끄는가?
- 목표에서 제시한 내용을 포함하고 있는가?
- 학생들에게 만족을 줄 만큼 효과적인가?
- 학생들의 수준에 맞는가? 한 번에 여러 목표를 달성할 만큼 확산적 경제성이 있는가?

(3) 래쓰(J. Raths)의 내용선정 및 수업활동 처방의 원리

Raths(1971)는 내용선정의 기본 원리이자 수업활동 처방의 원리로 다음과 같은 원칙을 강조한 바 있다.

- 학습활동에 대한 선택의 기회를 주고 그 결과에 대해 반성할 수 있도록 허

용해야 한다.

- 학습상황 속에서 능동적인 역할을 하도록 해야 한다.
- 학생들이 관념, 지적 응용, 현실적 문제에 대해 개인적, 사회적으로 탐구할 수 있도록 해야 한다.
- 가능하면 실물을 접할 수 있도록 해야 한다.
- 서로 다른 능력수준의 아이들이 해당 활동을 성공적으로 성취할 수 있어야 한다.
- 기존의 학습 내용, 관점 등을 새로운 장면에서 검토할 수 있도록 해야 한다.
- 일반 사회에서 다루지 않은 주제나 쟁점들을 다룰 수 있도록 해야 한다.
- 성공과 실패의 경험을 해보고, 기억하며 연습하면서 노력하는 기회를 갖도록 해야 한다.
- 학생들이 의미 있는 규칙, 기준, 학문 등을 응용하고 숙달하도록 해야 한다.
- 학생들이 계획을 입안하고, 실행하며, 타인과 공유하는 기회를 갖도록 해야 한다.

(4) 프링(R. Pring)의 교육내용 선정 시 고려사항

Pring은 그의 저서 *Personal and social education in the Curriculum*(1984, p. 140–142)에서 교육내용 선정 시 고려할 핵심사항을 다음과 같은 것들을 들고 있다.

- 사회적 유용성
- 사회적 책임감
- 인류공통의 사회문화
- 개인적 만족감
- 지적인 관심
- 부모와 사회의 압력
- 정신능력(분석력, 논리적 사고력, 비판능력)

(5) 밀러와 셀러(J. P. Miller & W. Seller)의 내용결정 준거

Miller와 Seller는 그들의 저서 *Curriculum, Perspectives and Practice*(1985, p. 185–

189)에서 교육과정 내용결정의 6가지 준거를 다음과 같이 제시한 바 있다.

- 철학적 준거
- 심리학적 준거
- 사회적, 정치적 준거
- 학생 흥미유발
- 학생준비도 적합성
- 공리성(사회적 유용성)과 현실성(학습가능성)

(6) 브래디(L. Brady)의 내용선정의 준거

Brady는 그의 저서 *Curriculum development*(1992, p. 111-116)에서 교육과정 내용선정의 준거로 다음과 같은 것들을 강조하였다:

- 타당성: 타당성은 한마디로 교육내용이 교육목표의 달성에 얼마만큼 부합할 것인가의 여부이다. 이를 위해서는 선정된 내용이 해당 학문분야에서 본질적이면서도 기본적인 내용을 포함하고 있어야 하고, 우선 무엇이 본질적인 내용이냐에 대한 합의가 이루어져야 한다. 또한 교육내용이 다루고 있는 기본개념은 논리적 의미를 지니면서, 개별학습자에게 현상학적 의미를 줄 수 있어야 한다. 마지막으로 내용의 깊이와 폭에 있어서 균형도 확보되어야 한다.
- 학습가치성: 학습가치성은 한마디로 내용이 해당 학문의 본질적 요소와 탐구방법 측면에서 얼마나 유용한가의 여부인데, 이를 위해선 내용이 내적, 외적으로 연관성을 갖추어야 한다. 즉 선정된 교육내용이 해당 학문분야 내에서 다른 내용들과의 유기적 관계를 형성해야 하고, 전체적인 위계적 구조와 체계 속에서 구조적 관련성을 지니고 있는 내용이어야 한다. 또한 다른 학문분야의 내용과도 관련을 지을 수 있는 잠재적 가능성을 지니고 있어야 한다.
- 흥미·관심도: 흥미·관심도는 한마디로 학습자의 흥미나 호기심, 지적 관심

에 적합한 내용인가의 여부이다. 흥미, 관심도가 내용선정의 중요한 준거가 되지만, 지나치게 학습자의 요구와 흥미에만 초점을 맞추면 아동중심 교육의 문제점을 안게 될 위험이 크다.

- 학습수준: 학습수준은 한마디로 교수자 입장에서는 가르칠 수 있는 내용인지, 학습자 입장에서는 학습 가능한 내용인지의 여부이다. 흥미·관심도의 지나침이 학습내용의 수준이 너무 낮아질 위험이 있다면, 학습수준을 고려하지 못하면 너무 고난이도의 내용으로 구성되어 교수 및 학습 양 측면에서 현실성이 떨어질 수 있다.
- 사회적 실재성: 사회적 실재성은 선정된 교육내용이 얼마나 사회적 현실과 부합한가의 여부이다. 사회적 실재를 반영하지 못하는 내용은 시대에 뒤떨어진 내용이나, 진부한 내용, 사회현실과 유리된 비현실적인 내용, 지나치게 미래지향적 내용 등이 그 예이다.
- 유용성: 유용성은 한마디로 교육내용이 학생들이 실제적인 삶을 준비하고 영위하는데 얼마나 도움이 되는 내용인가의 여부이다. 이와 관련해서는 학교 밖의 현실세계와의 관련성, 교육과정 내용이 얼마나 실제세계에서 활용하기 적합한 것인가의 여부, 내용의 사회적 효능성, 학습자와 사회의 요구에 적절한 교육과정 내용 선택의 여부, 학습자의 흥미와 필요에 따른 내용의 적합도 등이 여기에 해당한다.
- 개인과 사회의 균형: 자이스(R. S. Zais)는 그의 저서 *Curriculum: Principles and rationale*(1976)에서 학교교육은 사회적 요구의 반영을 위해서만이 아니라 개인적 변화와 사회 변화의 방향을 제시할 수 있어야 한다는 점을 강조한다. 특히 교육내용이 개인의 발달단계나 변화방향에 적합한지를 사회적 가치, 민주주의적 가치, 사회개발의 방향 등 균형을 이룰 수 있어야 한다는 것이다.
- 철학적 준거: 철학적 준거는 앞서 제시한 교육목표와의 일관성 및 타당성과 더불어 교육내용이 고유성(authenticity), 의미(significance), 균형성(balance), 흥미부합성(interest), 학습가능성, 사회적 유용성, 실행가능성 등의 측면에

서 철학적 준거들과 논리적으로 부합하는지의 여부이다. 한마디로 교육내용의 총체적인 논리적 적합성이라고 볼 수 있다.

이상에서 언급한 여러 학자들의 교육과정 내용선정의 준거를 표로 정리하면 다음과 같다.

〈표 5-10〉 교육과정 내용선정의 원리 비교

<table>
<tr><th>Comenius
(1896)</th><th>Tyler
(1949)</th><th>Raths
(1971)</th><th>Pring
(1984)</th><th>Miller & Seller
(1990)</th><th>Brady
(1992)</th></tr>
<tr><td>새로운 지식 수용 준비케</td><td>연습할 기회의 원리</td><td>활동선택 및 반성의 기회/기존의 지식내용 적용</td><td>지적인 관심</td><td>학생준비도 적합성</td><td>타당성</td></tr>
<tr><td>일반→
구체적,세부적</td><td rowspan="2">성취가능성의 원리</td><td>가능하면 실물을 접하게</td><td rowspan="2">정신능력(분석력, 논리적 사고력, 비판력 등)</td><td>심리학적 준거</td><td>학습할 수준</td></tr>
<tr><td>쉬운 것→
어려운 것</td><td>서로다른 능력수준 고려</td><td rowspan="2">학생흥미 유발</td><td>흥미</td></tr>
<tr><td>학습자의 발달 단계 특징</td><td>만족감의 원리</td><td>능동적인 역할하도록/성공실패경험, 노력</td><td>개인적 만족감</td><td>인간발달의 기준</td></tr>
<tr><td>내용의 활용도 고려해야</td><td>다원적 경험의 원리</td><td>새로운 주제나 쟁점논의</td><td>사회적 유용성</td><td>공리성과 현실성
(학습가능성)</td><td>학습가치성/삶에 유용성</td></tr>
<tr><td></td><td>복합성과의 원리</td><td>계획입안 실행, 타인과 공유/학문, 규칙…응용 숙달</td><td>사회적 책임감/부모, 사회의 압력</td><td>사회적, 정치적 준거</td><td>사회적 실재와 일치성</td></tr>
<tr><td></td><td></td><td>관념, 지적응용, 현실문제에 대한 탐구기회</td><td>인류공통 사회문화</td><td>철학적 준거</td><td>철학적 준거</td></tr>
</table>

3. 교육과정 내용의 조직

1) 교육과정 내용 조직의 단위

교육과정 내용조직은 가장 큰 범주로써 학문단위에서 시작하여, 교과단위, 개설과목단위, 그리고 각 과목의 교수학습 조직의 영역인 단원(Unit)이나 교재의 내용구성 단위인 장(chapter), 절(clause)로 구성되어진다. 특히 교수학습의 단위 조직인 단원은 대단원, 중단원, 소단원으로 나뉠 수 있고, 각 소단원들이 한 차시의 수업으로 구성된다고 했을 때, 해당 차시의 수업은 몇 개의 주제별 교수학습 활동(lessons), 각 주제의 핵심내용(topics), 그리고 구체적 학습활동(activities)으로 나누어진다고 볼 수 있다. 이상을 다음 표와 같이 간단히 정리해 볼 수 있다.

〈표 5-11〉 교육과정 내용조직의 위계

학문 (Discipline)	학문분류에 따른 영역	분류의 예
교과 (Subjects)	학문분야 안의 개별 학문단위: 분과형, 상관형, 융합형, 광역형	국어, 영어, 사회, 지리, 역사 [Curriculum] 수준
개설과목 (Courses)	각 교과의 학교, 학년, 전공별 개설수준	1학년 교양, 3학년 전공, 영어I [Syllabus] 수준
단원(Unit): Chapter, Clause	각 과목의 하위 내용영역 단위	대단원 / 중단원 / 소단원 1장 개론, 2장 ....
수업(Lessons): 주제(Topics) 및 활동(Activities)	각 내용의 교수학습 단위	주제별 분류 [Lesson plan] 수준

2) 교육과정 내용조직의 원리

교육과정 내용조직의 원리는 크게 수업자료(교재)의 논리적 일관성(logical consistence)을 강조하는 것과 수업행위의 경험적 합치(empirical concurrence)를 강조하는 것, 두 가지 측면에서 논의해 볼 수 있다. 논리적 일관성은 수업내용(자료)이 학습자의 심리적 상태에 맞추어져 있는지, 아니면 자료의 논리적 조직에 맞추어져 있는지에 따라 달리질 수 있고, 경험적 합치는 수업행위가 교육목표를 향한 지향성 및 경험적 통합이 이루어지느냐에 따라 판단될 수 있다. 여러 학자들이 나름대로의 기준을 바탕으로 교육과정 내용조직의 원리들을 제시하고 있다. 예를 들어, Tyler는 계열성(sequence), 연속성·계속성(continuity), 통합성(integration)을 강조하였고, 앤더슨(Anderson)은 공통성과 진행성을, 브릭스(Briggs)는 수직적, 위계적, 평면적 구조를 제시하였다. 또한 쉬레이더(Schrader)는 계속성, 나선성, 응집성, 그리고 통합성을, 포즈너(Posner)는 공통성(내용 관련/무관 여부)과 시제성(시간적 인접/간격 여부)의 두 가지 내용조직의 원리를 제시하고 있다. 한편, 김인식, 최호성(2002, p. 314−321)은 교육내용으로서의 지식수준의 분류를 기준으로 사실수준(구체적), 개념수준, 원리 및 법칙수준, 그리고 사상수준의 지식(추상적) 네 가지로 교육내용을 조직할 수 있다고 주장한 바 있다.

포즈너/루드니스키(Posner & Rudnitsky, 1982): 단원조직의 다섯 가지 기초적 질문

a) 현상들간의 경험적 검증관련성(공간, 시간, 물리적 속성에 기초한 관련성)
b) 개념들의 조직과 논리적 일관성(부류관계, 명제관계, 정교화수준, 논리적 선행요건)
c) 개념의 생성, 탐구과정과의 일관성(탐구의 논리성, 경험성)
d) 학습방법, 학습과정과의 일관성(경험적 선행요건, 친숙/곤란성, 흥미, 내면화, 발달관련성)
e) 기존지식, 활용가능성(절차순서, 예상활동빈도)

이상과 같이 학자들마다 서로 다른 기준과 용어들로 교육과정 내용조직의 원리를 설명하고 있지만, 그 기본적인 개념은 비슷하다고 볼 수 있는데, 이를 정리하여 표로 제시하면 다음과 같다.

〈표 5-12〉 교육과정 내용조직의 원리

(1) 범위 (Scope)	내용의 폭과 깊이	교육과정 내용선정 후 내용조직에 앞서 최우선 고려 사항
(2) 계열성 (Sequence)	통시적/ 내용의 순차적 조직	학습내용이나 경험의 시간적 순서로써, 내용계열화의 원리에 따른다: 예 연대기, 유용성, 문화기이론, 발달단계, 논리적 관계 등
(3) 통합성 (Integration)	통시적 / 학문의 융합, 통일	교육과정경험의 수평적 관련성 / Beane(1997): 교육과정 통합의 차원 (경험, 사회, 지식, 교육과정 설계방안 통합) / Ingram(1979, p. 44-54): 교육과정통합의 기능을 인식론적 기능, 심리학적 기능, 사회적 기능으로 나눔.
(4) 연속/계속성 (Continuity)	공시적/ 내용의 반복성	이미 배운 내용과 앞으로 배울 내용과의 관련성으로써, 교육내용의 반복 및 누적효과를 노린다.
(5) 연관성 (Articulation)	통시적/ 내용상호간 관련성	교과의 수평적 관련성이나 학습자의 내적 지식의 통합: 실제의 삶이 교과목 지식별로 구분되어 있지 않음에도 불구하고 학교수업은 이를 구분하여 가르친다는 비판에서 출발한다.
(6) 균형성 (Balance)	내용상의 균형	내용들, 관점들, 이론/실천의 균등한 이해와 분배

(1) 범위의 원리

교육과정 내용에 있어 어떤 내용을 얼마만큼이나 폭넓고 깊이 있게 다루느냐의 문제이다. 학교급, 학년, 학생수준, 전공·교양 여부, 필수·선택 여부, 교육기간 등에 따라 내용범위가 결정된다.

(2) 계열성의 원리

계열성은 교과의 본질과 구조에 기초한 계열화인데, 단순à복잡, 선수학습 à후속학습, 부분→전체, 구체적 개념→추상적 개념, 난이도 저→난이도 고 등의 심리적, 논리적 순차이다. 이러한 계열화의 순서는 학습자의 다양한 발달단계에서 학습자들의 성취능력을 고려하거나, 학문적 구조와 관련한 내용 자체의 논리적 순성 따른다.

예를 들어, Gagne는 학습내용의 난이도 수준에 따라 다음과 같은 8가지 학습위계를 제시하기도 하였다.

신호학습(signal)→자극반응(stimulus-response) 학습→연쇄(motor chain) 학습→언어연상학습(verbal association)→다중변별학습(multiple discrimination)→개념(concept) 학습→규칙학습(rule learning)→문제해결(problem solving) 학습

(3) 통합성의 원리

연관성(articulation)의 문제와도 관련되어지며, 학습자에게 통합 조정된 학습경험을 어떻게 제공하느냐에 관심을 갖는다. 통합교육과정을 통해서 학문간, 교과간 통합이 다양하게 시도되고 있다.

(4) 연속성·계속성

교과내용의 지속성, 반복성 혹은 학교급 간의 내용의 연결성을 일컫는다. 또한 개별 학습자의 경험 차원에서의 내용의 연결성도 포함될 수 있다.

(5) 균형성

균형성에 대해서 올리바(Oliva, 1997)는 다음과 같은 다양한 차원에서 균형성의 유지가 중요함을 지적했다. **예** 아동중심 vs. 교과중심/ 사회요구 vs. 개인요구/ 교양교육 vs. 전문교육/ 인간발달의 인지 vs. 정의 vs. 심동적/ 개별화 vs. 집단/ 혁신 vs. 전통/ 논리적 vs. 심리적/ 영재아 vs. 학습부진아/ 학문간 vs. 학문내적 내용들 간의 균형이 유지되어야 한다는 것이다.

이상의 원리들을 하나의 도식으로 제시하면 다음의 [그림 5-2]을 통해서 설명할 수 있다.

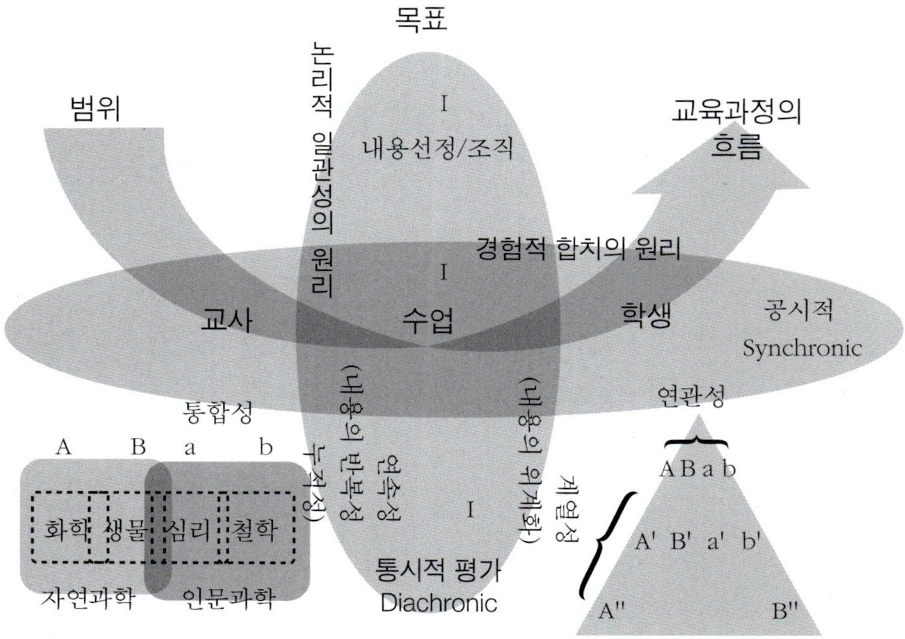

[그림 5-2] 교육정 내용조직의 원리 개념도

위의 도식에서 계열성과 연속성은 학습의 시간적, 순차적 진행과정을 규정한다는 점에서 통시적(diachronic)인 원리이고, 통합성과 연관성은 시간적 순서와 관계없이 학습과제가 갖는 내용적 관련성을 규정한다는 차원에서 공시적(synchronic)인 원리이다. 또 다른 한편으로, 내용의 상호관련성인 연관성보다는 통합성이 보다 거시적 차원에서의 논의되는 방식이고, 연속성이 내용의 양적 반복성을 가리킨다면, 계열성은 반복되는 내용의 체계적, 질적 변화까지를 포함하는 의미에서 보다 포괄적이라고 이해할 수 있다. 하지만, 지금까지의 설명에도 불구하고, 이러한 내용조직의 원리는 서양의 많은 학자들이 시도한 주관적 구분에다가 이를 번역하는 과정에서 개념이나 용어의 혼란이 겹쳐져서 현재까지 이렇다하게 개념들이 합의되어 정리되어 있지 않은 상황이라는 점을 참고할 필요가 있다.

3) 교육과정 내용의 설계

(1) 교육과정 설계의 스펙트럼

Jacobs(1989, pp. 14–18)는 교육과정 내용의 설계방식을 다음과 같이 가장 분과적인 방식과 가장 통합적인 방식의 스펙트럼을 통해서 비교하여 제시한 바 있다.

분과형 – 병행형 – 다학문형 – 학제형 – 통합일과형 – 완전개방형

분과형은 가장 전통적이 교육과정 설계방식이고, 통합교육과정이 보급되면서 다학문형과 학제형 설계방식이 많이 시도되고 있다. 통합일과형이나 완전개방형은 소위 '열린학교(open classroom)' 운동에 힘입어 초등교육을 위주로 시도되었지만 아직까지는 실험적인 시도 차원에서 그 효과나 장단점이 논의되고 있다.

(2) 교육과정 설계의 유형

교육과정 설계는 크게 교과(지식)중심, 아동(활동)중심, 문제(사회)중심 설계로 나누어 진다. 이 세 가지 교육과정 설계들은 다음과 같이 정리해 볼 수 있다(Ornstein & Hunkins, 1993)

〈표 5-13〉 교과(지식)중심설계: 분과형, 상관형, 융합형, 광역형

교과중심	강조점	철학적 배경	지식의 원천	대표학자들
교과설계	개별 교과들	항존주의, 본질주의	문명, 과학	Harris, Hutchins
학문설계	학문들	항존주의, 본질주의	과학적 방법, 체계적 지식	Bruner, Phenix, Schwab, Taba
광역설계	간학문적 교과/학문들	진보주의, 본질주의	지식의 연관성	Broudy, Dewey
상관설계	각각의 정체성을 유지한 학문들의 연관성	진보주의, 본질주의	지식의 효용가치	Alberty & Alberty
과정설계	다양한 학문의 절차적 지식, 정보처리과정, 사고/인지과정	진보주의, 구성주의	방법론, 심리학	Adams, Beyer, Dewey, Papert

〈표 5-14〉 아동(활동)중심설계: 활동교육과정, 아동중심교육과정

학습자중심	강조점	철학적 배경	지식의 원천	대표학자들
아동중심	아동의 흥미와 요구	진보주의	아동	Dewey, Kilpatrick, Parker
경험중심	경험과 아동의 흥미	진보주의, 구성주의	아동	Dewey, Rugg & Schumaker
급진주의적	아동의 필요와 사회 환경	경험주의, 재건주의	아동, 사회	Freire, Habermas, Illich
인간주의적	경험, 개인 · 집단의 필요	재건주의, 실존주의	심리학, 아동	Combs, Fantini, Rogers

〈표 5-15〉 문제(사회)중심설계: 항상적 생활 장면 중심의 설계/ 사회문제중심의 중핵설계

문제중심	강조점	철학적 배경	지식의 원천	대표학자들
생활-상황	생활(사회적) 문제	재건주의	사회	Spencer, Stratemeyer
중핵설계	사회적 문제	진보주의, 재건주의	아동, 교과, 사회	Alberty & Alberty, Faunce & Bossing
재건주의적	사회적 문제	재건주의	사회	Apple, Brameld, Counts, Rugg

항상적 생활 장면 분석법

Columbia 대학의 교육과정 팀은 교육과정의 기본가정과 교육과정이 보장하여야 할 문제들을 제기하였는데, 그 기본가정은 교육과정 설계가 학습자의 욕구 및 목표에 중심을 두어야 한다는 것과 학습경험의 선정과 조직은 학습자가 직면하는 여러 생활 장면에서 이루어져야 한다는 것이었다.그리고 보장되어야 할 문제들은 주로 균형이 취해진 발달, 계속적인 성장, 깊이 있는 지식, 특수 교과 영역의 활용, 문화유산의 습득, 기본 관심에 의한 문제 선택, 집단 학습 문제 등으로 이루어져 있다. 이러한 문제들에 비추어 볼 때 교육과정 설계에서 중시하는 문제를 다양한 생활 장면에서 찾아야 하고, 그 목적은 학습 경험의 선정·조직과 효과적인 학습이며, 학습자의 심리적 측면을 강조하는 것이다 (강현석, 이경섭, 2003, p. 30).

이상의 교육과정 설계유형을 기본특성과 목적, 중심내용 및 수업방법, 이론적 기초가 되는 학문분야, 그리고 실제적으로 적용될 수 있는 교과 및 수업의 분야를 기준으로 요약해보면 다음의 표와 같다.

〈표 5-16〉 교육과정 설계의 성격

교육과정 유형		기본특성	목 적	내용 중심	수업 방법	학문적 기초	적 용
지식 중심	교과 중심	분과적, 교과서중심, 교사, 전문가 중심	문화유산 전승	인지영역, 교사의 사전 계획	암기위주, 교사의 권위	능력심리학, 행동주의 심리학	단위제, 능력별 학급편성
	광역	통합적, 융합적	문화유산 전승	많은 정보, 깊이보다는 폭을 중시	비형식성, 실제 적용	행동주의	사회과, 언어, 예술, 인문과목
	학문 중심	지식의 구조적 접근	지식구조 및 학문탐구 과정 이해	학문의 구조, 연구과정, 기본개념	설명, 발견, 문제해결	행동주의, 형태심리학, 진보주의	수학 및 자연과학 과목
학습자 중심	아동 경험 중심	활동 중심, 학습자 흥미(요구) 중심	학습자의 사회화, 문제해결, 반성적사고	활동, 경험 중심 교과	교사(조장자) 학생 (능동적참여), 문제해결학습	실험주의, 형태심리학, 상호작용주의	무학년제, 프로젝트방법, "일과 공부" 프로그램
	인본 주의	학습자 중심, 학습자 요구와 흥미 중시	자아개발, 전인개발, 인간화	지적, 정의적 영역의 통합	교사와 학생 간의 정서적 관계	형태심리학, 제3세력 심리학, 실존주의	열린교육, 교실 내에서의 인간관계 훈련
	개방 접근	공간, 시간, 내용, 방법의 개방	자아실현, 자율적 신장	지적, 정의적 영역의 통합	자기지시적, 선택적 학습, 교사(조장자)	인본주의	계약학습
사회 중심	중핵	통합교과중핵, 사회문제, 청소년 연구	삶의 사회적 기능	생활 · 사회문제 중심, 중핵적 경험	문제해결학습 중핵교과제도 블록 타임	형태학습 이론	블록타임
	생활 적응	사회문제 중심	실제 생활 적응	개인능력, 사회참여(관계), 환경요인	문제해결 절차 중심 교수-학습	사회재건주의	Stratemeyer: 항상적 생활중심

중핵 교육과정의 특징(Oliva, 1997)

- 모든 학생에게 필수적으로 요구되는 교육과정의 일부분을 형성
- 교과를 결합하거나 융합한다
- 내용은 대부분이 학문의 경계를 횡단하는 문제들로 구성된다.
  - 문제해결식 학습방법, 교사들과 학생이 함께 교육과정을 설계하기도 한다.
  (예 사회재건주의 입장 (Counts, 1932; Brameld, 1956)

학생중심 활동(student-centered learning)이란 무엇인가?

- 교사가 아니라 학생들이 교수학습의 중심이 되는 활동을 말한다.
- 학생들이 그룹으로 조직되어, 유의미한 활동을 중심으로 집단활동을 모색한다.
- 개별 학생들은 서로 다른 목표를 갖거나 상이한 과제를 맡아 공동으로 프로젝트를 진행한다.
- 학생 자신들이 해당 교과의 전문가가 될 수 있도록 활동을 구성하고, 집단 전체적으로도 각자가 자기가 맡은 분야를 충분히 학습할 수 있도록 조직한다.
- 교사는 학습활동의 중심이 아니라 조장자(facilitator), 안내자(guide) 역할을 함으로써 학생들의 학습을 촉진한다.

4) 단원의 구성

(1) 단원(unit)의 정의

단원이란 교육내용을 전달하기 위해 단일성, 전체성, 통일성을 띠고 구성된 수업의 단위이다. 단원은 내용의 범위에 따라 대단원, 중단원, 소단원으로 구분되어질 수 있고, 단원의 성격에 따라 교재단원과 경험단원으로 구분되거나, 혹은 자료단원 및 학습단원으로 구분될 수 있다.

(2) 교재단원 vs. 경험단원

교재단원은 학습교재의 성격으로 단원을 구성한 것이고, 경험단원은 실제적 학습경험의 성격으로 단원을 구성한 것이다. 교재단원과 경험단원의 성격을 비교하면 다음 표와 같다.

〈표 5-17〉 교재단원과 경험단원의 비교

교재단원 (Text unit)	경험단원 (Experience unit)
축적된 지식 기준	학습자의 필요 기준
내용 및 형식 중심의 논리적 조직	학습자의 동기중심의 심리적 조직
내용전문가에 의한 사전준비 내용의 기억, 이해 중심	학습상황/환경에 의한 유동적 대처
복잡화, 세밀화, 고등화의 원리유지	학습자의 호기심/맥락에 맞는 융통성
교육행정가, 전문가 등의 외부감독	학습자 집단의 협동적 내적운영
과거와 현재에 관심	현재와 미래에 관심
형식적/체계적인 방법 및 결과 중시	비형식적/신변잡기적 및 과정 중시
전체주의적 학습 (공통성)	개인주의적 학습 (개별성)
획일적, 고정적 학습결과 기대	학습자 개별적 목표, 수준 고려
형식적 평가, 표준화검사, 총괄평가	수행적, 개별적 평가, 형성평가
과거지향적 복습 (기존학습의 검수)	미래지향적 복습(새로운 학습의 출발)
Textbook 이 학습의 매개	Experience 가학습의 매개

한마디로 교재단원은 축적된 지식의 모둠을 단원조직의 기준으로 삼고, 내용전문가에 의존하여 내용의 복잡성 및 단계적 세밀성 등에 따라 내용을 선정, 조직하고, 선정된 내용을 학습자가 기억하거나, 이해할 수 있도록 하는 데 중점을 둔다. 학습방법에 있어서 형식적이고 체계적인 방법이나 결과를 중시하고, 개인적 다양성을 배려하기보다는 전체적 공통학습을 상정하여 내용을 조직하고 교과서(교재) 자체가 학습의 매개체가 될 수 있도록 한다. 평가의 측면에서도 형식적, 표준화검사, 총괄평가에 주로 의존한 평가방식을 도입한다.

반면, 경험단원은 학습자의 필요에서부터 출발하여 학습자가 학습내용과 관련한 어떤 교육적 경험을 통해 학습목표에 도달할 수 있을 것인가에 관심을 갖는다. 따라서 단원의 내용도 학습자의 동기를 중심으로 한 심리적인 원리에 맞추어 내용을 조직하고, 학습 환경이나 수업상황에 맞는 수업경험이 이루어질 수 있도록 단원을 구성한다. 또한 학습자 개개인의 목표나 수준을 고려한 개별학습의 가능성과 더불어 집단적, 공동적 학습(협동학습)의 가능성을 모색한다. 평가의 측면에서도 수행적, 형성적, 개별적 평가를 중시하고, 교재단원과는 달리 교재 자체가 아닌 학생들의 실제적인 학습경험이 학습의 매개체가 될 수 있도록 수업을 구성한다.

(3) 자료단원 vs. 학습단원

교재단원 및 경험단원의 비교와 마찬가지로, 단원은 자료단원의 성격을 지닌 것과 학습단원의 성격을 지닌 것으로 구분할 수 있다. 자료단원은 학습보조자료의 성격으로 구성된 단원이고, 학습단원은 학생들이 실질적으로 학습하는 장면을 염두에 두고 구성된 단원이다. 이 둘의 성격을 대조시켜 표로 제시하면 다음과 같다.

〈표 5-18〉 자료단원과 학습단원의 비교

자료단원 (Resource Unit)	학습단원 (Instructional Unit)
사전준비된 학습자료	학급에서 실제로 전개되는 행위
학습영역의 일반적 윤곽/ 그 영역의 학습에 활용되는 자료목록	학습영역의 일반적 윤곽에 기초하여 특정 학습/교수 상황에 형식과 의미부여
학습영역에 관련된 내용에 대한 각 교과별 교사 및 전문가 집단에 의한 계획	교수학습의 참여자(가르치는 교사와 배우는 학생)들에 의해 자발적으로 계획
전형적인 학습의 문제들 및 보편적인 학습보조 자료들을 중심으로 조직	특정 학습 집단의 독특한 학습스타일에 맞추어 조직
설정된 교육목표에의 도달여부, 성장여부에 근거하여 평가를 시행	학습 집단의 성격이나 단원내용의 특수성을 감안하여 평가를 시행

자료단원의 가장 큰 특징은 일반성(보편성) 및 포괄성, 계획성, 체계성이라고 볼 수 있고, 반면 학습단원의 가장 특징들은 특수성(개별성) 및 구체성, 융통성, 자발성 및 실제성이라고 볼 수 있다. 자료단원의 특징들 중 일반성은 어떤 자료단원이 제작되면 그 학습내용과 관련하여 어떤 학습자에게도 가르쳐질 수 있는 일반적이고 보편적인 내용을 중심으로 조직, 실천하게 된다는 의미이고, 계획성이라고 하는 것은 사전 준비된 교수학습계획을 토대로 전문가 집단에 의한 일련

의 학습과정이 자료단원을 통해 제시된다는 것이다. 마지막으로 체계성이라고 하는 것은 전형적인 학습의 문제들이나 보편적 자료들이 도달목표를 중심으로 체계적으로 제시되어 의도된 학습목표에 이르기까지 짜임새 있게 제시되어 있어서 그 순서에 따라 누구나 학습해 나갈 수 있도록 조직하는 것이 자료단원의 강조점중의 하나 라는 것이다.

반면 학습단원의 특징들 중 특수성은 학습이란 결국 특정 학습 집단의 특이한 환경, 학습자, 여건에 크게 의존할 수밖에 없다는 것이고, 따라서 보편적인 학습문제가 아닌 개별적인 학습목표 및 주제에 맞추어 수업을 융통성 있게 운영하는 것이 중요하고, 의미 있는 교수학습의 경험을 유지하기 위해서는 학습자의 자발성 및 능동성을 장려하는 학습의 분위기를 만들어 가야 한다는 것이다. 결국, 교사가 수업의 단위로 활용하는 내용조직의 단위인 '단원'은 학습내용의 성격, 학습자 집단의 특성 및 성격, 교육자원의 현황 등에 따라 교재단원이나 자료단원의 성격을 띤 교수학습을 계획해야 되는지, 아니면, 학습단원이나 경험단원의 성격을 띤 교수학습 활동으로 준비해야 되는지 교사가 적절히 결정하여 수업을 준비해야 할 것이다.

CHAPTER

6 교육과정의 개발과 실천

(Curriculum development and practice)

교육과정은 의도된 학습결과를 향한 구조화된 연속적 행위이다. 교육과정은 교수의 결과에 대해 처방하거나 혹은 최소한 기대하는 것이다. 그것은 수단을 처방하는 것이 아니라… 결과를 획득하기 위한 수단으로써 활용되는 것이다 (Johnson, 1967).

1. 교수설계

1) 교수설계(Instructional design)의 개념

교수설계란 학습자의 변화를 일으킬 수 있는 최적의 교수방법을 결정해 나가는 과정을 일컫는다. 다른 표현을 사용하자면, 교수설계란 곧 학생들의 학습요구와 달성하려는 학습목표를 성취하기 위한 가장 효과적인 방법을 구상하는 것이다.

2) 교수설계의 요소

교수설계에는 교수법의 이론적 배경, 교수계획(instructional planning) 이론, 교수법의 적용 및 수행, 교수법의 개발, 운영, 및 평가 등의 문제가 관련되어 진다.

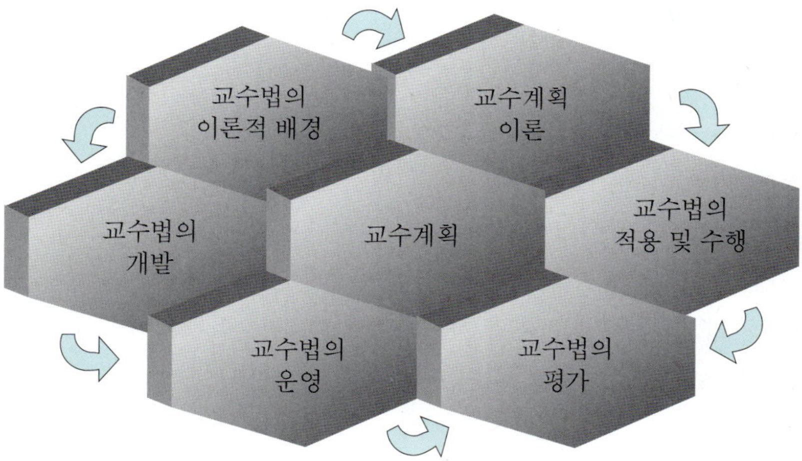

[그림 6-1] 교수설계의 요소

즉, 교수법과 관련한 다양한 이론적 배경을 바탕으로 교수계획 이론들이 제시되고, 이러한 교수법을 어떻게 적용하고 수행할 것인지의 실천적인 방법론이 모색된다. 동시에 교수법의 개발, 운영, 평가의 각 단계에 대한 이론적, 실천적 방법론에 대한 탐색이 교수설계의 분야에서 다루어지게 된다.

3) 교수설계의 특징

교수설계는 교사가 가르치고자 하는 내용을 학습자가 적절하게 받아들여, 목표한 대로 학습자가 변화할 수 있도록 하는 최고의 방법을 결정한다. 이러한 교수설계의 대표적 특징에는 다음의 4가지가 있다.

- 설계 지향적이다. 즉 결과보다는 결과를 낼 수 있는 방법에 중점을 둔다.
- 수업의 상황에 따라 가르치는 방법이 다르게 적용되어야 함을 보여준다.
- 가능한 다양한 수업방법을 제공한다. 같은 학습 내용도 다른 방법에 의해 가르칠 수 있다.
- 수업방법이 반드시 특정한 목표의 달성을 보장한다기보다는 유도하는 역할을 한다.

4) 교수설계와 체제적 접근

교수설계에서는 수업의 과정을 체제적 과정(systems approach)으로 간주한다. 여기서 체제란(organization) 기술적으로 상호 관련된 구성 요소의 집합으로, 그 구성 요소가 목표를 향하여 유기적으로 상호작용하는 과정체제적 접근을 가리킨다. 이러한 과정체제적 접근은 비선형적, 비순차적, 역동적, 상호작용적 접근의 성격을 띠는데 반해 체계적(systemic) 접근은 단계적, 순차적, 직선적 접근의 성격을 띤다고 볼 수 있다. 한마디로 과거의 교수설계의 접근은 체계적 접근의 성격을 띠었으나, 점차 학습 환경과 학습자의 다양성, 지식의 팽창, 창의성 및 정의적 측면의 중시화에 따라 학습에 대한 인식이 점차 변하게 되어 최근에는 유기체적, 순환적, 비선형적, 역동적 성격을 강조하는 체제적 접근의 중요성이 더욱 강조되고 있다.

체계(體系: system)와 체제(體制: organization)의 사전적 의미

* 체계: –일정한 원리에 따라서 낱낱의 부분이 짜임새 있게 조직되어 통일된 전체.
  – 글의 구성에서, 독자성을 가진 완결된 한 부분.
* 체제: –사회를 하나의 유기체로 볼 때, 그 조직이나 양식, 또는 그 상태를 이르는 말
  – 일정한 정치 원리에 바탕을 둔 국가 질서의 전체적 경향
  – 생물체 구조의 기본 형식. 몸체 각 부분의 분화 상태 및 상호 관계
  – 각 부분이 목적에 맞도록 유기적으로 통일된 전체.

5) 교수설계의 일반적 원리

효과적인 교수설계를 위해서는 다음과 같은 원리들이 활용할 필요가 있다. 예를 들자면, 수업계획안(lesson plan)을 작성할 때 아래와 같은 교수설계의 원리들을 참고한다면 짜임새 있는 수업계획안을 구상할 수 있을 것이다.

- 수업목표 제시 영역의 설계원리–학습자가 학습목표를 명확히 인지하면 학습은 촉진된다.
- 학습동기 유발 영역의 설계원리–수업목표 달성에 자신감을 가지면 학습이 촉진된다.
- 학습결손의 발견과 처치 영역의 설계원리
- 학습내용 제시 영역의 설계원리
- 연습 영역의 설계원리
- 형성평가와 피드백 영역의 설계 원리
- 전이 및 일반화 영역의 설계원리

전이(轉移: transfer)

각 과목 영역마다 학자들이 배운 많은 것을 요약한 기초 아이디어가 있다. 이 아이디어는 학생들이 배운 많은 것에 의미를 부여하고, 다른 새로운 문제를 다루는데 기초적인 아이디어를 제공한다. 우리는 이런 추상적 개념을 꾸준히 조사하고, 학생들이 그것을 잘 배울 수 있게 하는 방법을 찾고, 특히 매우 다양한 문제 상황에서 그것을 어떻게 사용하는지를 학생들이 알 수 있도록 하는 것이 학자와 교사의 기본적인 책임이다. … 그런 원리를 사용하는 법을 배운다는 것은 세상을 다루는 강력한 도구를 가지는 것이다 (Bloom, Madus, & Hastings, 1981, 235).

6) 교수설계이론의 예: 가네-브릭스(Gagne–Briggs)의 교수설계이론

Gagne는 인간학습을 언어정보, 태도, 지적기능, 운동기능 및 인지전략의 영역으로 분류하였다. 또한 학습이 이루어지기 전에, 학습자가 사전에 알고 있는 지식이나, 경험, 정보 등을 미리 파악하고 있는 것이 중요하다고 보았다. 그리고 이러한 사전 지식, 경험 등은 학습을 보다 쉽고, 빠르게 이해할 수 있도록 돕는다고 보았다.

가네는 위의 다섯 가지로 분류된 학습영역 각각 서로 다른 내적 및 외적 조건이 필요하다고 주장하였다(Gredler, 1997). 또한 교수 행위(instructional events)는 그 자체가 학습을 불러일으키는 것이 아니라, 학생들의 내적 과정을 돕는 역할을 한다고 주장하면서, 교수행위에 다음과 같은 3단계가 있다고 강조하였다(Gagné & Briggs, 1974):

ㄱ) 학습준비 단계(preparing for learning): 주의유도, 학습목표안내, 선행지식의 회상자극

ㄴ) 습득 및 수행(acquisition and performance): 수업자극 자료의 제시, 학습안내물 제공, 분명한 수행과 피드백의 제공

ㄷ) 학습의 전이(transfer of learning): 수행의 평가와 학습내용 유지 및 전이과정

위의 3단계는 다음의 9가지 교수행위로 세부적으로 나뉘어진다. 이는 Gagne가 교사가 학생들의 학습이 이루어질 수 있도록 외적인 상황을 이끌어 주는 9단계의 절차로 제시한 것이다:

a) 주의 유도(gain attention): 학습자의 관심을 획득하는 것으로, 학습자의 인식과정에 관한 이론과 관련되어 있다

b) 학습목표 안내(inform objectives): 학습자에게 학습을 통해 얻어가야 하는 것, 즉 목표를 제시하여, 학생들에게 학습에 대한 기대감을 불러일으킨다

c) 선행 지식에 대한 회상의 자극(stimulate recall of prior knowledge): 이미 학습한 것을 다시 복습을 통해 상기시켜 주는 것으로, 동작기억(working memory)으로부터 내용을 회상하게끔 촉발한다.

d) 학습자극 자료의 제시(present stimulus material): 학습이 이루어지기 전에, 예를 들면, '식물'이란 무엇인가? 와 같은 질문을 던져 생각하게 한다. 즉 학습자에게 학습내용에 대해 자극을 주는 것이다.

e) 학습자 안내의 제공(provide learner guidance): 학습내용의 기호화 과정과 관련된다. 예를 들어, 뜀틀 훈련을 한다면 도약을 위한 자세나, 구르는 위치 등을 알려주어야 할 것이다.

f) 수행의 촉진(elicit performance): 학습자로 하여금 반응하게 하는 것이다. 예컨대, '식물'에 대해 학습한다면, 교사는 학습하는 중간 중간에 '식물'에

관해 세부적인 질문을 던진다.

g) 피드백의 제공(provide feedback): 반응한 내용을 강화시키는 것으로, 수학 시간인 경우 학생들에게 문제를 풀어보라고 시킨 다음, 오답일 경우 계산식을 직접 수정해준다.

h) 수행의 평가(assess performance): 회상내용에 대한 단서를 제공하는 것으로, 목표한 대로 학습이 제대로 이루어졌는지 수행평가를 실시한다.

i) 보유와 전이의 촉진(enhance retention and transfer): 일반화의 과정을 필요로 하는데, 수업시간 마다 그 전에 학습했던 내용들이 연관될 경우, 지속적으로 반복하여 학습의 흐름을 놓치지 않도록 해준다.

이상의 9단계를 바탕으로 교수계획을 설계한다면, 학생들이 원하는 학습목표에 도달하게끔 효과적으로 이끌어 줄 수 있을 것이다.

2. 교육과정 개발 및 설계의 개념

1) 교육과정 개발, 운영 및 평가

교육과정 개발(development)이란 교육목적에 따라 교육내용을 체계화하고 이를 효과적으로 가르치기 위한 교육방법 및 교육평가, 그리고 교육운영에 관한 종합적인 계획을 수립하는 것이다. 또한 교육과정 운영(management)이란 개발된 교육과정을 학교현장에서 채택하고 실행에 옮기는 과정을 말한다.

한편, 교육과정 평가란 한마디로, 교육과정의 가치를 판단하는 활동을 의미하는데, 그 평가의 대상은 교육과정 개발, 교육과정 운영, 교육과정 성과 등이 될 수 있다. 평가의 방법으로는 면접, 관찰, 기술, 실험, 보고서 분석 등의 다양한 방법으로 교육과정이 운영되는 실태 자료를 현장을 통해 수집하고 양적(quantitative) 및 질적(qualitative)인 방법으로 수집된 자료를 기술하고 분석하여 판단을 내리게 된다.

2) 교육과정 개발 vs. 교육과정 설계

Schbert(1986)는 교육과정 개발과 설계를 비교하여 다음과 같이 설명한 바 있다.

〈표 6-1〉 교육과정 개발과 설계의 비교

교육과정 개발(development)	교육과정 설계(design)
교육에 대한 계획과 아이디어를 프로그램으로 옮기는 과정	교육과정 구성 요소를 적합한 원칙과 원리에 의하여 배열하는 것
사회문제, 교육의 기초, 변화를 위한 조직, 프로그램 행정, 교과의 본질, 인간관계, 조직개발, 이론과 실제, 연구와 장학, 인사문제 등을 포괄	교육과정 계획 입안과 실행을 위한 구체적 편성: 수업목표설정–내용 선정 및 조직–평가방법 고안

즉 교육과정 개발이란 교육에 대한 계획과 아이디어를 프로그램으로 옮기는 과정(Eisner, 1985)이고, 교육과정 설계는 교육과정 구성요소를 적절한 원칙과 원리에 따라 배열하는 것으로, 교육과정 개발의 계획을 먼저 수립한 다음 구체적인 교육과정 설계의 단계로 넘어가게 된다고 볼 수 있다. 또한 교육과정 개발은 보다 거시적인 입장에서 사회문제, 교육의 기초가 되는 철학이나 목적, 교육기관의 변화를 위한 조직 계획, 프로그램의 운영과 관련한 행정적 측면, 지식을 바라보는 입장에 따른 교과의 본질에 대한 이해, 학교교육기관의 다양한 인적자원 및 조직의 개발, 그리고 인사문제, 교육이론과 실제의 연관성, 연구 및 장학 등의 문제를 광범위하게 고려해야 한다. 반면, 교육과정 설계는 교육과정 개발의 계획을 입안하고 실행하기 위한 구체적인 편성작업으로, 교육과정의 핵심이 되는 수업설계를 중심으로 수업의 목표, 내용선정 및 조직, 그리고 평가방법 등을 구안하게 된다.

3) 교육과정 개발의 단계

교육과정 개발은 크게 다음의 다섯 단계로 나누어 살펴볼 수 있다.

첫째는 계획(planning)단계로써 교육의 목표나 성취목표를 구체적으로 제시하는 단계이고,

둘째는 환경조성(settings & learners)의 단계로써 학습자 및 교육환경을 파악하여 어떤 자원(resources)과 조건을 가지고 있는지, 교육의 대상이 누구인지를 파악하는 단계이며, 셋째는 내용선정의 단계로써 무엇을 가르쳐야 될지를 고려하면서 교과 및 교재의 선정을 고려하는 단계이다. 넷째는 교수계획(instructional design)의 단계로써 어떻게 가르쳐야하는가를 생각하며 교수전략을 수립하는 단계이고, 마지막으로 다섯째는 평가의 단계로써 교육기관, 프로그램, 교사, 그리고 학생들의 성취여부를 판단하는 단계이다.

이 다섯 가지 단계를 도식으로 표현하면 다음 그림과 같다.

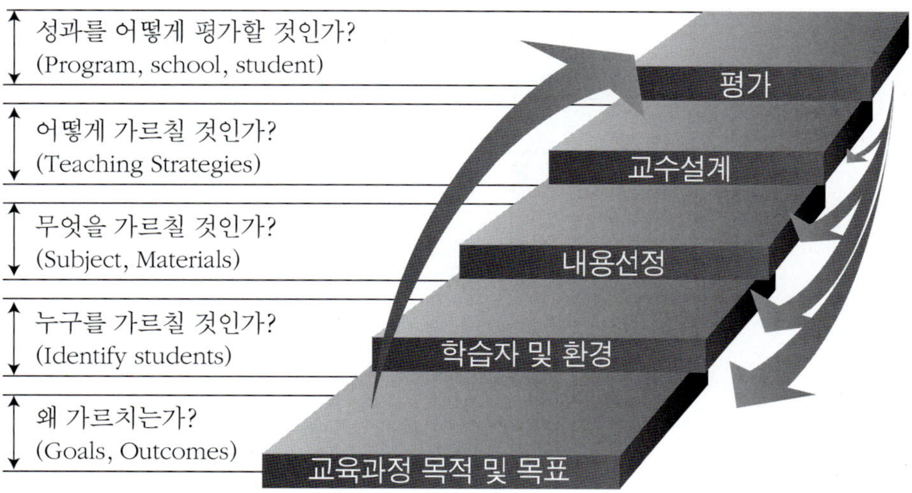

[그림 6-2] 교육과정 개발의 절차

3. 교육과정 개발의 기초

1) 교육과정 개발의 기초 자원

Saylor, Alexander & Lewis(1981)는 교육과정 개발의 기초자원(basic resources)으로써 학습자 및 학습이론(심리학), 학습자의 생활과 사회(사회학 및 문화), 그리고 학습자가 배워야할 지식의 성질과 가치(철학) 등의 문제를 고려해야 한다고 주장한 바 있다. 이와 마찬가지로 Lawton(1978, p. 5)은 교육과정 개발에서 고려되어야 할 기초 학문들로 다음과 같은 요소들을 제시하고 있다:

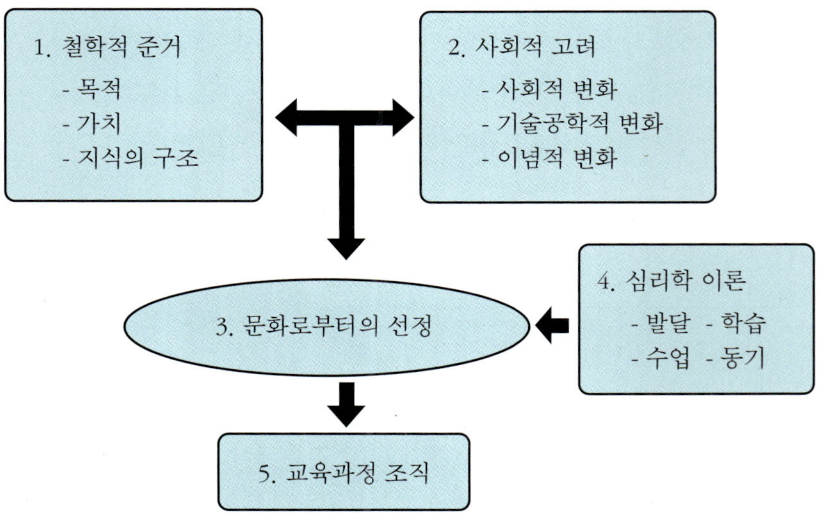

[그림 6-3] 교육과정 고려시 기초학문들

2) 교육과정 개발의 고려 요인

최근 와일즈와 본디(Wiles & Bondi, 2003)는 교육과정 개발에 있어서 고려해야 할 요인들을 크게 사회적 환경, 지식에 대한 이해, 인간발달의 이해, 학습과정에 대한 이해, 그리고 교수매체에 대한 이해의 다섯 가지 차원에서 설명하고 있다.

(1) 사회적 환경 (Social forces in society)

사회적 환경은 교육과정 개발에 가장 기본적인 출발점이 된다. 농경사회냐, 산업사회냐, 혹은 후기산업(서비스)사회냐에 따라 중요시되는 지식, 학생 및 학교의 역할이 달라지고, 최근에는 국제화 및 정보화의 추세에 따라 교육의 지향점들이 변화하고 있고, 인구변화의 추세도 학교교육의 방향에 영향을 미친다. 예를 들어, 1990년대에는 학교교육의 수요나 아동보육(child-care)의 수요가 증대했고, 따라서 학생진로의 다양화나 교육기관의 다양화가 필요시 되었다면, 21세기에 들어선 오늘날에는 신기술(new technology)을 활용한 교육, 교육자원의 재분배 문제, 학교 내 정보접근성의 문제 등이 더욱 시급한 교육적 사안이 되고 있다. 한마디로 사회적 환경의 문제는 "현대사회의 요구는 무엇인가?" 혹은 "사회변화의 방향이 어떠한가?"라는 질문에 대한 교육과정학적 응답을 제시하는 것으로 볼 수 있다.

(2) 지식에 대한 이해(Treatment of knowledge)

지식에 대한 이해는 한마디로 학교 교육과정을 통해 어떤 지식을 다룰 것인가 하는 문제와 관련되는데, 이는 시대적, 문화적, 인식론적(epistemology) 입장에 따라 달라진다. 예컨데, 1990년대에는 교육내용의 선정이나 조직, 내용의 상호관련성, 수업을 통한 내용의 제시방법, 그리고 학습결과에 대한 평가방법에 관심을 가졌다면, 21세기에는 지식의 폭발적 증가로 인해 우선 어떤 지식을 어떻게 가르칠 것인가가 우선적인 교육과정의 과제가 되었다. 따라서, Bruner(1960)는 지식의 구조에 대한 학습을, Toffler(1970)는 미래와 직접적으로 연결되는 지식만을 가르쳐야 한다고 주장하기도 했다.

아울러 교육의 목적이나 목표의 재정립, 즉 어떤 표준(standard)을 교육목표로 세울 것인가도 중요한 논의사항이며, 최근에는 학습과 관련된 여러 가지 과학적 이론들(learning science)의 증가로 정서, 인지, 준비도/적성, 태도 등의 문제를 고려한 학습효과의 증진방안이 제시되어 왔다. 결국 앞으로는 인류의 지적 유산이나 결과적 지식을 학습하는 내용중심(content-oriented) 교육과정에서 탈피하여, 과정중심(process-oriented) 교육과정과, 기계적, 선형적 학습이론이 아닌 창조적, 비선형적(non-linear learning)학습이론들이 더욱 필요한 시점이 되었다.

(3) 인간발달 이론(Human growth and development)

교육심리학에서 주로 다루게 되는 인간발달이론은 여전히 중요한 교육과정상의 영향요인이다. 과거에는 피아제(J. Piaget)의 이론으로 대표되는 단계적 발달이론을 바탕으로 개인학습자, 개인차, 개별적 최적학습법에 관심을 둔 개인주의적 심리학적 패러다임에 근거한 개인주의 발달 및 학습이론에 의존하여 왔으나, 앞으로는 비고츠키(L. Vygotsky)의 이론으로 대표되는 협동적 학습, 사회학습, 문화 학습과 같은 사회심리학적 패러다임에 의거한 개인에 대한 이해 및 학습에 대한 이해가 점점 요구되고 있다. 더 나아가, 학습자에 대한 지적능력에 대한 관심에서 벗어나 정서, 창의성 등의 역할에 대한 연구가 절실해지고 있다.

(4) 과정으로서의 학습(Learning as a process)

과정으로서의 학습은 학습에 대한 기존의 이해방식에서의 완전한 전환을 요구한다. 이러한 사고의 전환은 학습에 대한 우리의 다음과 같은 기존의 선입견들에 대한 비판적 물음과 이해의 재정립을 바탕으로 하는 것이다.

- 인간의 생물학적 기반이 바뀔 수 있는가?
- 신체적 성숙이 후천적으로 촉진/억제될 수 있는가?
- 지능발달을 촉진(facilitation), 정향(orientation), 혹은 프로그램 할 수 있는가?
- 학습에 대한 문화적 영향을 통제할 수 있는가?
- 기술이 얼마나 학습을 촉진할 수 있는가?

이상의 질문들에 대한 응답의 방식에 따라 기존의 학습이론은 크게 세 가지로 나뉠 수 있다. 그 첫째는 조건화, 강화, 전이, 소거 등의 이론을 학습에 적용하고자 하는 행동주의적 접근다고, 둘째는, 흥미/필요, 동기, 준비도, 동일시, 모방, 모델링 등을 학습에 적용하고자 하는 필요-구조적 접근이며, 마지막으로 셋째는, 인간의 다양성, 잠재력, 독특성과 창의성, 그리고 지각과 이해의 역할을 고려하는 환경적 접근이다. 이러한 세 가지 접근 중 어떤 접근을 통해 학습을 이해하고자하느냐에 따라 교육과정의 성격과 방향은 달라질 수 있다.

(5) 기술(Technology)의 활용

현대의 정보화 사회는 과학기술의 발달에 크게 의존하고 있으며, 교육도 역시 이러한 과학기술의 발달 및 정보화의 영향으로부터 완전히 벗어날 수 없다. 따라서, 학교에서 다루는 지식을 현대의 정보화 사회에서 중시하는 정보의 생산, 전달, 활용의 문제와 어떻게 관련지어 생각할 것인가는 매우 중요한 문제가 된다. 이러한 정보처리와 관련된 지식의 문제를 기술 및 태도 등의 문제와 더불어 어떻게 수업(목표, 방법, 평가) 및 교수학습을 통해서 실현시킬 것인가의 문제는 교육과정을 구성하는데 핵심적인 이슈가 된다.

(6) 교육과정 개발의 저해요소

마지막으로 와일즈와 본디는 교육과정 개발 및 개선의 과정을 방해하는 요소들을 몇 가지 지적하고 있다. 첫째는 교육목표가 불분명한 경우이고, 둘째는 교육과정 개발 시 예측 불가능한 외부의 간섭으로 인해 합리적이고 바람직한 논의가 어려워지는 경우이며, 셋째는 과도하게 경제논리에만 의존하여 교육과정을 구상하는 것이며, 넷째는 학교교육과정이 당면한 문제들을 체계적(systems) 사고를 통해 해결해나가지 못하는 경우이며, 다섯째는 학교현장으로부터의 교육과정 실천과 관련된 핵심적 정보들이나 학계에서의 최신 연구성과들의 도움을 얻지 못하는 경우이고, 마지막으로 여섯째는 교육과정 개발을 위한 체계적인 전문가의 양성이 이루어지고 있지 못하고 있는 현실을 지적한다.

3) 교육과정 의사결정의 수준 및 고려사항

(1) 교육과정 의사결정의 수준

교육과정 개발에서의 의사결정의 수준은 크게 네 단계로 이루어진다. 첫째는 중앙정부의 교육당국에 의해 결정되는 국가수준의 교육과정 및 평가 기준이 결정되는 단계가 있고, 둘째는 지방자치단체의 지역교육청에 의한 교육과정의 편성 및 운영지침이 마련되는 단계이고, 셋째는 일선학교에 의한 교육과정 실천차원에서의 학교교육과정의 구성 단계가 있고, 마지막으로 넷째는 학급에서 수업을 담당하는 일선교사 차원에서의 교수학습계획 및 평가의 단계가 있다. 이를 간단하게 다음과 같은 도식으로 표현할 수 있다.

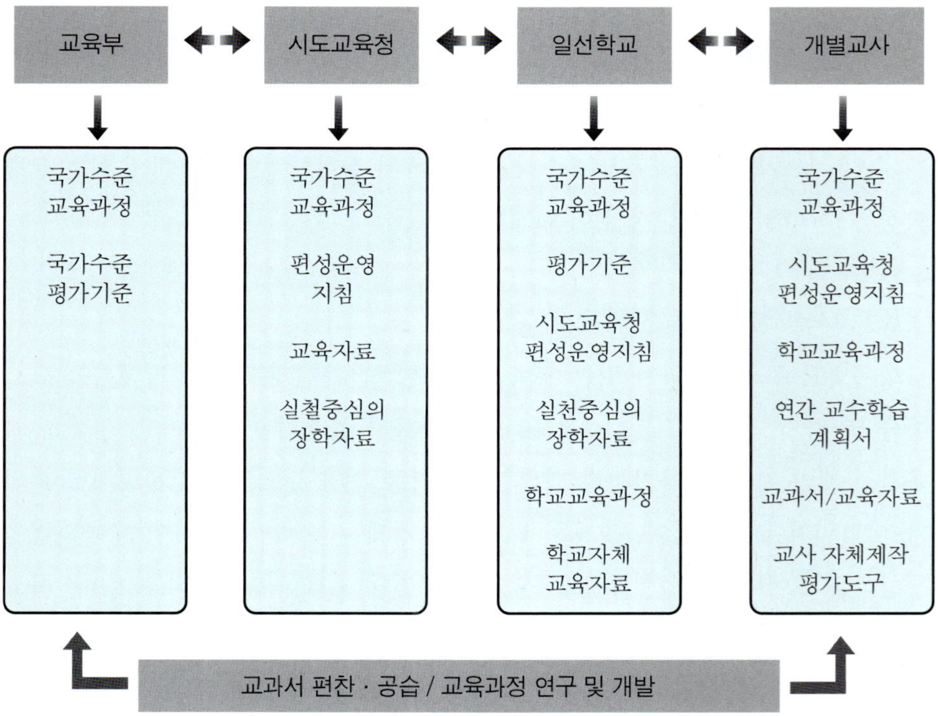

[그림 6-4] 교육과정 의사결정 수준

(2) 교육과정 의사결정 시 고려사항

브래디(Brady, 1992)는 교육과정 의사결정의 틀(frame)로서 교육체제적(system) 틀, 학교차원의 틀, 교직원(faculty) 틀, 학습자의 틀, 그리고 교사(teacher-self)의 틀을 제시한 바 있다. 한편, 줌왈트(Zumwalt, 1989)는 교육과정 개발에 있어서 교사들의 역할을 중시하고 교사들이 교육과정에 대해 갖추어야 할 기초지식으로 교육과정 계획과정의 다양한 개념화 방식과 입장이 존재한다는 사실과 교육과정 실행에 있어서의 필수적인 지식과 교육과정 의사결정 과정의 실제, 그리고 거기에서의 교사의 역할의 중요성을 들었다. 결국, 교사의 차원에서 교육과정을 결정한다는 것은 실질적 교육의 문제로서 a) 학습자에게 필요한 지식은 무엇인가?, b) 가장 효과적인 방법은 무엇인가?, c) 수업활동의 가장 적절한 조직은 어떤 것인가?, 그리고 d) 학습의 효과나 결과를 어떻게 확인할 것인가에 대한 의사결정을 하는 것이다(박현주, 2005).

4) 교육과정 개발의 참여자

(1) 교육과정 의사결정의 주체들

교육과정 개발에는 사회의 많은 교육관련 주체들이 참여하게 된다. 각 교육관련 주체들은 교육과정의 개발에 있어서 다음과 같은 역할을 담당하게 된다.

- 교육과정 의사결정 수준 교과전문가: 교과전문가는 개별교과의 성격에 따라 수업의 운영양식이나 각 교과별 평가방식 및 수업도구 등의 개발에 관여하게 된다.
- 교육전문가: 교육전문가는 교육과정 전문가, 교수학습이론전문가, 그리고 평가전문가로 구성되는데, 이들은 교육과정의 편성 및 운영, 교육참여자의 관리, 교육과정의 설계, 교육과정 시행 및 수업, 평가의 문제 등에 관여하게 된다.

- 학교행정가: 교장, 교감, 주임교사 등과 같은 학교행정가들은 교육과정과 수업의 구성, 학업성취의 관리, 학생들의 학업 외적 생활과 발달, 그리고 교직원 인사관리 및 학교시설관리의 문제를 담당하게 된다.
- 교사: 교사는 일선 학급에서의 의사결정 과정에 대한 정보제공, 교사의 자율성 및 책임에 대한 의견, 교육과정 개발 및 실천의 한계점, 일선 교사의 입장에서 본 교육개혁의 방향을 모색하는 데 중요한 의견을 개진하게 된다.
- 학문영역 대표집단: 학회, 연구회 등과 같은 학자들의 집단은 교육학 및 교육과정과 관련한 이론화, 학교교육의 현실적 문제 및 사회적 이슈들에 대한 의견개진, 교육과정의 방향에 대한 비전 제시 등의 역할을 하게 된다.
- 기타: 기타 교육관련 주체들로는 교육청이나 장학사 등의 교육관료 및 장학인사들이 있고, 학교운영위원에에 참여하는 학부모 집단, 그리고 다양한 교육관련 외부 단체, 언론매체, 교재를 출판하는 출판사 등이 교육과정의 의사결정 과정에 관여할 수 있다. 과거에는 교육과정의 결정이 대부분 교과전문가나 교육학 전문가에 의해 이루어졌으나, 최근에는 점차 현장 교사나 학교행정가들의 참여를 장려하고 있는 추세이다.

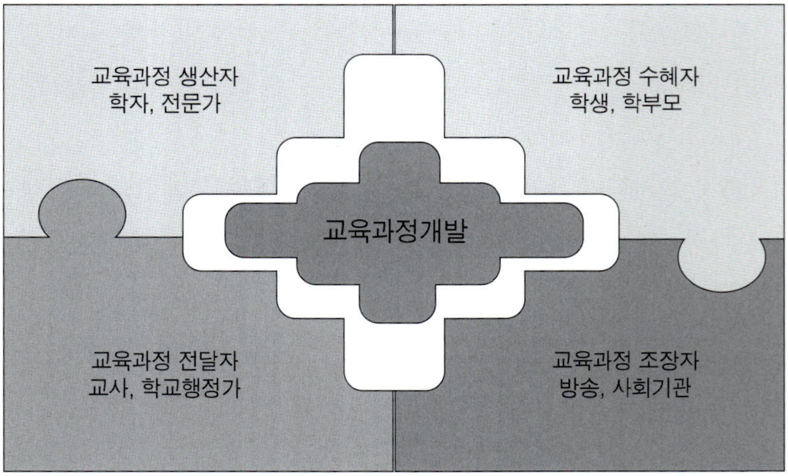

[그림 6-5] 교육과정 의사결정의 주체들

(2) 학부모 및 학생참여

현재까지는 학부모들이 국가수준의 교육과정 개발이나 시도교육청의 교육과정 편성 차원에서는 교육과정 개발에 참여하고 있지는 않고 있지만, 학부모들은 일선 학교수준에서 학교운영위원회 등을 통해 교육과정 구성에 참여하고 있다. 이러한 학부모의 교육과정 구성에서의 참여에 대해 많은 찬반론이 있어 왔는데, 그 핵심적인 논점을 장점과 단점의 비교를 통해 제시하면 다음 표와 같다.

〈표 6-2〉 학부모 참여의 장단점

학부모 참여의 장점	학부모 참여의 단점
교육과정 계획 및 시행 시 학부모 자원의 활용 가정에서의 학부모의 지원 가능성 확대 학교생활에 대한 학부모 이해의 확대 학생 보호자로서의 법적, 장기적 권리와 의무 학생의 이익을 도모하는 측면 강화 의사결정 참여로 인해 학교의 법적책임 완화 학교의 정체성과 기능의 공고화	교사의 전문영역 간섭 우려 소수의 압력집단의 편파적 영향력 학부모의 영향력 차이에 의한 불평등 우려 과도한 간섭으로 학교 표준의 혼란우려 학부모의 보수성으로 인한 교육개혁 지장 대다수/소수 학부모의 참여부진 학교 의사결정 과정의 효율성 감소

개별 학교차원의 교육과정에 학부모의 참여는 위에서 언급한 학부모 참여의 장단점을 충분히 고려하여 적극 장려될 필요가 있다고 보여 진다.

한편, 교육과정의 개발에 있어서 학생의 참여는 역시 다양한 찬반론이 존재해 왔지만 아직까지는 현실적으로 적극적인 학생들의 참여가 이루어지고 있지는 않는 실정이다.

〈표 6-3〉 학생참여의 찬반론

학생참여 찬성론	학생참여 반대론
학생도 교육의 주체 능동적 참여자로서 학습 효과 증대 수요자/고객의 입장에서 의견 존중 필요 학교 교육과정/운영의 생생한 경험 가능 민주적 사회의 일원 경험 과외활동의 역할	비전문성 교육현장의 권위와 규율 필요 교육 본질적 과제 수행에 제한(평가 등) 시기상조론

학생들의 참여는 학부모가 개별 학교교육과정 차원에서 참여가 독려되는 것처럼 개별 학급의 교사차원의 교수학습 계획 차원에서 참여를 독려하는 것은 긍정적으로 여길 수 있다고 본다. 즉, 교실수업을 어떻게 이끌어갈 것인가의 문제를 가지고 교사와 학생들이 발전적인 논의를 할 필요가 있다는 것이다.

5) 교육과정 개발과정

우리나라 교육과정의 개발과정은 교육행정 당국인 교육과학기술부의 주도로 산하 관련기관에 위탁하여 개발하게 된다. 그 흐름을 간략하게 나타내면 다음의 표와 같다.

〈표 6-4〉 교육과정 개발의 전반적인 흐름 (최호성, 2008, p. 326 참조)

단계	주요활동	주요 추진사업
개정요구 의견 수렴 (교육과학기술부)	교과연구회 개정요구 국가, 사회적 요구사항 실태조사	여론수렴 교육과정 실태조사
개정 요구안 검토 (교육과정심의회)	교육과정 개정 필요성 확인 정부 정책방향과의 적합성 검토	여론수렴 종합관리시스템 구축
개정 기본계획 수립 (교육과학기술부)	개정방향 및 범위 결정 연구 및 개발기관 선정	법령 및 조직정비 소요예산 확보
개정안 연구, 개발 (KICE 등의 연구기관)	현장적용 실태 파악 의견수렴 (공청회, 협의회 등) 개정 시안 작성	연구성과 종합관리 시스템 구축 연구기관 역할분담
개정안 마련 (교육과학기술부)	실험, 연구학교 운영 전문가 협의회 개최	전국 교과연구회 운영 연구학교 기능 재설정
개정안 심의 (교육과정 심의회)	이해당사자 참여한 공청, 협의회 조사연구활동 강화	교육과정심의회 상설운영
개정안 확정 고시 (교육과학기술부)	후속지원사업 추진 : 교원 양성, 연수/교육여건 개선/ 대학입시제도 등의 보완	개선추진위, 실무작업반 운영 연수, 홍보의 강화
교과서 개발, 수정, 보완 (교육과학기술부)	국정도서 편찬, 검정도서 검정	국정도서 검인정 확대 교과서 외형체제 개선

이러한 중앙부서의 교육과정 개발계획에 맞추어 일선 학교에서는 자체적으로 실제적 교육과정 실천을 위한 학교 교육과정을 개발하게 되는데, 이를 간략하게 도식으로 나타내면 다음과 같다.

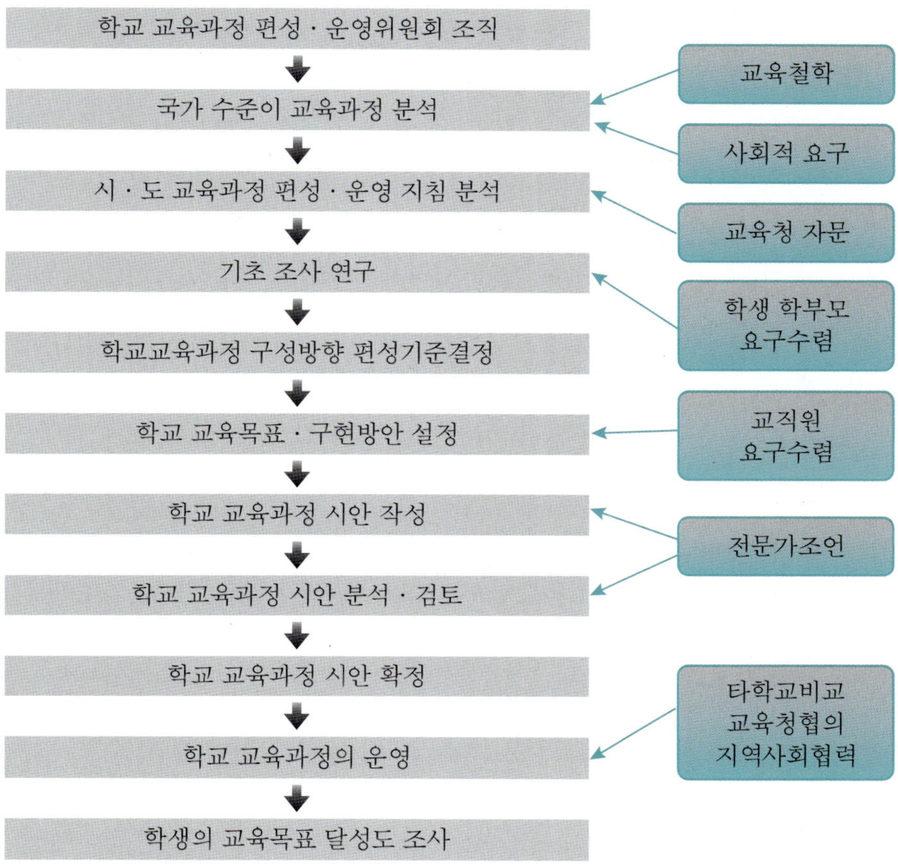

[그림 6-6] 학교교육과정의 개발과정(신동로, 2009, p. 349 참조)

4. 교육과정 개발 모형

1) 교육과정 이론의 성격

지금까지의 수많은 교육과정에 관한 이론들은 각자 지식, 학교교육, 교육과정의 역할을 바라보는 서로 다른 입장에 근거하여 논의되어 왔다. 우선 Posner (1998, pp. 80-94)는 기존의 교육과정 이론들이 교육과정계획을 위한 물음의 차원에서 기술생산적(techno-productive) 관점을 가졌느냐 아니면 비판적(critical) 관점을 가졌느냐 두 가지로 구분하고, 다시금 기술생산적 관점은 절차적 물음과 기술적 물음, 비판적 관점은 개념적 물음과 이데올로기적 물음을 묻고 있다고 구분한 바 있다. 즉, a) 절차적(procedural) 물음은 어떤 단계를 따라 교육과정을 계획할 것인가에 주된 관심을 갖는 입장으로써 타일러(Tyler), 타바(Taba), 슈왑(Schwab)의 견해가 이를 대표하고, b) 기술적(descriptive) 물음은 교육과정을 계획하는 사람들은 실제로 어떻게 그 일을 수행하는가에 관심을 갖는 입장으로 워커(D. Walker)로 대표되는 실증주의자들의 입장이고, c) 개념적(conceptual) 물음은 교육과정 계획의 요소들은 무엇이며 서로 개념적으로 어떻게 관련되어 있는가에 주된 관심을 갖는 굿라드(J. Goodlad)이나 존슨(M. Johnson)으로 대표되는 개념적 경험론자(conceptual-empirist)들의 입장이고, 마지막으로 d) 이데올로기적(Ideological) 물음은 누가 적법한 지식을 정의하는가? 혹은 교육과정은 사회재생산이나 헤게모니와 같은 학교의 일차적 목적을 실현하는데 어떻게 기능하고 있는가에 주된 관심을 갖는 프레이리(P. Freire), 애플(M. Apple), 맥라렌(P. MacLaren) 등과 같은 비판적 교육학자(critical pedagogists)들의 견해이다.

한편, 최근 마쉬와 윌리스(Marsh & Willis, 2007)는 교육과정 이론들의 성격을 크게 타일러(Tyler)의 공장생산적 모형에 따른 처방적/선형(prescriptive / linear) 접근, Walker의 자연적 교육과정 개발 모형에 따른 기술적/숙고형(descriptive / deliberative) 접근, 그리고 아이즈너(Eisner) 의 심미적/총체적(ascetic/holistic) 모형에 따른 예술적 접근으로 대별하였다.

(1) R. Tyler의 합리적 교육과정 개발 모형

① 교육목표의 설정

Tyler 모형에서는 교육목표가 교육과정에서 무엇보다 먼저 결정되어야 할 요소로서, 교육목표가 설정되어야만 그것을 기준으로 하여 교육과정의 설계에서 평가, 개선을 할 수 있다. Tyler는 교육목표의 추출의 원천으로서 학습자에 관한 사실, 현대사회에 관한 사실, 교과전문가의 견해 등 세 가지를 들고, 각각의 자원에 대하여 무엇을 어떻게 알아보아야 할 것인가에 관해 자세히 언급하였다.

첫째, 학생들로부터 기대되는 행동상의 변화가 교육목표가 될 수 있으므로 학습자의 흥미나 욕구를 탐색하는 것이 필요하다. 즉 학생들의 생활 실태나 문제의 활동이 자동적으로 교육목표가 되는 것이 아니라, 그것들을 어떤 모양의 이상적인 표준이나 규준에 비추어 양자 간에 현격한 격차가 있을 경우에만 교육목표로 선정하는 것이다.

둘째, 국가안보, 고도 지식사회로의 이행, 자연파괴, 심화되는 빈부 격차 등의 사회적 문제에 대한 의식과 해결방안 연구한다. 학생들은 생활사태와 학습사태 사이에 어떠한 공통점이 있을 때 활용 가능성 높다.

셋째, 모든 교과는 인류의 경험을 담았다는 공통성을 가지고 있다. 따라서 전문가들로부터 그들의 학문분야나 교과 영역이 청소년 교육에 무엇을 기여할 수 있는지를 자문 받아야 할 것이다.

넷째, 일관성 있는 목표를 정선하기 위한 교육철학과 사회철학은 어떤 교육이 바람직하며 가치 있는지를, 어떤 사회가 이상적이며 개인의 자아실현을 최대한 보장시켜 주는지를 확인시켜 주는 신념 체계라 할 수 있다.

다섯째, 추출된 교육목표들은 학습심리학의 여러 원리와 법칙에 따라 그 달성 가능성을 최종적으로 점검하여야 한다.

② 장점

Tyler의 교육과정 모형의 장점은 어떤 학교, 어떤 수업이든 활용하고 적용할 수 있는 폭넓은 유용성을 지녀 교육과정을 개발하거나 수업을 계획하는 자가 이를 적용하기 쉽도록 한 것이다. 그리고 우리나라 교육의 대부분이 학습의 목표설정보다는 학습의 결과, 평가를 중요시하는 데 반해 Tyler는 다른 어떤 것들보다 목표를 중요시한다.

③ 단점

첫째, 목표의 원천은 제시하고 있으나 무엇이 교육목표이고, 그것은 왜 다른 목표를 제치고 선정되어야 하는지 그 이유를 분명하게 밝혀 주지 못한다. 둘째, 목표를 분명히 미리 설정한다는 것은 수업 진행 과정 중에 새롭게 생겨나는 부수적, 확산적 목표의 중요성을 간과한 것이다. 셋째, 목표를 내용보다 우위에 두고, 내용을 목표달성을 위한 수단으로 전락시킨 면이 있다. 넷째, 교육과정의 실질적 내용이 어떤 것인가를 가르쳐 주지 않고, 그것을 확인하는 절차만 제시하고 있다. 다섯째, 겉으로 평가할 수 있는 행동만을 지나치게 강조함으로써 잠재적 교육과정이나 내면적 인지구조의 변화, 가치와 태도 및 감정의 변화를 확인하는 데 약하다. 또한 목표와 밀착된 평가를 강조함으로써 수업이 평가에 종속되는 현상(test-driven instruction)을 초래하는 원인이 되었다. 여섯째, 교육과정 개발 절차를 지나치게 절차적, 체계적, 합리적, 규범적으로 처방하여(pre-scribe) 제시함으로써 교육과정 개발 과정의 연속성과 실제 교육과정 개발 과정에서 발생하는 많은 복잡한 것들에 대해 설명하고 있지 못하다는 것이다.

(2) 워커(D.F. Walker) 모형

① 강령(Platform)

Walker에 따르면, 강령이란 교육과정 개발활동에 참여하는 사람들이 교육과정 개발과정에서 드러내 보이는 교육적 신념과 가치, 교육목적, 교육과정 구상, 교육과정개발 절차, 자기가 속하여 이해관계를 대변해야 하는 집단의 전략, 자신의 숨은 의도 및 선호 등을 가리킨다. Walker는 교육과정 개발 참여자들의 믿음과 가치체계가 교육과정을 개발하는 전 과정에서 이루어지는 의사결정에 강한 영향을 미친다고 보고, 그러한 강령이 앞으로의 교육과정 개발 시 이루어지는 숙의과정에서의 합의의 발판이 된다고 여겼다.

강령은 크게 다음과 같은 요소들로 구성된다.

- 개념: 무엇이 존재하고 무엇이 가능한가에 대한 신념
- 이론: 현존하는 실체들 간의 관계에 대한 신념
- 목적: 무엇이 바람직한가에 대한 신념

위의 내용을 기준으로 강령단계에서는 참여자들이 모여 그들의 강령이 무엇이고, 혹은 무엇이어야 하는지에 대하여 토론하고, 그 강령을 지지하는 자료들을 검토하게 된다.

② 숙의 (Deliberation)

워커는 숙의를 교육과정 개발에 참여하는 사람들은 개인적으로 적적한 정보를 확인하고, 수단과 목적을 분명히 하고, 대안을 상의하고, 대안이 가져올 결과를 가늠해 보고, 선택을 하는 과정으로 보았다. 숙의가 필요한 이유는 여러 가지 대안들 간의 충돌을 방지하고, 적적한 여러 대안들, 대안적 문제들과 대안적 해결들을 찾아내고 고려하기 위한 체계적인 방법 차원에서 필요하다. 숙의는 곧 다양한 대안들의 적절성에 대하여 지속적인 논의와 탐색을 해나가는 것이라고 볼 수 있다.

(3) 아이즈너(E. Eisner)의 모형

Eisner는 사회적 실재(reality)란 영구불변의 진리를 다룬 고전이나 교과서의 내용 속에 존재하는 것이 아니라 삶을 영위하는 사람들에 의해 끊임없이 구성되고 재구성되는 것이라고 보았다. 그러므로, 교육과정을 설계하는 사람들은 그러한 사회적 실재를 자신만의 고유한 시각과 견해를 표현하는 예술가적 입장에서 바라보아야 한다고 생각했다.

① 목표설정

그는 우선 교육목표의 설정에 있어서, 목적(aims), 목표(goals), 학습목표(objectives)를 구별하고, 목표의 중요성에 따라 심사숙고하여 우선순위를 결정해야 되고, 또한 분명히 정의되지 않은 목표나 선택의 과정에서 제외된 목표도 고려해야 한다는 영교육과정의 개념을 제시하기도 하였다.

② 내용선정 및 학습경험

교육과정의 내용은 개인, 교과, 사회의 세 자원에서 내용을 추출하되, 영 교육과정(null curriculum)을 고려하고, 학생들에게 의미 있는 학습활동(learning events)을 중심으로 학습기회를 선정하고, 학습과정에서도 학습의 결과를 위해 "통제"하기보다는 그 과정 속에서의 학생들의 "참여"(engagement)를 중시하였다.

③ 교사

교사의 역할은 참여를 통하여 학생들의 흥미와 목표를 촉진하고, 교과의 다양한 요소를 동시에 다룸으로써, "거미줄을 치는 작업"을 하는 것처럼 어떤 경험과 상황에서 일어날지 모르는 학생들의 학습의 가능성에 대비하여야 한다고 주장함으로써, 학생들의 다양한 학습결과를 유도하는 비선형적 접근방법을 강조하였다.

아이즈너의 교육과정 개발절차는 간략히 정리하면 다음과 같다.

- 목표와 우선순위 결정
- 교육과정 내용: 영 교육과정 고려
- 학습기회 유형: 폭넓은 학습기회 제공 중요함
- 학습기회 조직: 학습자료와 활동 조직
- 내용 영역 조직: 다양한 학문에 걸친 지식을 바탕으로 조직, 통합
- 제시양태와 반응양태: 여러 가지 형식으로 제시
- 평가절차의 유형: 교육과정 개발의 전체 과정 지각 및 판단

2) 교육과정 개발: 전통적 접근 vs. 구성주의적 접근

교육과정 개발에 있어서 전통적 접근은 객관적, 합리주의적 설계모형을 대표하고, 반면 구성주의적 접근은 구성적, 해석적 수업설계 모형을 대표하는데 다음과 같은 상반된 특징들을 가지고 있다.

〈표 6-5〉 수업설계모형의 대조적 패러다임

객관적, 합리적 수업설계모형의 특징	구성적, 해석적 수업설계 모형의 특징
사전에 제시된 수업목표	학생의 현재이해가 수업의 출발점
위아래의 순차적이고 직선적 설계과정	반복적, 비선형적 설계과정
예측 가능한 수업결과의 획득에 관심	예견할 수 없는 결과에 대한 준비
특정지식을 소유한 전문가 중시	각 학생이 서로 다른 수준의 계열을 가짐
특정 활동의 사전 계획	개인별 다양한 활동 배려/교사는 환경제공
수업목적: 미리 선정된 지식의 전달	수업: 의미 있는 맥락에 따른 개인적 이해
주의 깊은 계열화와 세부적 기술의 교수	현실세계에 기여할 수 있는 지식을 구성
학생정보에 기초한 교육과정 개발	학생의 개인적 성장에 기초한 평가
개념적 수준에 따라 주어진 자료	유기적, 발달적, 반성적, 협동적 활동의 계획
교사와 교재 중심의 학습문제 구성	학습자에 의해 발견된 문제 중심
학생의 개별적 과제 수행	다른 학생들과 상호작용 통한 문제해결
종합평가 중시	형성평가 중시
객관적 자료 중시	주관적 자료에 가치부여

객관적, 합리적 수업설계 모형은 한마디로 모더니즘적 사고와 과학주의, 합리주의, 지식중심, 시스템적 사고에 기반한 모형이고, 반면에 구성적, 해석적 수업설계모형은 포스트모더니즘적 사고와 철학적, 사회문화적, 인본주의적, 주정(主情)주의적 사고에 기반한 수업설계 모형이라고 볼 수 있다.

3) 교육과정에 대한 관점 종합

이 외에도 여러 학자들이 교육과정 이론들을 그 성격에 따라 구분하였는바, 이를 비교하여 표로 정리하면 다음과 같다.

〈표 6-6〉 교육과정에 대한 학자들의 의견 비교

<table>
<tr><td>Miller & Seller
(1985)</td><td>Transmission
(전달)</td><td>Transaction
(상호작용)</td><td>-</td><td>Transformation (변혁)</td></tr>
<tr><td>Marsh & Willis
(2007)</td><td>1) Tyler 모형
(선형적)</td><td>2) Walker 모형
(숙고형)</td><td>3) Eisner 모형
(예술적)</td><td>-</td></tr>
<tr><td>Ornstein &
Hunkins(2004)</td><td colspan="2">기술(技術)공학적/
과학적 접근</td><td colspan="2">비기술공학적/ 비과학적</td></tr>
</table>

Posner (1998)	기술생산적		비판적	
	절차적	기술적	개념적	이데올로기적
Pinar (1978)	전통주의자		개념적 경험론자	재개념화론자
MacDonald (1975; 1977)	선형적-전문가 모형 (linear-expert)		순환합의모형 (circular consensus)	대화 모형 (dialogical model)
교육과정의 세 가지 입장	규범(規範)/처방(處方)적 (normative/ prescriptive)		기술(記述)적 / 해석적 (descriptive/ hermeneutic)	비판적 (critical)

지금까지 논의한 바와 같이 교유과정에 대한 이론적 입장은 크게 세 가지로 나누어 볼 수 있다.

〈표 6-7〉 교육과정에 대한 세 가지 입장

처방적 (Prescriptive) = 전통주의	**최상의 교육 과정 (시스템)은?**	-학교는 공공이익을 추구하는 토대이다. (공리주의) -학교에서 반드시 가르쳐야 할 지식의 본질과 유형은 서구 문화적 전통에 참여, 위인들의 사상과 업적이다 (Hirst, 1974; Peters, 1970) -사회/교육 효율성 강조 (Bobbitt, 1918의 산업체 생산모형) -과학적/합리적 접근 강조 (Tyler, 1949) -탈가치적(객관성 강조) 이해
기술적/해석적 (Descriptive) = 개념적 경험주의	**교육과정이 어떻게 개발 되었나?**	-유일하고 보편적인 과정은 없다 -학교교육의 구체적인 문제 상황이 처한 다양성과 불확실성 고려하여, 민주적 숙의의 과정이 중요(Walker, 2003: 실천적 사유기법) -교육과정의 실제성에 관심 (Schwab, 1983) -숙고를 통한 상황에 적합한 해결책을 모색해야 한다. -주관적 이해(가치를 배제할 수 없다) (Connelly & Clandinin, 1988)
비판적 (Critical) = 재개념주의	**교육과정을 누가 지배해왔는가?**	-학교교육을 통한 권력의 사회통제 (Bernstein, 1973; Young, 1971) -경제적 재생산 (Bowles & Gintis, 1976) -문화적 재생산 (Cultural capital: Bourdieu, 1979) -Hegemony이론 (Gramsci) -교육과 Ideology (Apple) -현상학적/문예비평적 교육과정 이해 (Eisner, 1994) -학교교육을 통한 개인의 실존적 경험 강조 (Pinar, 1980) -문화, 지식, 권력의 관계 (Giroux, 2003)

5. 교육과정의 설계

1) 교육과정 설계의 정의

교육과정 설계(curriculum design)란 "교육과정 개발의 산물로서 교육과정 의사결정, 계획, 전략 등을 고려하여 하나의 구체적인 교육과정을 만들어내기 위한 밑그림 작업"이다(Beauchamp, 1961, p. 93). 따라서 교육적 의도나 방향을 달성하기 위한 계획안을 일정한 구조적 틀 안에서 산출할 수 있도록 원칙과 지침을 사전에 수립하는 활동을 교육과정 설계라고 이해할 수 있다.

2) 교육과정 설계 요소

교육과정 설계의 하위 요소로는 학자마다 다른 요소를 제시하지만, 크게 목표, 내용, 방법, 평가의 네 가지 요소가 언급되는데, 이를 다음의 표와 같이 비교해 볼 수 있다.

〈표 6-8〉 교육과정 설계요소 이론 비교

타일러(Tyler, R.)	목표의 설정	학습경험의 선정	학습경험의 조직	평가
니콜스(A. Nicholls)	목표	내용	방법	평가
자이스(R. S. Zais)	목적	내용	학습활동	평가
뷰캠프(G. Beauchamp)	교육목표	문화내용	방법	평가

3) 교육과정 설계의 모형

교육과정 설계의 모형은 앞 장의 교육과정 유형에서 자세히 살펴본 바와 같이 크게 교과중심, 활동중심, 그리고 사회중심 설계로 구분해 볼 수 있다.

(1) 교과중심 설계

교과중심 설계는 지식중심 설계라고도 불리며, 전통적인 교과의 형식을 존중하여 이를 바탕으로 교육과정을 설계하는 방식이다.

- 분과(分科)형: 분과형 설계는 개별 학문이 뚜렷한 학문적 경계를 유지하기 때문에, 별도의 시간에 별도 내용으로 교수되는 방식이다.
- 상관(相關)형: 상관형은 두 개 이상의 교과가 자기정체성을 유지한 채 상호 연결되어 교수되는 방식이다. 예를 들어, 한국사-한국문학, 물리학-수학 등의 유사한 교과들이 협동수업으로도 활용될 수 있다.
- 융합(融合)형: 융합형은 두 개 이상의 교과들이 서로 연결되어 새로운 교과를 형성하는 방식이다. 예를 들어, [식물학, 동물학, 해부학, 화학, 생리학]이 모여 생화학으로, [화학, 지질학, 지리학]이 모여 지구과학으로 새로운 교과를 형성할 수 있다.
- 광역(廣域)형: 광역형은 보다 광범위하게 유사한 교과들이 뭉쳐 학문적 통합을 이루어지는 방식이다. 예를 들자면, [문학, 역사학, 철학, 미학] 등의 관련교과들을 특정주제를 중심으로 묶어 '인문학'으로 강좌를 구성하는 방식이다.

(2) 활동중심 설계

활동중심 설계는 진보주의 교육사조에 철학적, 이론적 바탕을 두고 있기 때문에 아동중심 설계 혹은 경험중심설계라고도 불린다.

- 철학: 활동중심 설계의 철학은 "아동은 효과적인 학습을 위해서 능동적인 참여와 사회화의 기회를 가져야 한다"는 진보주의적 교육관과 "사람은 오직 자신이 경험한 것만 학습한다. 능동적인 목적에 관련되고 경험에 뿌리를 둔 학습만이 행동을 변화시킬 수가 있다"(Taba, 1962, p. 401)는 경험주의 철학, 그리고 고유한 존재로서의 학습자의 능력을 신뢰하고, 자유롭고 적합한 환

경만 구비된다는 누구나 최선을 다해 학습할 수 있다고 믿는 자유주의적 교육철학(Rousseau, Pestalozzi, Comenius)을 바탕으로 하고 있다.

- 학교/교사의 역할: 따라서 학교 및 교사의 역할은 열린 학습환경을 구축해 주고, 교사는 학생의 자발적 경험을 촉진할 수 있는 다양한 학습사태를 열어주어, 학생들이 가장 알맞은 활동을 선택할 수 있도록 하는 것을 중시한다.
- 프로그램: 활동중심 설계는 교과 자체가 아니라 관찰, 놀이, 이야기, 수작업 등 교과내용에서 필요한 부분을 발췌, 재해석하여 학생들의 실제적 활동을 중심으로 구성하게 된다.
- 교육과정 내용: 따라서 교육과정의 주요 내용은 학습자의 직접적인 관심이나 흥미를 일으키는 프로젝트와 경험들로 이루어진다.
- 발전: 활동중심 설계는 1920~40년대에 진보주의 교육운동으로 태동되었으나, 이후 본질주의의 등장으로 잠시 주춤하였다가 다시 1970년대에 이르러 본질주의의 학문위주의 교육에 대한 반발로 인본주의적 설계접근으로 발전하게 된다. 그 구체적인 예로 "아동의 즉흥적 호기심을 충족해 줄 수 있도록 사전 계획되지 않는 교육과정이야말로 아동에게 최상의 것이다"(Kohl, 1969)라는 주장을 바탕에 둔 열린 교육과정으로 발전하게 된다.

(3) 문제중심 설계

문제중심 설계는 사회중심 설계라고도 불리는데, 이는 진보주의 교육에서 파생한 1930~40년대의 중핵교육과정이나 1970년대의 사회재건주의 적 사조를 통해서 구체화된다. 문제중심 설계의 대표적인 예로는 현대인이 필수적으로 겪고 발달시켜 나가야할 기능들을 강조(Spencer, 1860)한 항상적 생활장면 중심의 설계나 교과형 교육과정의 분과성과 지식중심을 탈피하기 위한 대안으로 생겨난 생활문제중심의 중핵설계(core design) 등을 들 수 있다.

(4) 교육철학, 교육과정, 설계모형의 관계

지금까지 언급한 교육과정 설계모형과 주요 교육사조 및 교육과정 유형을 비교하여 표로 제시하면 다음과 같다.

〈표 6-9〉 교육과정별 설계모형과 특징

교육사조 / 교육과정	설계모형	특 징
항존주의 / 교과중심	교과중심 설계모형	고전중심, 태도중심, 필수교과중심
진보주의 / 생활중심	학습자중심 설계모형	흥미중심, 관심중심, 중핵교육과정
본질주의 / 학문중심	학문중심 설계모형	개별학문적, 다학문적, 간학문적
재건주의 / 사회중심	사회중심 설계모형	정치사회적, 문화적
통합교육과정	문제중심 설계모형	실제적, 실용적

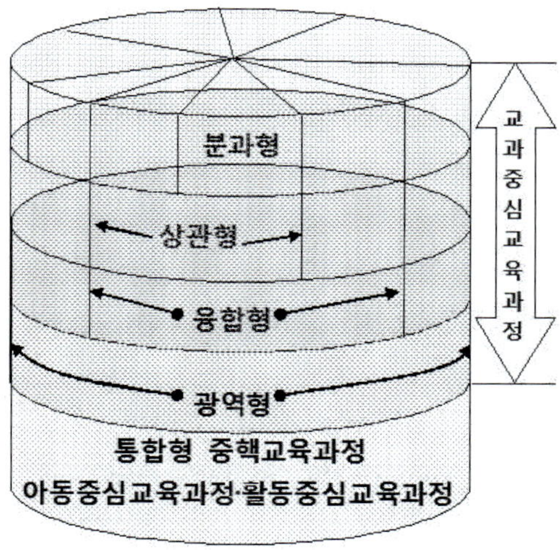

[그림 6-7] 교육과정 설계방식의 모형도 (최호성, 2009. p. 269 참조)

4) 교육과정의 운영

교육과정 운영이란 한마디로 개발된 교육과정을 실천하는 것이다. 교육과정의 운영에는 다음과 같은 사항들이 고려되어야 한다.

- 학습자를 위한 해석
- 교사의 내용섭렵
- 규정에 맞는 현실적인 수행과정
- 개발된 교육과정의 수용, 확산 및 심화,
- 수업방법의 구상,
- 교수–학습자료의 개발,
- 수업에 투입되는 자원,
- 단원계획/수업계획 등을 포함한 교수–학습과정
- 학교/교실 환경의 조직, 등.

일반적으로 교육과정 운영의 기본원리(김대현·김석우, 2010, pp. 256–7)로는 다음과 같은 여섯 가지 원리가 제시되고 있다.

- 타당성의 원리: 학교에서 편성/운영하는 교육과정이 교육목표를 달성하기 위한 효과적인 수단으로 타당한가?
- 적법성의 원리: 국가가 정한 법령의 테두리 안에서 학교는 교육과정과 관련한 법적인 책무와 권한에 따른 의사결정을 할 수 있다.
- 전체성의 원리: 학교는 교육목표를 달성하기 위해 교육과정의 세부적 요소들(목표, 내용, 교과, 방법, 평가 등)간의 연계성을 극대화하고, 학교 내외의 모든 인적, 물적 조직과 환경을 고려해야 한다.
- 민주성의 원리: 참여 구성원의 의견이 존중될 수 있는 민주적, 소통적 운영을 도모해야 한다.
- 전문성의 원리: 모드 교직원은 각자의 전문성에 따라 가장 효과적으로 학교교육의 목표를 달성할 수 있도록 노력해야 한다.
- 현실성의 원리: 교육과정의 편성 운영 시 현 사회의 요구, 시대적 흐름, 학생/학부모/지역사회의 요구 등에 유의하고, 교사조직, 학교환경, 외부지원 등의 요소들을 고려해야 한다.

제3부

포스트휴먼 교육과정

CHAPTER

7 포스트휴먼 교육과정 지식론

최근 인류가 이루어내고 있는 과학기술적 진보는 지구상의 다양한 존재들(인간, 생명체, 사물, 기술적 도구들)의 물질성(materiality)과 서로 간의 관계에 대한 새로운 인식을 요구하고 있는데, 그것을 포괄적으로 설명하고 있는 거대 이론이 바로 포스트휴머니즘이다(Braidotti, 2006). 포스트휴머니즘은 근대 과학주의적 세계관의 기초가 되었던 데카르트(Des Cartes)의 마음-신체 이원론을 해체하는 일원론적이며 탈인본주의적 세계관으로써, 신물질주의(new materialism: 일원론적 물질주의), 객체지향존재론(object-oriented ontology: 탈인본주의적 존재론), 포스트현상학(post-phenomenology: 후기현상학적 인식론), 그리고 비대표성이론(non-representative theory: 탈인본주의적 세계관)이 그 핵심을 이루고 있다(Braidotti, 2016). 따라서 포스트휴머니즘은 인간만이 아니라 모든 존재들(즉, 동식물, 사물, 도구, 물질 등)에게도 능동성(agency)이 있고, 주체성이나 의식이 인간의 전유물이 아니며, 모든 존재들이 서로 얽혀서(entangled) 동등한 권한 속에서 상호의존적으로 존재한다고 간주한다. 사실 이러한 관념은 이미 H. Bergson,

A. N. Whitehead, F. Nietzsche, C. Darwin, G. Deleuze, F. Guattari, B. Spinoza 등의 사상 속에서 여러 편린들을 찾을 수 있는데, 포스트휴머니즘은 그러한 관점들이 기술문명사회의 확장에 따라 재조명되고 있는 것이다(Braidotti, 2006, 2013).

이처럼 인류중심적 사고에 기반한 현재의 지식생태계는 회복하기 어려운 생태계의 위기를 초래함과 동시에, 예측불가능할 정도로 발전하는 기술문명은 미래의 인간, 자연, 그리고 기술의 관계성이 어떻게 형성될지에 대한 많은 우려를 낳고 있다. 그런 의미에서 본고의 논의의 기반이 되는 탈인본주의적 비판은 인본주의(humanism)의 다양한 철학적, 정치적, 이념적 스펙트럼 중에서 인류중심주의(ethnopocentrism)에 대한 비판을 의미하는 것이고, 그에 따라 교육과정 인식론도 지금까지의 학교교육이 어떤 인류중심주의적 세계관과 지식관(학문의 범주)을 기반으로 이루어져 왔는지에 대해 반성적으로 성찰하고자 한다. 본고에서 논의하고자 하는 교육과정 인식론이란 학교교육에서 다루어지는 지식의 목적, 타당성, 그리고 그 의미에 대한 철학적 입장들을 의미한다(Davis & Williams, 2002).

이 장에서는 앞으로의 4차산업혁명과 인공지능의 시대에서 학교 지식의 본질과 내용이 어떻게 변해갈 것인지를 포스트휴머니즘의 관점에서 소개해보고자 한다.

1. 포스트휴머니즘에 기반한 교육과정 인식론

포스트휴머니즘은 세 가지 철학적 기반—신물질주의(인간/세계, 마음/신체, 문화/자연 등의 이원론적 구분을 넘어서 모든 존재들의 상호 얽힘을 관통하는 물질적 원리에 대한 이해), 객체지향존재론(자연생태계 속에서의 인간의 위상과 역할에 대한 존재론적 재해석), 그리고 포스트현상학(새로운 기술적 환경 속에서의 인간의 경험과 지식에 대한 재해석)—을 바탕으로 하고 있는데(Bogost, 2013; Simonsen, 2013), 이러한 이론들이 교육과정 인식론의 탈인본주의화에 어떤 시사점을 제공하고 있는지 살펴보자.

1) 신물질주의

(1) 신물질주의의 기본 원리

신물질주의는 전 우주의 통제자이자 관리자로서의 인간 존재의 의미와 역할에 대한 오랜 인본주의적 가정에 도전하는 철학적 세계관이자 여러 과학적 연구들의 주요한 이론적 기반이 되고 있다. 일찍이 1990년대 초반부터 생태페미니즘 학자들을 중심으로 이성적 인간 대 동물/기계/사물, 인류 문명 대 자연성 등의 이분법적 구별에 대한 비판과 인간이 과학과 기술을 통해 자연을 착취해왔던 행위들에 대한 반성이 이루어진 바 있다(Haraway, 1985). 이러한 문제의식을 바탕으로 등장한 신물질주의는 인간을 포함한 우주 모든 존재들의 특성과 관계성을 기존의 인본주의적 관점과는 전혀 다르게 설명하고 있는데, 그 대표적인 원리에는 다음과 같은 것들이 있다(Snaza, Sonu, Truman, & Zaliwska, 2016).

첫째, 신물질주의는 모든 물질이 어떤 형태로든 나름대로의 능동성(agency)을 가지고 있다고 본다. 즉, 과거의 유럽중심적 세계관에서는 인간만이 능동자이고, 다른 모든 비인간적 존재들은 수동적이며 비활성적(inert)인 존재로 여겼지만, 신물질주의는 모든 존재(물질)들이 활동력을 가졌다고 간주한다. 예를 들어, Bennett(2010)은 물질성에 내재하는 생동성(vitality)을 이론화함으로써 물질의 본질을 기존의 수동적, 기계적, 혹은 신에 의한 피조물로 간주하는 관념에서 벗어나고자 하였다(p. xiii). 즉, 물질은 그 자체적으로 능동성을 가졌기 때문에, 인과성, 변화, 그리고 존재적 구속성 차원에서 물질을 피동적으로 인식하였던 기존의 관점에 근본적인 변화를 요구하고 있는 것이다.

둘째, 신물질주의는 사회과학적 지식이나 관점들이 자연과학이나 생명과학의 논의에 더 적극적인 관심을 갖기를 요구한다. 대부분의 사회과학적 이론들은 자연 세계에 대해 여전히 데카르트적 혹은 뉴턴적 이론을 바탕으로 이해하고 있는데(Barad, 2007; Coole & Frost, 2010), 자연과학계에서는 이미 오래전부터 그러한 관점들이 도전받기 시작했다는 것이다. 그 대표적인 예가 바로 물질은 수동적이고 비활성적이어서 관찰, 측정, 예측의 대상이고, 능동성을 가진 주체(즉, 인간)에 대해 자발적 반동을 행사하지 못하는 존재라는 관념이다. 이러한 인간과 물질의 관계성에 대한 인과론적 이해는 물리적, 생물학적, 지리정치적, 그리고 사회경제적 구조들이 가진 불확실성, 예측불가능성, 그리고 비결정론적인 물화(materialization)를 제대로 설명하거나 대처하지 못한다는 근본적인 문제를 안고 있다. 그런 이유로 신물질주의자들은 인문사회학자들도 물질의 본성을 제대로 알고, 물질을 연구하는 자연과학 분야에 대한 충분한 이해(관심)를 갖추기를 요구하고 있다(Hird, 2004).

셋째, 신물질주의는 기존의 인식론(지식과 학문 등)의 영역과 존재론(인간/비인간, 물질/정신 등)의 영역에서 상정되었던 모든 경계들을 넘어서고자 한다. 물질과학자인 Barad(2007)는 자연 상태의 물질들이 보여주는 물리적 현상을 표현하는 개념으로 점성적 다공성(viscous porosity: 기체-액체-고체의 삼원적 물질 상태와는 다른 예외적 상태, Tuana, 2010), 신체적 교차성(trans-corporeality: 신체의 독자적 개별성이 아닌 상호교류성, Alaimo, 2010), 그물망(the mesh: Morton, 2012), 무정형성(the mangle: Pickering, 1995), 상호관계망(the web of interrelations: Braidotti, 2013), 아상블라쥬(assemblage: 물질과 존재들의 상호얽힘의 관계성, Deleuze & Guattari, 1988) 등의 개념들을 소개하면서, 물질적 존재들의 특성이나 다른 존재와의 연계성은 본성적이거나 고정된 것이 아니라 상황에 따라 내동적(intra-active)으로 생성됨을 강조한 바 있다. Barad는 이를 물질들의 '얽힘(entanglements)'으로 표현하면서, 대부분의 존재들은 주어진 현상 속에서의 다른 존재들과의 관계성으로부터 생성되는 것이지 각자가 독자적이고 견고한 기반 위에서 안정적으로 존재하는 것이 아니라고 보았다. 이러한 물질 간 경계의 모호성은 그동안 인류에 의해 이루어졌던 세상 만물들의 분류 방식이 근거가 빈약하거나 오류일 수 있음을 깨닫게 해준다.

넷째, 신물질주의는 다양한 물질성들에 대한 기존의 언어적, 문화적 관념들을 해체시키고 있다. 인류의 오랜 역사 동안 '언어'(인간 언어를 통한 사유)가 인류의 인식론적 구조를 지배해오면서 자연이나 실재에 대해 언어(이성, 논리, 합리성 등)를 매개하지 않고서는 이해할 수 없다는 인식을 심어놓았고, 그에 따라 언어에 의해 재현되기 어려운 언어-외적(extra-linguistic) 실재에 대해서는 무관심하였다. 신물질주의는 이러한 인간 언어에 의한 이분법적 경계(즉, 자연/문명, 언어적/물질적)에서 벗어나서, 언어적 사유로 현상을 재현하려는 '대표성의 담론들'(representationalist discourses: Breu, 2014; Thrift, 2007; Vannini, 2015)을 넘어서기를 요구하고 있다.

(2) 신물질주의가 교육과정 인식론에 주는 함의

그렇다면 위와 같은 신물질주의의 관점은 존재론과 인식론의 측면에서 교육과정론에 어떤 비판적 관점을 제공하고 있는가? 먼저 존재론적 측면에서는 다음 세 가지 관점에서 학교교육을 바라보는 시각의 변화가 요구된다.

첫째, 학교라는 공간 안팎에서 발생하는 '교육'이라는 현상은 다양한 존재들의 물질적 아상블라쥬 속에서 이루어지는데, 그동안 교육 현상의 유일한 주체로 여겨졌던 인간 행위자는 이제 그러한 아상블라쥬 속의 하나의 구성원으로 간주될 필요가 있다는 것이다. 이때 이러한 만물들의 아상블라쥬 속에서 인간이란 어떤 존재이고(정체성 교육), 다른 존재들과 조화롭게 공존하기 위해서 어떤 역할을 해야 하는지(사회성 교육)를 가르치고 배우는 것이 바로 교육이라는 점을 인식하자는 것이다.

둘째, 인간이란 어떤 존재인가를 올바로 이해하기 위해서는 인간의 생존에 필수불가결한 '인간-이외'의 존재들 즉, 모든 사물들, 대상들, 그리고 비(un)-, 무(non)-, 반(semi)-인간적 존재들에 대해 어떤 윤리적이고 정치적인 태도를 취해야할 것인가를 고민해야 한다. 즉, 학교 교육은 기존의 칸트식 계몽주의가 목표로 했던 '인간화'를 위한 목표에서 한 걸음 더 나아가 탈인간화, 대상화, 사물화(thingification: Cesaire, 2001)를 위한 과정(becoming)이 되어야 한다는 것이다.

셋째, 인간중심주의에 기초를 두었던 기존의 사회학 이론들은 인간들 사이에서 벌어졌던 여러 이념적 논쟁–즉, 인종, 성별, 계급, 성적 취향, 능력주의 등–과 그러한 문제를 둘러싼 정치적 갈등을 '인간사회의' 문제라고 간주해 왔다. 하지만, 신물질주의적 관점은 이러한 문제들이 단순히 인간들만의 문제가 아니라, 물질적 환경의 결과물, 즉 지구 생태계 속에서 인간이 적응하는 과정에서 벌어지는 물질적 아상블라쥬에 의해 파생되는 결과물이라고 이해한다(Puar, 2007; Weheliye, 2014). 따라서 인류의 당면한 문제를 해결하기 위해서는 단순히 인간 사회의 문제로서만이 아니라, 자연환경적, 생태적, 그리고 물질적 문제를 동시에 고려할 필요가 있다는 것이다.

(3) 신물질주의적 교육과정의 인식론

신물질주의적 교육과정은 다음과 같은 인식론적 관점을 지향한다.

첫째, 그동안 인류는 인간만이 이성을 가진 행위자(actor)로서 세상을 독자적으로 이해할 수 있다는 구성주의적 정향성을 기반으로 세계에 대한 지식을 형성하였다. 하지만 이러한 인식론은, 인간 이외의 존재들이 가진 물질성과 능동적 역할을 제대로 이해하지 못함으로 인해, 현재 인류가 당면한 생태적 위기나 환경문제 그리고 전 지구적 정치경제의 문제들에 대해 부적절한 대응을 하는 원인이 되었다(Coole & Frost, 2010). 따라서 능동성과 행위자의 자격을 인간에게만이 아니라 모든 존재들에게도 부여할 필요가 있고, 이를 통해 인간과 '인간을 너머의(more–than–human)' 존재들 사이의 관계성을 설명할 수 있는 정치학, 즉 '인간 너머의 정치학'(more–than–human politics: Wolfe, 2009)에 대해 논의할 필요가 있다는 것이다.

예를 들어, 학교교육에서 인간 이외의 능동자들(즉, 건물, 책상, 교실, 칠판, 컴퓨터, 연필, 종이, 실험도구, 그리고 어항 속의 물고기들을 포괄한 학교 안팎의 모든 사물들)이 어떻게 교육적 활동들에 직간접적으로 개입하고 있는지를 살펴볼 필요가 있다. 학생들은 이러한 다양한 존재들이 단순한 학습의 도구가 아니라, 자연생태계의 공동구성원으로서 이들이 어떻게 학교라는 공간 속에 자리 잡게 되었는지에 대한 모든 물질적, 경제적, 정서적 조건들을 이해해야 하는 것이다. 이러한 교육은 기존의 인간중심적 세계관이 야기한 환경적, 생태적 문제를 해결하고 지속가능한 교육을 지향한다는 점에서 잠재적 교육과정(hidden curriculum: 인본주의 교육의 이념과 한계에 대한 비판)이나 영 교육과정(null curriculum: 어떤 지식이나 관점이 소외되어왔는가에 대한 반성) 측면에서도 많은 시사점을 제시해줄 수 있다.

둘째, 그동안 교육과정론의 측면에서 학교교육의 목표는 크게 지식 습득의 체계성(합리주의자: Tyler, 1949)에서 출발하여, 효율성 위주의 지식 습득에 대한 반성(재개념주의자: Schwab, 1969), 그리고 인간을 위한 지식론(인본주의자: Freire, 1968)의 차원에서 논의되어왔다. 하지만 신물질주의적 관점은 그러한 인본주의적 접근 자체가 가지고 있는 모순성과 한계성을 지적하며, 학문과 지식에 대한 새로운 이해를 요구하고 있다(양미경, 2009). 예를 들어, 지금까지의 학문적 경계에서 인문학과 사회과학, 그리고 자연과학이란 구분은 인간중심주의라는 전제를 기반으로 한 것이었다(Busch, 1997; Tanguy, 1985). 즉 인문학이나 사회과학은 인간은 주체성(subjectivity)과 능동성을 지닌 존재로서, 사물들을 과학적 합리성을 통해 객관적으로 탐구할 수 있는 것과는 달리, 자연과학의 방법론으로는 연구될 수 없다는 믿음을 가지고 있었다. 이러한 관념을 기반으로 지난 1세기 동안 인문학과 사회과학은 인간 본성에 대한 이해(정서, 사고, 정체성 등)뿐만 아니라 사회적 현상들을 탐구함에 있어서 자연과학과는 다른 관점(예 현상학, 해석학)과 연구방법의 적용에 매진해 왔다. 하지만 최근 인류학, 생명과학, 물질과학, 그리고 정보통신 분야의 연구들은 이러한 인간 대 비인간의 경계를 넘어선 가설과 연구방법을 중심으로 활발하게 이루어지고 있으며, 그 결과에 따라 머지않아 기존의 지식이나 학문적 경계를 무색게 할 거대한 인식론적 변화가 학교 지식에도 반영되게 될 것이다(Baofu, 2008).

셋째, 학교에서 다루어지는 지식에 물질성이 개입되면, 지식을 다루는 방법(이해, 분석, 비판, 창의력 등)에도 근본적인 변화가 일어나게 될 것이고, 그에 따라 학교 교육의 목적이나, 지식관, 그리고 교사의 역할에 대한 변화도 불가피할 것이다(박휴용, 2019b; Sørensen, 2009). 만일 인간만이 능동성, 주체성, 고유성을 지닌 존재가 아니고 세상의 모든 존재들이 상호의존적 관계망 속에서 공존하고 있다면, 기존의 인본주의적 지식관, 즉 지식을 '인간'이 세상을 이해하고 통제하는 방식으로 여기는 태도에도 변화가 필요할 것이다. 왜냐하면, 지식의 물질성은 지식이 인간만의 소유물이 아니라 세상의 모든 존재들 사이에서 일어나는 상호작용을 위한 정보 혹은 데이터라는 것에 주목하기 때문이다. 예를 들어, 오늘날 전산 및 정보처리 기술의 발달과 그에 대한 의존도는 지식이나 정보를 인간 개개인의 이해나 사고의 수준으로 제한할 수 없음을 잘 보여주고 있는데, 분산 지능(distributed intelligence), 빅데이터 그리고 기계 학습(machine learning)의 등장이 이를 촉발하고 있다. 따라서, 정보의 흐름과 학습의 원리에 대한 기존의 이론들에 대한 재고가 필요하고, 그에 따라 학교교육에서 지식을 다루는 방식과 교육방식에도 변화가 불가피할 것이다(Reddington & Price, 2018).

2) 객체지향존재론

(1) 객체지향존재론의 이해

Harman(2018)은 현대 정치 이론을 크게 두 가지, 즉 T. Hobbes의 성악설과 J. J. Rousseau의 성선설의 차원에서 설명한 바 있다. 즉, Hobbes는 자연 속의 모든 존재들이 상호 간에 투쟁을 벌이고 있으며, 이러한 인간의 본성은 고대 그리스나 기독교 문명에서부터 일관되게 유지되어 내려오고 있다고 보았던 것에 반해, Rousseau는 자연의 섭리를 평등성과 협동으로 보았고 인간의 본성을 상이한 역사적 조건 속에 매우 순응적인 것으로 보았다는 것이다. 이 두 학자의 입장은 지식에 대한 관점에서도 다르다. Hobbes는 세상의 모든 존재들은 끊임없이 권력투쟁을 하기때문에 절대적 진리란 존재하지 않는다는 입장이고, Rousseau는 르네상스 이후의 과학적 사고를 바탕으로 자연에 대한 인간의 역할을 강조하는 인본주의적 지식관을 대표하고 있다.

이러한 기존의 두 가지 정치철학 및 지식관과는 달리, Latour(1993)는 인간의 '본성'은 고정된 어떤 특별한 것이 아니라 자연생태계의 여러 정치적 네트워크 속의 하나의 행위자로서 발현되는 것으로 보았다. 이러한 Latour의 객체지향 정치학(object-oriented politics)은 인간 본성을 선악의 이분법으로 해석하는 것이 아니라, Heisenberg의 불확정성의 원리(Principles of Uncertainty)가 시사하는 것처럼 지구 생태계 속의 수 많은 존재들 속에서 인간의 역할이 어떻게 변하게 될지는 아무도 예측할 수 없다고 가정한다. 즉, 지구 생태계는 인간을 포함한 다양한 물질적 요소들이 정치적 연결고리를 형성하며 상호의존적으로 운영되고 있다는 것인데, Latour(2005)는 이를 응집(agglomeration)의 정치학이라고 불렀다. 이러한 정치적 관점을 기반으로 지식을 '인간이 세상을 이해하는 방식'(인본주의적 관점)이 아니라 '세상의 다양한 존재들이 관계망 속에서 교호작용하는 방식'(탈인본주의적 관점)으로 보는 것이 Latour의 객체지향존재론(Object-Oriented Ontology)이다.

포스트휴머니즘의 주요 이론적 기반으로서 객체지향존재론은 기존의 인본주의적 세계관이 인간만을 주체화하고 다른 모든 사물들을 객체화(대상화)했던 것과는 달리, 세상 모든 사물들이 평등한 관계성 속에서 각자의 역할(존재 의미)을 수행하고 있다고 본다. 객체지향존재론은 한마디로 인간의 경험 너머에 존재하는 실재를 탐색하고, 그 의미를 발견하고자 하는 이론적 시도이며, 이를 위해 사물들의 존재 의미가 무엇인지를 인간의 이성이나 관점, 그리고 인간주도성을 넘어서서 사물 그 자체를 기반으로 탐구하는 것이다.

(2) 객체지향존재론에 기반한 지식관

객체지향존재론에 기반한 지식관이나 학교의 역할은 기존의 인본주의적 관점과는 달라질 수밖에 없다. 한 가지 예를 들면, Harman(2018)은 지식이란 아직 충분히 파악하지 못한 생동적이면서도 자율적인 사물들의 실재를 이해하는 것이며, 따라서 그러한 사물들에 대한 경험에 매혹되는 심미학(aesthetics)이 제1 철학이 되어야 한다고 주장한다. 이러한 객체지향존재론의 측면에서 보면, 교육은 사물의 실재에 대한 심미적 태도(사물들의 다양하고 역동적인 관계성을 이해할 수 있는 능력)를 기르는 것으로 새롭게 이해될 수 있다. 위와 같은 객체지향존재론을 수용한다면 향후 교육과정 연구는 다음과 같은 방향성을 띠게 될 것이다.

첫째, 지식이나 사물들에 대한 기존의 인본주의적 범주화에서 벗어나서, 사물의 능동성과 자발성을 재인식하는 객체지향적 교육과정(object-oriented curriculum)이 필요하다(Meyer, 1993). 이처럼 사물에 대한 인본주의적 구분을 해체하고 사물들의 물질성에 대한 새로운 이해를 시도하게 되면, 그에 따라 사물을 경험하는 방식이나 지식을 다루는 방법론도 변화하게 될 것이다. 예를 들어, 잘 알려진 STEAM 교육의 경우 컴퓨터를 활용한 디자인(미술) 수업에서 사물들(컴퓨터, 그래픽 소프트웨어, 사물의 특성[형태, 색깔, 질감, 입체성] 등)이 어떤 물질적 능동성을 가지는지를 학생들이 이해하는 것이 디자인 수업의 핵심이 될 수 있다. 즉, 미술 수업에서 디자인을 이해하기 위해서는 사물들이 어떤 자체적인 특성(상호작용의 역동성, 변화가능성, 효용성 등)을 가지고 있는지를 입체적으로 이해할 수 있어야 하는 것이다(Knochel, 2018).

둘째, 객체지향적 교육과정 이론은 교육적 수행(performance)이란 무엇인지에 대한 관점 및 수행방식의 변화를 요구한다. 객체지향존재론에 기반한 교육은 인간 학습자가 수많은 다양한 비인간적 존재들과의 만남과 동등한 상호작용을 통해서만 진정한 교육적 수행이 일어날 수 있다고 본다. 여기서 '비인간적 존재'에는 동물이나 사물들뿐만 아니라, 학습이나 생활의 기술적 매체들(컴퓨터, 진공청소기, 모바일기기 등), 그리고 비정형적 정보나 각종 프로그램(모바일 앱, 빅데이터, 일기예보, 주가지수 등)을 모두 포괄한다. 기존의 인간중심적 학습은 모든 비인간적 요소들이 전적으로 인간 학습자의 '주도적' 수행에 의해 수동적으로 움직이는 것으로 보았다면, 객체지향존재론은 사물들의 수행이 어떻게 인간 관찰자(human witnesses)의 부재 속에서도 일어나는가를 탐색하면서(비대표성 이론), 최종적으로는 사물 기반 수행으로 귀결될 수도 있음을 수용하고 있다(Douglas & Schaffer, 2002).

언어학습의 예를 들면, 구글(Google) 번역기와 같은 인공지능 번역기술의 비약적인 발전은 외국어학습에 대한 이론적, 실제적 패러다임을 완전히 바꾸어놓고 있다(King, 2019; Koehn, 2020). 즉, 그동안 외국어 학습에서 매우 중요한 영역으로 간주되어왔던 번역 교육이 이제는 쉽게 기계를 활용함으로써 해결할 수 있는 환경을 맞이한 것이다. 번역 훈련 경험을 통한 인지적 및 정서적 효과를 강조한다는 사실을 간과할 수 없지만(Malakoff & Hakuta, 1991), 그러한 인지적 역할은 모바일 시대의 수기(hand writing) 훈련이나 영상 학습 시대의 독해 능력과 같이 그 중요성이 현저하게 감퇴될 것이다. 학술적으로나 일상적으로 번역이 훈련(drill)으로 명명되는 것은 그 수행이 본질적으로 오랜 심동적 훈련을 거쳐 체화된 학습이기 때문인데, 이제 우리는 그러한 성격의 수행을 기계(인공지능)에 맡기며 보다 창의적인 사고에 몰입할 수 있는 환경을 맞이하게 된 것이다. 요컨대, 객체지향적 교육에서의 수행은 기술적 환경의 다양한 사물들을 잘 이해하고 활용하는 법을 배우는 것이며, 도구들과 상호의존적으로 살아가는 방법을 배우는 것이다.

셋째, 객체지향존재론은 교육에 대한 기존의 비판적 이론들(critical theories)에도 변화를 요구하고 있는데, 이를 종합하여 포스트휴먼 비판이론(posthuman critical theory)으로 부를 수 있다(Braidotti, 2016). 이는 한마디로 기존 비판이론의 분석의 범주가 인간 사회 '내부'였다면, 포스트휴먼 비판이론은 분석 대상을 지구 생태계 전체로 확장하는 것이다. 예를 들어, Kincheloe(2005)는 교사 자화상(teacher persona)이라는 개념을 통해 교육의 주체로서 교사들의 자기 회고가 중요하고, 이러한 자기 회고가 문화적 지식이나 학교 커리큘럼, 그리고 전문가로서의 자각(professional awareness)과 동조되어야 함을 강조한 바 있다.

정리하자면, 포스트휴먼적 객체지향존재론에 기반한 자아 개념은 기존의 인본주의적 비판이론에서 강조한 자아개념과 몇 가지 기본적인 원리(공통점)를 제외하고는 상당한 차이를 갖는다. 포스트휴먼적 존재론의 자아 개념의 주요 특징들을 몇 가지 정리하면, i) 기존의 자아개념이 인간 사회의 구성원으로서의 한 개인의 입장에서 설명되었던 것과는 달리, 기술생태적 환경(인간, 비인간, 도구, 물질,

기술 등이 혼재하는 세계) 속의 한 구성원으로서의 자아개념으로 설명된다는 것, ii) 인본주의적 자아 개념에 영향을 미쳤던 언어, 담론, 이념들이 아닌, 물질적 환경(정보, 데이터, 매체들)이 자아 개념에 영향을 미친다는 것(Toohey, 2019), iii) 인간만이 주체성과 능동성을 지닌 것이 아니라, 비인간적 존재들의 주체성과 능동성을 인정하고, 그 존재들과의 관계성을 인식해야 한다는 것, 그리고 iv) 세상에 대한 인식을 인지적 활동 차원으로 보는 것이 아니라, 정신 활동과 신체 활동을 구별하지 않는 일원론적 현상으로 자아 개념과 의식을 설명하고자 한다는 것이다. 따라서, 기존의 학문과 지식의 범주화나 인본주의적 자아 개념에서 탈피하여, 인간과 다른 모든 비인간적 존재들의 동등한 상호작용의 차원에서 어떤 교육적 경험과 수행이 필요할 것인지를 탐색할 필요가 있는 것이다.

3) 포스트현상학

(1) 포스트현상학의 정의

포스트현상학은 인간의 경험을 기술성(technicity)과 육체성(embodiment)의 두 가지 차원으로 구분하여 설명했던 Merleau-Ponty(1966/2013)의 현상학과, 데카르트적 이원론의 틀에서 사유작용(noesis)-사유대상(noema)의 관계성으로 현상을 이해하려고 했던 Husserl(1970)의 현상학을 극복하려는 시도이다. 간단히 설명하자면 포스트현상학은 경험의 주체와 경험의 대상이 명확히 구분되지 않는 상황을 설명하기 위해 등장한 이론인데, 현상학과 포스트현상학의 차이점을 간단히 비교하면 다음 〈표 7-1〉과 같다.

〈표 7-1〉 현상학과 포스트현상학의 기본 개념 비교

<table>
<tr><th>구분</th><th>구분</th><th>정신(이성)</th><th>물질(자연)</th></tr>
<tr><td rowspan="2">DesCarte적
이원론</td><td>Merleau-Ponty(1966)의 현상학</td><td>기술성(technicity)</td><td>육체성(embodiment)</td></tr>
<tr><td>Husserl(1970)의 현상학</td><td>사유작용(noesis)</td><td>사유대상(noema)</td></tr>
<tr><td>신물질주의적
일원론</td><td>포스트현상학</td><td colspan="2">정신(이성/인간)-신체(감각/자연) 연결성
의식 작용-신체 작용의 불가분리성</td></tr>
</table>

위 표에서 드러나듯이 포스트현상학은 오늘날 보편화된 온라인 및 사이버 환경에서 신체 활동-정신 활동이 명확히 구분되지 않는 인간의 경험을 설명하기 위해 등장한 것으로, 사이버네틱스 기술을 중심으로 구축되고 있는 미디어 테크놀로지 환경 속에서 혼합현실(mixed reality)을 경험하는 인간의 학습과 소통의 방식을 설명하는데 매우 유용하다(Ihde, 2009).

인간의 경험을 포스트현상학의 관점으로 설명할 수 있는 대표적 사례로는 메타버스, 피드포워드, 뉴미디어가 있다.

(2) 현실 세계 대 사이버(메타버스) 세계

포스트휴먼시대의 인간의 경험은 생태적 공간-사이버 공간, 인간-기계, 노동-유희, 인지-감정이 혼성화된 장 속에서 이루어지게 된다. 즉, 생태적 공간에서 이루어지는 현상과 동등한 수준으로 사이버 공간에서 이루어지는 현실도 실재로 간주되는 것이다. 우선, 경험의 담지자인 인간의 의식은 이제 생물학적 기재인 두뇌 속에서만 발생하는 것이 아니라, "두뇌의 굴레에서 해방시켜 데이터화됨으로써 네트워크와 가상현실 속으로 들어가게 될" 것이라는 주장도 있다(Clark, 2003, p. 4). 이는 인간의 의식도 하나의 물질적 현상으로 인간의 신체에만 구속되지 않고 디지털화되어 네트워크 속에서 소통될 수 있다는 것을 의미하는 것으로 신물질주의의 관점과 상통한다(Neimanis, 2017). 따라서 인간은 순수한 생물학적 존재라기보다는 인간-기계 공생체(symbiotics)로 이해할 수 있고, 인간의 경험은 생태적 세계에서뿐 아니라 사이버 세계(즉, 가상 세계)에서도 이루어지게 되는 것이다.

사실 우리는 이미 네트워크와 가상현실 기술을 바탕으로 인간의 사고와 의식을 디지털화하는 현실을 경험하고 있다. 우리의 목소리와 행동을 음성이나 영상 저장 매체를 통해 디지털화하여 기록하고, 복제하며, 전파하는 수준은 이미 반세기 전에 이루어졌고, 앞으로는 현재의 인터넷이 브레인 넷(Brain Net)의 역할을 하게 될 것이다(Kaku, 2018). 이미 디지털화된 SNS(social network service)의 대중화가 보여주듯이, 브레인 넷 시대에서는 인간의 마음, 감정, 정체성들이 네트워크에 접속되어 의사소통, 감정교류, 취미 활동, 그리고 학습활동 등을 총체적으로 경험하게 될 것이다(Conti, Passarella, & Das, 2017). 즉, 인간이 더 이상 생물학적 존재로만 머무르지 않고(Hayles, 1999), 생태와 가상 공간을 넘나들게 됨에 따라 그러한 인간의 경험을 설명하기 위해서는 포스트현상학적 관점이 필요하게 된 것이다.

(3) 피드백 이론 대 피드포워드 이론

피드백(feedback) 이론은 전기회로 속에서 신호 흐름(signal flow)의 다양한 경로들을 탐색하기 위해 처음 제안된 전기공학 이론이다(Mason, 1955). 그 후 피드백의 원리는 컴퓨터 소프트웨어 개발 분야에서 선형적(linear) 알고리즘의 오류를 개선하기 위한 되돌림의 경로로 적용되면서 그 개념이 보편화되었고(Madhavji, Fernandez-Ramil, & Perry, 2006), 점차 인간의 사고나 학습의 기재를 설명하는 개념적 틀로 활용되게 되었다. 하지만, 최근 뇌과학 이론과 연구방법론의 발전은 인간이 외부 세계의 정보를 받아들이거나 학습하는 방식이 피드백의 원리 이외에도 피드포워드(feed-forward) 방식이 있다는 것을 밝혀내고 있다(Blum & Li, 1991). 피드백이 이미 경험한 내용을 되새김하면서 오류를 수정하는 방식인 반면, 피드포워드는 아직 경험하지 않은 내용(감각, 신호, 데이터 등)을 미리 예측하며 오류를 수정해 나가면서 보다 효과적으로 학습 혹은 대응하는 전략을 가리킨다(Frean, 1990). 예를 들어, 과거의 학습이 안정적 형태의 지식이나 정보를 수집하고 기억하며 오류를 확인하는 방식(피드백)으로 진행되었다면, 앞으로의 학습은 엄청난 양의 비정형화된 정보들을 그 효용성을 미리 판단하여 취사선택하는 선제적 대응 방식(피드포워드)이 주류를 이룰 수 있다.

피드포워드 이론가들은 최근의 사이버네틱스 기술들이 인간 신체의 특성이나 신체 감각들의 기능을 모사하는 인공지능 및 사이보그 기계들의 개발에 주목하고 있다(Hansen, 2015). 예를 들어, 인간의 눈은 피드포워드 방식으로 엄청난 양의 데이터를 수용하면서, 순간적으로 판단하고 맞춤식 선택에 의해 적합한 정보를 의식에 제공하고 있고, 이러한 눈의 정보처리 방식을 모사하여 외부 정보를 학습(수용, 판별, 저장, 인출)하는 인공지능 학습 알고리즘들도 개발되고 있다(Serre, Kouh, Cadieu, Knoblich, Kreiman, & Poggio, 2005). 만일 인간의 경험과 그것이 누적되어 일어나는 학습이 이처럼 피드포워드의 원리에 의존하고 있다면, 인간 경험에 대한 기존의 현상학적 관점들은 새롭게 수정되어야 할 것이다(Oizumi, Albantakis, & Tononi, 2014). 앞서 언급하였듯이, 전통적 현상학은 모두 정신작용과 육체작용 그리고 사유대상과 사유작용을 분리하는 이원론적 관점으로 인간의 경험을 해석하고 있지만, 피드포워드 이론은 인간의 정신작용과 신체작용이 명확히 분리될 수 없음을 잘 보여주기 때문이다.

(4) 매스미디어 대 뉴미디어

최근 빠른 데이터 전송방식(5G)을 도입한 인터넷을 기반으로 유튜브나 페이스북 등과 같은 뉴미디어(new media) 매체들을 통해 수많은 정보와 데이터들을 수집하거나 학습할 수 있게 되었다. 뉴미디어를 통해 개인들 간에 정보가 전달되거나 소통되는 방식은 기존의 미디어와 비교해서, 지식이나 정보의 비위계성, 개별적 혹은 맞춤형 소통, 쌍방향 정보 흐름, 정보의 생산자와 소비자의 혼성성, 정보의 진위와 영향력의 무관계성 등의 특징을 가지고 있다(Lister, Giddings, Dovey, Grant, & Kelly, 2008). 이러한 뉴미디어의 등장은 전통적인 학교교육의 방법론(지식의 체계적 전달, 집단적 학습, 교사 주도형 수업, 교과서 기반 수업, 규범적인 학습 내용 등)이 정보통신 환경에 익숙한 신세대의 학습자들의 학습을 설명하는데 한계가 있음을 시사한다.

아울러 뉴미디어적 소통은 미시시간성(micro-temporality)이라는 특징도 가지고 있다(Hansen, 2015). 미시시간성이란 인간의 의식적 사고가 미처 인지적으로 파악하지 못할 만큼 빠른 템포로 정보가 소통되는 것을 가리키는데, 그로 인해 미시적 정보들이 암묵적이고 비인지적(정서적, 본능적) 방식으로 인간의 감정과 행동을 이끌어가게 된다. 따라서, 뉴미디어의 영향력이 점점 커지는 최근의 정보

사회에서는 소통이나 학습을 인지적, 의식적 차원에서 설명해 왔던 기존의 학습이론들은 매우 제한적인 역할을 할 수밖에 없을 것이다(박휴용, 2019a). 요컨대 이러한 뉴미디어의 등장은 경험 주체(학습자)와 경험 자체(학습 내용)를 명확히 구분하였던 현상학적 설명이나 전통적인 교수학습이론들에 대한 전면적인 수정을 요구하게 된 것이다.

지금까지 포스트휴머니즘의 세 가지 기반 이론으로서 신물질주의, 객체지향존재론, 그리고 포스트현상학이 교육과정 인식론에 어떤 변화를 요구하고 있는지에 대해 논의하였다. 이 세 이론은 상호관련성을 바탕으로 포스트휴머니즘의 핵심 원리의 역할을 하면서 교육과정 인식론의 대안적 방향성을 제시하고 있다. 즉, 신물질주의적 일원론은 교육과정의 존재론 및 인식론적 변화를 요구하고 있고, 객체지향존재론은 탈인본주의적 존재론의 이론적 기반을 제시하고, 포스트현상학은 인식 주체(인간)와 인식 대상(세계)의 경계를 넘어선 지식과 학습 방법의 등장을 설명해 주고 있다.

2. 포스트휴먼적 인식론을 통해 본 학교지식의 문제점

앞장에서 논의한 포스트휴머니즘의 이론들은 기존의 인본주의적 지식관에 대해 어떤 비판적 관점을 가지고 있으며, 그 대안은 무엇인가? 본 장에서는 이 문제를 전통적 지식 구분의 타당성에 대한 회고와 20세기 대표적 교육과정 인식론에 대한 비판적 검토를 바탕으로, 인본주의적 세계관의 대안으로서 비대표성이론에 대해 논의하고자 한다.

1) 전통적 지식 구분의 타당성

최근의 지식생태계의 변화에 따른 포스트휴먼적 인식론은 기존의 학문적 구분이 갖는 타당성과 실효성에 의문을 제기한다. 지식의 분류에 관한 여러 접근이 있지만, 탈인본주의적 세계관을 기반으로 한 포스트휴먼적 인식론에 대해 Hadorn, Biber, Grossenbacher et al.(2008)는 크게 세 가지, 철학적 인식론(지식의 통일성과 다중성의 문제), 인류학적 인식론(문화나 학문 집단의 인식 차이), 그리고 사회학적 인식론(노동의 분화와 전문성의 신장에 따른 지식의 세분화의 문제)의 차원에서 논의한 바 있다.

(1) 철학적 인식론

철학적 인식론은 지식이 조직되는 방식이나 지식과 실재의 관련성의 문제를 다루어 왔는데, 이는 역사적으로 세 단계로 구분되었다: i) 고대 그리스의 지식은 모두 간학문적이었는데, 그로 인해 철학자들이 자신이 주장한 진리의 타당성을 한정하거나 경계짓는 것을 원치않았고, Plato도 철학자를 '모든 지식을 통합할 수 있는 사람'으로 간주했다는 것이다. ii) 중세 이후의 인식론은 Kant의 이성적 합리주의를 바탕으로 지식의 비평(the critique of knowledge: 지식이나 진리의 본질에 대한 탐구)에 집중되었고, 학문적 논의는 지식이 '내재적으로' 객관적 실재와 합치하느냐의 여부와 모든 지식의 통일이 가능한가의 문제에 집중되었다는 것이다. iii) 실질적인 지식의 분류는 20세기 들어서 Kant의 선험적 지식(a priori knowledge)을 거부하고 객관적, 과학적 지식을 강조하기 시작한 논리실증주의(logical positivism: 이성과 논리적 사유에 의한 실증주의적 관찰이 가능한 사실만 진리로 수용)의 등장에 의한 것이었다.

요컨대 20세기에 이르기까지 지식의 분류는 학자들의 주된 관심사가 아니었고, 20세기 초반부터 논리실증주의를 기반으로 구조주의 이론의 유행, 그리고 20세기 중반부터의 과학적 연구의 활성화에 의해 지식의 분화와 학문적 범주화가 시작된 것이다. 미국의 본질주의 교육사조(Bruner, 1961)가 강조한 '지식의 구조'나 '나선형 교육과정'의 개념이 등장한 것도 바로 이러한 배경을 안고 있었다.

(2) 인류학적 인식론

인류학적 인식론의 차원에서 지식은 크게 자연과학(물리적 인류학)과 인문학(문화적 인류학)으로 구분되지만, 두 영역 모두 학문적 분화의 이유가 비슷하다는 것이다. 먼저 문화인류학적 관점에서 보면, 학문 영역은 학자들이 서로 다른 학문적 종족(academic tribes)이나 지식의 영역(knowledge territories)에 거주하면서 자신들이 만든 학문적 성과나 문화적 실천에 가치를 부여하고 이를 보호하려는 활동이다(Pina-Cabral, 2004). 만일 지식이 보편적으로 이해가능하고 일반인에게도 쉽게 수용될 수 있다면, 각 학문영역의 전문가들은 자신들의 지식이 가진 권위와 영향력을 잃을 수도 있기 때문에, 다양한 은어나 기술적 언어의 사용함으로써 자신의 학문영역의 독자성과 전문성을 유지하려고 한다는 것이다.

이러한 학문적 분류의 비합리성은 자연과학 분야에서도 마찬가지였다. 자연과학 분야의 연구가 활성화되기 시작한 17세기에는 학문적 연구가 무엇보다도 교회와 국가의 역할 차원에서 분리되기 시작했는데, 이는 당시의 '과학적' 연구가 여전히 신학적 세계관에서 벗어나지 못하고 있었기 때문이었다(Cardwell, 1971). 이어서 정서적(affective) 지식과 이성적(rational) 지식의 구분이 시도되었는데, 이때 정서적 지식은 불안정한 여성적 지식으로 간주된 반면, 이성적 지식은 안정적인 남성적 지식으로 간주되었다(Keller, 1985). 이와 유사한 맥락에서 자연과학적 지식은 계량화되고 예측가능하다는 점에서 사회과학적 지식보다 안정적이고 이성적 지식이라는 관념이 형성되기도 했다(Snow, 1959).

이처럼 자연과학의 학문적 분화가 그 연구대상인 천체, 물질, 생명체, 화학물 등에 대한 18세기 수준의 인식에서 시작된 것임에도 불구하고, 그러한 초기적 분류 관념이 여전히 교과 지식의 선별과 구조화에 있어 기초가 되고 있다(Tanguy, 1985). 실제로는 오늘날 자연과학 분야의 첨단 연구들은 위와 같은 전통적 학문 구분에 얽매어서 이루어지는 것이 아니라, 연구자 간 네트워크, 실험실 집단, 실험도구나 방법들, 데이터베이스(libraries), 그리고 펀드의 원천 등에 의해 구분되어진다는 것이다(Bush, 1997).

(3) 사회학적 인식론

사회학적 인식론 차원에서 지식의 분류는 지식의 사회학(sociology of knowledge: Mannheim, 1984) 개념과 과학적 지식의 상대주의(relativism of scientific truth: Feyerabend, 1977), 그리고 교차학문적(trans-disciplinary) 접근을 통해 논의되고 있다. 먼저 지식의 사회학은 사회적 이념이 과학적 연구결과에 영향을 미칠 수 있고, 진리는 사회적으로 구성된다는 관점인데, 이는 지식의 분류가 사회나 문화, 이념에 영향을 받아 구성되어지는 것이지 객관적이고 본질적인 구별을 통해 이루어지는 것이 아니라는 것을 의미한다. 다음으로 논리실증주의자들이 과학적 이성에 기반한 보편적이고 불변의 원리들을 바탕으로 기초주의(foundationalism: 전체 과학적 연구영역에서 공유될 수 있는 근본적이고 통일된 지식을 발견하려는 태도)를 견지했던 것에 반해, 과학적 지식의 상대주의자들은 학문영역은 객관적으로 발견되는 어떤 실재에 의해 구분되는 것이 아니라, 특별한 연구관심을 충족하는 방식으로 형성되거나 유지될 수 있다는 관점을 견지하고 있다. 마지막으로, 교차학문성은 서로 다른 과학적 연구 분야들과 실재 세계의 행위자들이 사회적으로 당면한 문제를 규명하거나 구조화하면서, 어떤 연구 질문들이 그러한 실제적 문제들을 해결할 수 있는지 협의하는 것을 의미한다. 요컨대, 이상의 세 가지 사회학적 인식론(지식의 사회학, 과학적 지식의 상대주의, 그리고 교차학문적 접근)은 모두 지식의 분류가 절대적인 것이 아니라, 사회적 관점이나 필요성에 의해 이루어지거나 재구성될 수 있다는 것을 보여준다.

이처럼 지식의 범주화가 무력해지는 현상은 인터넷을 통해 유통되는 방대한 단편화된 지식들(예 빅데이터)과 그러한 지식을 효과적으로 추출해낼 수 있는 기술(예 검색 엔진)의 발달로 일상화되고 있다. 예를 들어, Hjørland(2012)은 구글 검색 기술(Google search engine)의 등장 이후, 지식의 분류 즉, 어떤 내용을 특정 범주로 구별해내는 작업의 필요성이 점점 사라지고 있다고 주장한다. 어떤 '내용(지식)'을 하나의 '범주(분류)' 속에 집어넣기 위해서는 분류 기준에 따라 각 지식이 어디에 속할지를 결정하는 작업이 필수적인데, 그러한 결정은 특정 범주화 과정에 내재한 목적이나 가치에 의존할 수밖에 없다. 그런데, 그러한 범주화의 목적이나 가치는 해당 지식의 활용 목적(의도)이나 범주화의 이론이나 가치에 의존하기 때문에 상황에 따라 달라질 수밖에 없는 것이다. 한마디로 지시의 범주화는 본질적 특성에 의해서나 고정된 틀에 의해서 자연스럽게 이루어지는게 아니라, 지식이 활용되는 방식이나 지식을 둘러싼 사회적 담론에 의존하여 상황에 따라 달라지는 것이다. 그러므로 지식을 검색하거나 학습하거나 체계화하는 방식은 지식의 '내재적(본질적) 속성'에 구속되어야만 하는 것이 아니라, 학습자의 다양한 필요(심리적 경향, 학습의 목표, 활동의 성격 등)에 의해서 이루어질 수 있는 것이다.

요컨대, 지금까지 논의한 철학적, 인류학적, 그리고 사회학적 인식론의 차원 모두를 검토해 보았을 때, 지식의 구조나 학문적 분류가 절대적인 기준이나 명확한 내재적인 준거에 의해 이루어진 것은 아니라는 것이다. 대신 학문과 지식은 그 자체적으로 이질적이며 파편화되어 있고, 매우 복잡한 방식으로 다른 학문들과 상호작용하면서 끊임없이 변화하고 있으며, 특히 최근의 폭발적 지식의 증가와 기술의 발전으로 전통적인 지식과 학문의 구분은 점점 무의미해지고 있다. 그런 맥락에서 앞으로의 포스트휴먼적 인식론은 인본주의적 세계관이나 학문적 구분에 얽매이지 않고, 모든 존재들 간의 소통과 관계형성을 위해 정보가 흐르는 양상으로 지식을 이해하게 될 것이다. 그렇다면 이러한 교육과정 지식에 대한 잘못된 인식들이 20세기까지의 교육과정 인식론에 어떤 영향을 미치게 되었는지 살펴보자.

2) 20세기 인식론의 한계와 그 해체적 접근

학교 교육을 통해 학생들에게 전수되기를 기대하는 학교 지식은 다양한 인식론적 관점을 기반으로 구성되고 구조화되어 왔는데, 그 대표적 예가 본질주의, 구조주의, 그리고 경험주의 이론이다. 본 절에서는 이 세 가지 교육과정 이론들이 어떤 문제점을 가지고 있는지를 포스트휴머니즘의 관점에서 비판적으로 논의해보고자 한다.

(1) 본질주의적 인식론의 오류

본질주의는 크게 세 가지, 인식론적 본질주의(어떤 현상의 원인과 결과를 과학적 합리성에 기반하여 논의: 예 과학적 본질주의, 생물학적 환원주의), 기초주의(foundationalism: 학문의 특정 영역 전체에서 공유될 수 있는 근본적이고 통일된 지식을 발견하려는 태도), 그리고 문화적 본질주의(어떤 관념이나 가치관의 본질적 가치에 큰 의미를 부여하는 태도)로 구분된다(Sayer, 1997). 이 구분에 따르면, 교육과정 인식론에서 본질주의는 어떤 지적 탐구 방식이 인지적 사고를 훈련하기 위한 기본 요소인가(인식론적 본질주의)와 어떤 지식이 다른 지식의 근본이 되는 지식인가(기초주의), 그리고 문화적 전승들 속에서 어떤 가치와 태도를 학생들이 반드시 학습해야 하는가(문화적 본질주의)라는 세 가지 질문을 중심으로 다루어져 왔다. 본 절에서는 이러한 본질주의적 태도가 교육과정 인식론에 어떤 영향을 미쳤으며 그 한계점이 무엇인지를 논의해 보자.

교육과정론에서 본질주의적 지식관은 우선 인간 사회와 문화에 관한 전통주의적 관점을 기반으로 수립되었는데, 이는 문화적 본질주의라고 볼 수 있다. 여기서 전통주의적 관점이란 인간의 이성적 사유를 기반으로 영속적으로 전해내려오는 지식과 가치를 배워야 한다는 항존주의(perennialism)와 그러한 가치있는 지식들은 이미 검증된 인간의 경험으로부터 나온다는 본질주의(essentialist)를 포함하는 것이다(Ellis, 2014). 본질주의 교육관의 창시자인 W. C. Bagley는 본질주의(essentialists)란 용어를 "사회적 기관으로서 학교의 일차적 기능인 그 사회의 전통을 새로운 세대에 소개하기 위한 교육이론들을 강조하는 것"(Demiashkevich, 1935; Bagley, 1939, p. 326에서 재인용)이란 정의에서 가져왔다. 그러면서 Bagley는 이러한 관점이 지난 한 세대 동안 미국 교육에서 지나치게 강조된 나머지 교과 지식(subject-matter knowledge)의 숙달의 중요성을 간과해 왔다고 비판한 바 있다(Bagley, 1939). 즉 Bagley의 본질주의에 대한 관점은 인류 집단들의 축적된 경험의 의미와 이를 세대 간에 전승하기 위한 교육의 역할을 강조함과 동시에, 한 문화의 중요한 교과 지식의 숙달을 위한 학생들의 지적 훈련(discipline)과 교사의 권위 및 통제를 중요시한 것이었다. 20세기 중반까지 이러한 Bagley의 본질주의적 지식관은 Dewey의 진보주의적 지식관과 교사교육의 주도권을 놓고 경쟁하였는데(Null, 2003), 20세기 중반 이후에는 지식과 학습에 대한 구성주의 및 인지주의적 관점이 새롭게 제시되면서 그 영향력을 급속히 쇠퇴되었다.

인식론적 본질주의의 측면에서도 전통적 학습방식은 비판을 면할 수 없을 것이다. 인지심리학자들의 관점에서 보면, 세상에 대한 인간의 경험과 이해의 축적물인 지식은 그 지식을 이해하기 위한 인간의 인지(사고) 능력의 발달에 절대적인 영향을 받는데, 그러한 인지 능력의 발달은 지각, 언어, 그리고 개념화(conceptualization) 등에 의해 이루어진다(Gelman & Medin, 1993). 여기서 인지심리학자들은 지각에서 개념으로 연결되는 과정을 설명하는 보편적인 이론은 없으며, 그 과정에서 개념이 범주화되는 방식이 다르면 그에 따라 정보를 인식하는 방식도 다르다고 보고 있다. 더구나 아이들이 세상을 이해하는 방식 즉, 지식(지각, 사고, 이해력의 발달)을 습득하는 방식은 상황 및 맥락기반적이기 때문에(Gelman, 2004), 지식의 습득을 일차원적이고 단편적인 원리로 설명하기 어렵다고 보았다. 즉, 학습자가 다차원적인 경험(지각)을 통해서 끊임없이 자신의 사고구조를 형성하고 언어의 도움에 의해 재구조화(개념화, 범주화, 체계화 등)한 결과가 학습이라는 것이 인식론적 본질주의의 기본 가정이다(Trowler, 2009). 그러므로, 인식론적 본질주의 차원에서도 20세기 초중반에 개념화되어 교과 지식의 숙달이나 교사의 훈련 등을 강조한 본질주의 교육은 설득력을 갖기 힘들다.

정리하자면, 본질주의적 교육관은 문화적 본질주의나 인식론적 본질주의 차원에서 모두 지식과 학습에 대한 최근 이론들과 큰 괴리를 가지고 있다(Imig & Imig, 2006). 그런데 여전히 학교지식의 많은 분량 속에 본질주의적 성격을 가진 지식들이 포진해 있는 것이 현실이다. 예를 들면, 인류의 유전적 변이에 대한 새로운 연구결과가 기존의 인종적 신념들이 비과학적이라는 것을 보여주고 있음에도 불구하고, 미국 생물학 교과서에는 여전히 인종적 차이에 대한 정형화된 편견들이 남아있다는 지적이 있다(Donovan, 2015). 따라서 각 교과의 내용 속에 이러한 본질주의적 인식론에 기반한 지식들이 얼마나 남아있는지를 비판적으로 검토하고 그 대안을 탐색하는 교과교육 연구가 필요할 것이다.

(2) 구조주의적 인식론의 재검토

교육과정 인식론에서 구조주의적 접근은 크게 두 가지로 구분할 수 있는데, 하나는 교육과정의 구조화이고, 다른 하나는 지식의 구조화이다. 먼저 교육과정 구조화의 대표적 예로 Bernstein(1971)은 교육과정이라는 '틀' 속에서 어떻게 지식이 범주화되고 정형화될 수 있는지를 분석한 바 있다. 이러한 분석을 통해 Bernstein은 학교 교육과정의 구조적 틀과 그에 영향받는 교육내용의 기능적 본질 사이의 관계를 밝히고자 했던 것이다. 예를 들어, 수업시간표는 효율성과 기능성을 목표로 교과 지식을 작은 틀 속에 세분화하여 배열하였고, 그로 인해 교과 지식이 파편화될 수밖에 없었다고 지적한다. 그에 따라 Bernstein의 구조분석은 파편화된 지식의 단순 모음인 집합적 교육과정보다는 통합적 교육과정이 더 필요하다고 주장한 바 있다(Miller & Stronach, 2005).

다음으로 지식의 구조화에 대한 논의가 교육과정론에 정착된 주된 계기는 Bruner(1961)에 의해 제안된 '나선형 교육과정(spiral curriculum)'이란 개념에 의해서이다. 여기서 Bruner는 '고도로 구조화된 지식'을 효과적으로 가르쳐야 한다는 점과, '점차적 난이도의 증가' 혹은 '새로운 학습과 기존 학습의 연계'는 등의 이유를 근거로 나선형 교육과정이 필요성을 강조한 바 있다. 사실 Bruner가 이러한 구조주의적 지식의 개념을 채택하게 된 것은 20세기 초반부터 유행했던 사회과학 분야의 구조주의적 이론들(마르크시즘, 촘스키의 언어 구조, 피아제 인지구조, 프로이트의 무의식 이론 등)의 영향을 받아서였다(Hawkes, 2003).

하지만 Bruner의 나선형 교육과정 개념은 '지식의 구조'를 강조하거나 그에 대해 체계적으로 논의하였다기 보다는 교수학습의 방법론 차원의 제안이었다는 것을 Bruner의 후속 저술들을 통해 확인할 수 있다. 우선 Bruner(1966)는, 기존의 Tyler(1949)의 목표설정에 중점을 둔 합리주의적 이론에 대한 반발로, 목적 자체

보다는 그것에 도달하는 다양한 방법이 중요하고, 지식이나 기술을 습득하기 위한 효과적인 수단으로서 교수이론은 기술적(prescriptive)이어야 함을 강조한 바 있다. 이후 Bruner(1973)는 당시의 인지심리학적 이론의 등장에 부응하여 발견학습의 개념을 설명하면서, 발견이란 학생들이 "외부에 있는 무언가가 아니라, 그들의 머릿속에 있는 것을 발견하는 것"(p. 72)이라는 표현을 통해 사고의 구조를 강조한 바 있다. 아울러 Bruner(1996)는 당시 활발하게 논의되고 있었던 정보통신 이론과 문화이론들의 관점을 수용하면서, 인간의 마음은 전산 기기이기도 하고, 문화적 산물이자 구성요인이라는 관점으로 학습이론을 전개한 바 있다. 이처럼 지식의 구조에 대한 Bruner의 입장은 지식 자체가 가진 구조적 특성보다는 그러한 지식을 습득하는 인간 사고의 변화에 더욱 주목하였던 것으로 이해할 수 있다(Takaya, 2008).

사실 지식의 구조란 개념의 불확실성에 대해서는 Bourdieu & Zanotti-Karp (1968)의 '구조주의와 사회적 지식이론'에서 이미 잘 논의된 바 있다. 저자들은 아리스토텔레스가 시도했던 인공적인 분류나 그와 유사한 인위적인 유형학에 의존하지 않고 지식을 분류한다는 것은 사실상 무리라고 보았다. 그리고 사회과학을 학문적으로 이해한다는 것은 사회적 요소들을 독자적으로 이해하는 것이 아니라 "그들의 관계 체제를 생생한 경험을 바탕으로 합리화시키는 것"이라고 주장하였다(p. 704). 예를 들어, 지리학은 지리학을 규정하는 원리들에 의해서 이루어지는 관계의 시스템이지, "지리학에 관여하는 요소들의 내적 본질에 독자성이 있는 것은 아니다"라는 것이다(p. 682). 이처럼 Bourdieu & Zanotti-Karp은 대상 자체가 구조적이어서가 아니라, 외재성(지식)을 내재화(마음)하는 습성을 기르고 실천하는 것이 학습의 원리라고 강조하였던 것이다.

정리하자면, 교육과정 인식론에서 '구조'의 문제는 교과 지식의 '논리적(logical)' 구조와 학습자의 '심리적(psychological)' 구조라는 두 가지 틀을 기반으로 논의가 이루어져왔다(Posner & Strike, 1974). 그동안 학습자의 심리적 구조에 대해서는 교육심리학 영역에서 많은 연구가 이루어졌지만, 교과 지식의 논리적 구조에 대해서는 많은 논의가 이루어지지 못한 채, Bruner의 개념에 의존해 왔던 것이다. 어쩌면 '나선형 교육과정'이 의미하는 바는 지식 그 자체가 구조를 가졌다는 것이 아니라, 지식을 학습하는 학습자의 마음속 선행경향성(advanced propensity)을 의미하는 것으로 이해할 수 있다. 결과적으로 지식에 대한 구조주의적 접근은 충분한 연구나 논의가 이루어지지 않은 채 관념적으로 학교교육 현장에서 쓰여져 왔다. 따라서 앞으로는 '지식의 구조'라고 하는 불확실한 개념에 얽매어 교과 내용들을 분류하거나 인위적으로 체계화하는 관습들에서 탈피하여, 지식의 유동적, 상황적, 관계적, 그리고 융합적 성격에 대한 연구가 필요하게 될 것이다.

(3) 경험주의적 인식론의 한계

논리실증주의와 경험주의는 과학 철학(과학적 사고)의 핵심적 인식론적 기반으로 지난 100년간 과학적 인식론의 절대적인 권위를 누려왔고, 그로 인해 학교교육(교과지식)에도 뿌리 깊은 영향력을 미쳐왔다. 여기서 경험주의가 감각(senses)적 경험에 의해 습득된 지식을 중요시했다면, Kant의 철학에 뿌리를 두고 있는 논리실증주의는 경험적 사실 뿐만 아니라 이성적 논증의 결과에 따라 진리로 판명된 지식도 수용할 수 있다는 입장만 다를 뿐이다(Uebel, 2013). 그렇다면 이 둘은 어떤 인식론적 한계를 가지고 있는가?

우선 논리실증주의는 1920년대의 오스트리아의 빈 대학에서 출발하여 1960년대까지 북미의 학계를 지배하였는데, 모든 (과학적) 학문 영역들에 걸쳐 공유가능한 근본적이고 최우선적인 과학적 합리성의 원리를 탐색함으로써 지식의 통일을 이룩하려는 태도로 정의할 수 있다(Hanfling, 1981). 하지만 논리실증주의의 권위는 2차 세계대전 이후의 자연주의 철학(모든 관찰가능한 결과는 자연적 원인이 존재한다는 관점)과, 귀납적 방법론이나 검증가능성(verifiability)에 대해 의문을 제기하였던 Popper(1970)의 비판 이후 쇠락하기 시작했다. 이러한 전환은 과학이, 논리실증주의자들이 주장처럼, 객관적 사실들의 축적 과정이 아니라, 과학 영역의 관념들과 연구 방식에 의해 구축된 틀(paradigm)이 질적 변화를 겪는 과정이라는 비판(Khun, 1962)에서 촉발된 것이었다. 즉, 한 시대의 과학적 사실들에 대한 믿음은 그 시대의 보편적 관념(즉, 정상 과학 철학)을 반영한 것일 뿐이라는 것이다. 이러한 비판 이후 과학적 지식의 권위는 큰 도전에 직면하게 되었고, 정상 과학(normal science) 철학을 대신하여 가설이나 이론에 얽매이지 않고 보다 개방적인 과학적 사고와 탐구방식을 지지하는 기술적 과학(descriptive science)이 등장하기도 했다(Grimaldi & Engel, 2007).

한편 경험주의는 Dewey의 진보주의 교육운동의 가장 핵심적인 이론적 및 철학적 기반으로 20세기 중반에 이르기까지 미국의 가장 영향력있는 교육이론의 역할을 해왔다. 비록 1960년대 이후 구성주의와 인지주의 교육이론에 의해 그 영향력이 크게 줄어들었지만, 여전히 학교현장에서 중요한 교육 원리로 활용되고 있다. 하지만 이제 경험주의에 대한 이론적 및 실천적 이해에 큰 변화가 필요한 시점이 되었는데, 그 이유를 다음 세 가지로 정리할 수 있다.

첫째, 과학기술과 정보통신 기술의 발전이 현대인의 학습, 생활, 그리고 소통의 방식에 근본적인 변화를 가져옴으로 인해 인간 경험의 형태와 성격에 큰 변화가 일어나고 있다. 인간 경험의 성격이 변화하는 양상에는 여러 가지 사례들이 있는데, 앞서 논의한 가상현실이나 증강현실의 등장에 따른 가상적 경험이 그 대표적 예이다. 즉, 오늘날 인간 경험의 상당한 부분이 과거와 같이 신체나 감각 기관의 직접적 접촉에 의해서만 일어나는 것이 아니라, 간접적, 비대면적, 그리고 가상적 방식을 통해 발생하게 된다(Markram, 2012). 이처럼 온라인 접속, 가상현실, 시뮬레이션, 사이버 세계 등을 활용한 게임이나 학습, SNS 활동, 재택 근무 등이 현대인의 일상생활을 상당 부분을 채워가고 있는 것이 현실이다.

둘째, 데카르트적 이원론에 기반한 전통적 인식론은 경험 주체와 경험 대상을 명확히 구분함과 동시에, 오직 인간을 유일한 경험의 주체로 간주해왔다. 그런데 그러한 경험의 주체인 '인간'에 대한 존재론적(인간이란 어떤 존재인가?) 및 인식론적(인간은 어떻게 사고하는가?) 관점들이 크게 변화하고 있으며, 이러한 존재론과 인식론의 이분법적 구분을 해체하는 존재인식론(onto-epistemology)들이 등장하고 있다(Kaiser & Thiele, 2014). 이 존재인식론은 한 마디로 데카르트적 마음-신체 이원론을 기반으로 사고의 주체로서의 인간(존재)과 사고 그 자체(이성)를 분리시켰던 기존의 서유럽 백인 엘리트 중심주의적 세계관을 거부한 생태페미니즘(일원론)적 세계관이다. 예를 들어, 인본주의적 주체(인간)–객체(모든 사물)의 이분법에서 '인간'은 이성과 존엄성을 갖춘 자율적이고 독립적인 주체로서, 주체성이 결여된 세상 만물을 탐색하는 존재로 형상화되어 왔다. 하지만 앞 장에서 객체지향존재론에 대해 설명한 바와 같이, 앞으로 인간의 경험은 인본주의적 관점에서 벗어나서, 세상의 많은 '비인간적' 존재들과 동등한 지위에서 관계망을 형성하며 상호의존적으로 살아가는 존재로서의 경험이 갖는 의미를 새롭게 이해할 필요가 있다(박휴용, 2019c).

셋째, 포스트휴먼 이론들(즉, 신물질주의, 객체지향존재론, 포스트현상학 등)의 등장은 인간의 경험을 새롭게 설명하는 신실증주의(new empiricism)적 관점을 요구하고 있다. 신실증주의는 Latour(2005)의 행위자망이론(Actor–network theory)을 기반으로 하고 있는데, 기존의 실증주의—즉 인간이 수립한 가설에 대해 "과학적 탐구(합리주의적이고 객관적인 자료수집과 검증)"를 통해 얻어진 결론은 진리로 수용할 있다는 믿음—와는 달리, 인간중심적 관점을 벗어던지고 "그냥 있는 그대로 묘사"(just go on describing)하는 태도를 기초로 한다(Krarup & Blok, 2011). 그러므로, 신실증주의적 관점에서의 '경험'은 인간의 관점이나 행위에 의한 결과의 차원에서 벗어나서 모든 사물들의 상호작용의 결과로써 해석되기 때문에, 다음과 같은 신물질주의적 견해들과 동조된다.

"물질이 우리로 하여금 지배적인 담론에 저항할 방법을 가르쳐주고, 새로운 존재의 방식을 보여준다"(Hickey–Moody, Palmer, & Sayers, 2016, p. 220).

신물질주의는 "물질이나 신체가 독특하고 독자적인 능동성(agency)을 가지고 있다고 인식하기 때문에, 직접적이든 우연적이든 상관없이 인간의 의도성(intentionality)의 결과가 아니라, 그(물질이나 신체) 스스로의 충동(impetus)과 경로(trajectory)에 의해 움직인다"라고 본다(Frost, 2011, p. 70).

신물질주의적 관점에서 주체성(subjectivity)은 인간만의 특질도 아니라 사물에게도 부여되기 때문에, "인간과 사물, 문화와 자연, 정신과 물질의 경계는 점점 희미해지게 되는" 것이다(Braidotti, 2006, p. 200).

즉, 신물질주의는 인간의 경험을 본질적으로 물질적 흐름으로 설명하고, 인간만이 경험의 주체가 아니라 물질도 능동성을 갖고 경험의 주체가 될 수 있다고 본다는 것이다.

이러한 주장이 인본주의적 관점에 익숙해진 우리에게 매우 낯설게 느껴질 수도 있지만, 그러한 관점의 실천은 인공지능, 로봇공학, 만물인터넷(Internet of Everything) 등의 분야에서 활발히 적용되고 있다. 그리고 신물질주의적 관점은 기술공학이나 정보통신 분야에서만 적용될 수 있는 것이 아니라, 인문학, 사회과학 등 모든 학문 분야에도 적용될 수 있다(Pierre, 2016). 예를 들어, 전 세계적으로 학습의 주요 목표나 내용들이 문해력이란 개념을 통해 제안되고 있는데, 이러한 문해력 개념 자체가 '언어'(적 능력 및 방식)가 인간 학습의 본질적이고 필수적인 통로라는 관념을 포함한다는 점에서 매우 인본주의적이다. 따라서 신물질주의의 관점은 학습의 방식을 문해력에 국한하는 것이 아니라 감각성(sensibility)의 차원으로 확대할 것을 요구하기도 한다(Phung, 2016). 마찬가지로, 언어는 인간 학습에 있어서 이성의 역할을 중시하는 로고스(Logos) 중심주의, 즉 서유럽중심주의적 세계관을 기반으로 하고 있고, 이는 감정의 역할과 감성 교육을 등한시하게 된 근본적인 이유였다(Chaffin, 2004). 따라서 최근 OECD가 강조하는 리터러시 교육의 목표들도 리터러시를 대신하여 감각성의 차원에서 재개념화하는 것이 신물질주의적 교육원리에 기반한 학습 경험이 될 수 있다.

요컨대, 20세기까지의 학교지식의 이론적 기반이었던 본질주의, 구조주의, 경험주의적 지식론에서 벗어나서 21세기의 기술적 변화를 통해 두드러지고 있는 지식 및 기술적 생태계에 부합하는 교육을 설계하는 것이 바로 포스트휴먼 교육과정이다. 즉, 포스트휴먼 교육과정은 기존의 본질주의, 구조주의, 경험주의적 이론의 틀에서 벗어나서 미래 교육에서 다루어져야 할 지식의 융통적, 연결주의적, 일원론적 성격을 대안으로 탐색하는 것이다. 물론 기존의 인식론에 대한 비판은 본고에서 언급하지 않은 행동주의나, 구성주의 등의 다른 인본주의적 인식론 및 학습이론들에도 동일하게 적용될 수 있을 것이다. 마지막으로 다음 절에서는 이러한 인본주의적 인식론에 대한 대안적 관점으로써 비대표성이론의 관점에 대해 살펴보도록 하자.

3) 탈인본주의적 인식론: 비대표성 이론

(1) 비대표성이론의 이해

비대표성이론(Non-representational theory)은 1990년대 중반부터 Thrift(1996, 1997, 1999, 2000, 2007)를 중심으로 논의되기 시작한 존재인식론으로, 인간의 관점으로 세상을 설명해 왔던 것들에 대한 반성적 성찰이다. 존재론적 측면에서 비대표성이론은 인간 우월성을 전제로 인간을 다른 실존적 존재들보다 우선시하는 인류중심주의적 응시(anthropocentric gaze)에서 벗어나는 것이 인류가 당면한 생태적, 환경적 문제들을 극복하고 기술중심 사회에서 잘 적응할 수 있는 태도라고 본다(Hultman & Lenz-Taguchi, 2010). 그리고 인식론적 측면에서 비대표성이론은, 인간이 어떤 모습을 띠면서 다른 존재들과 경험을 공유하고 있는지를 기존의 연구 방식-즉 발견, 해석, 판단, 그리고 이론적 구체화-과는 다르게 시도하고자 한다(Lorimer, 2005). 즉, 비대표성이론은 후기구조주의이론, 현상학, 실용주의, 생태페미니즘, 그리고 여러 사회학적 관점들이 다양하게 혼합되어 있는 실천지향적 존재인식론이라고 정의할 수 있다(Thrift, 2000).

(2) 비대표성이론의 탈인본주의적 성격

비대표성이론은 포스트휴머니즘의 기본 이론인 신물질주의, 객체지향존재론, 포스트현상학과 세계관을 다음과 같이 공유하면서, 기존의 존재론(인간중심주의)과 인식론(본질주의, 구조주의, 경험주의 등)의 대안적 역할을 할 수 있다.

가. 신물질주의적 관점

신물질주의적 관점에서 비대표성이론은 생기론적 철학(Vitalist philosophy)과 과정 철학(Philosophies of becoming)을 토대로 인간이 세상을 이론화하는 데에는 한계가 있다는 관점과 경험에 대한 과정적 이해를 수용한다(Dewsbury, Harrison, Rose, et al. 2002). 인간의 의식은 세상을 지각(perception)하기 위한 하나의 소소한 창에 불과하며 실재는 인간의 인지 범주 너머에 존재할 수 있으므로, 우리가 무엇을 경험했다고 말하거나 우리가 경험한 것도 충분히 말로 표현할 수도 없다는 사실을 받아들이는 것이다. 비대표성이론은 이처럼 인간 이성 및 언어를 기반으로 세상을 설명하고 이해하려는 태도에서 벗어남으로써, 인간 이성으로 설명되지 않는 체화된 삶의 양상들(신체적, 감각적, 일상적 모습들)을 이해하는 데 주목하고자 한다(Thrift, 2007). 이것이 바로 신물질주의를 수용한 비대표성이론의 관점으로써, 정신/신체의 이원론에서 벗어나서 인간의 이성적 사유와 감각적 경험을 분리하지 않기 때문에, 인간이 자연적, 그리고 기술적 생태계 속에서 다른 존재들과 어떻게 체화된 경험을 공유하는지를 탐구하고자 한다.

나. 객체지향존재론의 측면

객체지향존재론의 측면에서 비대표성이론은 모든 종류의 사물들이 다양한 공간 속에서 무의식적인 과정을 통해 지속적인 상호관계를 형성하고 끊임없이 조우하는 과정을 설명하는 이론이다(Thrift, 2007). 따라서 비대표성이론은 인간은 물론 어떤 특별한 존재의 주체성에 의존하는 것이 아니라, 모든 존재들의 공동 주체화(subjectification)를 목표로 한다. 이것이 바로 비대표성이론의 객체지향존재론적 윤리관으로써, 인본주의적 윤리관(인간 주체성에 기반하여 이성적이며 일관된 규범적 준거들을 내세워 개인의 선택과 책임을 강조하는 것)과는 다른 태도를 취한다(Thrift, 2003, 2007). 즉, 행위의 역량을 확장하는 것 자체가 윤리적 행위라는 Spinoza(1996)나 Deleuze(1988)의 철학과 유사하게, 비대표성이론은 인간 이성의 판단에 의해서가 아니라 다른 모든 '비인간적' 존재들이 가진 생동성을 바탕으로 새로운 삶의 형태를 구성할 것을 촉구하는 윤리이다(Thrift 2007). 따라서 비대표성이론은 인본주의적 태도를 기반으로 세상을 판단하고 이해하는 것(이론화)보다는 일상적 작은 행위들 속에서 인간과 모든 사물들의 공존적 관계성을 회복하는 것을 윤리적 목표의 핵심으로 여긴다.

다. 포스트현상학의 관점

비대표성이론은 사물과 함께 공진화하는 인간의 신체에 관심을 갖는데(Thrift, 2007), 이에 대한 현상학적 설명은 다음과 같다. 우선 비대표성이론은 인간의 신체는 세계(비인간적 사물들)과 분리될 수 없고, 세계와 끊임없이 상호작용함으로써 모든 비인간적 존재들과 물질적 관련성을 맺게 된다고 본다(Thrift, 1996)는 점에서 Merleau-Ponty의 현상학에 동조한다. 여기서 인간의 신체와 다른 모든 비인간적 사물들의 관계는 다양한 존재의 기술들(technologies of being: 지식, 도구, 사람, 판단시스템, 공간적 구조들의 혼성적 아상블라주)을 바탕으로 동등한 영향력을 갖는데(Thrift, 2007, 1997), 이것이 바로 인간 주체성(이성)과 사물의 객체성(신체)을 구별했던 데카르트적 관념론을 넘어서는 육체성에 대한 현상학적 이해이다(Cataldi & Cataldi, 1993).

(3) 탈인본주의적 소통과 학습

위와 같이 인간의 경험이 육체성을 통해 다른 사물들과 소통하는 방식은 다양한 이질적 네트워크와 연결들의 다중성(multiplicity)을 포함하고 있는데(Thrift, 1996, 2000), 그런 점에서 비대표성이론은 관계적 물질주의(relational materialism)라고 볼 수 있다. 이 관계적 물질주의는 "인간과 다른 비-인간적 존재들이 어떻게 세계 속에서 조우하고 있는지"에 관심을 갖고, 비인간적 존재들이 "인간의 배움과 되어감(becomings)에 영향력을 미치고 있는지"를 주목하고자 한다(Hultman & Lenz-Taguchi, 2010, p. 527). 그런데, 오늘날 과학 문명이 만들어낸 기술적 환경은 이러한 이질성과 다중성을 현실 공간뿐만 아니라 가상공간으로 확장하고 있고, 이에 따라 인간이 다른 사물들과 소통하는 방식에도 근본적인 변화가 일어나고 있다. 따라서 생태적 환경에서의 인간의 경험에 대한 기존의 현상학적 설명은 가상적 환경이나 기술 기반 환경에서의 경험을 설명할 수 있는 포스트현상학으로 확장될 필요가 있는 것이다. 예를 들어, 초고속인터넷과 스마트폰 등과 같은 정보통신 기술의 일상화로 인해 놀이와 학습의 명확한 구분이 공간성(학습 공간/놀이 공간), 시간성(공부 시간/노는 시간), 매체성(학습 도구/놀이도구), 현재성(온라인/오프라인) 등의 측면에서 사라지고 있다(박성익·김연경, 2006). 이러한 혼성성은 다음 〈표 7-2〉와 같은 기술적 변화에 따른 인간과 사물의 소통 방식의 변화에 영향을 받고 있기 때문이다(Thrift, 2007).

〈표 7-2〉 포스트휴먼 시대의 기술적 변화와 그에 따른 소통방식의 변화

기술적 변화	소통방식의 변화
횡적 네트워크, 링크스, 뉴미디어, 통신과 디자인의 결합	네트워크적 소통
터치스크린, 동작/맥락인식 인터페이스	인터페이스의 변화
유비쿼터스 컴퓨팅, 위치 태그의 일상화	유비쿼터스 환경
소셜미디어, Apps/Bots, 생체 인식, 신체측정술(biometry)	피드백기술의 혁신
로보틱스, 인공지능, 만물인터넷	사물의 능동성

위의 기술적 변화와 그에 따른 접촉(contact) 방식의 다변화가 보여주고 있는 것처럼, 오늘날 인터넷을 통한 검색, 빅데이타의 활용, SNS 활동, 방대한 정보를 담고 있는 웹문서, 유튜브를 통한 영상적 정보들, 스마트폰에 내재된 앱(Apps) 등은 우리의 생활과 학습의 방식들을 근본적으로 변화시키고 있다. 이는 오랜 진화적 역사를 가진 인간과 도구의 상호의존성이 기술사회에 걸맞게 적응됨으로써, 인간 속에 기술이 내포되고, 기술 속으로 인간성이 확장되고 있는 현실을 잘 보여준다. 결국, 자연성(생태), 문화성(인간), 기술성(기계) 간의 차이와 구별은 희미해지고, 그로 인해 자연스럽게 인간의 학습과 소통방식이 변화될 수밖에 없으며, 이러한 포스트휴먼적 환경에서의 인간존재의 의미와 경험을 새롭게 이해하기 위해선 비대표성이론(인간중심적 인식론에서의 탈피)과 더불어 포스트현상학적 관점(인간 경험의 본질에 대한 새로운 설명)이 필요하다는 것이다.

요컨대, 비대표성이론은 인본주의적 이원론에 의한 세계의 이해 방식을 거부하고(신물질주의), 인간과 사물들 간의 동등한 상호의존적 공생을 지향하며(객체지향존재론), 급변하는 기술적 환경에서 체화된 존재로서의 인간 경험의 본질(포스트현상학)이 무엇인지를 설명하고자 한다. 결국 비대표성이론은 세상에 대

한 개방적(open-ended) 설명을 시도하는 하나의 실험적 태도로서(Thrift, 2007), 기존의 인본주의적 인식론이 갖는 한계를 극복할 수 있는 중요한 교육적 존재인식론이 될 수 있을 것이다.

3. 나가는 말

1) 포스트휴먼적 인식론: 정리

기존의 교육과정 인식론이 인류중심주의적 세계관을 바탕으로 지식을 임의적으로 분류해 왔고, 인식 주체와 인식 대상의 이원론적 구별을 바탕으로 지식과 학습에 대한 제한된 관점을 지닐 수밖에 없었다.

첫째, 신물질주의는 신체와 정신의 이분법적으로 구별하지 않고, 물질의 능동성을 인정하며, 존재론적 문제와 인식론적 문제의 구분을 두지 않는다는 것이다. 따라서 지식에 있어서도 인문학, 사회과학, 자연과학과 같은 전통적 학문의 구분에 얽매이지 않는 인식론을 지향하며 그에 따라 교육의 주체-객체(대상)의 구별 없이 지식의 물질성(예 지식은 데이터로 전환되어 인간이나 컴퓨터나 동일한 방식으로 처리된다)을 수용하며, 교수 매체들의 능동적 역할에 주목하는 교육과정 인식론이 필요하다.

둘째, 객체지향존재론은 인류중심주의에서 벗어나서 인간과 다른 모든 비인간적 존재들이 네트워크적 관계로 이루어진 세계 속에서 동등한 역할을 수행한다고 본다. 따라서 교육의 목표도 인본주의적 목표에서 벗어나서 생태적 환경계 속에서 모든 존재들이 조화롭게 공존할 수 있는 방향성을 지향하게 되고, 이를 위해 학습자의 자아개념이나 교육적 수행에 대한 관점의 변화가 필요하다.

셋째, 포스트현상학은 최근의 과학기술적 환경 속에서의 인간의 역할과 그 경험의 성격이 기존의 현상학적 설명으로는 한계가 있다는 점을 인식하면서 출발한 것이다. 본고는 이러한 포스트현상학적 관점의 필요성을 가상경험, 피드포워드 이론, 그리고 뉴미디어의 등장을 통해 설명하였고, 오늘날 일상화된 정보통신 매체들에의 의존성을 고려할 때 포스트현상학적 관점에서 인간의 경험과 학습을 이해할 필요가 있음을 강조하였다.

2) 포스트휴먼적 경험(학습)과 인본주의적 경험의 비교

포스트휴먼적 경험과 인본주의적 경험을 비교하면, 다음 [그림 7-1]과 같다.

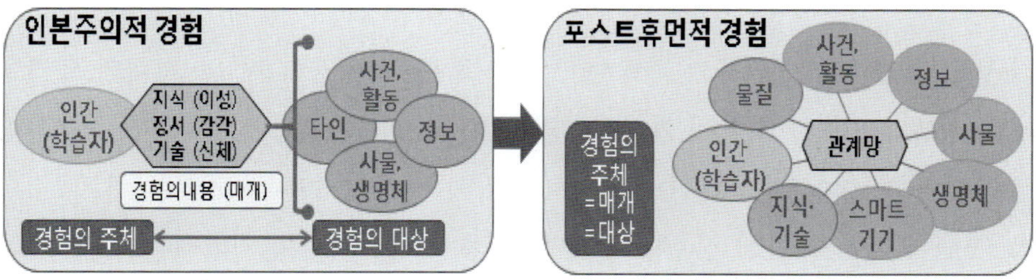

[그림 7-1] 인본주의적 경험에서 포스트휴먼적 경험으로의 변화 양상

인본주의적 경험은 경험의 주체와 매개, 대상이 분명히 구분되어 있는 반면, 포스트휴먼적 경험은 경험의 주체, 매개, 대상의 구분이 없이 모든 존재들이 능동성을 가지고 밀접한 관계망 속에서 상호교류하는 것을 경험으로 간주한다. 결국 위와 같은 포스트휴먼적 존재로서의 인간의 경험(학습)에 대한 대안적 이론들은 학교 교육과정에서의 지식의 본질과 성격에 대한 이해를 근본적으로 변화시키고 있다. 따라서, 다음과 같은 점들이 교육과정 인식론의 대안적 방향성이 될 수 있다.

첫째, 전통적 지식의 구분은 철학적, 인류학적, 그리고 사회학적 인식론의 모든 차원에서 인본주의적 자의성에 기반한 것으로, 포스트휴머니즘의 관점에서는 그러한 구분들이 신물질주의적이고 객체지향존재론의 차원에서 재구성할 것을 요구하고 있다. 예를 들어, 과거의 학교교육에서 지식의 체계화, 구조화, 연계성, 맥락성, 그리고 지속성을 강조했다면, 앞으로의 학교교육은 지식의 융통성, 개별성, 시의성, 탈맥락성, 그리고 순간성의 특징을 수용할 수 있어야 한다.

둘째, 학교 지식의 인식론적 근간이 되고 있는 본질주의, 구조주의, 경험주의는 모두 20세기의 인식론으로서, 오늘날 지식 생태계에서는 적합하지 않다는 것이다. 본질주의의 차원에서 보면, 최근의 교육과정이론이나 학습이론들은 문화적 본질주의(학교교육을 통해 배워야 할 근본적인 문화적 전승이 있다는 관점)나 인식론적 본질주의(인간 학습의 근본적인 인지적 과정에 대한 관점)와는 다른 다양한 관점들을 보여주고 있다. 구성주의의 차원에서도 지식의 논리적 구조나 학습자의 심리적 구조 등이 더 이상 설득력을 가질 수 없을 만큼 지식의 성격이나 학습의 메커니즘에 대한 새로운 이론들이 속속 등장하고 있다. 경험주의적 측면에서도 마찬가지로 최근의 가상현실, 피드포워드, 영상(감각)의 시대의 등장을 놓고 볼 때, 20세기 초반에 형성된 경험주의 및 실증주의적 철학과 이론은 그 설명력을 많이 상실하고 있다는 것이다. 따라서 지식정보사회의 등장과 인간 경험의 본질적 변화에 맞게 지식과 학습에 대한 새로운 이론적 기반이 필요하고, 그에 따라 교육과정 인식론의 새로운 논의가 요구되는데 포스트휴머니즘이 그 역할을 할 수 있다.

셋째, 인본주의적 인식론에 대한 대안으로서의 비대표성이론은 포스트휴머니즘의 주요 이론적 기반인 신물질주의, 객체지향존재론, 포스트현상학과 그 세계관을 공유하면서, 그동안 학교교육의 지식론에서 상식적 지위를 누려왔던 인본주의적 지식관에 대한 대안이 될 수 있을 것이다. 비록 비대표성이론을 기반으로 학교교육에서의 지식을 한꺼번에 교체할 수는 없겠지만, 실험적이고 전위적 시도만으로도 교육과정 철학, 인식론, 그리고 방법론의 차원에서도 의미 있는 논의의 장을 열어줄 수 있을 것이다.

CHAPTER

8 포스트휴먼 교육과정의 기본 원리

1. 포스트휴먼 교육과정의 기본 원리

인본주의적 교육과정과 차별화되는 포스트휴먼적 교육과정의 가장 기본적인 원리는 지식의 물질성(신물질주의), 학습자(who)−학습내용(what)−방법(how)의 통일성(포스트현상학), 그리고 사물의 역량 인식(객체지향존재론)이다.

1) 지식과 방법의 물질성

'춤추는 사람(dancer)'과 '춤(dance)'은 분리될 수 있는가? 근대 과학의 발전은 바로 춤추는 사람으로부터 춤을 분리해 내듯이 정신과 신체, 인식주체(학습자)와 인식대상(지식)을 분리해내는 과정을 기반으로 이루어졌다. 즉, 세계 그 자체에서 그것을 움직이는 원리를 추출해내고자 하는 것이 자연과학적 연구의 대부분의 목적이었다. 지식 자체와 지식을 갖춘 사람을 분리해 낼 수 없다는 것은 인식과 존재를 구분할 수 없다는 것과 같은 의미이다. 오늘날 학자들은 그렇게 모든 대상을 분리하고 해체함으로써 최종적인 원인, 세포, 유전자, 모듈 등과 같은 사물의 최소 단위에 다다르더라도, 결과적으로 숨은 원리를 찾을 수 없다는 사실을 깨닫기 시작했다. 우주의 작동 원리는 그 최소 단위에 있는 것이 아니라, 각 부분들의 연결성과 맥락성, 즉 전체성에 있었던 것이다(Hickey-Moody, Palmer, & Sayers(2016).

지식과 학습의 관계도 마찬가지이다. 지금까지 지식은 학습의 대상이고 학습은 지식을 형성하는 과정이며, 학습자는 그러한 과정을 주체적으로 수행하는 존재로 간주되어 왔다. 이러한 개념적 구분은 지식, 학습, 학습자 간의 관계성을 상호 간에 독립적이고 개별적인 것으로 인식한 데서 나온 것이다. 만일 지식과 학습, 그리고 학습자를 서로 분리할 수 있는게 아니라면 어떻게 될까? 지식(학습의 대상)과 학습(지식의 과정)이 분리되지 않음에도 불구하고, 지금까지 학교교육은 이 두 가지가 별도로 존재하는 것처럼 다루어왔다.

데카르트의 이원론적 세계관에 대한 근본적인 의문을 제기하면서 등장한 신물질주의는 정신과 신체는 근원적으로 하나라는 관점을 취한다. 물질과 정신이 하나일 뿐 아니라, 유기물(생명체)와 무기물(비생명체)도 근본적으로 교류되거나 통일될 수 있다고 본다. 그러므로, 인간의 사고는 두뇌 속에서 일어나는 생화학적인 반응을 통해서 파생된 결과일 뿐, 물질적 생성 과정을 뛰어넘는 어떤 초자연적 계시나 특성의 결과로 나타나는 것이 아니라는 말이다. 예를 들어, 신물질주의자인 Gough(2016)는 '학습자의 신체는 학습자의 의식이 도달하는 한계점을 지속적으로 재설정한다'고 주장한다. 이 말은 의식이 신체의 한계성을 재조정할 수도 있지만, 역으로 신체적 한계에 의식이 구속당할 수밖에 없다는 의미이다. 쉽게 말해, 몸이 구속되어 있거나 장소에 갇혀있다면, 그 사람의 사고나 상상력도 그러한 물리적 환경의 제한을 받을 수밖에 없는 것처럼 의식과 신체는 '상호 얽혀'있다는 말이다. 이것이 바로 정신과 물질, 인간과 사물, 그리고 유기체와 무기체의 아상블라주(assemblage)를 의미한다(Barad, 2003; Deleuz & Gatari, 1994).

포스트휴먼 교육과정의 이론적 기반이 되는 신물질주의는 지식과 학습의 매개(도구)뿐만 아니라, 학습자에 대해 관계성, 능동성, 정서성의 측면에서 인본주의적 관점과 다른 입장을 취한다.

첫째, 학습자(인간)과 학습 대상 및 도구(비인간적 존재)들의 상호의존성의 문제로써, 신물질주의는 인간만이 주체이고 비인간적 존재들은 객체(대상)라는 종속 관계성(relationality)에 대한 재고를 요구한다(Mulcahy, 2016). 예를 들어, 우리가 사는 세상은 물질적(사물적 조건), 생태-문화적(bio-cultural: 생태적 환경과 문화적 환경), 그리고 상징적(인류 문명) 힘들이 사회적, 정치적 실천들 속에서 상호의존적 관계(즉, 아상블라쥬)를 형성하고 있다는 것이다(Braidotti, 2013). 예를 들어, 학교교실 안에는 학생들의 신체들, 의자와 책상들, 조명이나 컴퓨터 매체, 공간적 환경들이 다양한 아상블라쥬를 형성하며 상호연결되어 교차적 결속(transversal bonds)을 형성하고 있다. 이러한 인간과 사물들의 복잡한 관계성 속에서 노마드적 존재로서의 학생들은 역동적인 자아의 변형과 교차성(transversality)을 경험하는 것이다. 이러한 관계성 속에서의 학습은 인간 학습자가 '주체적이고 체계적으로 지식을 구성한다'(즉, 구성주의적 관점)기 보다는 주변의 모든 사물들과의 복잡한 상호작용을 통해 사물들의 아상블라쥬적 관계성을 하나하나 인식해 나가는 것이다.

둘째, 인본주의 교육은 교육과 학습의 능동성을 강조하는데, 이는 인간 학습자에 대한 계몽주의적 신념에서 출발한 것으로, 인간만이 주체적으로 지식과 기술을 개발하는 능동적 존재라고 간주한다. 하지만 이러한 '능동성'의 관념도 자본주의나 신자유주의적 이념을 합리화하는 근거로 흔히 활용되고 있다. 예를 들어 '인적 자본'이란 용어는 자본주의가 필요로 하는 경제적 효용성을 극대화하기 위해 인간이 자원과 환경을 끊임없이 착취함으로써 생산성을 향상시키려는 자율적 역량을 강조하고 있다. 반면, 신물질주의에서 능동성은 인간만이 아니라 모든 사물들이 상호간의 관계성 속에서 자신의 역할을 수행하는 맥락적 물질성(contextual materiality)의 개념으로 이해된다. 사물들도 자신만의 내적 경향성과 역량(powers)을 가지고 있으며, 자율성(autonomy)과 생동감(vitality)을 가지고 그들의 유용성을 드러낼 수 있다(Shaviro & Patrols, 2006). 그러므로 인간은 자신의 필요뿐 아니라 사물들의 본성과 그들의 필요를 인식하면서, 단순히 사물들을 활용하는 것이 아니라 그들과 '함께' 수행해나가야 한다는 것이다.

셋째, 인본주의 교육은 학습의 결과로 인지 구조 혹은 사고의 변화나 신체적 기술이나 태도의 변화를 목표로 한다면, 포스트휴먼적 교육은 정서의 변화에 가장 큰 영향을 미친다. 신물질주의는 고도로 구조화된 사회적 상징의 힘들이 복잡하게 상호작용함으로써 인간의 신체적, 정서적, 인지적 측면에 영향을 미치면서 학습이 이루어진다고 본다(Braidotti, 2013, pp. 33, 34). 인간의 물질적 신체와 사물들이 상호작용하면서 어떤 존재로 되어가는데(becoming), 그 과정은 분명한 계획이나 절차에 의해서 예측한 바대로 이루어진다기 보다는 생성된다(immersing). Deleuze(1994)는 이러한 점증적 변화를 차연(difference)이라고 불렀고, 그런 변화는 노마드적이며, 물질적이고 정서적인 특징을 갖는다(Braidotti, 2013, p. 21). 예를 들어, 교육적 공간에서 교사와 학생 간, 학생들 간, 그리고 학생과 사물들 간에는 불평등한 권력 관계가 존재하고, 그러한 관계는 정서성(effection)에 영향을 미치는데, 내적 감정(emotion)과는 달리 정서(effect)는 외적이며 다른 존재들과의 교류를 통해 유동적으로 흘러다닌다. 그에 따라 학습의 효과는, 내적 학습이나 감정의 변화에 앞서 정서적 변화를 우선 유발한다(Hoogland, 1979). 이것이 바로 포스트휴먼적 학습이 정서에 미치는 영향이다.

요컨대, 포스트휴먼적 학습은 인간과 다른 비인간적 존재들간의 상호의존적 관계성과 동등한 능동성을 기반으로 하고, 정서성의 측면에서 큰 영향력을 갖는다. 이러한 원리를 극대화하기 위해서는 인간을 다른 모든 존재들보다 우위에 두는 '인류중심적 시선(anthropocentric gaze)'을 걷어내고, 모든 존재들에게 동일한 역할과 능동성을 기대하며, 정서적 효과에 더욱 관심을 가질 필요가 있다(Hultman & Lenz−Taguchi, 2010, p. 526).

2) 사물의 역량 인식

1990년대 후반부터 인문학이나 인간 과학의 분야에 '사물로의 회귀(return to things)'라는 흐름이 시작되었는데, 이 흐름은 기존의 실증주의적이고, 기호학적인(semiotic) 접근에서 탈피하여 사물을 있는 그대로 묘사하는 신물질주의적 문화

(new material culture)와 기술과학적(technoscience) 연구에 관심을 갖는 것을 의미한다. 이러한 접근은 '사물에 매혹됨(enchantment with things)'이라는 입장을 기반으로, 그동안 인간 행위의 수동적 수용자에 불과했던 사물들이 침묵을 깨고 자신을 드러낼 수 있게 하는 것(personification of things)이 목표였다. 이러한 접근이 갖는 의미는 사물들의 존재성과 안정성을 부각시킴으로써 사물을 대변하는 것이 결국은 이 생태계의 지속가능성을 보다 안정화시킬 수 있다는 판단 때문이었다(Domańska, 2006).

포스트휴머니즘은 위와 같이 인간과 사물 간의 기존의 관계성에 대한 해체(dis-orientation)를 바탕으로 한 객체지향존재론(OOO)을 이론적 기반으로 한다. 객체지향존재론은 모든 사물들이 기계적 관계성의 생태계(ecologies of machinic relations)에 속해 있다고 보기 때문에, 관계성(relations) 수립과 접촉(contacts)에 의해서만 사물을 이해하고자 한다. 일원론(monoism)에 기반한 Spinoza s 내재적 윤리학(immanent ethics)은 사물들은 인간의 사고나 인식과는 독립적으로 각자만의 독특한 관계성을 가지고 있다는 점을 강조한다(Atlan, 1998). 즉, 사물에 대해 이미 잘 알고 있다고 믿는 것은 근대주의적 오류이고, 사물들이 어떤 존재들이고, 어떤 가능성을 가졌는지를 아는 것은 인간의 능력을 넘어서는 것일 수도 있다는 것이다(Gasche, 2014). 그러므로, 인간과 사물이 서로 '같이 되어가는(becoming-with)' 관계라는 점을 인식하면서, 사물의 특성을 미리 예단하지 말고, 그들과의 관계를 재정향화할 필요가 있다는 것이다.

이러한 사물의 독자성을 인정하는 것이 객체지향존재론으로써, 인간을 포함한 모든 존재들의 주체성을 인정하는 철학적 관점이다. 그러므로, 세상은 인간과 비인간적 요소들이 네트워크적 관계성 속에서 상호작용하는 시공간인 것이다(Harman, 2015). 이러한 객체지향존재론의 관점을 수용하면, 포스트휴먼적 학습자로서의 인간의 역할과 가능성을 이해할 수 있다. 즉, 모든 비인간적 존재들과의 상호연관성에 기반한 관계망 속에서 상호의존적 활동을 통해 학습하고 공존하는 존재인 것이다. 예를 들어, 학교교육도 다음 그림이 상징하는 바와 같이 다양한 존재들의 협력망 속에서 이루어진다.

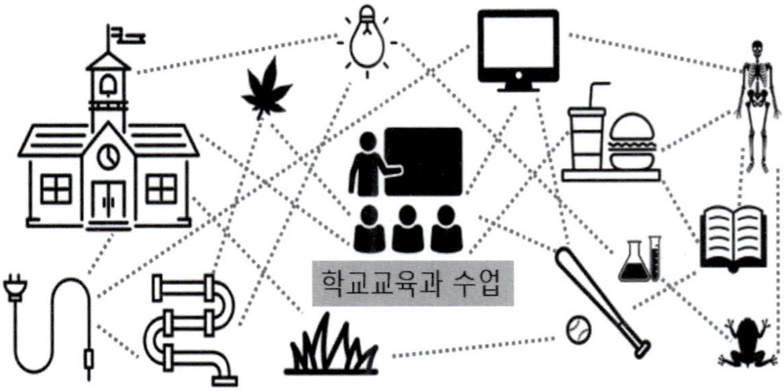

[그림 8-1] 학교교육을 구성하는 존재들과 그들의 상호연관성

위 그림이 보여주는 핵심주제는 세상은 하나의 총체적 관계망으로서 모든 존재들이 교육에 기여하고 있으며, 상호연결되어 있다는 것이다. 따라서 인간중심적 교육의 관념에서 벗어나면 물질주의적 존재론을 바탕으로 학습 환경에 영향을 미치는 다양하고 미발견된 '사물의 역량'에 보다 집중할 수 있다.

학습자–학습내용–방법의 통일성도 바로 이러한 사물의 능동성과 역량을 인식함으로 가능해진다. 아상블라주(Deleuz & Gatari, 1987)가 인간과 비인간적 존재들 간의 교차적 연결을 의미하듯이, 세상을 이해한다는 것(지식)은 학습자가 세상의 만물들과 관계 맺음을 통해 그들의 본질을 이해하는 것이다. 그런데, 이 관계맺음의 과정에서 사물들은 스스로 능동성을 가지며 다른 사물들에 영향력을 미치고, 영향을 미치는 대상에는 능동적 물질(agential matter)인 인간도 포함된다(Bolt, 2012). 그런 의미에서 Barad(2003)는 공간적 지형학이나 물질적 사물들이 학교 공간에서 일어나는 사회적 상호작용에 큰 영향을 미친다고 주장한다. 학습에서 사물의 역할의 중요성은 최근 Covid19의 확산을 통해 보편화된 비대면 수업의 필요성에서 나타나듯이 이미 교육공학이나 교수매체론에서 충분히 논의된 바 있다. 기존의 교육공학과 포스트휴먼 교육과정의 근본적인 차이점은 사물이나 매체들이 단순한 수동적 도구가 아니라, 4차산업혁명의 기술적 매체들이나 인공지능이 인간의 학습에서 주도적 역할을 하듯이 능동성을 가지고 학습의 공동 주체가 될 수 있다는 것이다.

3) 얽혀있음(entanglement)의 교육과정

우리는 너무나 오랫동안 휴머니즘적 존재관에 길들여져왔기 때문에 세상을 탐색하고 학습하는 주체로서의 '나'에 대한 인식을 거부하기가 어려울 수밖에 없다. 이러한 인식 주체인 '나'를 단순한 관계망의 일부나 하나의 데이터로서 수용하기엔 심리적인 저항감이 큰 것이다. 이러한 인본주의적 관념의 틀에서 벗어남과 동시에 사물을 단순한 도구 이상으로 보려는 교육적 전략이 필요한데, McKnight, Rousell, Charteris, Thomas, & Burke(2017)는 다양한 접근이 가능하지만, 우선은 "아상블라쥬-얽혀있음(entanglement)-잘게 썰기(mangle)" 등의 새로운 방법을 시도해보는 수밖에 없다고 말한다. 그렇다면 '얽혀있는' 교육과정이란 구체적으로 어떤 것일까?

첫째, 학습자-교육내용-방법 등의 구별을 허무는 신물질주의의 등장으로 교육과정이 소멸될 것이라는 견해도 있고(Gaztambide-Fernandez, 2015, p. 248), 머지않아 교사들이 수업을 설계할 필요가 없어지리라는 예상도 많다(Snaza, 2015). 즉, 교육의 물질성으로 인과관계, 교육의 의도성(intentionality), 순차성, 그리고 선형성(linearity)이 무의미해진다면, 그리고 물질에게 갑자기 생동성(vibrancy)을 얻게 된다면, 우리는 과연 어떻게 커리큘럼을 디자인할 것인가? (Bennett, 2010, p. xiii).

지금까지의 교육과정 문서들(설계들)은 인간의 교육적 의도를 재현해놓은 마음의 습관(habit of mind)으로써, 세상에 대한 지식에 우리가 이해할 만한 구조를 부여한 것일 뿐이다((Barad, 2003, p. 807). 즉, 교육과정 설계는 필수적인 교육의 요소가 아닌, 관습적이고 형식적인 의례(rituals)일 뿐이라는 것이다. 따라서, 수업에서는 그러한 관습적 양식들에 의존할 필요 없이, 다양한 지식의 형태적 양식(modality: 문자, 영상, 소리, 동작 등)을 다채로운 표현의 장르(음악, 시, 소설, 그림, 공작, 수행 혹은 몸동작 등)로 전환시켜 시도해 볼 수 있다. 예를 들어, 참신성을 지닌 신임 교사들은 자신의 전공 지식의 경험과 노하우를 교육과정의 틀(수업목표, 학습 방법, 성과 평가 방식 등)에 맞추어 기술하는 대신 자유롭게 학생들과 소통을 통해 공유해볼수 있을 것이다.

둘째, 포스트휴먼 교육과정은 학생들의 교육적 경험들의 수많은 가능성들을 다양하고 혼합적인 경로로 지도위에 표현해 놓은 것이다(Deleuze & Guattari, 1987). 포스트휴먼적 교사들은 심오한 아상블라주, 실험적인 사건들, 흥미로운 자극들을 학생들에게 제안함으로써, 교사들도 미처 상상하지 못한 경험의 경로들을 통해 '전례 없는 미래'(unrepresentable future)를 창조할 수 있도록 도울 수 있다. 미술 교육에서는 예술가들이 '물질적으로 분산된 작업(materially discursive: 다양한 맥락 속에서 물질들이 어떻게 산재하며 환경을 구성하고 있는지를 탐색하는 것)을 수행한다면, 사회 속에서 예술 활동과 그 작품이 어떤 상징적 의미를 갖는지를 파악할 수 있을 것이다. 예를 들어, 디자인 교육은 사물(도구)의 형태나 배치가 인간의 생활에 어떤 유용성(affordance)을 증가시킬 수 있는가를 이해하는 것이 중요한 목적 중의 하나이다. 미술 교육에서 그러한 예술의 심미성과 실용성을 다양한 경로를 통해 경험하게 하는 것이 포스트휴먼적 미술 수업이 될 수 있다(Salm, 2012).

셋째, 포스트휴먼 교육과정은 단순히 물질 역할을 활용가능성(affordance)이나 제한점의 차원에서 고민하는 것이 아니라, 어떻게 인간과 비인간적 존재들의 내적 상호작용(intra-act)을 통해 서로를 변혁시킬 수 있는가를 고민하는 것이다. 예를 들어, 물질, 에너지, 자원, 그리고 쓰레기들의 성질, 변화, 가공, 재활용 등을 고민하는 것은 과학 수업이나 기술(공학)수업의 주제가 될 수 있고, 그러한 물질의 특성과 인공물이 사회적으로 어떤 경제적 효과와 지정학적 파급효과를 가졌는가를 이해하는 것이 사회과(정치, 경제, 지리, 역사 등) 수업의 주제가 될 수 있다. 그리고 이러한 주제들에 관해 글을 쓰거나 토론을 하거나, 그림이나 음악으로 표현하는 것 또한 관련 교과 영역에서 중요한 학습주제가 된다.

이러한 포스트휴먼 교육과정의 방향성을 견지하기 위해서는 근본적인 학습개념의 변화를 필요로 한다. 기존의 인본주의적 지식관은 사회문화적(socio-cultural) 이론의 관점을 기반으로 하고 있었는데, 이것을 생태주의적 관점과 기술산업적 관점으로 변환시킬 필요가 있는데, 이를 한 마디로 사회물질적(socio-material) 이론이라고 부를 수 있다(박휴용, 2019). 사회물질적 이론에서는 인간(학습자)은 학습의 중심적이고 주체적인 존재라기보다는, 보다 커다란 시스템이나 네트워크적 구조에 속한 하나의 작용인으로서, 그 시스템의 물질성과 교호적 작용을 하는 존재로 간주되는 것이다(Edwards, Fenwick & Sawchuk, 2015). 이 사회물질적 이론을 간략히 개념화하면 다음 [그림 8-2]와 같다.

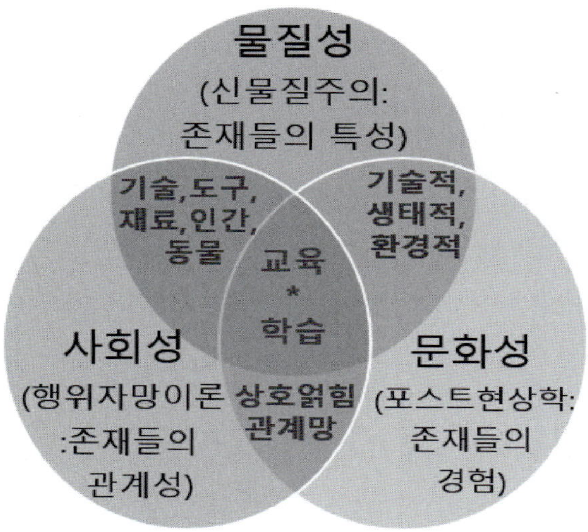

[그림 8-2] 사회물질적 관점의 구성요인

위 그림에서 보듯이, 지식에 대한 사회물질적 이론은 물질성(존재들의 특성), 사회성(존재들의 관계성), 그리고 문화성(존재들의 경험)이 내적 상호작용을 통해서 학습이 이루어지고 있음을 보여준다. 여기서 물질성은 도구나 기계 뿐만 아니라 인간에게도 적용되며, 사회성은 인간 사회뿐만 아니라 동물이나 기계들의 연결망도 사회성을 갖고, 문화성은 모든 포스트휴먼적 존재들이 경험과 그 행위들이 낳는 환경적 요인이자 결과를 의미한다. 미래의 학습은 과거와 같이 인본주의적 관점의 사회문화적이론으로 설명되는 것이 아니라, 인간-기계-사물의 경계를 넘어선 사회물질적 요인들의 영향력과 작용에 기반하여 설명되게 될 것이다.

4) 정서 기반 교육

포스트휴먼적 학습은 기존의 학습이 인지적(논리적 및 합리적 사고, 지식위주의 학습) 학습을 강조했던 것에 비해, 정서성에 기반한 학습을 중요시한다. 그 이유는 포스트휴먼적 학습은 인간의 모든 신체적 감각들과 물질적 요소들을 모두 학습에 개입하는 중요한 능동자(agent)로 수용하기 때문이다. 이러한 포스트휴먼 교육의 특성은 다음 그림과 같이 인본주의적 교육과 대조된다.

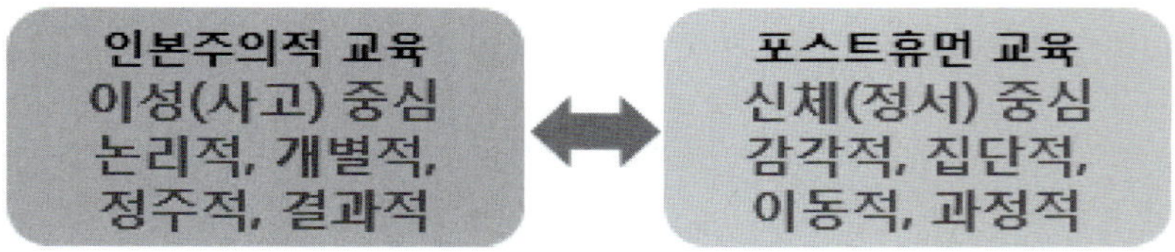

[그림 8-3] 이성중심 인본주의 교육 대 정서중심 포스트휴먼 교육

한마디로 포스트휴먼 교육은 신체(정서) 중심의 교육이고, 교육 활동도, 개별 학습자들이 가만히 앉아서 논리적 사고를 훈련시키고 교육의 목표(결과)에 집중하는 인본주의 교육이 아니라, 학습자들과 다양한 사물들의 네트워크 망 속에서, 활발히 이동하며 감각을 최대한 활용한 학습활동에 집중하며 그 과정에 의미를 부여한다.

위와 같이 신체적 감각(sensitivity)과 느낌, 감정(emotion)을 중시하는 정서 교육(affective pedagogy)을 통해 학습자는 자신의 신체적 감각을 활용하여 시간과 공간의 육체성(corporeality)을 경험할 수 있는 좋은 기회를 얻을 수 있다(Ellsworth, 2005). 즉, 정서적 경험은 신체적(somatic) 반응을 유발하기 때문에, 정서 교육은 이성을 훈련시키는 교육과는 달리, 신체적이고 감각적인 활동과 밀접한 관련이 있다는 것이다. 이러한 정서교육과 신체적 활동의 관련성은 신물질주의의 관점에서도 이해할 수 있다. 신물질주의는, 인본주의적 관점인 이성주의(rationalism)와는 달리, 인간이 물질적(환경적) 공간 속에서 정서적 반응을 보일 수 밖에 없으며(정서와 공간의 상호작용), 이러한 반응은 '끊임없이 진행된다'고 본다(Massey, 2005). 이러한 신체와 정서가 공간 속에서 상호작용하는 현상을 Massumi(2002, p. 1)는 "신체가 움직이며 동시에 느끼는 동작과 감각은 서로 겹쳐지고 공명하고 간섭하며, 상호 강화하고, 완전히 계량화할 수 없는 방식으로, 종종 예측불가능하게 인간의 행위 속에서 전개된다."라고 표현하기도 했다. 아울러 Truman & Springgay(2015, p. 155)는 "움직임과 느낌을 지속하고 있는 신체는 개방적이고 비결정적이며, 연결적이고 공동조성적인 특성을 갖기 때문에, 여러 존재들이 서로 얽히고 상호작용적 관계를 맺는 집합성과 상대성의 차원에서 이해하는데 도움이 된다."고 주장하기도 했다.

요컨대, 정서기반 학습은 기존의 인지기반 학습과는 달리 다음과 같은 특징적인 의미를 갖는다.

첫째, 정서기반 학습은 인지적 지식중심의 학습을 지향하고, 예술적, 창의적, 전인적인 경험을 목표로 한다.

둘째, 정서기반 학습은 포스트휴머니즘의 존재론의 기반인, 인간은 본질적으로 '공간적, 시간적 의존성의 망에 얽혀 있는 존재'이고(Haraway, 2008), 인간 뿐만 아니라 "살아있지 않은 사물들도 사회적, 물질적 네트워크 속에서 능동적 매개자로서 여겨질수 있다"는 말처럼 인간중심주의에서 벗어난 생태주의적 세계관을 기반으로 한 학습이다(de Freitas, 2012, p. 593). 생태주의적 세계관은 인간은 지구 생태계의 주인공이 아니라 일부분에 불과하며, 인간의 생존과 번영은 생태계 속의 다른 모든 존재들의 번영과 연계되어 지속가능성을 가질 때에만 의미를 갖는다는 관점이다. 정서기반 학습에서 이러한 생태적 태도가 중요한 이유는 정서가 인간의 동물적 특성이나 본능, 그리고 감정의 문제와 매우 밀접하게 관련되어 있기 때문이다. 따라서, 정서기반 학습을 기반으로 학습자는 신체적이고 감각적인 활동들을 통해 세상의 다양한 존재들과의 관계를 형성하고 그들과 상호작용하며 서로를 느끼고 체험하고 함께하는 경험들을 중요시하는 것이다.

셋째, 정서기반 학습의 학습의 동기, 끈기(grit), 자신감, 자아정체성의 형성과 밀접한 관계를 갖고 있으므로, 이러한 심리적 기재를 바탕으로 자기규제 학습(Self-Regulated Learning)의 원동력이 될 수 있다. 1970년 대에 처음 소개된 자기

규제 학습이란 학습자가 스스로 자신의 학습을 계획하고, 수행하며 평가하는 것을 가리킨다. 이 분야는 20세기말 역량기반 학습이 부각되면서 새롭게 조명받게 되었고, 디지털 기술의 발전으로 기술향상학습환경의 확대에 의해 자기규제학습이 활성화된 것이다. 그런데 이러한 자기규제의 개념이 지금까지는 인지적이고 명시적(explicit) 수준의 관리 차원에서만 논의되었다는 것이다. 즉, 효과적인 자기 규제를 위해서는 상위인지(metacognition), 자기평가, 학습환경의 개별화 등의 요인이 중요하다고 간주해왔다는 것이다(Persico & Steffens, 115-126). 하지만 최근의 심리학 연구들은 자기규제가 정서적 안정감, 자신감, 학습의 내적 동기, 끈기 등에 의해 훨씬 더 크게 영향을 받는다는 연구들이 부각되기 시작했다. 예를 들어, 학습의 가장 중요한 요인인 흥미(interest)가 인지적 요인에 의해서만 촉발되는 것이 아니라 정서적인 요인에 의해서도 촉발된다는 것이다(Peppler, 2013).

2. 포스트휴먼적 교육과정의 형태와 성격

1) 스펙트럼 교육과정(spectral curriculum)

교육과정은 기본적으로 크게 두 가지의 정의를 가지고 있다. 하나는 커리큘럼이란 용어가 그리스어 'currere'에 어원을 두고 있듯이, 학생들이 소정의 목적지에 도달하기 위한 과정(process)이나 그를 위한 경로(track)의 의미를 갖는데, 이는 교육과정을 학습자의 입장에서 이해하는 것이다. 다른 하나는 교육과정(教育課程)의 한자어가 보여주듯이 교육을 위한 단위(정程)를 부과(과課)한다는 의미로, 학교교육을 체계적이고 효율적으로 수행하기 위해 교육의 내용, 시간, 공간, 인원수 등의 단위를 책정한다는 의미이다. 그렇다면 포스트휴먼적 교육과정은 어떤 성격과 형태를 가지고 있는가?

인본주의적 교육과정과 다른 포스트휴먼적 교육과정의 방향성을 이해하기 위해 기억해야 할 몇 가지 중요한 개념들이 있다.

첫째는 시스템스 이론(systems theory)이다. 시스템이론이란 자연적이든 인공적이든 전체를 구성하는 부분들이 상호 간의 연관성을 바탕으로 상호의존적으로 작동하면서 전체 시스템을 작동시켜 나간다는 이론이다. 기계(Machine)의 사전적 의미에 시스템, 조직(organization)의 뜻이 포함되어 있듯이, 시스템 이론에 따르면, 자연(생태시스템: ecosystem), 사회적 조직이나 기관(social system), 기계(machine: engineered system) 모두 특별한 목적을 수행하기 위해 고안된 시스템들이다.

따라서, 학교도 체계적인 교육을 효과적으로 수행해나가기 위해 인적 요소(교수자와 학습자), 물리적 요소(건물, 공간, 시간, 교재, 매체 등), 내용적 요소(지식, 교수법, 교육과정 등)가 밀접하게 상호연관된 교육시스템인 것이다. 그런 의미에서 학교를 인류가 기성세대의 문명(지식과 기술)을 후속 세대에 효과적으로 전달하기 위해 개발한 인류학적 시스템(enthropological system)이라고 부르기도 한다(Snaza et al., 2014). 실제로 학생들도 학교라는 시스템의 한 일부이고, 학교교육의 평가도 다양한 형태와 규모의 시험 시스템에 종속되어 있다는 견해도 있다. 비록 그동안 학교시스템에서 '교육의 목적'이나 '자율성', '인권' 등의 관념들을 바탕으로 인본주의적 이념이 부각되어 왔지만, 실제로 학교교육을 움직이는 원동력은 시스템이론을 통해 훨씬 효과적으로 설명될 수 있다.

한마디로, 포스트휴먼 교육과정은 학교교육에 대한 시스템 이론의 관점을 수용하여, 그러한 시스템의 목적을 효과적으로 달성하는데 교육과정이 어떤 역할을 할 것인가를 고민하는 것이다. 이를 본 장에서는 포스트휴머니즘의 세계관, 인간관, 그리고 지식관을 토대로, 시스템 이론에 기반한 교육과정에 대한 이해가 필요하다는 것이다.

둘째, 지식의 성격과 형태의 변화이다. 현재의, 그리고 머지않은 미래 사회의 지식은 과거의 지식과는 큰 차이가 있기 때문에, 교육과정은 그 방향성에 주목해야 한다. 본 저자는 지식에 대한 기존의 관념들('지식의 저장', '지식의 구조,' '지식의 분류' 등)에 많은 오류가 있다고 보는데, 이에 대해서 다른 장에서 기존 학교지식이 토대한 본질주의, 경험주의, 구성주의적 입장에 대해 비판적으로 논의한 바 있다.

이러한 잘못된 지식관을 바탕으로 오랫동안 학교교육은 잘못된 수업의 방식을 유지해왔다. 예를 들어, 미국 실재주의 철학자인 Whitehead(1929)는 학교교육에서 다루어지는 '이해하지 못한 채 이루어지는 학습', '맥락에서 벗어나서 추상적으로 요약된 개념의 학습', '문제해결에 활용되지 못하는 지식,' '암기만되고 전이되지 못하는 지식'에 대해 비활성적 지식(inert knowledge)라고 비판하기도 했다. 요컨대, 머지않아 개인의 두뇌에 지식을 축적하는 시대는 사라지게 될 것이고, 학교교육에서는 정보의 탐색, 정보의 교류(공유), 정보의 응용/활용, 그리고 좋은 정보를 판단하는 능력 등을 기르는 것이 훨씬 중요한 과업이 될 것이다.

셋째, 교육과정의 목표는 지식만이 아니라 감정이나 정서, 태도 및 윤리, 그리고 기술(skills) 등의 영역들도 포함한다. 이 말은 교육과정이 지식의 문제(인식론) 뿐만 아니라 삶과 생활의 문제(존재론 및 가치론)을 포괄한다는 것이다. 그런데, 인본주의 교육에서는 이러한 문제들이 온전히 휴머니즘적 세계관을 기반으로만 이루어졌다는 것이 문제이다. 예를 들어 포스트휴먼 교육과정은 동물성(Animality)의 문제를 중요한 학습 주제로 포함할 것이다. 예를 들어, 문명(Civilization)이란 의미는 인간의 동물성을 제거하는 것으로 개념화되어 왔다. 사실 근대의 학교교육은 인간과 동물은 인지, 정서, 문화, 그리고 언어적 영역에서 근본적으로 차이가 있다는 신념을 전제로, 동물성을 배제하고 이성적 사유를 강조하면서 과학적 합리성을 기르는 것을 교육의 기본 목표로 삼아왔다. 이것이 인본주의 교육의 본령인 것이다.

하지만, 여러 과학적 연구의 결과들은 인간과 동물의 근본적인 차이에 대해 회의적인 시각이 대부분이다. 인간이 동물보다 지능이 더 뛰어나다는 것 외엔 정서, 문화, 언어 모두 인간만의 독자성을 주장하기 어렵다는 것이다. 예를 들어, 동물행동학(Ethology)은 인간-동물 간의 소통을 연구하는 분야로, 인간의 언어에 의존하지 않는다면, 인간과 동물은 소통이 가능하다. 이는 인간과 컴퓨터가 컴퓨터 언어(computer language)를 통해 소통이 가능한 것과 마찬가지 이유이다. 인공지능 기술이 더욱 발달한다면, 그리고 우리가 소통을 위해 '인간의 언어'만을 고집하지 않는다면, 머지 않아 세상의 모든 존재들과 소통이 가능한 시점이 올 것이다.

포스트휴먼 교육과정은 바로 인간 존재들만이 아니라 세상의 모든 존재들과의 소통의 가능성을 확대하기 위한 지식, 정서, 태도, 그리고 윤리의 문제를 포함하게 될 것이다. 이를 위해 우리에게 필요한 것은 다음 [그림 8-4]이 상징하는 바와 같이 세상 만물들이 '인간을 위해' 존재한다는 믿음에 대한 반성적 성찰이다. 오랜 인류의 역사 동안 그러한 '천부인권'의 관념이 식민주의의 정당화, 인간 내 차별(성별, 인종, 계급, 종교 등)의 정당화, 동물학대의 근거가 되기도 하였고, 유전자 조작에 의한 생태적 남용 등과 같은 인간 이기주의적 기술들을 정당화하는 근거가 되어왔다는 것을 기억할 필요가 있다.

[그림 8-4] 인간중심주의적 세계관의 개념도

정리하자면, 포스트휴먼 교육과정은 인본주의적 문명관(동물성 제거)이나 인간 우월주의가 아니라, 객체지향존재론을 바탕으로 한 모든 종들 간의 소통(cross-species)을 위한 지적, 정서적, 윤리적 태도를 기르는 데 집중해야 할 것이다. 그런 의미에서 포스트휴먼적 교육과정은, 기존의 지식관에서 벗어나 보다 광범위하고 포괄적인 주제(생태 지식, 환경지식, 과학적 지식, 언어학, 윤리, 기술 등)를 다룬다는 점에서 스펙트럼 교육과정이라고 부를 수 있다.

2) 횡단적 교육과정(Transversal curricula)

포스트휴먼적 교육과정의 또 하나의 성격은 모든 경계를 넘어 가로지른다는 것이다. 그런 의미에서 앞서 설명한 '단위를 매기는'(課程) 일로서의 교육과정은 21세기에 접어들면서 시효를 다했고, 포스트휴먼 교육과정은 혼연(渾然: 구별이나 차별 없는) 교육이 되어야 할 것이다. 이 '혼연'의 교육과정을 다음 몇 가지 개념적 꼭지를 통해 정리해보자.

첫째는 인적 자원의 혼연으로, 배우는 사람과 가르치는 사람, 학생 간의 구별(성적, 성별, 계층, 관심사, 능력차) 등에 얽매이지 않는 것이다. 인적 혼연은 학생의 역할(수동적 지식의 수용자)이나 교사의 역할(일방적 지식의 전달자)의 변화는 물론, 학생들 간의 역할 교류와 협력을 촉진할 것이다. 예를 들어, 협력적 글쓰기 교육과정(curriculum of collaborative writing)에서는 교사나 학생 구분 없이 특정 주제를 가지고 물질적(공간, 시간, 재료, 노동력 등) 자원과 정신적(아이디어, 주장, 논점, 장르, 표현력 등) 자원을 골고루 활용하여 글쓰기의 공동작업을 수행하는 것이다(McKnight, Rousell, Charteris, Thomas, & Burke, 2017).

둘째는 지식과 정보의 혼연으로, 교과 구분(subjects), 지식의 재현 양식(mode of representation: 심동적, 도상적, 상징적: Bruner, 1960), 지식의 전달 장르(genres: 교과서, 문학작품, 예술 작품, 언론기사, 논문, SNS 등)등의 경계를 넘나들며 지식을 체험하는 것이다. 기존의 교육과정 지식은 세분화하고, 단계화하고, 경계를 나누는 지식이 학습에 더욱 효과적이라는 믿음을 기반으로 이루어진 것이다. 하지만, 이러한 구분들은 구시대적 인식론적 관점에서 형성된 것이고 최근 자연과학뿐 아니라 사회과학 분야에서 이루어지고 있는 융합적 연구 결과들이 보여주는 통찰을 반영하지 못하고 있다.

셋째는 맥락성의 혼연으로 생태적(ecologic) 맥락 대 가상적(virtual) 맥락을 넘나들면서 학습과 경험이 이루어지는 것을 가리킨다. 기존의 학교교육은 생태적 세계의 물리적인 공간 내에서 대면적인 만남을 기반으로 설계된 것이지만, 정보통신기술의 급격한 발전 속에서 오늘날의 학생들이 경험하는 학습은 그러한 물리적 공간과 가상적 공간을 넘나들며 이루어지고 있다. 사실 학습은 생태적 공간(교실, 자연, 시장, 박물관 등) 내에서 정형적 도구(교과서, 볼펜, 칠판, 노트)에 의존하여 이루어지는 육체성(corporeality) 학습도 있지만, 가상적 공간(인터넷, 네트워크, 화상강의, 게임)에서 비정형적 도구(프로그램, 작업도, 알고리즘, 검색 엔진, 기계번역기 등)을 활용하여 이루어지는 비육체성(incorporeality) 학습도 있다. 그런데 최근 정보통신 환경은 학생들이 점점 더 육체성 기반 학습보다는 비육체성 기반 학습을 경험하거나 그러한 맥락에 더 익숙해지고 있다. 그러므로 포스트휴먼적 교육과정은 바로 생태적 공간에서의 육체성 기반 학습뿐만 아니라 가상적 공간에서의 비육체성 학습의 기회를 동시에 제공해 주는 교육과정이라고 이해할 수 있다.

위와 같은 교육과정의 세 가지 혼연성(인적 혼연, 지식의 혼연, 그리고 맥락적 혼연)에 대해 Barad(2007)는 한 단어로서의 '시공물질(spacetimematter)'이란 개념으로 표현하기도 했다. 즉, 아이슈타인이 시간과 공간의 구별 없이 우주를 움직이는 4가지 물리학적 힘의 법칙(강력, 약력, 전자기력, 중력)의 통합의 차원에서 대통일이론을 모색하면서 일반상대성 이론을 발표하였듯이, 시간, 공간, 물질이 서로 하나로 얽혀있는 상태가 '시공물질'이다. 이 시공물질이 우주를 움직이는 기본 원리인 것처럼 포스트휴먼적 교육과정은 '보이지 않는 엉클어진 손'이 교과 구분, 교수자–학생, 학생들의 배경이 갖는 경계를 넘어서 학교교육을 이끌어가려는 교육과정으로 비유될 수 있다.

Deleuze & Guattari(1994, p. 28)는 이러한 '모호하고 정리되지 않는 듯한' 교육과정이 갖는 함의에 대해 다음과 같이 강조한다.

첫째, 철학은 개념적 주사위를 던지는 것이고 이를 통해 개념 교육이 이루어지므로, 그것은 미리 결정된 것이 아니다. 우리는 학생들이 개념에 대해 무엇을 배우고 생각하며 어떻게 그것에 반응할지 결코 예단할 없다. 개념을 가르친다는 것도 마찬가지로써, 개념은 앞으로 다가오게 될 사건에 대한 윤곽선(contour), 개략적인 구조(configuration), 생각들의 집합(constellation)일 뿐이다.

둘째, 페다고지는 실체 없는 감각의 사건으로 교수학습의 육체적 경험을 통해 실현되는 것이다. 그것은 교사와 학생들의 수많은 경험이 소나기와 같이 내리기도 바짝 마르기도 하며, 그 정도가 심화되기도 약화되기도 한다.

셋째, 교육은 예측하거나 확정될 수 있는 것이 아니기 때문에, 실현의 즉시성(immediacy of actualisation)을 가진다. 교육이라는 '주사위 던지기'(dice rolling)는 즉시적 결정을 요구하게 마련이다.

위와 같은 Deleuze & Guattari의 비유들은 근대적 교육과정이 상정한 계획성, 체계성, 엄밀성이 얼마나 무모하고, 편견에 기반하며, 현실과 거리가 먼 접근인가를 깨닫게 해준다. 이러한 비판적 관점에서 포스트휴먼 교육과정은 '폭풍같은 교육과정'(curriculum of storms)이고, 교실은 '벼락치는 현장'(lightening site), 그리고 학습은 유레카(Eureka)의 경험이 될수 있다고 본다(Arakawa & Gins, 2002).

요컨대, 이러한 맥락 속에서 이루어지는 교육은 상이한 육체들과 정신들, 다양한 경험들의 연속, 그리고 끊임없는 유동성과 가로지름을 통해 학습이 생성될 수 있도록 조장하는 횡단적 교육과정이 필요할 것이다(Manning & Massumi, 2014).

3) 교육과정 너머의 접근(Post-curricular approach)

포스트휴먼 교육과정은 기존의 교육과정이 갖는 구조와 역할의 틀을 벗어나는 교육과정을 지향한다. 즉, 포스트-교육과정은 20세기의 교육과정에 대한 관념에서 벗어난 비가시적,, 비형식적, 비계획적 교육과정을 가리키는데, 이를 세 가지 측면에서 설명할 수 있다.

첫째, 학습 경험의 우연성을 인정하는 우연적 교육과정이다. 학교교육에서 학생들이 경험하는 가장 의미있는 순간 대부분은 우연한 사건들(chance occurrences)에서 일어난다(O'Donnell, 2013). 그리고 우리는 학생들이 학교에서의 수많은 경험들 속에서 어떤 존재들(교사, 친구, 교과 지식, 도서, 교수 매체, 교실 환경 등)과 의미있는 관계성을 맺게 될지 알 수 없다. 학생들은 능동적으로 움직이면서 모든 물질들과 개입하게 되는데, 그러한 경험들 속에서 우연히 혹은 필연적으로 변화가 일어나는 것이다. 그러므로 좋은 교육은 학생들이 학교에서 다양한 존재들과의 미묘한 관계성을 교육적이고 가치로운 일의 차원에서 형성하도록 꾸준히 조장하는 것이다.

문제는 교육이 미리 예측하여 기술되기 어려운 이질적인 환경에서 이루어진다. 교실의 분위기는 그러한 예측불가능성을 수용하고 놀라운 사건을 받아들이는 환경을 갖추는 것이고, 교사와 학생은 그러한 교육적 대면의 사건들을 거쳐나가야 한다. 그런 점에서 최근 역량중심 교육과정이 시도하고 있듯이 교사가 학생들에게 성취 지표에 집중하여 행동의 변화를 이끌어낼려고 하고, 사회적 역량을 평가하면서 기술-기반(skill-based) 접근을 사용하는 것은 큰 오류를 범하는 것이다(O'Donnell, 2013, p. 265). 따라서 교육 실천가의 역할은 그러한 사건의 가능성을 촉진하거나 그것을 통해 학생들의 변혁이 일어나도록 '눈에 보이지 않는 지형(invisible terrain)을 형성하는 것이다(O'Donnell, 2013, p. 281).

둘째, 중앙집중적이 아닌 분산적이고 관계적인 리조매틱(rhizometic) 교육과정이다. Deleuze & Guattari(1987)은 중앙 집중적 뿌리구조를 가지지 않고 사방으로 복잡하게 얽히고 설킨 뿌리식물(리좀: rhizomes)을 비유로 자연적, 사회적 존재들의 관계망을 설명한 바 있다. 이러한 리좀은 변이성(variation), 확장(expansion), 정복(conquest), 사로잡음(capture), 파지(offshoot) 등의 전략을 통해 성장해나감으로써, 조직화 메모리나 중심적 자동화의 기재 없이 탈중심화되고, 비위계적이며 비지향적으로 작동하는 시스템이다(p. 21). 이 리좀의 특성을 교육과정의 구조에 대입하면, 리조매틱(rhizometic) 교육과정은 기존의 R. Tyler(1949)식의 획일적, 합리적, 효율성 기반 교육과정과는 전혀 다른 운영의 원리를 가졌다고 볼 수 있다. 즉 리조매틱 교육과정은 학습 경험이나 효과가 학생-교사-지식-매체들 사이의 우연한 만남이나 관계맺음을 통해 생성(emergent)될 수 있고, 그 생성의 시점과 파급효과는 예측이 불가능하다. 학생들이 어떻게 비인간적 사물들과 연결되고 새로운 이해를 형성하는가를 살펴봄으로써 그들이 학교에서 어떤 경험을 하고 있는지를 판단할 수 있다.

셋째, 지식의 계열화와 학습의 순차성에 얽매이지 않는 비순차적 교육과정이다. 기존의 교육과정은 학생들이 교육 목표를 향해 학습내용을 조정하고 이를 체계적이고 순차적으로 배워나가는 경로를 설정하는 것으로 개념화되어 있다. 따라서 전통적인 교육과정에서는 특정 교과 지식을 학습의 순서에 따라 배열하고 그것을 학생들이 따라가도록 설계되어 있다. 하지만 이러한 교육과정의 위계성은 인터넷 연결망의 확산, 방대한 온라인 지식, 빅데이터과 인공지능의 등장, 사이버 학습의 일상화에 따라 이미 큰 도전을 맞이하고 있다. 예를 들어, 이러닝 학습시스템에서는 특정 교과의 내용에 접근하는 순서나 방법에 수십 가지의 접근이 가능하기 때문에, 융통성있는 학습 루트를 통해 다양한 방식으로 수업목표에 도달할 수 있다. 학습 자료(지식, 데이터)를 구성하고, 선별 및 편집하고, 학생들에게 제시하는 방식에 많은 가능성이 있기 때문에 그 순서도 매우 복잡하거나 융통성을 가질 수밖에 없는 것이다(Chi, 2009).

이러한 교육과정의 비순차성은 결국 포스트휴머니즘의 기저 이론 중 지식에 대한 신물질주의적 관점을 잘 드러낸다. 지식은 인간의 관념과 같은 순수한 정신적 실체만도 아니고, 인간의 이해를 벗어나서 객관적이고 가시적 형태를 가진 물질적 실체도 아니다. 그러므로 지식의 구조나 학습순서가 정해진 것이 아니기 때문에, 지식에 접근하고 경험하며, 그것을 이해하기 위한 접근법은 학습자나 환경에 따라 매우 다양할 수밖에 없다. 그러므로, 학습자는 자신의 관심사와 비인간적 사물들의 관계성을 지속적으로 매핑하면서 학습의 경로들을 개척해나가야 한다. 그 경로는 학교 공간이나 교사의 지도 범위에 국한되는 것이 아니라, 자신이 의미를 형성하는 방향으로 자유롭게 나아갈 수 있다. 이러한 접근법을 '교수법의 한 형태로서의 신물질주의'(new materialism as a form of pedagogy)라고 부른다(Reddington & Price, 2018). 그러므로 포스트휴먼 교육과정은 이러한 지식에 대한 비순차적 접근을 허용하고, 생태적 학습(오프라인)을 통해서든 가상적 학습(온라인)을 통해서든 학생들이 각자 취향과 수준에 맞게 선택적으로 학습하는 것을 장려할 필요가 있다.

요컨대, 인간의 경험은 하나의 위치에 고정되어 발생하는 것이 아니라, 항상 다중성(multiplicities), 사건들(events), 사례들(occasions), 감정들(feelings), 그리고 만남들(experiences) 속에서 이루어진다(Whitehead, 1978). 따라서 그러한 다중성과 복잡성에 기반한 존재들의 만남을 기반으로 한 학생들의 학습은 우연적이고, 비순차적이며, 리조매틱하다는 것을 이해하는 것이 필요하다. 그것이 바로 포스트휴먼 교육과정이 지향하는 '교육과정 너머의 접근이다.

3. 포스트휴먼적 교육에서의 평가

1) 포스트휴먼적 평가의 개념적 기반

고대 그리스의 철학자(Plato, Aristotle)로부터 중세와 근대(Rousseau, Kant)를 거쳐 현대의 교육사상가(Dewey)에 이르기까지, 오직 인간만이 교육의 대상이 될 수 있다고 여겨져왔다(Snaza, 2013). 따라서 교수자나 학습자도 모두 인간이고, 인간만이 주제성과 능동성을 가지고 학습을 수행할 수 있고, 다른 존재들은 그 학습의 대상이나 도구로 간주되었던 것이다. 그러나 포스트휴먼적 학습에서는 ' 학습자'나 '교수자'의 구분을 대신하여 탐험가(explorer), 소통가(communicator), 응용가(applicator) 등의 용어를 통해, 교사와 학생의 역할의 벽을 허물고, 교과서 속에 갇힌 지식을 일방적 수용하는 학습을 거부한다. 교수법(pedagogy)의 문제도 마찬가지로, 포스트휴먼적 교수법은 학습을 인간의 삶이나 물질적 세계와 분리하여 생각하지 않는다(Doyle, 1992). 기존의 교육과정에서는 배워야 할 지식을 결정한 후, 그에 따라 자연스럽게 학습방법을 결정하였기 때문에, 교수법은 지식 자체를 전달하는 목적으로, 평가는 관련 내용의 기억을 확인하는 식으로 이루어졌다.

포스트휴먼적 교수법과 평가는 다음과 같은 방향성을 갖는다(Sorensen, 2018).

첫째, 포스트휴먼적 평가는 사물의 능동성을 주목한다. 즉, 자연/문화, 그리고 인간/비인간의 경계를 넘어서 사물의 물질성이 교수법과 평가에 어떤 의미를 가져다줄지를 탐색하는 것이다. 교육은 인간-비인간의 구분없이 세상의 모든 만물들이 지속가능성을 가지고 공존하기 위한 태도를 체득하는 것이다. 그러한 접근의 하나로 Chen(12012)은 동물성 척도(animacy acale)이라는 개념을 제시하면서 능동성이나 동물성이 이분법적인 것이 아니라 정도의 문제임을 강조한다. 이 개념을 통해 어떻게 비인간적 존재들을 인간의 학습에 참여하거나 영향을 미치고 있는지를 탐색하고자 하였다. 이를 위해서는 학습과 평가에 대한 인본주의의 편견에서 벗어나서는 것이 우선되어야 한다.

둘째, 포스트휴먼적 평가는 추적(tracing) 활동이다. 한 개인의 역량과 잠재력을 파악하기 위해 검토하는 문서가 이력서인데, 이력서는 지금까지의 학습과 근무의 경험이 총망라된 기록이다. 이력서가 서양어로 *resume*(경력의 요약), *curriculum vitae*(지난 교육적 및 직업 경력의 분류)로 표현되는 것과 같은 맥락에서, 평가는 학생의 학습경험의 경로를 추적하는 것이 가장 중요하다. 예를 들어, 평가의 주요 자료로 널리 활용되고 있는 포트폴리오도 개인의 학습 활동이나 업무 활동, 그리고 이력을 추적하여 체계적으로 정리한 것이다.

학생들의 학업성취나 업적을 디테일하게 추적하기 위해서는, 평가자(교사)의 판단이나 직관으로만 되는 것이 아니라, 학생들 개개인의 학습 과정을 꼼꼼히 리뷰할 수 있는 각종 매체(컴퓨터, 촬영도구, 평가 프로그램, 로그기록부)의 도움이 필수적이다. 학교교육에서 지금까지 시험(지필고사)에 의한 평가에 의존했던 것은 상대평가의 수월성 때문이기도 하지만, 평가를 위한 도구나 매체들이 충분히 개발되지 못했기 때문이기도 하다. 정보통신 기술의 발전과 평가 이론의 발전으로 인해 평가는 교사에 의해서만 이루어지는 것이 아니라, 다양한 기술적 도구들을 활용한 학습자의 자기 평가나 인공지능 프로그램에 의한 평가들도 속속 등장하게 될 것이다. 결국 꼼꼼하고 체계적인 추적을 위해서는 테크놀로지의 활용이 필수적이므로, 교사가 어떻게 기술적 도구들을 효과적으로 활용하는가도 평가의 중요한 요인이 될 것이다.

셋째, 평가는 매개의 활동이다. 즉, 교수자는 학습자와 학습 내용 사이를 매개(mediation)하는 사람이고, 평가자는 학습자와 학습 결과 사이의 매개자((mediator)이다. 그런데 이 매개는 중개(mediatory)와 매개(mediation)로 나누어진다. 중개는 두 행위자를 단순히 연결하는 역할을 하는 것이고, 매개는 단순한 연결이 아니라 수신자에 영향을 미치는 역할을 한다(Latour, 2003). 따라서 교사의 역할은 단순한 지식의 중개자가 아니라, 학습의 매개자이자 평가의 매개자가 되어야 하는 것이다.

기존의 평가에서 교사들은 단순한 중개자의 역할을 수행하였다. 행정적으로 교사들은 성적을 부여하기 위한 객관적인 상황(예 필기시험)을 제시하고, 그 결과를 그대로 성적표에 옮기는 역할을 했던 것이다. 만일 일부 교사가 평가에서 보다 적극적인 매개자 역할을 수행하고자 하더라도, 치열한 입시 전쟁과 같은 경쟁교육 시스템 속에서 교사가 평가를 매개하는 것은 '객관성'을 담보하지 못한다는 우려로 인해 매개자의 역할을 수행하기 어려웠다. 따라서 포스트휴먼적 평가에서 교사가 매개자의 역할을 효과적으로 수행하기 위해서는 다양한 환경적, 매개적 도구들을 활용할 필요가 있다. 예를 들어, ANT이론에 따르면, 다양한 인적 연결망(교사학부모위원회 PTA), 제도적 연결망(학부모 청원, 교육청 민원 등), 기술적 연결망(Nais 시스템, 인공지능 평가 시스템, 빅데이터 활용)을 활용하여 교사의 주관적 판단에 의존한다기 보다는, 다양한 교육의 행위자들의 평가에 시스템적으로 공동개입하는 환경을 구축하는 것이다.

넷째, 포스트휴먼적 평가는 전환(translation)의 활동이다. 전환이란 개념은 학습을 통해 지식을 생성한다는 것을 개인이 인지작용에 대한 심리학적 설명으로 접근하지 않고, 사회문화적이고 사회물질적 활동의 차원에서 설명하려는 것이다. 즉, 학습이란 사회적, 물질적 네트워크 망속에 존재하는 학습자가 자신의 활동 영역의 시공간을 점차 확장해 나가면서, 네트워크 속의 다른 존재들과 상호작용하며 시스템에 대한 이해를 넓혀나가는 것이다. 학교라는 시스템의 예를 들면, 학습은 교육과정에 의해 준비된 학습 목표와 내용을 교사, 교과서, 교육매체, 동료학생, 학부모들과 함께 다양하게 경험하고, 그 결과로 나타나는 학업성취를 평가하고 점검하는 것이다. 이러한 평가의 과정에서 전환의 역할은 다음 그림과 같이 나타낼 수 있다.

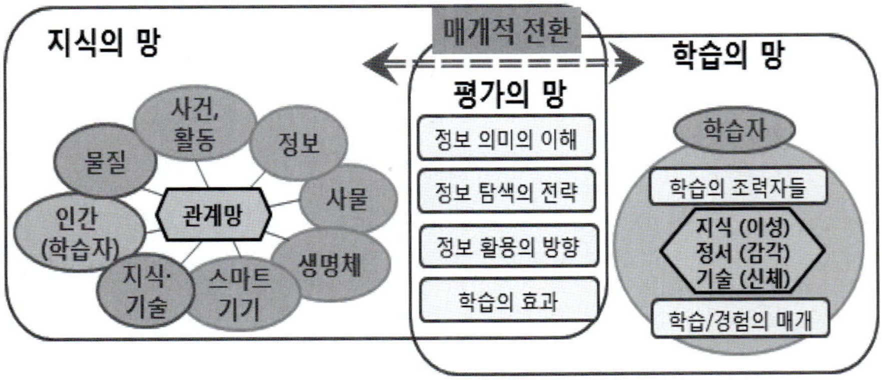

[그림 8-5] 지식의 망과 학습의 망 사이의 전환 역할로서의 평가

위 그림을 간단히 설명하자면, 평가란 세상의 수많은 존재들에 대한 이해인 지식의 관계망을 학습을 위한 조력자들과 학습의 매개, 그리고 학습의 내용으로 이루어진 학습의 관계망 사이를 적절하게 전화하는 것이 바로 평가의 역할이라는 것이다. 이 개념도는 기존의 평가가 시간적으로 학습의 종료 후에 그 성과를 판단하는 차원에서 이루어진다는 관념과 전혀 다른 개념이다. 즉, 평가는 학습의 결과를 확인하는 과정이 아니라, 학습자가 지식(정보)의 의미를 이해하는지, 정보 탐색의 적절한 전략을 채택하는지, 정보 활용의 방향이 어떤지, 그리고 그러한 학습의 효과는 어떠한지를 점검하면서 촉진하는 과정이라는 것이다.

2) 포스트휴먼적 평가로의 변화: 기술 기반 평가

(1) 미래 평가의 방향성

미국의 가장 영향력있는 교육평가기관인 ETS(Educational Testing Service)는 미래의 평가의 방향성을 바꾸게 될 두 가지 근본적인 변화에 대해 지적하고 있다. 하나는 지식의 본질과 그에 대한 인간의 접근 방식이 크게 변하고 있다는 것이고, 다른 하나는 과학적 정보가 질적으로나 양적으로나 디지털화되어 전산적 교류(electronic exchange)가 이루어지고 있다는 것이다. 이에 따라 평가의 관점과 평가의 책무성(accountability)과 타당성(validity)의 틀이 변하고 있는데, 그 성격은 크게 다음 세 가지로 요약되고 있다.

i) 대규모의 인원을 대상으로 표준화 방식(standardized)의 평가를 통해 기초 지식(the basics)을 평가하던 방식에서, 보다 소수의 학생들을 중심으로 광범위한 역량을 평가하는 방식으로 전환되고 있다는 것이다(Bereiter & Scardamalia, 2012; Cauce & Gordon, 2012; Armour-Thomas &Gordon, 2012; and Baker, 2012). 이러한 평가가 가능하기 위해선 교수, 교육과정, 그리고 평가가 통합적으로 운영되면서 학생들이 기초적 지식의 습득을 넘어 지식이 다양한 맥락에 적용되는 과정을 평가할 수 있어야 한다.

ii) 일반적이고 보편적인 학생들을 대상으로 한 평가에서 특별한 성격을 가진 학생들(장애, 언어 소수자, 특별 재능 보유자, 과잉행동아, 학교부적응학생 등)을 대상으로 한 평가가 확대되어야 한다는 것이다(Hakuta, 2012; Thurlow, 2012; and Boykin, 2012). 이를 위해선 그러한 다양한 성격의 학생들에 적합하게 평가의 표준이나 준거가 다양화되어야 할 것이다.

iii) 다양한 학생들의 교수, 학습, 평가의 과정을 세밀하게 추적하는 보다 진보되고 정교화된 평가 시스템을 개발하기 위해선 그러한 데이터를 수집하고 효과적으로 처리할 수 있는 평가 매체들의 기술적 혁신이 필요하다(Hill, 2012; Chung, 2012; and Behrens & DiCerbo, 2012).

위와 같은 평가의 변화 방향성은 지식의 본질적 변화와 평가 자료의 디지털화라고 요약할 수 있는데, 본 저자는 여기에 탐문적인 평가의 중요성을 추가하고자 한다. Gordon(2013)은 탐문적인 평가(inquiring assessment)의 중요성을 강조하면서 그것이 다음 세 가지 원리를 기반으로 교수학습의 상호작용 속에 내재되어야 한다고 보았다. 첫째, 독립적으로 이루어지는 평가를 대신하여 시간적으로 교수학습 과정 상에 분배되어 이루어지는 다중적이고 다양한 방식의 평가 기회가 제공되어야 한다. 둘째, 평가는 탐문(inquiry), 교수, 그리고 매개의 도구들을 기반으로 통합되어야 한다. 그리고 셋째, 평가를 위한 데이터가 풍부한 기술을 포함되어야 하고, 그 활용이 행정적 목적과 학생 발달적 목적으로 구분될 필요가 있다. 교사는 이러한 데이터를 진단적 방식(diagnostically)과 처방적 방식(prescriptively) 두 가지의 차원에서 해석할 수 있어야 하고, 심리측정가들이 실제적인 교수학습의 상호작용에서 나온 데이터를 여과하여 책임감있게 평가에 반영할 수 있어야 한다는 것이다.

요컨대, 앞으로의 교육평가의 방향은 지식의 본질적 변화(평가의 내용)와 평가자료의 디지털화(평가의 매체), 그리고 탐문적 평가를 중심으로 한 과정평가(평가의 전략)가 핵심적 요인이 될 것이라는 것이다.

(2) 기술 기반 평가의 등장

그렇다면 디지털 기반 평가는 구체적으로 어떤 것인가? 디지털 기반 평가시스템의 특성에 대해 Behrens and DiCerbo(2012)는 다음 세 가지 점을 강조한 바 있다: 즉, 디지털 기반 평가 시스템은 첫째, 학생들이 컴퓨터를 활용하여 대량의 세밀한 데이터를 다양한 원천으로부터 정보를 저장하고, 처리할 수 있는 역량을 갖추어야 한다. 둘째, 학습자와 디지털 환경 속에서의 학습자의 활동에서 나타나는 새로운 형태의 데이터를 처리할 수 있도록 디지털 기술을 개발해야 한다. 그리고 셋째, 디지털 기술들을 활용해 수집한 데이터를 관찰하고, 패턴을 파악하고, 그 데이터를 바탕으로 추론할 수 있도록 시각화하거나 세밀하게 가공할 수 있어야 한다는 것이다. 이러한 새로운 기술적 환경을 바탕으로 한 평가시스템이 컴퓨터를 활용하여 학습하는 학생들의 학습의 양상을 제대로 평가할 수 있다는 것이다.

아울러 디지털 기반 평가는 다음과 같은 다섯 가지 특성을 지닌 평가가 될 것이다(Chalk, 2019).

i) 총체적 측정(holistic measurement): 기존의 평가방식으로는 확인하기 힘든 학생들의 수행(고차원적 사고, 대인관계 발달, 문제해결 능력, 그리고 심오한 학습 등)의 큰 그림을 확인하는 것이다. 예를 들어, 개방형 시범(pen–ended demonstration)이나 프로젝틀 기반 학습(project–based learning)이 대표적 예인데, 이러한 학습의 가장 중요한 특징이 학생들이 자신의 학습

의 주체가 된다는 것이다.

ii) 지속적 평가(continuous testing): 이는 은밀한 평가(stealth assessments)라고도 불리우는 것으로, 평가가 교실 활동에 자연스럽고 방해하지 않는 방식으로 녹아져 있는 것이다. 이를 위해 학생들의 활동들을 관찰하고, 수업에 대한 반응을 모니터하며, 학습 목표를 향해 나아가는 과정을 규칙적으로 확인하여 교수활동을 수정한다.

iii) 실시간, 데이터 기반 통찰(real-time, data-driven insights): 학생들이 학습 소프트웨어에 반응하는 과정을 모니터해서 나온 데이터들을 분석하여 학생들의 학습 과정에 대한 의미있는 통찰력을 이끌어내는 것을 말한다. 이를 위해서는 인공지능 알고리즘을 활용한 자동분석 툴들이 필요하고, 교사들은 그렇게 수집된 엄청난 데이터를 실시간으로 분석한 결과를 참조하여 학생들의 학습을 개선하기 위해 필요한 사항들이 무엇인지 판단한다. 이러한 데이터 수집 작업을 컴퓨터가 대신 해주기 때문에, 교사는 수업 내용에 더욱 집중할 수 있게 된다.

iv) 맞춤형 학습(tailored learning): 기술적 도구의 도움으로 학생 개개인이 교실에서의 수행이나 평가 결과에 대한 데이터를 많이 추출할수록, 교사는 교실의 상황에 대해 추적할 수 있을 뿐 아니라, 개개 학생들이 어떻게 성장해가는지 이해할 수 있다. 맞춤형 학습에 최적화된 평가가 바로 적응적 검사(adaptive testing)로서 교사는 학생들의 지식(학습) 수준을 실시간으로 확인하여 반응할 수 있다.

v) 평가 방식의 변경(shifts in scoring): 이미 뉴욕이나 실리콘 벨리의 몇몇 학교를 중심으로 계량형 평가가 아닌 서술형 평가가 시도되고 있다(Pisa, 2018). 서술형 평가를 위해서는 질적 수준을 평가할 수 있는 몇 가지 준거(criteria)를 중심으로 시범보이기(demonstration)나 프로젝트기반 학습을 수행하면서 기존의 필기 시험을 대체하고자 한다.

(3) 기술 기반 평가의 실제

1938년 IBM은 IBM805라는 채점 기계를 처음 발명하였는데, 우리들에게 익숙한 선다형 시험의 답안지에 연필로 체크한 내용을 광학적 스캐닝을 통해 정오답을 판별하는 방식이 그것이다. 당시 이 채점 기계는 인간의 채점방식보다 10배 빠르고 정확도도 뛰어나다는 점을 강조했었다. 하지만 빅데이터 및 인공지능 관련 기술들이 놀라운 속도로 발달해가고 있는 현재 그러한 기술적 발전을 교육 평가에 적용하는 방안에 대한 많은 논의가 진행되고 있다. JISC(2000)은 디지털 기반 평가가 다음 〈표 8-1〉과 같은 다섯 가지 평가상의 장점-실제성(authentic), 접근성(accessible), 최적자동화(appropriately authomated), 지속성(continuous), 그리고 확실성(secure)-을 촉진할 수 있다고 주장한다.

〈표 8-1〉 기술 기반 평가의 핵심 요인들의 개념과 사례

특성	개념	기술적 도구(툴, 웹
실제성	학습자가 배우고자 하는 학습이 미래 직정의 필요에 부응하여 보다 실제적이고 맥락적이며, 동기유발된 방식으로 이루어지도록 도와준다는 것이다.	PeerWise (https://peerwise.cs. auckland.ac.nz) Pitch2Peer (pitch2peer.com) Peergrade (peergrade.io WebPA (https://webpaproject.lboro.ac.uk
접근성	장애나 취약성을 가진 어떤 학습자라도 그들의 최대한의 가능성을 발휘하는 것을 목표로 평가를 설계하는 것이다.	소리-텍스트 변환기 화면 읽어주기(screen readers) 음악점자생성기(refreshable braille) 음성 비서(voice control software) 음성 합성기(speech synthesis) 기계 자동 번역기
최적 자동화	교사의 채점 및 피드백 업무를 경감하고 학생들에게 보다 빠르고 구체적이며 좀 더 실천가능한 피드백을 제공해주는 것을 의미한다.	즉석 채점 및 피드백 적응적 비교 판단 툴 (Adaptive comparative judgment: ACJ) AI 글쓰기 교사(ecree.com)
지속성	실천의 기회와 자신의 과업을 회고해볼 수 있는 기회를 최대한 제공하여, 학습자가 세상의 변화에 적응하고, 평생학습자로서의 학습 역량을 갖추는 것을 의미한다.	학습 분석: 'Quantified Student' (https://quantifiedstudent.nl/) 디지털 자격검증: MySkills (https://myskills.org.uk/) AI 학습 분석기

적합성	각 학생에게 적절한 최적의 평가 방식을 적용하고, 학생들은 스스로 학습을 주도하며 규정에 따라 평가를 받게 되는 것을 의미한다.	교육적 데이터 검증(Educational data forensics) 온라인 툴: écree(ecree.com) / Elute Intelligence (cflsoftware.com/ 표절 확인 플랫폼:Turnitin (turnitin.com/)

그러므로 이 학습 및 평가의 지속성은 기존처럼 한두 차례의 평가(예 고입, 대입 시험)만을 위한 학습을 집중하고, 그 성패에 따라 진정한 학습이 중단되는 기존의 평가의 영향력을 지향하는 것을 의미한다.

3) 포스트휴먼적 평가의 실행 전략

(1) 기술 기반 학습에서의 평가

그렇다면 향후 포스트휴먼 교육의 시스템 속에서 평가는 어떤 성격과 방향성으로 이루어지게 될 것인가? 이 문제를 논의하기에 앞서 우선 포스트휴먼적 학습의 구조가 어떻게 변할 것인지에 대해 설명할 필요가 있을 것이다. 포스트휴먼 교육의 체제 속에서 이루어질 차세대의 학습(The Next Generation Learning)은 다음 [그림 8-6]과 같은 교육의 핵심 요소들 간의 관계성 속에서 이루어지게 될 것이다.

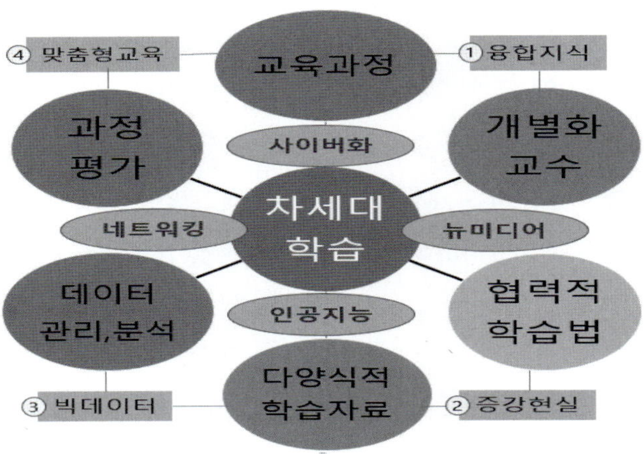

[그림 8-6] 포스트휴먼적 학습으로서 디지털 기반 학습과 평가

위 그림은 미래의 학습이 교육과정, 학습자료, 학습 데이터, 개별화 교수 및 협력적 학습, 그리고 평가의 6대 요소들 간의 관계성을 기반으로 이루어지게 될 것임을 보여준다. 이 학습의 구조는 기술기반 교육의 네 가지 핵심 원리들(사이버화, 뉴미디어, 네트워킹, 인공지능)이 중심 동력이 되어 작동하게 될 것이며, 그에 따라 융합지식(1)을 중심으로, 빅데이터(2)와 증강/가상현실(3)의 매체를 활용하여 맞춤형 교육(4)이 이루어지는 것이 차세대 학습의 핵심구조라는 것이다. 특히 여기서 기술기반 교육의 네 가지 핵심 원리들은, 본 저서에서 자세히 설명하고 있듯이, 각각 사이버화(신물질주의), 뉴미디어(포스트현상학), 네트워킹(행위자-망이론), 인공지능(객체지향존재론)의 이론적 배경을 기반으로 기술적 매체들을 통해 구현되고 있다는 것을 참조할 필요가 있을 것이다.

(2) 기술 기반 평가의 세 층위

위와 같은 포스트휴먼적 학습의 구조 속에서 평가는 어떻게 이루어지게 될 것인가? 우선 미래의 평가의 변화 방향에 대해 Hill & Barber(2014)는 세 층위의 구조화된 평가시스템이 필요함을 강조한 바 있다. 그 세 층위는 교사-학생(교실) 수준, 개별 학교 수준, 그리고 국가 수준으로 구분될 수 있다는 것인데, 교사-학생 수준에서는 교수학습의 효과성을 향상시키는데 집중하고, 학교 수준에서는 학생들의 성취도나 성장의 정도를 비교하여 학교별 교육의 책무성을 견지해야 한다는 것이며, 마지막 국가 수준의 평가는 교육의 철학(인재상), 교육자원의 분배를 고려하여 교육적 정책을 수립해야 한다는 것이다. 물론, 종합적 평가는 한 층위에 의존하여 이루어지는 것이 아니라, 다음 [그림 8-7]과 같이 세 층위 간의 유기적 연계성(A→F)을 고려하여 이루어져야 할 것이다.

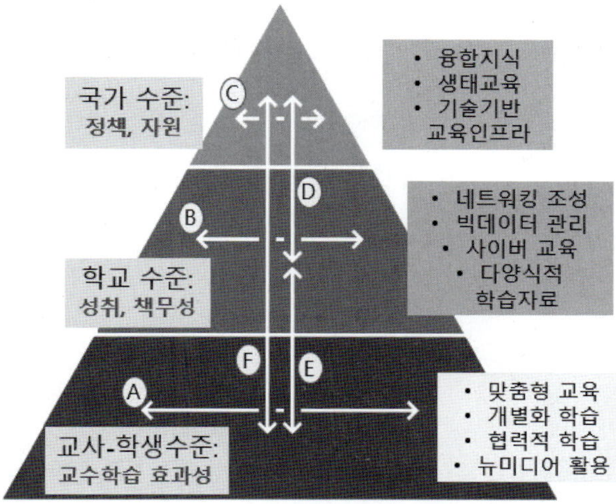

[그림 8-7] 기술 기반 평가의 세 층위와 학습의 성격
(Hill & Barber, 2014, p. 59 참조)

본 저자는 위와 같은 평가의 복층적 구조를 바탕으로, 앞서 논의한 포스트휴먼적 교육을 위한 평가의 요소들을 고려하여, 각 층위마다 몇 가지 중요한 평가의 지침을 부가하고자 한다. 그 지침의 내용이 바로 위 그림의 오른쪽에 정리된 내용이다. 즉 교사-학생 수준에서는 맞춤형교육, 개별화학습, 협력적 학습, 뉴미디어의 활용이 평가의 요소로서 고려되어야 하고, 학교 수준에서는 네트워킹의 조성, 빅데이터 관리, 사이버 교육 활용, 그리고 다양식적 학습 자료들을 개발하여 제공하는 것에 중점을 두어야 한다는 것이다. 마지막으로 국가 수준에서는 융합지식으로 학교지식의 성격의 변화가 필요하고, 교육의 매개체로 활용할 수 있는 첨단기술을 교육의 인프라고 구축함과 동시에, 교육의 내용의 차원에서는 생태주의 교육에 대해서도 다룰 필요가 있다는 것이다. 위와 같은 세 층위의 학습 구조와 관련된 요소들이 모두 평가에 고려될 필요가 있다는 것이 포스트휴먼적 평가관이라고 볼 수 있다. 한 마디로 오늘날과 같은 디지털화된 기술적 매체들에의 의존도가 일상화되고 있는 현실 속에서, 학생들의 학습의 형태도 달라지고 있기 때문에, 그에 따라 평가의 방식도 개별화, 디지털화, 다양식화를 활성화하는 기술 기반 평가가 더욱 확대할 필요가 있다는 것이다.

(3) 기술 기반 평가의 순환

그렇다면 위와 같은 평가의 시스템 하에서 실질적으로 평가는 어떠한 절차에 따라 이루어질 수 있을까? 이 질문에 대한 응답의 차원에서 본고는 다음 [그림 8-8]과 같은 '평가의 순환고리' 개념도를 제시하고자 한다.

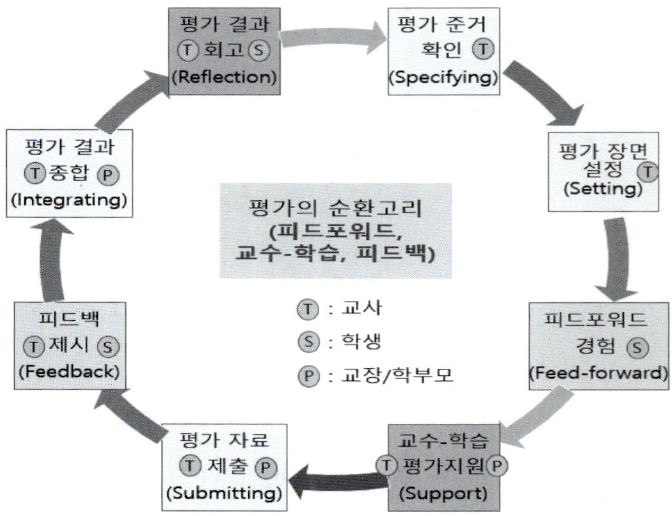

[그림 8-8] 기술기반 학습을 위한 평가의 순환고리(JISC, 2020, p.6 참조)

위 [그림 8-8]은 포스트휴먼적 평가가 크게 피드포워드, 교수-학습, 피드백이라고 하는 세 가지 핵심적 학습요소들을 중심으로 이루어진 순환고리를 따라 이루어지고 있음을 보여준다. 즉, 포스트휴먼적 평가는, 교사(T)와 학생(S), 그리고 학부모 혹은 교장(P)의 역할을 중심으로, 평가의 준거 확인, 평가장면 설정, 피드포워드 경험의 확인, 교수-학습과정에서의 형성평가 지원, 평가 자료를 검토(및 제출), 피드백 제시, 평가결과 종합, 그리고 평가결과의 회고(교사와 학생)의 과정으로 이루어진다는 것이다. 이 '평가의 순환'이 기존의 인본주의적 평가와 가장 크게 차이나는 점은 바로 피드포워드가 포스트휴먼적 학습의 중요한 요인이 되는 만큼 평가의 차원에도 적용되고 있다는 것이다. 피드포워드는 학생들이 학습 내용에 대한 직관적, 감각적, 관습적 반응을 일으키는 것을 학습의 중요한 출발점으로 삼고, 본격적인 교수-학습의 경험을 수행한 이후에, 피드백의 과정과도 연계되어야 한다는 것이 중요하다. 여기서 피드포워드란, 본 저서의 여러 곳에서 설명하고 있듯이, 오늘날 디지털 기기들을 통해 시간과 장소에 구애받지 않고 소통과 정보검색, 취미활동 등을 습관처럼 하고 있는 학생들이 새로운 지식이나 정보를 받아들일 때 경험하는 두뇌의 정보처리 메커니즘을 가리킨다. 그러므로 피드포워드 경험이나 활동들을 학습과 평가의 차원에서 고려하는 것이 포스트휴먼적 평가에서 매우 중요하다는 것을 기억할 필요가 있다.

CHAPTER

9 인공지능 시대의 교육의 미래

노동은 결코 문화활동이 아니었다. 왜냐하면 문화는 정신이고 영원의 가치관과 연ㄱ려된 반면 노동은 물질이고 덧없는 행위였기 때문이다. 그리고 노동이 천시되는 곳에는 기술 또한 없었다. 기술을 가진 사람. 즉 기술자는 술수에 능한 사기꾼 본능이 몸에 밴 사람으로 자유와 진리를 추구하는 영혼과는 정반대인, 구속된 자이며 물질을 육화한 사람이었다. (컬메츠 미래의 근원. 서구문명의 기술 역사. 파더보른: 쉐닝, 2006, 30. 117에서 재인용)
기술진보는 인간의 노동력을 인공적인 생산력으로 대체할 때 발생한다.

1. 일상화된 테크놀로지 환경에서의 학습과 소통

1) 테크놀로지 시대에서의 학습 환경

(1) 테크놀로지 시대의 인간관계

인터넷과 소셜 미디어의 급속한 발전이 인간의 관계와 소통의 방식에 지대한 영향을 미치게 된다. 터클(2010)은 테크놀로지의 일상화로 인해 대면적인 소통이나 진심 어린 대화가 점점 줄어들면서, 사람들은 쉽고 편리하게 소통을 하면서도 점차 외롭고 고리되어 간다고 주장한다. 즉, 소셜 미디어나 테크놀로지 자체가 인간의 대화와 관계성을 피상적으로 만들고, 가상 세계와 현실 세계 간의 경계가 흐리게 되면서, 사람들이 서로 간의 깊은 관계와 진실한 연결을 맺는 것을 힘들게 한다고 주장한다. 그로 인해, 사람들은 비록 끊임없이 연결되어 있지만, 실제로는 외롭고 상호작용이 부족한 상태에 처한다는 것이다. 이처럼 미래에는 디지털 기술의 보급으로 인해 인간의 삶과 관계에 미치는 영향이 점점 커지기 때문에, 인간과 테크놀로지의 관계성과 영향력에 대한 비판적인 평가와 함께 테크놀로지의 활용과 의존성에 대한 균형을 유지할 필요가 있을 것이다.

같은 맥락에서 인터넷이 지식의 확산과 발전에 기여하는 역할도 변할 수 있다. 인터넷이 발명되었던 초기에는 실용적 정보를 공유하도록 설계된 네트워크 기술 머지 않아 관계성을 형성하고 유지하는 공간으로 탈바꿈했다. 인터넷의 원조인 Arpanet은 과학자들이 연구논문을 공유하고 협력하기 위해 고안되었지만, 얼마 되지 않아 소문, 연애담, 자녀애기 따위를 주고받는 장소로 변진되었다는 것이다. 인간의 대부분의 행동들은 자신의 정체성을 형성하는 작업과 직간접적으로 관련을 가지게 된다. 그로 인해 인터넷이나 온라인 세계는 오프라인 세계에서 개인들이 이룰 수 없었던 목적이나 욕망을 대신 성취하거나 대리만족하려는 행위들로 넘쳐나고 있다는 것이다. 예를 들어, 오프라인에서는 평범한 사람들도 온라인에서는 돈 많고 화려한 모습을 과시하려 하고, 수줍음이 많은 사람들도 현란한 사교계 거물로 행세하는 경우가 많다. 물론 이러한 특성은 장단점이 있기 때문에 교육적 측면에서 학생들이 온라인 활동을 수행하는 행위가 갖는 효과와 영향력에 대해 고민할 필요가 있다.

(2) 라이프-믹스(Life-mix)의 세계

프로이트가 무의식의 세계를 창조했다면, 인터넷은 사이버 세계를 창조하였다. 가상현실 게임의 대표적 예인 Secondlife 속의 사용자들에게는 가상적 게임과 실제 삶의 경계가 모호하다. 예를 들어, 어떤 사용자는 "세컨드 라이프는 실제 생활에서보다 나은 인간관계를 선사합니다. 내가 제일 나답다고 느끼는 곳이다. 그 속에서의 상대는 나를 있는 그대로 받아들여주고, 그와의 관계가 실제 내 결혼생활과 가정을 유지하게 해준다."라고 말하기도 한다.

라이프 믹스(life mix)는 이처럼 온라인의 삶과 오프라인의 삶이 혼합되어 있는 것을 말한다. 현대인들은 이제 현실적인 삶에서 만족을 얻는 것이 아니라, 온라인과 오프라인이 혼합된 삶에서 만족을 얻는다. 멀티태스킹(multi-tasking)의 시대에서 멀티리빙(multi-living)의 시대로 바뀐 것이다. 예를 들어, 휴대용 스마트폰의 일상화는 온라인 세계로 들어가는 관문을 더 이상 전산실이나 책상 위와 같은 특정 장소에 구애받지 않고 손 안으로 가져왔다. 이제 우리는 언제 어디서나 온라인 세계로 입장이 가능하고, 실제로 적지 않은 사람들이 온라인 세상에서 살다가 잠시 먹고 자기 위해서 가끔 오프라인 세상으로 나오기도 한다.

현대인들이 이동 중에 이메일이나 SNS를 통해 메시지를 주고 받는 것도 온라인 활동의 일부이다. 우리는 Facebook Linkedin Plaxo 같은 소셜 네트워킹 사이트를 드나들면서 업무용 및 개인용 이메일 계정을 수시로 확인하며, 현실적 삶과 가상적 삶을 병행한다. 이러한 정체성 간 이동을 온오프라인 순환(cycling through)이라고 부르는데, 이러한 순환이 빠를수록, 사람들의 혼성적 정체성은 현실과 가상 세계 사이에서 지속성과 안정감을 느끼며 강화된다.

사람들이 현실 세계의 만남 속에서 휴대전화로 연락이 오면 몸을 돌려 통화하는 것이 정상적인 행위로 자리잡게 되었다. 이러한 장면은 자녀들이 부모의 말에 집중하지 못하는 장면이 연출되는 것과 마찬가지다. MZ세대들은 이미 자신들만의 세계를 형성하고 몰입되어있게 때문에, 그 세계 외부의 존재들의 영향력과 관계성을 생각만큼 견고하지 않을 수 있는 것이다. 사람들은 점점 일과 유흥, 현실과 가상 사이의 경계를 구분하지 않는 것에 익숙하게 되고, 스마트폰의 등장은 그러한 경향성을 가속화시켰다. 과연 앞으로 이러한 가상세계의 등장을 만든 테크놀로지의 영향력이 줄어들게 될 것인가? 그렇다면 이러한 테크놀로지 세대에게 어떤 교육적 대책이 필요할까?

(3) 모빌리티의 증가

이동성(Mobility)의 증가는 테크놀로지의 또 다른 산물이다. 20세기 중반 철학자 하이데거는 현대사회에서 시공간적 거리가 축소되고, 라디오와 같은 매체를 통해 즉시적으로 정보가 전달되며, 텔레비전의 등장으로 사람들이 대중문화에 익숙해짐에 따라 인간들과 사물들 사이의 거리가 줄어드는 격차해소(un-distancing)로 인해 사회생활이 급격히 변화될 것이라고 예견한 바 있다(Zimmerman, 1990). 이처럼 대중매체에 의한 의사소통이 사회적 관계성을 재구성하면서, 자아와 정체성을 인식하는 새로운 방식을 만들어냈고, 사람들 간의 소통의 방식이 변화하게 되었다. 그런데, 21세기 들어 나타나는 모바일 매체의 보급은 이러한 변화를 일상세계 모든 곳은 물론 가상 세계의 영역까지 확대하게 된 것이다. 이러한 오늘날의 모빌리티에 기반한 세상은 단순히 물리적 이동성의 문제에 그치는 것이 아니라 사람들의 사고와 기억에 미치는 영향도 지대하다. 예를 들어, 사람들은 문서, 가이드북, 브로슈어, 여행 후기, 사진, 엽서, 라디오 영화 등을 통해 자신들의 생각(기억, 회상, 예지)을 어딘가로 이동시킨다. 이를 상상이동(imagine mobility)라고 부르는데, 사람들은 상상이동을 통해 물리적인 신체의 이동을 대체하거나 보완하기도 하고, 점점 물리적 법칙의 한계를 넘어 상상의 세계로까지 이동성과 그에 대한 욕구를 확장하게 된다(de Botton, 2002). 즉, 모빌리티의 증가는 상상력과 창의력의 폭발을 가져왔다는 것이다.

2) 지식의 시대에서 정보의 시대로

(1) 디지털 시대의 등장이 교육에 주는 시사점

오늘날 사람들이 사용하는 카메라의 대부분이 디지털 카메라이듯이, 이제는 더 이상 '디지털'이라는 관용어가 필요치 않을 만큼 디지털 세상이 되었다(Hinsen, 2013). 현대인들에게 육체노동은 구시대적 도구를 사용하여 보내는 잠깐의 시간일 만큼 육체노동은 줄어들고, 정신노동과 디지털 노동이 사회를 운영하는 핵심 동력이 되고 있다. 지식은 더 이상 개개인의 머리 속에서 축적되고 처리되는 앎의 형태가 아니라, 개인의 머리 속을 벗어나 정보의 형태로 디지털 도구와 인터넷을 통해 무한히 확장되고 유통되며 활용되고 있다. 이러한 현상을 보며

Naisbitt(1982)는 현대인은 "정보의 바다에서 허우적대면서 지식에 목말라할 것이다"라고 말하기도 했다. 하지만, 인간이 풍요로운 지식을 갖는다는 것이 어떤 의미가 있고, 과연 그것이 교육의 궁극적 목적일지를 생각하면서, 미래 교육에서 지식과 정보를 역할에 대해 고민해 볼 필요가 있다.

미가공된 데이터로서 정보(information)와는 달리 지능(intelligence)은 특정상황에 맞춰 분석되고 가공되어 활용성이 높은 진짜 정보를 의미한다(Negroponte, 1995, p. 30). 그런데 정보전문가들은 과거에는 조직 안의 시스템들을 서로 연결하는데 집중했지만, 미래에는 정보를 조직의 경계 밖에 있는 정보들과 통합하는데 주력해야 한다. 정보는 확장성과 연결성이 중요하다는 의미이다. 즉, 데이터와 정보, 그리고 지능의 차이는 데이터를 어떻게 연결하고 통합하며, 어떠한 개발과 혁신의 목적으로 사용하느냐에 따라 달라진다는 것이다. 이를 위해서는 빅데이터 어떻게 다루어야 할지가 중요하다.

다양한 매체를 통해 얻는 정보의 양은 점점 증가하지만, 사람들이 이해하고 처리할 수 있는 정보의 양은 제한되어 있다. 한계효용의 법칙에 따라, 무한한 데이터는 사람들에게 무의미하고 무용하다. 실례로 최근 뉴미디어 시대를 맞이하여 YouTube, WhatsApp, Instagram, Twitter, LinkedIn, Snapchat, Pinterest, TikTok과 같은 다양한 SNS(social network service) 매체들이 등장하고 있다. 그런데, 이러한 SNS들 중에서도 TikTok이나 Twitter와 같이 점점 즉흥적, 일시적, 단시간의 성격을 띤 서비스의 이용자 수와 이용 빈도가 급속히 높아지고 있다. 그러므로 빅데이터 시대의 교육은 정보의 양의 문제가 아니라, 정보의 필터링 즉 어떤 정보를 선택하고 활용할 것이냐의 문제가 중요해질 것이다.

(2) 빅데이터와 지식의 유동성

현대인의 일상은 어느덧 데이터의 생산과 소비로 점철되어 있다. 온갖 업무가 IT화된 기업환경 속에서 우리는 업무 시간 내내 PC와 모바일기기를 옆에 끼고 지낸다면, 그 과정에서 데이터의 생산과 소비는 끊임없이 일어난다. 교통카드,

신용카드 등을 이용한 소비활동 데이터부터, 범람하는 소셜미디어 속에서 지인들과 주고받은 문자메시지, 사진, 동영상 데이터까지 현대인의 모든 생활 속에서 사용하는 데이터의 종류와 양이 나날이 증가하고 있다.

다양한 종류의 인터넷 서비스가 증가하면서 '데이터에 관한 데이터'인 '메타데이터'는 빅데이터의 흐름을 다음과 같이 보여주고 있다.

i) 디지털 데이터의 폭증: 2021년까지 전 세계 데이터의 총량은 약 74 제타바이트(ZB)로 추정되며, 이는 2020년의 약 59 제타바이트에서 크게 증가한 수치이다.

ii) 빅 데이터와 클라우드 컴퓨팅의 성장: 클라우드 컴퓨팅 시장은 2020년 약 2572억 달러에서 2021년 약 3711억 달러로 예측되는 등, 해마다 50% 이상의 성장률을 보이고 있다.

iii) 데이터 센터의 성장: 전 세계 데이터 센터 수는 약 4,600개(2020년)에서 5,000개(2021년)로 매년 10% 가까이 성장하고 있다.

iv) 인공지능과 머신러닝의 발전: 데이터 분석 및 처리를 위한 인공지능(AI) 및 머신러닝(ML) 기술의 급속한 발전이 일어나고 있다. 대표적으로 2022년 11월 말에 소개된 chatGPT는 인공지능의 활용이 일상화되는 계기를 마련하게 되었다.

이러한 데이터의 폭증은 저장·관리 비용의 증가가 필요하지만, 기술이 발전할수록 그 비용이나 관리의 부담은 점점 낮아지고 있다. 문제는 이러한 빅데이터 시대의 정보를 어떻게 교육적으로 활용할 수 있는가인데, 다음과 같은 교육적 활용가능성을 갖는다.

i) 개별화된 학습 경험 제공: 빅데이터를 활용하면 학습자의 학습 패턴, 성향, 성과 등을 실시간으로 파악할 수 있고, 이를 바탕으로 개별 학습자에게 맞춤형 교육 프로그램을 제공할 수 있다(Siemens, 2013).

ii) 최적화된 학습 자원 제공: 교육자원의 효율성과 효과성을 평가할 수 있는 도구를 제공하므로, 이를 통해 교육기관은 최적의 학습 자원을 학생들에게 제공할 수 있다(Picciano, 2012).

iii) 학습의 예측 및 조기 개입: 학습자들의 학습 경험과 결과를 예측하는 데 도움이 되므로, 이를 통해 학습자가 어려움을 겪을 때 적시에 개입하여 학습 성과를 높일 수 있다(Dietz-Uhler & Hurn, 2013).

iv) 평가와 피드백 활용: 학습자의 성과를 평가하고 피드백하는 데 도움이 되므로, 학습자들의 성장을 측정하고 개선할 수 있는 기회를 갖는다(Shute & Kim, 2014).

(3) 범주화와 복잡성의 소멸

구글 검색 기술의 등장 이후로, 지식의 분류(classification)가 점점 불필요해지는 환경이 또래하고 있다. 어떤 내용을 특정 범주로 구별해 내는 작업의 필요성이 점점 사라지고 있다는 것이다(Hjørland, 2012). 사람들이 세상을 경험하고 세상의 만물들을 인식하는 방식도 범주화에 의존하고 있으며, 회사원의 업무 중 상당 부분이 이러한 범주화의 방식에 의존하는 것이다. 따라서, 분류하고 정리하는 일을 잘하는 사람이 유능한 회사원으로 인정되는 경우가 많았다. 그런데, 인공지능의 발전으로 이러한 사물의 인식 및 범주화의 역할을 기계가 손쉽게 처리하게 됨으로써, 인간이 굳이 해야 할 필요가 줄어들게 되었다. 특히 최근인 자연어 처리 인공지능의 등장으로 인공지능이 최적의 정보를 검색해 주는 것에서 그치지 않고, 그 내용을 간편하게 요약 정리해 주는 도구가 일상화되면서 이러한 요약과 정리의 기능을 학생들이 학습할 필요가 있을 것인가의 논란마저 등장하게 되었다.

이처럼 과거에 인간이 해왔던 일들을 점점 기계(육체적 활동)나 인공지능(정신적 활동)을 대체하게 되면서 인간의 학습이 갖고 있었던 잠재력과 가능성이 상쇄되고 있다. 이러한 점에서 Ridley(2010)는 결핍에서 진화가 시작된다는 사실을 강조한다. 풍족함은 개선의 여지를 남기지 않으며, 부족함이 대안을 찾게 만들고 효율적인 선택을 이끌어낸다. 인류의 기술적 진화는 자연계의 복사 원리에 기반하며, 관찰과 모방을 통해 도구와 능력이 발전했고, 정보의 축적뿐 아니라 정보의 선택과 폐기가 진화에 기여했으며, 필요한 부분을 선택하고 적응하는 것이 환경의 다양성과 역동성에서 진화하게 된 근본 원리임을 강조한다.

같은 맥락에서 복잡성과 전문성은 상호 보완적이기 때문에, 인간이 편하고 단순한 삶은 선택한다는 것은 전문성을 기르며 발전하기 어렵다는 것을 의미한다. 예를 들어, 그리스는 페르시아의 기술에 적응하고, 로마는 아테네의 문화와 학문을 이용하며, 기독교 르네상스는 무슬림 전성기를 모방하고 개선해 왔다. 이처럼 기술과 지식의 발전은 문화 교류, 다양성, 경쟁이 이루어지는 곳에서 번성하였던 것이다. 이러한 인류의 역사가 인공지능이 급속히 발전하고 있는 현재와 미래의 인류의 삶과 역할에 중요한 시사점을 주고 있다.

3) 멀티태스킹 시대에서의 교육

오늘날의 디지털과 아날로그의 혼성화, 사이버 세계와 현실 세계의 혼성화는 기존의 지식이나 교과, 학문의 구별 등도 앞으로는 점점 그 의미가 약해질 것이라는 사실을 보여준다. 현대인의 생활과 일의 방식에서 지식(교과)의 영역이 혼성화되고, 과업수행의 방식이 혼성화되는 것은 다중과업수행(multitasking)이 흔해지는 것에서 잘 나타난다. 우선 멀티태스킹의 장점에는 다음과 같은 것들이 있다.

i) 시간 효율성: 여러 작업을 동시에 처리하면 시간을 절약할 수 있다.

ii) 유연성: 다양한 작업을 처리하는 능력은 사람들이 적응하고 유연하게 상황에 대응할 수 있도록 해준다.

iii) 창의력 촉진: 다양한 작업을 동시에 수행함으로써 서로 간의 아이디어를 융합하거나 새로운 연결고리를 찾을 수 있다(Ophir, Nass, & Wagner, 2009; Rubinstein, Meyer, & Evans, 2001; Salvucci & Taatgen, 2008).

반면 다음과 같은 단점들도 존재한다.

i) 집중력 저하: 멀티태스킹은 사람들의 집중력을 흐트러뜨릴 수 있으며, 이는 작업의 품질과 생산성 저하로 이어질 수 있다.

ii) 스트레스 증가: 여러 작업을 동시에 처리하려고 하면 스트레스가 증가할 수 있다.

iii) 효율성 감소: 멀티태스킹은 실제로 작업의 효율성을 떨어뜨린다는 연구에 따라, 각 작업에 전념하는 것이 전체적으로 더 나은 결과를 가져올 수 있다는 주장이 있다(Jackson, 2008; Vogel, 2007).

특히 멀티태스킹 반대론자들은 멀티태스킹 애용자들은 도취 상태로 유도하는 신경화학물질(도파민 등)으로 인한 보상으로 만족감이 들거나 자신들이 특별히 생산적으로 일하고 있다는 착각을 불러일으킬 뿐이라는 사실을 강조하고 있다.

미디어 리터러시에는 미디어를 능숙하게 다룰 줄 아는 능력뿐 아니라, 미디어의 적절한 사용과 사용시점에 대한 비판적 판단능력도 포함되어야 한다. 미디어가 항상 인간의 주변에 대기상태로 놓여 있게 되면, 사람들은 의사소통 감각을 잃게 된다는 주장도 있다(Honoré, 2004). 대학에서의 대규모 강좌를 관찰한 연구에서는 학생들이 수업에 집중하지 못하고, 지속적으로 휴대용 기기를 다루고 있음을 지적한다. 이렇게 때와 장소를 가리지 않고 SNS를 사용하는 미디어 환경에 노출된 학생들은 자신의 삶과 행동을 주체적으로 관리하거나 의미를 인식하지 못하고, 마치 자신들의 삶과 행동을 타인의 영화를 관람하듯 본다는 지적도 있다. 즉, 자신의 삶을 마치 남의 것을 구경하듯 블로그나 인스타그램 등을 통해 경험하고 있다는 것이다. 이러한 뉴미디어에 중독된 학생들은 경험의 본질과 의미를 다루는 방식이 기성 세대와 다를 수밖에 없다. 예를 들어, MZ세대에게 '수업시간에 스마트폰 사용의 적절성'에 대해 물어보면, 그들은 그러한 질문의 취지 자체를 이해하지 못한다는 것이다. 즉, 미디어 세대가 세상을 이해하고, 의미를 부여하고, 학습과 소통하는 방식은 기성세대와 본질적으로 다르다는 것이다. 이러한 MZ 세대에서 학습이란 무엇일까?

2. 포스트휴먼적 교육과정 설계론

포스트휴먼 시대의 학교교육의 방식은 다음과 같이 근본적으로 변하게 될 것이다.

1) 학교지식과 학습방법의 통합

기존의 학교 교육과정은 교과별로 구별된 지식과 더불어, 지식 자체와 그러한 지식을 습득하는 방법론도 구별된 방식으로 학생들을 가르쳐 왔다. 포스트휴먼 교육과정은 이러한 교육과정의 틀에서 벗어나 여러 분야의 지식과 실천을 결합하고, 상호작용하는 방식을 제안한다. 이러한 접근법은 지식을 추상적이고 관념적인 것으로 보지 않고, 학습자의 신체적 정신적 이해와 활동의 결과물로서 두뇌 속에 저장되고 처리되며, 디지털 도구를 통해 컴퓨터나 클라우드에 옮겨지고 전송될 수 있는 데이터나 정보로 이해한다. 이를 신물질주의적 관점의 지식관이라고 하고, 이에 따라 학교에서의 교과지식, 학습방법, 학습의 결과에 대한 평가 방식도 모두 변하게 될 것이다. 예를 들어, Hickey-Moody, Palmer, & Sayers(2016)는 무용과 같은 예술 형태를 교육과 연결하여, 창의성과 상상력을 키우는 데 활용하는 방식을 제시하면서, 이를 통해 학습자들이 새로운 경험을 통해 지식을 구축하고, 다양한 배경과 전문 분야를 가진 사람들과 협력하는 능력을 키울 수 있다고 보았다. 즉, 신물질주의적 교육은 교육의 경계를 확장하고, 창의적이고 상호작용적인 학습 환경을 구축하는 방안을 탐구하고 있는 것이다.

같은 맥락에서 Gough(2016)는 후기패러다임적 물질주의(postparadigmatic materialisms)라는 이름으로 물질주의의 관점에서 환경 연구와 교육을 위한 혁신적인 방법을 제시하고 있다. 예를 들어, 신물질주의적 교육에는 다음과 같은 인간과 비인간 요소의 상호작용을 강조한 연구와 학습의 주제들을 학교교육에서 다룰 수 있다.

i) 생태학적 교육: 인간과 비인간 요소의 상호작용을 강조하는 생태학적 교육

에서는 학습자가 자연환경에서 얻는 경험을 중시한다. 이러한 접근 방식에서는 생태계 내의 다양한 구성원(식물, 동물, 미생물 등)과 그들의 상호작용을 이해하며, 이를 통해 인간이 자연환경과의 관계를 다시 평가하게 된다.

ii) 지속가능한 디자인 교육: 지속 가능한 디자인 교육에서는 인간과 비인간 요소를 고려한 디자인 전략을 강조한다. 학습자는 자원 사용, 에너지 효율, 재활용 가능한 소재 등을 고려하여 환경에 미치는 영향을 최소화하는 디자인 방법을 배울 수 있다.

iii) 야외 활동 및 체험 학습: 야외 활동과 체험 학습에서는 학습자가 자연 환경에서 직접 경험하고 탐구하는 과정을 중요시한다. 이를 통해 학습자는 자연환경에 대한 존중과 보호의 필요성을 인식하게 되며, 인간과 비인간 요소 간의 상호 의존성을 이해하게 된다.

iv) 시민 과학 프로젝트: 시민 과학 프로젝트는 일반 시민들이 과학 연구에 참여하고 기여하는 방식으로, 인간과 비인간 요소의 상호 작용을 강조한다. 이러한 프로젝트를 통해 학습자들은 자연 환경에서의 데이터 수집, 모니터링, 분석 등을 직접 수행하며, 환경 문제에 대한 인식을 높이고 지속 가능한 행동 변화를 촉진할 수 있다.

2) 학생-교사-교육환경의 상호의존성

전통적 학교교실에서는 학습자, 교수자, 그리고 교과서나 컴퓨터와 같은 교수매체의 역할 구분이 분명했다. 하지만 포스트휴먼적 미래 교육에서는 이러한 구별이 혼성적이며 모호하게 될 수 있다. 이미 현대 교육에서 학생과 교사의 역할이 '배우는 자'와 '가르치는 자'로서의 명확히 구별되지 않고, '함께 배우며 함께 성장한다'는 개념이 정착되고 있다. 그에 따라, 전통적인 '학습자' '교수자'의 용어 대신에 지식의 탐색자(explorer), 상호 소통자(communicator), 교육의 실천가(practitioner) 등과 같은 용어들이 일상화되고 있다. 이러한 맥락에서 Sundström & Wahlström(2017)는 미래 학교교육에서 교사의 역할을 다음과 같이 새롭게 연구하고 있다.

첫째, 교사들이 교육 환경에서 물질적 요소들(예: 교실 배치, 학습 도구)과 상호작용하면서 그들의 경험이 어떻게 영향을 받는지 연구한다. 예를 들어, 교실 내의 책상 배치가 학생들과의 소통을 촉진하거나 어렵게 할 수 있으며, 이러한 요소들이 교사들의 경험에 영향을 미친다는 사실을 강조한다.

둘째, 교사들이 교육 과정에서 비물질적 요소들(예: 가치관, 교육 철학)을 어떻게 체험하고 실현하는지 연구한다. 교사들은 자신의 교육 철학에 따라 학생들과 상호작용하고, 교육 과정을 구현하는 방식이 달라지므로, 이를 통해 교사들이 교육의 이론과 실제 사이에서 어떻게 탐색하고 결정을 내리는지 이해할 수 있다.

셋째, 교사들이 실용주의와 물질주의의 융합을 통해 교육 환경과 과정에서의 복잡성과 다양성을 이해하고 처리하는 방법을 탐색한다. 예를 들어, 교사들은 학생들의 다양한 배경과 경험을 고려하여 교육 과정을 조정하거나, 교실 환경을 개선하여 학습에 더 적합한 공간을 만드는 방식을 개발하고 있다.

이러한 연구들은 기존의 실용주의적 교육관과 포스트휴먼적 신물질주의를 혼합하여 교사들이 미래 학교교육의 방식을 어떻게 새롭게 변화시킬 수 있는지의 가능성을 탐색하고 있는 것이다.

같은 맥락에서 Sorensen(2018)은 교사 교육프로그램을 통해 어떻게 포스트휴먼적 환경에 맞는 교사의 역할을 개발할 것인지에 대해 다음과 같은 방안을 제시하고 있다.

첫째, 교사들은 교육 환경의 물질적 요소(예: 교실 공간, 온라인 환경, 기술적 도구, 커뮤니티 자원)와 상호 작용하면서 교육 과정과 학습 전략을 개발하는 방법을 연습해야 한다. 예를 들어, 교사들은 교실 내 물질적 배치와 공간 활용을 통해 학습 환경을 개선하거나, 인터넷상의 다양한 교육 자원을 활용하여 교육 내용을 구체화하는 방식을 연구할 수 있다.

둘째, 현장 경험 중 교사들은 학생들의 개인적 배경, 사회-문화적 맥락, 그리고 비물질적 가치와 철학을 고려하여 교육 과정을 개발하고 실행할 필요가 있다. 이를 통해 교사들은 인간과 자연, 기술적 환경의 연관성과 상호의존성을 신물질주의의 관점에서 이해하고 그 근본원리를 학생들을 지도하는 데 활용할 수 있다.

셋째, 교사들은 현장 경험을 통해 교육 과정의 설계와 실행에서 물질과 비물질 요소들을 어떻게 효과적으로 활용할지를 배울 필요가 있다. 이를 통해 교사들은 교육 환경과 과정의 복잡성을 이해하고, 학생들의 개별적인 요구와 배경에 맞춰 교육 전략을 조정할 수 있을 것이다.

3) 이론과 실천의 융합

우리나라의 교육과정과 학교지식은 대체로 이론을 중심으로 한 교육이었다. 이는 전통적으로 지식에 접근하는 방식이 연역적 방법 즉, 개념과 이해를 중시했던 관습에서 나온 것이었다. 하지만 교육 선진국일수록 지식이나 학문에 대한 귀납적 접근(실제 사례 중심 교육)이 잘 발달되어왔다. 그렇다면 각 교과별로 어떤 '이론기반' 교수법을 강조하여왔을까?

i) 언어교육: 교실에서의 사회적 상호 작용, 물리적 환경, 기술, 인간과 비인간의 존재들이 교육 과정에 미치는 영향을 연구함으로써, 다양한 언어와 문화 배경의 학습자들이 어떻게 상호 작용하고 소통하며, 그 과정에서 어떤 장애물이나 기회가 발생하는지 이해할 수 있다. 또한 기술이 언어 교육과 언어 학습에 어떻게 영향을 미치는지에 대한 연구를 통해 언어 교육 전반에 걸친 혁신적인 접근법과 효과적인 교육 전략을 개발할 수 있다(Toohey, 2019).

예를 들어, Cummins(2000)는 언어학습의 실천적 원리에 대해 다음과 같은 요소들을 강조한바 있다.

첫째, 언어의 상호 의존성 원리: 학생들의 제1언어(모국어)와 제2언어(목표언어)에 대한 지식과 기술이 상호 연관되어 있다는 것을 인식하고, 교사들은 학생들이 모국어를 기반으로 제2언어를 습득할 수 있도록 돕는다.

둘째, 인지-학술 언어 능력 개발: 학생들이 적절한 학술 언어를 익히도록 지원하며, 이를 통해 학업 성취도를 향상시키기 위해 노력한다.

셋째, 학생 참여와 자기 조절 학습: 학생들이 자신의 학습에 적극적으로 참여하고 책임을 지도록 돕고, 학생들은 목표 설정, 자기 평가, 학습 전략 사용 등을 통해 학습을 주도한다.

넷째, 문화적 다양성 인식: 교사들은 학생들의 문화적 배경을 인식하고 존중하며, 이를 교육 환경에 통합하여 학생들이 자신의 문화를 인정받고 존중받을 수 있도록 한다.

ii) 예술교육: 기존의 미술 교육에서 간과되었던 인간과 비인간 요소 사이의 상호 작용을 고려하기 위해 미술 작품 생성 과정에서 물질과 기술, 공간, 시간 등 다양한 요소가 어떻게 학습자와 교육자에게 영향을 미치는지에 대한 연구가 있다(Kotze, Perold-Bull, Costandius, & Alexander, 2018). 이 연구에서는 학생들이 작품을 만들기 위해 사용하는 물질과 기술적 도구들에 대한 상세한 분석을 통해 학생들의 창작 과정에서 물질과 기술이 어떻게 상호 작용하며, 작품의 의미와 가치를 형성하는지에 대한 이해를 도출한다. 또한 미술 교육 환경에서 공간과 시간의 역할을 재조명하면서, 공간은 학습자와 교육자의 상호 작용과 창작 과정에 영향을 미치며, 시간은 작품의 의미와 가치를 이해하는 데 필수적인 요소로 작용함을 강조하였다.

또 다른 예로, Garber(2019)는 인간과 비인간 요소 간의 상호 작용을 중심으로 한 사물과의 관계를 탐구하며, 미술 교육에서 이러한 관계가 어떻게 형성되고 발전하는지 연구하였다. 예를 들어, 저자는 어릴 적 집에서 사용하던 오래된 세탁기와 그 세탁기가 자신의 삶에 미친 영향에 대해 회고하며, 물건과 사람 간의 관계가 어떻게 시간과 함께 변화하는지 분석하였다. 아울러 미술 교육 환경에서의 사물과의 관계를 연구하기 위해, 미술 작품 제작 과정에서 사용되는 다양한 물질과 도구에 주목하고, 이러한 물질과 도구가 학습자들이 작품을 창작하고 의미를 부여하는 데 어떤 중요한 역할을 담당하는지 설명하였다.

iii) 과학교육(Kayumova & Bazzul, 2019).

과학교육에서 이론과 실천을 융합한 교수학습 전략에는 다음과 같은 것들이 있다.

첫째, 실험 기반 학습: 실험을 통해 이론을 이해하고 직접 실천하게 함으로써, 학생들이 과학 원리를 체계적으로 학습할 수 있다. 예를 들어, 화학 반응을 관찰하여 원자와 분자의 개념을 이해하거나, 물리학에서 가속도와 속력을 실험을 통해 학습할 수 있다.

둘째, 프로젝트 기반 학습: 학생들이 팀을 이루어 과학 프로젝트를 수행하게 함으로써, 이론과 실천을 융합한 학습이 가능하다. 예를 들어, 환경과학에서 지속가능한 에너지 시스템 설계 프로젝트를 수행하거나, 생물학에서 생태계 보전 프로젝트를 진행할 수 있다.

셋째, 현장 학습: 학생들을 자연환경이나 과학 연구소 등 현장으로 안내하여, 직접 관찰하고 체험하게 함으로써 이론과 실천을 연결시키는 학습법이다. 예를 들어, 지질학에서 지층과 화석을 직접 관찰하거나, 천문학에서 별자리를 관측하는 활동을 통해 과학 원리를 체험할 수 있다.

넷째, 가상 실험 및 시뮬레이션: 컴퓨터 기반의 가상 실험과 시뮬레이션을 통해, 학생들이 직접 실험할 수 없는 상황에서도 이론과 실천을 융합한 학습을 경험할 수 있다. 예를 들어, 원자 핵의 구조를 시뮬레이션을 통해 이해하거나, 화학 반응의 과정을 가상 실험으로 관찰할 수 있다.

다섯째, 사례 기반 학습: 과학적 사례를 분석하고 이해하게 함으로써, 이론과 실천 사이의 연결을 강화하는 학습법이다. 예를 들어, 역사적인 과학 발견의 과정을 연구하거나, 현대 과학 문제를 해결하는 과정을 살펴보면서 이론과 실천을 연결시킬 수 있다. 또 다른 예로, 페니실린의 발견 과정을 연구하여 항생제의 작용 원리를 이해하거나, 기후 변화와 관련된 연구를 통해 환경과학의 이론을 실제 상황에 적용해 볼 수 있다(Bybee, Taylor, Gardner, et al., 2006; Kolodner, Camp, Crismond, et al., 2003; Hmelo-Silver, 2004; Lave & Wenger, 1991).

iv) 수학교육

과학교육에서 이론과 실천을 융합한 교수학습 전략에는 다음과 같은 것들이 있다.

첫째, 상황 문제 해결: 실생활에서 발생하는 문제를 수학적으로 해결하도록 학생들을 가르치는 방법이다. 이를 통해 학생들은 수학 이론과 실제 적용 사이의 관계를 이해하게 된다. 예를 들어, 할인율 계산이나 거리와 속력 관련 문제를 해결하게 함으로써 수학적 개념을 실생활에 연결할 수 있다.

둘째, 동료 학습과 협력 학습: 학생들이 서로 협력하고 상호작용하며 수학 문제를 해결하는 방식이다. 이를 통해 학생들은 다양한 해결 전략을 배우고, 이론과 실천을 연결하는 능력을 키울 수 있다. 예를 들어, 학생들이 팀을 이루어 통계적 분석 프로젝트를 수행하거나, 기하학적 도형을 함께 조립하게 함으로써 수학적 지식을 실천에 적용할 수 있다.

셋째, 기술 통합 학습: 컴퓨터와 인터넷 등 기술을 활용하여 수학적 개념을 이해하고 문제를 해결하는 방법이다. 기술을 통해 학생들은 수학 이론을 시각화하고, 복잡한 문제를 쉽게 해결할 수 있다. 예를 들어, 그래프 작성 소프트웨어를 사용하여 함수를 시각화하거나, 온라인 게임을 통해 확률과 관련된 개념을 이해할 수 있다.

넷째, 수학 탐구 활동: 학생들이 독립적으로 수학적 개념과 관련된 문제를 탐구하고 해결하는 방법이다. 이를 통해 학생들은 이론을 실제 상황에 적용하며 수학적 사고력을 기르게 된다. 예를 들어, 학생들이 골디락스 원리를 이용하여 최적의 해를 찾거나, 무한 수열의 수렴 여부를 살펴볼 수 있다.

다섯째, 동시적 이론-실천 교육: 학생들이 수학 이론을 배우는 동시에, 실제 문제를 해결하는 과정을 겪게 하는 방법이다. 이를 통해 학생들은 이론과 실천의 연결을 명확하게 인지하며 학습에 참여하게 된다. 예를 들어, 학생들이 삼각 함수의 개념을 배우면서 동시에 실제 건물의 구조와 그림자 길이를 계산하는 문제를 다루게 함으로써 수학적 이론과 실제 상황을 연결할 수 있다(Boaler, 1998; Johnson, & Johnson, 1999; Hoyles, & Noss, 2003; Hiebert, Carpenter, Fennema, et al, 1997).

4) 생활공간(시간) + 학습공간(시간)의 융합

Charteris, Smardon, & Nelson(2017)은 신물질주의 교육철학 및 이론을 기반으로 현대 사회의 혁신적 학습 환경과 교육과 학습에 어떤 영향을 미치는지, 그리고 기술적 환경이 주는 교육공간을 어떻게 분석할 수 있는지를 탐구한다. 저자들은 혁신적 학습 환경이 유연한 공간 구조, 다양한 학습 자료 및 기술, 그리고 학습자 중심의 교수법을 통해 학생들의 참여, 창의성, 협력, 그리고 문제 해결 능력을 향상시키는 데 도움이 된다고 강조한다. 또한 인간과 비인간적 요소들의 상호작용을 강조하는 신물질주의 이론을 토대로 교육 공간의 상호 작용과 역동성을 분석함으로써, 교육 공간과 실천을 개선하는 데 도움이 되는 다음과 같은 통찰력을 제공한다.

첫째, 유연한 공간 구조: 혁신적 학습 환경에서는 유연한 공간 구조를 사용하여 학습자들이 다양한 활동에 참여할 수 있도록 해준다. 예를 들어, 움직이거나 변형할 수 있는 가구, 그룹 작업을 위한 공동 학습 영역, 조용한 개별 학습 공간 등이 포함되는데, 이러한 유연한 공간 구조는 학생들이 상황에 따라 적합한 환경에서 학습할 수 있도록 돕는다.

둘째, 기술 통합: 혁신적 학습 환경은 기술을 효과적으로 활용하여 학습 경험을 향상시킨다. 예를 들어, 태블릿이나 노트북과 같은 개인용 기기를 사용하여 학습자들이 쉽게 정보를 검색하고 공유할 수 있도록 하며, 대화형 화이트보드나 프로젝터를 사용하여 교육자들이 학습자들과 함께 협업하며 내용을 전달할 수 있다.

셋째, 학습자 중심의 교수법: 혁신적 학습 환경에서는 학습자 중심의 교수법을 적용하여 학생들이 주체적으로 학습에 참여할 수 있도록 해준다. 예를 들어, 프로젝트 기반 학습이나 문제 해결 중심의 학습 활동을 통해 학생들이 자신의 관심사와 연관된 주제를 탐구할 수 있도록 하며, 교육자는 가이드나 멘토의 역할을 하여 학생들의 학습을 지원한다.

3. 비대면 교육의 등장과 수업의 변화

본 장에서는 비대면 교육이 미래의 교육환경의 변화에 얼마나 부합하는지를 지식생태계의 변화, 학교교육 범주의 확장, 뉴리터러시의 등장, 그리고 교사의 역할 변화의 네 가지 측면을 중심으로 논의해보고자 한다.

1) 지식 생태계의 변화와 비대면 교육

첫째, 지식의 융합화는 4차산업혁명으로 인한 지식정보화사회의 등장으로 더욱 가속화되고 있다. 즉, 인터넷을 통해 유통되는 방대한 단편화된 지식들(빅 데이타)과 그러한 지식을 효과적으로 추출해낼 수 있는 기술(검색 엔진)의 발달로 지식과 학문들 간의 경계가 급속히 무너지고 있다. 예를 들어, Hjørland(2012)은 구글 검색 기술(Google search engine)의 등장 이후, 지식 분류(즉, 어떤 내용을 특정 범주로 구별해내는 작업)의 필요성이 점점 사라지고 있다고 주장한다. 어떤 '내용'(지식)을 하나의 '범주'(분류) 속에 집어넣기 위해서는 분류 기준에 따라 각 지식이 어디에 속할지를 결정하는 작업이 필수적인데, 그러한 결정은 특정 범주화 과정에 내재한 목적이나 가치에 의존할 수밖에 없다는 것이다. 따라서, 오늘날과 같이 인본주의에서 포스트휴먼적 지식(인간-기술-자연 관계성의 재조명, 생태주의적 사회과학, 생명공학, 신물질, AI 및 로봇 인식론 등)으로 지식 생태계가 급격히 변화하고 있는 상황에서 기존의 지식의 범주는 무의미해질 수밖에 없다는 것이다.

둘째, 아상블라주(Assembalge)는 존재들의 집단(사회)의 복잡한 관계성을 상향적으로 분석하기 위한 이론으로써 유동성(fluidity), 호환성(exchangeability), 그리고 다중적 기능성을 강조한다. 아상블라주 이론에 따르면, 하나의 전체를 구성하는 여러 기관들 및 요소들 간의 관계가 고정적이지 않고 교차되거나 치환될 수 있으며, 수많은 이질적 존재들이 뭉쳐서 상호의존적이고 역동적 관계성 속에서 무리(constellation)를 이루어 작동할 수 있다고 본다(Deleuze & Guattari, 1988).

지식의 아상블라주가 이루어지는 방식은 여러 가지가 있지만, 그 중 하나가 집단 지성이다. 현재 집단 지성의 개념은 인터넷 망에 기반한 정보 교류와 지식 축적을 위한 플랫폼 구축에 활용되면서, Wikipedia, Blogosphere, 구글의 PageRank와 같은 지식 플랫폼을 구축하게된 밑거름이 되었다. 이 기술들의 핵심은 분산화(decentralization)된 구조를 바탕으로 하여 수많은 사람들의 지식과 경험을 아이디어 제안과 문제 해결에 자유롭게 참여할 수 있도록 하는 것이며, 집단 지성의 효과를 확인하는 좋은 모델이 되었다.

셋째, Espinel, O'Halloran, Brynjolfsson, & O'Sullivan(2015)은 지식정보사회의 주요 특징인 인터넷 연결성, 유비쿼터스, 빅데이타, 정보플랫폼의 등장은 미래의 지식이 어떤 성격을 띨 것인지를 잘 보여준다고 주장하는데, 이는 한마디로 지식의 디지털화와 시스템화라고 볼 수 있다. 즉, 개인들은 시공간의 제약을 받지 않고 지식과 정보를 언제 어디서나(ubiquitous) 인터넷을 통해 검색, 추출, 변환할 수 있으며, 인공지능과 빅데이터를 활용하여 의사 결정에 도움을 받을 수 있다. 또한 지식은 시스템화되고 있는데, 이는 지식이 본질적으로 개별적 인간들의 두뇌에 구체적인 실체로 존재하는 것이 아니라, 세계에 대한 상호적 이해나 소통이라는 사실을 기반으로 한다(Ng, Maull, & Yip, 2009). 이처럼 네트워크와 분산적 데이터베이스(distributed database)에 기반한 시스템적 지식은 정보의 활용이 개인을 기반으로 수행되는 것이 아니라, 집단 지성과 사회적 지지를 바탕으로 수행됨으로써 문제해결에 훨씬 효과적이고 의미있는 사회적 지식을 생성해낼 수 있다는 것이다.

위와 같은 지식 생태계의 변화는 학교교육이 기존의 면대면 교육에 의존하거나 교실 내 수업의 환경을 고집할 필요가 없다는 것을 시사한다. 학습에 있어서 중요한 것은 학생들이 종이 교과서에 정리된 고정적 지식을 습득하는 것이 아니라, 연결성, 확장성, 다기능성, 그리고 복원력 등이 훨씬 뛰어난 네트워크적 지식을 효과적으로 탐색하고 응용할 수 있는 기회를 갖느냐의 여부에 달려있다(Barabasi, 2014). 오늘날과 같이 네트워크화된 사회에서 지식과 정보는 대규모의 데이터가 끊임없이 지식 네트워크 사이를 이동하며 다양한 사회적 필요에 활용되는 방식으로 작동한다. 정보의 생성, 저장, 검색, 그리고 변화하는 인공지능 기반 데이터베이스, 전자화폐의 흐름, 스프레드시트를 통한 재정 및 결산 자료, 지능적인 교통 시스템, GIS/GPS 시스템, CCTV, 바코드 부착 이동 추적 시스템 등이 모두 그러한 거대 정보 네트워크를 통해 이루어지는 기술의 예이다(Rheingold, 2002). 그러므로 미래의 교육은 이러한 현대의 디지털화된 지식생태계를 활용하는데 훨씬 더 적합한 비대면 학습의 방향으로 나아가게 될 것이다.

2) 학교 교육의 범주확장과 비대면 교육

미래 학교교육의 변화의 성격은 한마디로 범주 확장 교육(exoeducation)이 될 것이다. Lewis & Kahn(2010)은 오늘날 정보통신(네트워크, 유비쿼터스, 디지털 등) 기술의 발달로 인해 교실 내에서 교사와 학생 간의 면대면 상호작용으로 일어났던 기존의 수업과는 전혀 다르게 학습 형태가 변화하는 것을 '범주 확장 교육'(exoeducation)이라고 부른 바 있다. 범주확장 교육은 크게 물리적, 사회규범적, 그리고 학습원리의 차원에서 생각해 볼 수 있다. 여기서 물리적 범주란 학교 건물이나 교실 등과 같은 면대면의 교육이 이루어지는 시간적, 공간적 틀을 가리키고, 사회규범적 범주란 교사와 학생, 그리고 학생들 간의 관계와 같은 사회적 관계성이나, 인본주의, 보편교육, 도덕교육 등과 같은 사회윤리적 규범의 틀을 의미한다. 그리고 학습원리의 범주란 학습자, 학습내용, 학습방법, 그리고 학습 매체들 간의 관계성이 새롭게 구조화되고 있다는 것을 의미한다. 이러한 미래 교육의 범주 확장은 크게 다음 세 가지 양상을 통해 이루어지고 있다.

첫째, 물리적 범주의 변화를 보면 학교교육이 이루어지는 장면의 시간성과 공간성이 크게 변화하고 있다. 최근 정보통신 기술의 발달과 디지털 학습 환경의 팽창에 따른 유비쿼터스 환경의 일상화는 학습이 더 이상 교실이라는 공간성과 학교 일과라는 시간성의 틀에 얽매일 필요가 없어졌다는 것을 분명히 보여주고 있다(Cope & Kalantzis, 2010). 특히 디지털 교과서나 인터넷 활용 교육과 같은 디지털 수업의 활성화로 기존의 '교실 내' 학습을 토대로 수립된 교육심리학적

이론들의 재개념화가 요구되고 있다(Tucker & Goodings, 2014). 최근 국내에서 학교/교실 공간의 재설계에 대한 연구(김재영, 이종국, 2018; 맹재숙, 박수정, 2015)가 활성화되고 있는 것도 바로 학습 환경의 물리적 토대가 변화하고 있기 때문이다.

둘째, 사회규범적 범주의 측면에서 최근의 교육은 학습의 과정에서 수반되는 교사-학생 및 학생들 간의 관계성에 대한 교수학습이론이나 역할 기대가 크게 변화하고 있다. 예를 들어, 과거에는 교사전문성이 교과지식 전문가, 교수학습 전문가, 혹은 학급관리 전문가의 차원에서 논의되었다면 최근에는 지식보다는 정서 교육의 차원에서 학생이해 및 상담, 지식에 대한 융합적 접근, 그리고 평가의 전문성 등이 교사의 중요한 역할로 인식되고 있다(Frost, 2019). 학생들에 대한 역할 기대도 온라인 및 사이버 학습의 영역이 확대되면서, 자기주도학습이나, 개별화학습, 컴퓨터기반 학습 등의 영향으로 학생들 자체의 자율성과 주도성이 훨씬 중요한 학습의 요소로 간주되고 있는 것이다(Rashid & Asghar, 2016).

셋째, 학습 원리 범주의 변화는 포스트휴먼적 학습 원리에 직접적 영향을 받아 나타난 현상이다. 포스트휴머니즘은 물질과 정신은 하나라는 신물질주의적 일원론을 바탕으로 체화된(embodied) 마음과 외부의 물리적 환경은 불가분리적 관계를 지녔다고 본다. 즉, 포스트휴먼적 학습에서는, 앞서 행위자-망이론이나 포스트현상학에서 설명했던 것처럼, 학습자의 사고(인식), 학습 내용(지식, 정보), 학습 전략, 그리고 학습 매체(기술적 도구)가 상호유기적으로 혼성화되어 작동한다고 간주한다. 예를 들어, 기술-기반 언어학습(Technology-Enhanced Language Learning: TELL)에서는 학습(learning) 대 활용(practice), 공부(study) 대 놀이(play), 교실 훈련(classroom exercise) 대 현장 경험(field experience) 등이 명시적(explicit)으로 구별되지 않고 언어를 부지불식간에 학습할 수 있는 기술의 물질성(materiality)에 대한 연구가 활발히 이루어지고 있다(Reinders & Pegrum, 2016; Smith, 2019). 이처럼 포스트휴먼적 환경에서 이루어지는 학습은 학습자(사고)-학습내용(지식)-학습도구(기술)가 인위적으로 구별되지 않고 혼성화된 상태에서 이루어지기 때문에 이에 대한 학습원리에 대한 새로운 개념화가 이루어지게 될 것이다.

3) 뉴 리터러시(New literacies)의 등장과 비대면 교육

뉴 리터러시(New Literacy)의 등장은 기술문명 하에서 인류가 살아가야 할 기술적 환경(예 디지털-아날로그가 혼성화된 환경)의 변화와 맞물려있는데, 그에 따라 뉴 리터러시는 디지털 시대의 다양한 기술들과 양식성(modality)을 바탕으로 어떻게 사람들이 사회적으로 소통하고 새로운 정보를 학습하는지를 연구한다(Barton, 2001). 이러한 뉴 리터러시가 기존의 리터러시와의 차별점은 I) 오늘날 메시지, 매개, 채널 등의 소통 환경에서 아날로그와 디지털의 경계가 모호해지고 있다는 것, ii) 언어, 기호, 도구만이 소통의 매개가 되는 것이 아니라, 인간도 단순한 소통의 매개체가 되거나 탈맥락적인 소통도 활발하게 이루어진다는 사실(Harman, 2005), 그리고 iii) 인간과 비인간적 존재들의 복잡하게 얽힌 '이질적 현실들(heterogeneous realities)'을 인류가 경험하게 됨으로써 기존의 인본주의적 리터러시에서 벗어난 리터러시의 개념을 이해할 필요가 있다는 것이다(Deleuze & Guattari, 1987).

위와 같은 새로운 리터러시의 특성을 종합적으로 반영한 개념이 바로 디지털 리터러시이다. 디지털 리터러시는 과거의 인쇄기반 텍스트들은 점점 디지털화되고 다양화된 양식(mode: 텍스트, 이모티콘, 이미지, 동영상 등)의 정보로 변환되어 가상적 네트워크 속에서 빠르게 유통되고 있는 현상을 가리키고, 그에 따라 메시지의 생성자(저자)나 소비자(독자) 모두 이러한 리터러시의 물질성의 근본적 변화에 적응할 필요가 있다. 디지털 리터러시의 등장으로 나타난 오늘날의 리터러시가 갖는 양상은 다음과 같이 정리될 수 있다.

첫째, 디지털 시대를 맞이한 이후로 다양식성(multimodality)과 다감각성(multi-sensuality)이 점점 리터러시의 중요한 형태가 되고 있다는 것이다. 실질적으로 학교에서의 학습이 더 이상 교과서나 면대면 수업과 같은 전통적 학습방식에 의존하지 않고, 디지털 교과서나 이러닝과 같은 매우 다양한 학습의 방식을 통해 이루어지고 있다(Carrington & Robinson, 2009, Goodfellow & Lea, 2007).

둘째, 리터러시의 영역이 게임이나 가상 세계의 영역으로 확장되었을 뿐 만 아니라, 리터러시 활동이 훨씬 번성하는 공간이 되고 있다는 것이다(Steinkueler, 2007). 이는 현실과 가상, 아날로그와 디지털의 경계가 붕괴되거나 혼성화(hybridity)된 공간 속에서 인간의 경험이 이루어지고 있다는 것을 의미한다.

셋째, 디지털 기술의 발전은 인간의 경험을 다양한 방식으로 변형함으로써, 디지털 매체가 단순한 소통의 도구가 아니라, 소통이나 학습의 주체나 본질적 요소가 되게끔 하고 있다(Harman, 2018). 예를 들어, 인공지능 기기, 사물인터넷, 자동화기기, 그리고 챗봇(chat bots)이나 자동응답 및 검색시스템 등과 같은 다양한 기능을 가진 봇들(bots)이 매체가 인간을 대신하여 소통의 주체가 되고 있음을 잘 보여준다.

위와 같은 새로운 리터러시, 즉 디지털 리터러시의 확대는 학교교육의 내용, 방법, 그리고 전략이 기존의 대면적 수업의 양상과는 근본적으로 달라져야 한다는 것을 보여주고 그 한 형태가 바로 비대면 수업/학습이 될 수 있다. 비대면 수업은 필연적으로 디지털 리터러시에 의존할 수밖에 없고, 디지털 리터러시가 2011년 OECD의 미래 교육 어젠다에 공식적으로 포함되기 시작한 것도 이러한 미래 교육의 변화를 반영한 것이다(Istance & Kools, 2013). 결국 아날로그-디지털 네트워크의 혼재, 물리적-가상적 세계의 공존, 그리고 그 속에서의 현실과 가상의 혼성화된 경험에 익숙해진 학습자들에게는 디지털적 리터러시에 기반한 비대면 학습이 훨씬 더 효과적인 교육적 경험이 될 수도 있다는 것이다.

4) 교사 역할의 변화와 비대면 교육

그렇다면, 이러한 비대면 교육의 확대에 따라 교사의 역할은 어떻게 변화하게 될 것인가? 우선 교수학습의 방식이 대면 수업에서 비대면 수업으로 변화하기 위해서는 다음과 같은 교사의 역할 변화가 필요하다.

첫째, 교수학습 주도권의 이양이다. 교사는 교실 앞의 지휘자에서 교실 뒤의 조언자의 역할을 하게 될 것이다. 인터넷과 웹을 활용한 지식정보망은 학생들로 하여금 자발적이고 상호협동적이며, 역동적인 학습을 수행할 수 있는 좋은 조건이 된다. 학생들은 교사의 안내로 인터넷 자료를 활용해 프로젝트를 수행하고, 이 과정에서 학습의 주도권은 자연스럽게 학생들에게로 넘어가게 된다. 때로는 쌍방향 소통을 통한 학습의 과정에서 학생 및 교사는 공동학습자가 되며, 동시에 학습결과에 대한 공동저자가 될 수도 있다.

둘째, 내용전문가에서 학습(사고)전문가로의 변화이다. 교사는 교육 내용에 대한 배경과 의미에 대해 공평한 관점을 제공하고, 학습 내용의 학술적, 윤리적인 영향을 검토하여 학습자와의 상호작용을 통해 비판적 인식을 키우는 역할에 주력하는 것이 요구될 것이다. 보다 구체적인 예를 들면, 교사는 학생들이 학습을 위한 성실한 자세와 노력을 기울이고, 지식의 다양하게 응용하며, 학습주제에 대해 전략적으로 문제제기하고, 비판적 사고를 하도록 자극하며, 보다 현실적이고 전문적인 실습기회를 제공하는 역할을 함으로써, 학생들의 능력 및 수요에 대한 적절한 대응하는 역할을 수행하는 것이 요구된다.

셋째, 교수자에서 평가자로서의 변화이다. 평가 및 피드백에서의 모든 교육주체들이 참여할 수 있는 시스템이 개발되고, 그로 인해 교실에서 교사가 학생들을 일방적으로 평가하는 방식은 사라지게 될 것이다. 교사는 직접적 교수보다는 안내와 평가에서 더 큰 역할을 하며, 학습성과의 최종적 판단자로서 보다는 학습코치의 역할을 하게 될 것이다. 결국 교사가 학생들의 최종 성적을 매기고 교육적 선발 여부를 결정하는 역할은 줄어들게 될 것이다.

위와 같은 교사의 역할 변화로 인해 미래의 교육에서 교사에게 기대하는 교사의 특성으로 다음과 같은 요인들이 강조되게 될 것이다.

첫째, 네트워크 시스템적 교사이다. 현대 사회에서 교사는 독립적인 교육자라기보다는 '학교'라는 거대한 교육시스템의 일부라고 볼 수 있(Hoban, 2002). 교사는 단순한 지식이나 정보의 제공자가 아니라 '학습전략'의 안내자이고, 학습자와 네트워크 속의 학습 데이타, 기술적 도구들, 학습프로그램 자체 등과 같은 학습매체들이 공동으로 이루어내는 아상블라주(assemblages)의 한 요소의 역할을 하게 될 것이다(Barr & Tagg, 1995).

둘째, 뉴미디어적 교사이다. 앞으로 지식경제와 정보화 시대의 흐름에 발 빠르게 적응하지 못하는 교사들은 무력감을 느낄 수밖에 없을 것이다(Brabazon, 2017). Halverson & Collins(2009: 41)는 이를 “테크놀로지의 등장에 의한 교사 권위의 침몰”이라고 표현한 바 있는데, 학생들은 가정이나 사회에서 첨단 정보통신 도구들에 빠르게 익숙해지고 있는 상황에서, 학교나 교실의 물리적, 행정적 구조와 교사의 교수행위가 변하지 않는다면 전통적인 교사의 지식과 권위는 어떤 효력도 갖지 못하게 된다는 것이다.

앞 절에서 논의한 바와 같이, 이미 교과서나 교재의 학습주제에서 탈피하여 교우들과 사회적 관계망, 앱, 게임, 그리고 인터넷 정보원들을 통해 새로운 정보들을 탐색하고 있는 학생들의 새로운 학습풍토에 부응하여, 교사들도 뉴미디어 리터러시, 테크노 리터러시 등에 대한 적응과 비판적 이해를 갖추어야 하는 것이다(Alvermann, Moon, Hagwood, & Hagood, 2018; Tyner, 2014). 아울러 교사에게는 비판적 미디어 리터러시도 필요한데, 이는 다중텍스트, 다중양식성(multi-modality), 정보의 이동성/역동성, 교사-학생 혹은 학생-지식간의 관계의 상호성, 맥락적이고 과정적 학습 등에 대한 이해와 교수전략이 요구되는 것이다(Semali, 2018).

셋째, 사이버네틱스(Cybernetics)적 교사이다. Cybernetics는 동물과 기계의 통제와 소통에 관한 과학적 연구를 일컫으면서((Wiener, 1948) 등장한 후, 현재 인간, 동물, 기계 등의 시스템을 통제하고 소통하기 위한 과학적 연구를 통칭하고 있다. Bateson(1972)는 사이버네틱 인식론(cybernetic epistemology)을 통해, 순수한 동물적 혹은 인본주의적 인간이 아니라, 동물성, 인간성, 기계성이 혼종된 존재로서 물리적 및 생태적 환경을 어떻게 이해하고 그 속에서 어울릴 것인가에 대해 논의한 바 있다. 사실 사이버네틱스란 용어가 낯설기는 하지만, 최근 활발히 적용되고 있는 컴퓨터보조학습(computer-aided learning)의 사례에서 볼 수 있듯이, 오늘날 학습자들은 컴퓨터나 휴대기기와 공생 관계를 맺으면서 이러한 지적 기계들에 의존하여 학습과 소통을 이루어 가는 것이 일상화되었다. 즉, 사이버네틱스적 학습은 학습자와 시스템(교실, 인터넷, 정보망 등) 간의 상호작용에 초점을 맞추어 학습이 어떻게 시스템 내의 다양한 요소들 간의 관계성 속에서 이루어지는가에 주목하는 것인데(Gover, 1996; Thompson & Varela, 2001), 이때 교사와 학생들은 고정적이고 독립된 존재들이 아니라, 교수학습 프로그램 속에서 역동적으로 작용하는 자율적인 능동자가 되는 것이다. 결국 교사는 사이버네틱스적 학습의 원리에 의해 테크놀로지와 학생들 간의 상호작용을 촉진함으로써, 효과적인 학습프로그램이 안정적으로 운용될 수 있도록 안내해 주는 역할을 수행할 필요가 있는 것이다.

마지막으로 지금까지 설명한 비대면 학습의 증가와 그로 인한 교사의 역할 변화가 교사전문성에 대한 사회적 기대에 어떤 변화를 야기하고 있는지 살펴보자.

첫째, 인간 교사는 최첨단 정보기술(컴퓨터 및 인공지능을 기반으로 한 첨단기술)의 도움을 바탕으로 수업을 주도하게 될 것이다(Bayne, 2015; Bolldén, 2016; Burgess, 2015). 교사는 자신의 '인간적' 역할과 기술적 매체의 역할 사이의 최적의 협력을 위한 수업 방식을 설정하고 어떻게 기술적 매체들을 활용할 것인지를 결정해야 한다. 그리고 이러한 첨단기술의 변화에 끊임없이 적응하면서, 이를 수업에 적극적으로 활용하는 교사가 미래의 교육 환경의 변화에 필요한 교사가 될 수 있을 것이다(Cook, 2016; Halverson & Collins, 2009).

둘째, 교사전문성이란 교육에 대한 전문적 지식과 기술을 가지고 학생들의 요구나 교실의 상황을 자율적으로 판단하여 가르치면서, 교사로서의 윤리 및 책임감이 사회적으로 인정을 받는 것으로 이해될 수 있다(Parkay, Stanford, & Gougeon, 2010). 기존의 교사전문성의 개념에는 교사의 자기이해, 전문가적 능동성(agency), 전문가적 자아와 같은 요소들을 포함하면서도(Buchanan, 2015), 이러한 요소가 학습자, 지식, 사물, 세상과의 밀접한 관계성을 통해 학생들의 학습을 돕는데 어떻게 활용될 것인지를 끊임없이 고민해야 한다(Postma, 2016).

셋째, 보다 구체적으로 오늘날 기술적 환경에 따라 교사들에게는 기술에 대한 비판적인 성찰을 포함한 기술문해력(techno-literacy)이 강조되고 있다(Kahn & Kahn, 2010). 첨단 정보기술들은 최신 인공지능 알고리즘을 활용하여 개인들의 현 위치, 구매내력, 인터넷 검색 활동, 통신 내용, 가족 정보 등이 모두 실시간으로 기술을 통제하는 집단에 의해 감시되고 축적되고 있는데(Barry, 2001; Lyon,

1994), 이러한 매체의 영향력에 대해 학생들이 정보통신 기술들의 영향력과 의미에 대해 깨닫고 매체를 효과적으로 활용하도록 도와주는 것이 교사의 역할이 될 것이다.

요컨대, 비대면 교육의 확장은 교수학습 주도권의 이양이나 교사의 역할 변화를 동반해야 하고, 그에 발맞추어 교사는 네트워크 시스템적, 뉴미디어적, 그리고 사이버네틱스적 요소들에 익숙할 필요가 있다. 이러한 환경적 변화에 따라 교사전문성에 대한 사회적 인식도 기술문해력이나 뉴미디어적 활용성을 갖춘 교사의 역량을 더욱 강조하는 방향으로 변화하게 될 것이다.

부록

[부록]

인공지능 관련 교육과정 진술의 실제

1. 국가교육과정 인공지능 관련 과목 기술의 예

실과(기술, 가정) / 정보 (교육부 고시 제2015-74호) [별책 10] 선택중심 교육과정에서의 '진로 선택' 영역 내의 '인공지능 기초'

가. 교육 목표

인공지능 기초 과목의 교육 목표는 정보 교과에서 배운 컴퓨터과학의 기본 개념을 기반으로 인공지능 소양, 인공지능 윤리 의식, 인공지능 활용 능력을 함양하고 인공지능의 기본 개념과 원리, 기계학습 모델의 활용 방법을 바탕으로 실생활 및 다양한 분야의 문제를 창의적이고 효율적으로 해결하는 능력을 기르는 것이다.

가. 인공지능 기술 발전에 따른 사회 변화의 특성과 인공지능의 가치를 이해하고, 인공지능 기반 사회 변화에 적극적으로 대비하는 태도를 기른다.

나. 인공지능에 관한 이해를 토대로 인공지능의 원리와 기술을 활용하여 문제 상황에 적합한 해결 방법을 탐색하고 활용할 수 있는 능력과 태도를 기른다.

다. 기계학습 모델을 활용하여 다양한 문제를 해결할 수 있는 능력과 태도를 기른다.

라. 인공지능과의 공존으로 고려해야 할 윤리적 쟁점에 대해 비판적으로 사고하고, 인공지능에 대한 올바른 가치관을 함양하며 인공지능 윤리를 실천할 수 있는 태도를 기른다.

나. 내용 구성

인공지능 기초 과목의 내용은 '인공지능의 이해', '인공지능의 원리와 활용', '데이터와 기계학습', '인공지능의 사회적 영향' 영역으로 구분

'인공지능의 이해'와 '인공지능의 사회적 영향' 영역에서는 현대와 미래사회 구성원으로서 갖추어야 할 기본 소양을 함양하는 데 중점을 둔다.

'인공지능의 원리와 활용', '데이터와 기계학습' 영역에서는 인공지능의 기본 개념과 원리, 기술 등을 활용하여 실생활 및 다양한 분야의 문제 해결 능력을 신장하는 데 중점을 둔다.

인공지능 기초 과목은 고등학교의 일반 선택 과목인 '정보'와 마찬가지로 중학교 공통 과정인 '정보'의 내용 체계와 연계성을 가진다.

이에 따라, 중학교에서 이수한 '정보'를 바탕으로 '인공지능 기초' 과목을 선택·이수할 수 있으며, 고등학교 '정보' 과목 및 과학계열 전문 교과 I 의 '정보과학' 과목과 연계성을 갖는다.

다. 성취 기준

(1) 인공지능의 이해

1 인공지능의 개념과 특성

[12인기01-01] 인공지능의 개념과 특성을 이해하고, 인공지능과 인공지능이 아닌 것을 비교·분석한다.

2 인공지능 기술의 발전과 사회 변화

[12인기01-02] 인공지능이 개인의 삶, 사회와 직업을 어떻게 변화시키는지 탐색하고 인공지능 역할의 필요성과 중요성을 이해한다.

3 지능 에이전트의 개념과 역할

[12인기01-03] 인공지능과 지능 에이전트와의 관계를 파악하고 지능 에이전트의 개념을 이해한다.

[12인기01-04] 지능 에이전트가 실생활에 활용된 다양한 사례를 탐색하고, 지능 에이전트의 역할을 이해한다.

(2) 인공지능의 원리와 활용

1 센서와 인식

[12인기02-01] 지능 에이전트가 다양한 센서를 통해 주변의 환경 및 상황 정보를 탐지하여 인식하는 방법과 원리를 설명한다.

2 컴퓨터 비전

[12인기02-02] 이미지 인식, 컴퓨터 비전의 활용 분야를 탐색하고, 컴퓨터 비전의 한계를 인간의 시각 처리와 비교하여 설명한다.

3 음성 인식과 언어 이해

[12인기02-03] 음성 인식과 언어 이해 기법의 활용 분야 및 동작 원리를 탐색하고, 인간과의 상호작용에 관련한 기술의 발전 방향을 제시한다.

4 문제 해결과 탐색

[12인기02-04] 퍼즐 또는 게임 문제를 해결하기 위한 탐색 과정을 구조화하여 표현한다.

[12인기02-05] 최상 우선 탐색 방법을 활용하여 문제 해결을 위한 최적의 경로를 찾

고, 최적화 과정에서 정보 이용의 중요성을 인식한다.

5 표현과 추론

[12인기02-06] 규칙과 사실을 이용하여 지식을 표현하고, 추론을 통해 새로운 사실을 생성한다.

6 기계학습의 개념과 활용

[12인기02-07] 기계학습의 개념을 이해하고, 지도학습과 비지도학습의 차이를 비교한다.

[12인기02-08] 분류, 군집, 예측 등 기계학습의 활용 분야를 탐색한다.

7 딥러닝의 개념과 활용

[12인기02-09] 딥러닝의 개념을 이해하고, 활용 분야를 탐색한다.

(3) 데이터와 기계학습

1 데이터의 속성

[12인기03-01] 데이터 속성의 개념을 이해하고, 기계학습에서 데이터 속성의 역할을 설명한다.

[12인기03-02] 다양한 형태로 시각화된 데이터를 분석하고, 주어진 데이터가 갖는 속성의 역할과 필요성을 설명한다.

2 정형 데이터와 비정형 데이터

[12인기03-03] 정형 데이터와 비정형 데이터의 특성을 이해하고, 차이를 비교한다.

3 분류 모델

[12인기03-04] 분류 모델의 개념을 이해하고, 분류 모델이 적용되는 사례를 탐색한다.

4 기계학습 모델 구현

[12인기03-05] 인공지능을 활용하여 해결할 수 있는 문제와 그렇지 않은 문제를 구분한다.

[12인기03-06] 문제 해결에 필요한 데이터를 선정하고, 핵심 속성을 추출한다.

[12인기03-07] 훈련 데이터와 테스트 데이터의 역할을 비교한다.

[12인기03-08] 훈련 데이터를 분류 모델의 학습에 적용하고, 테스트 데이터를 이용하여 성능을 평가한다.

(4) 인공지능의 사회적 영향

1 사회적 문제 해결

[12인기04-01] 인공지능이 미래사회에서 해결하게 될 여러 가지 사회적 문제를 예측하고 인공지능의 역할을 제시한다.

[2] 데이터 편향성

[12인기04-02] 축적된 데이터의 질과 양, 인간의 편향적 성향이 인공지능의 수행 결과에 미치는 영향을 탐색하고, 올바른 데이터 활용의 중요성을 인식한다.

[3] 윤리적 딜레마

[12인기04-03] 인공지능 사회에서 고려해야 할 윤리적 딜레마에 대한 충분한 사회적 논의의 필요성을 인식한다.

[4] 사회적 책임과 공정성

[12인기04-04] 인공지능 사회의 구성원으로서 인공지능 윤리의 중요성을 인식하고 사회적 책임감을 갖고 공정성을 추구할 수 있는 방안을 제시한다.

2. 초·중등 인공지능 교육 내용 기준

1) 초·중등 학교급별 인공지능 교육의 목표

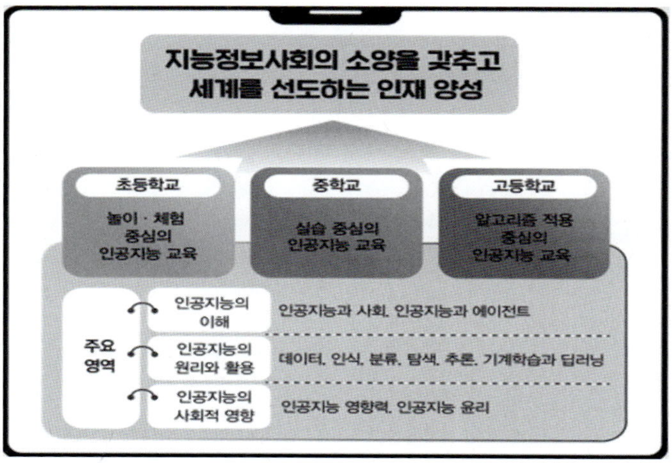

[그림] 학교급별 인공지능 교육의 목표와 주요 내용

- (초등학교) 인공지능의 기능과 원리를 놀이와 교육용 도구를 통해 체험하고, 자신의 주변에서 인공지능 기술이 적용된 사례를 탐색하고 활용할 수 있다.
- (중학교) 인공지능 기술 발전의 원동력이 되는 데이터의 가치와 인공지능 기술의 원리를 이해하고, 실생활 문제를 해결하는 능력을 함양한다.

- (고등학교 심화) '인공지능 기초＊ '의 내용을 바탕으로, 심화된 내용의 인공지능 개념과 알고리즘을 이해하고, 인공지능 기술을 응용하여 문제를 해결할 수 있는 역량을 기른다. ＊ '인공지능 기초'는 2015 개정 교육과정에 신설('20. 9월)된 진로 선택 과목임.

영역	세부 영역	내용 요소				
		초등학교 1~4학년	초등학교 5~6학년	중학교	고등학교 기초 (인공지능 기초 과목)	고등학교 심화
인공지능의 이해	인공지능과 사회	• 인공지능과의 첫 만남	• 인공지능의 다양한 활용 • 약인공지능과 강인공지능	• 인공지능 발전 과정 • 튜링 테스트	• 인공지능의 개념과 특성 • 인공지능 기술의 발전과 사회 변화	• 인공지능 기술의 적용 분야 • 인공지능 융·복합
	인공지능과 에이전트				• 지능 에이전트의 개념과 역할	• 지능 에이전트 분석
인공지능 원리와 활용	데이터	• 여러 가지 데이터 • 수치 데이터 시각화	• 데이터의 중요성 • 문자 데이터 시각화 • 데이터 경향성	• 데이터 수집 • 데이터 전처리 • 데이터 예측	• 데이터의 속성 • 정형 데이터와 비정형 데이터	• 데이터 속성 분석 • 빅데이터
	인식	• 컴퓨터와 사람의 인식	• 컴퓨터의 인식 방법	• 사물 인식	• 센서와 인식 • 컴퓨터 비전 • 음성 인식과 언어 이해	• 컴퓨터 비전 응용 • 음성 인식 응용 • 자연어 처리
	분류, 탐색, 추론	• 특징에 따라 분류하기	• 인공지능 분류 방법 • 지식 그래프	• 인공지능 탐색 방법 • 규칙 기반 추론	• 문제 해결과 탐색 • 표현과 추론	• 휴리스틱 탐색 • 논리적 추론
	기계학습과 딥러닝	• 인공지능 학습 놀이 활동	• 기계학습 원리 체험	• 지도 학습 • 비지도 학습	• 기계학습의 개념과 활용 • 딥러닝의 개념과 활용 • 분류 모델 • 기계학습 모델 구현	• 기계 학습 • 강화 학습 원리 • 퍼셉트론과 신경망 • 심층 신경망
인공지능의 사회적 영향	인공지능 영향력	• 우리에게 도움을 주는 인공지능	• 인공지능과 함께하는 삶	• 인공지능과 나의 직업	• 사회적 문제 해결 • 데이터 편향성	• 인공지능과의 공존 • 알고리즘 편향성
	인공지능 윤리		• 인공지능의 올바른 사용	• 인공지능의 오남용 예방	• 윤리적 딜레마 • 사회적 책임과 공정성	• 인공지능 개발자 윤리 • 인공지능 도입자 윤리

[그림] 학교급별 인공지능 교육의 영역별 내용 요소

영역	세부 영역	내용 요소	수행 기대
인공지능의 이해	인공지능과 사회	인공지능 발전 과정	• 인공지능의 발전 과정에 따른 특징을 설명할 수 있다.
		튜링 테스트	• 인간의 지능과 기계의 지능을 비교할 수 있다.
인공지능 원리와 활용	데이터	데이터 수집	• 문제 해결에 필요한 데이터 속성을 파악하고, 데이터를 수집할 수 있다.
		데이터 전처리	• 수집된 데이터에서 이상치와 결측치를 찾을 수 있다. • 데이터 전처리의 필요성을 설명할 수 있다.
		데이터 예측	• 주어진 데이터 분석을 통해 알게 된 규칙으로 새로운 데이터의 결과를 예측할 수 있다.
	인식	사물 인식	• 인공지능이 다양한 센서를 통해 사물을 인식하는 원리를 알 수 있다.
	분류, 탐색, 추론	인공지능 탐색 방법	• 인공지능에서 탐색의 의미를 이해하고, 실생활에 사용되는 탐색 과정을 찾을 수 있다.
		규칙 기반 추론	• 'IF-THEN 규칙'을 활용하여 인공지능의 추론 과정을 설명할 수 있다.
	기계학습과 딥러닝	지도 학습	• 지도 학습의 의미를 이해하고, 특징을 설명할 수 있다.
		비지도 학습	• 비지도 학습의 의미를 이해하고, 특징을 설명할 수 있다.
인공지능의 사회적 영향	인공지능의 영향	인공지능과 나의 직업	• 인공지능의 발전과 직업의 관계를 연계하여 설명할 수 있다.
	인공지능 윤리	인공지능의 오남용 예방	• 인공지능을 목적에 맞지 않거나, 과도하게 사용하여 생긴 사례를 탐색하고 예방책을 제시할 수 있다.

[그림] 중학교 인공지능 교육의 세부 영역별 내용요소와 수행 지침

2) 국가수준 교육과정 각론: '프로그래밍' 과목

가) 프로그래밍 언어의 종류와 특징: 각종 프로그래밍 언어의 종류와 특징을 이해하고 개발 분야와 용도 따라 적절한 프로그래밍 언어를 선택할 수 있다.

나) 프로그래밍의 절차: 프로그램을 효율적으로 개발하기 위한 체계적인 절차와 각 단계별로 유의해야 할 사항에 대하여 설명할 수 있다.

다) 알고리즘: 주어진 문제를 해결하기 위한 알고리즘의 개념을 알고, 순서도 또는 의사코드 등을 이용하여 문제를 해결하는 알고리즘을 작성할 수 있다.

라) 프로그래밍의 개발 환경: 프로그래밍의 개발 과정을 이해하고 통합 개발 환경의 필요성을 설명할 수 있다. 통합 개발 환경을 설치하고 원하는 환경을 설정할 수 있다.

내용 영역	내용 영역 요소
프로그래밍의 개요	• 프로그래밍 언어의 종류와 특징 • 프로그래밍의 절차 • 알고리즘 • 프로그래밍 개발 환경
C 프로그래밍의 기초	• 변수와 자료형 • 입 출력 함수 • 연산자 • 제어문 • 배열 • 함수 • 포인터 • 구조체와 공용체 • 파일 입출력
프로그래밍 설계와 구현	• 프로그램 기획 • 프로그램 설계 • 프로그램 구현 • 프로그램 테스트

[그림] 프로그래밍 과목의 내용영역과 세부 학습 요소

3) 빅 데이터 관련 학습 내용의 예

'빅데이터 분석'은 특성화 고등학교 및 마이스터 고등학교 학생들이 빅데이터를 수집하여 분석용 데이터를 탐색하고, 그 분석 결과를 시각화 할 수 있는 능력을 습득하여 산업 현장에서 빅데이터 관련 직무를 효율적으로 수행할 수 있는 능력을 기르도록 하기 위한 과목이다. 이수해야 할 내용은 데이터 수집 계획 수립하기, 내부 데이터 수집하기, 외부 데이터 수집하기, 데이터 변환하기, 기본 통계 확인하기, 데이터 분포 분석하기, 분석 결과 스토리텔링하기, 분석 정보 시각화하기, 분석 정보 시각 표현하기 등으로, 이론과 실습을 병행하여 교육해야 한다. 나. 목표 데이터 집합으로부터 일정한 법칙을 추론하여 결과 및 행동을 예측하기 위한 업무를 추진하기 위 하여 조직 내·외부의 정형 및 비정형 대용량 데이터를 수집·저장하여 목적에 따라 분석, 시각화를 수행할 수 있는 능력과 태도를 기른다.

내용 영역(능력단위)	내용 영역 요소(능력단위 요소)
빅데이터 수집 (2001010502_15v1)	• 데이터 수집 계획 수립하기 • 내부 데이터 수집하기 • 외부 데이터 수집하기 • 데이터 변환하기
분석용 데이터 탐색 (2001010505_15v1)	• 기본 통계 확인하기 • 데이터 분포 분석하기
빅데이터 분석 결과 시각화 (2001010509_15v1)	• 분석 결과 스토리텔링하기 • 분석 정보 시각화하기 • 분석 정보 시각표현하기

[그림] 빅 데이터 내용영역에 따른 학습 요소

4) 과학창의재단의 내용 기준

인공지능 교육은 2015 개정 교육과정에서 도입된 소프트웨어 교육의 연장선상에 있는 것으로, 「초·중등 인공지능 교육 내용 기준」은 소프트웨어 교육을 기반으로 학교 급별 학생 수준에 맞는 인공지능 교육 방안을 제시하고 있다.

(1) 정의: 지식 전달 중심의 교수·학습 방법을 지양하고, 체험과 실습 중심으로 인공지능의 기본 원리를 이해하도록 하고 있으며, 이를 통해 학생들이 미래사회의 변화에 두려움 없이 대처하고 인공지능 을 활용하여 문제를 창의적으로 해결할 수 있도록 하고자 한다.

(2) 내용: 「초·중등 인공지능 교육 내용 기준」의 내용은 '인공지능 이해', '인공지능 원리와 활용', '인공지 능의 사회적 영향' 3개의 영역으로 구분

가. '인공지능 이해' 영역에서는 급변하는 인공지능 기 술로 인해 변화하는 사회를

인식하고, 지능 에이전트의 관점에서 인공지능의 본질을 이해하는 데 중점.

나. '인공지능 원리와 활용' 영역에서는 실제 인공지능이 동작하는데 필요한 요소와 원리를 이해하는 데 중점

다. '인공지능의 사회적 영향' 영역에서는 인공지능 사회 속에서 발생 할 수 있는 윤리적인 문제를 통해 인공지능의 긍정적, 부정적인 영향을 탐색하고, 인공지능을 올바르게 사용할 수 있도록 하는 데 중점.

5) '정보과제 연구' 교과(2019. 광주광역시교육청 신설승인)

국가수준의 2015 개정 교육과정 '정보과제 연구' 과목의 성격, 목표, 내용체계, 교수학습방법, 평가 등의 내용을 인용

(1) 정의: 과학계열 교과중점학교 또는 일반계 고등학교에서 '정보' 과목을 이수하여 정보교과의 기본 개념의 이해를 바탕으로 학생이 주도적으로 연구를 설계하고 수행하기 위한 과목.

(2) 목적: 컴퓨팅 사고력을 올바르게 이해하고, 문제 해결 방법에 대한 소양을 갖춘 뒤 컴퓨팅을 활용한 과제를 해결하기 위한 다양한 연구를 수행할 수 있도록 한다.

(3) 내용: 정보과제연구의 개념 및 방법, 정보과제연구의 실제로 나누어지며, 정보 과제연구의 개념 및 방법은 정보과제연구를 실시하기 위해 요구되는 탐구 방법들에 대해 탐색하고, 다른 학문들에서 실시하는 과제연구 방법들과의 차이점에 대해 알아보는데 중점을 둔다.

(4) 정보과제 연구의 실제: 정보과제연구의 방법에 기반하여 컴퓨터과학 지식을 활용하여 실생활에서 접해 볼 수 있는 문제를 해결하는 능력을 신장하는 데 중점을 둔다.

(5) '정보과제연구'에서 추구하는 역량: 정보문화소양, 컴퓨팅 사고력, 협력적 문제해결력 등의 핵심 역량. 정보문화소양이란 정보사회에서 컴퓨터의 중요성을 깨닫고, 연구자로서의 기본 윤리의식 및 디지 털 시민의식을 바탕으로 문제 해결력의 중요성을 깨달아 볼 수 있는 능력을 말한다. 컴퓨팅 사고력은 컴퓨터과학의 기본 개념과 원리 및 컴퓨팅 시스템을 활용하여 실생활과 다양한 학문 분야의 문제를 이해하고 창의적으로 해법을 구현하여 적용할 수 있는 능력을 말한다. 협력적 문제해결력은 다양한 지식·학습 공동체에서 공유와 효율적인 의사소통, 협업을 통해 문제 를 융합적이며, 창의적으로 해결할 수 있는 능력을 말한다.

(6) '정보과제연구' 과목의 중점: 고등학교 '정보'의 학습 내용과 연계하여 심화된 연구를 수행할 수 있는 능력을 갖출 수 있도록 한다. 실생활과 연관된 주제를 선정하여 컴퓨팅 사고력을 바탕으로 창의적이 며 융합적 사고를 통해 효율적으로 문제를 해결하는 능력과 협력적 태도를 기르는 데 중점을 둔다.

영역	핵심개념	내용요소
정보과제연구의 개념 및 방법	정보연구과제	•정보연구과제의 정의 •과학, 사회 과제 연구와의 공통점과 차이점 •정보과제연구의 수행 절차 및 필요요소
	연구계획	• 연구 주제의 선정 및 선행 연구 • 과제 연구를 위한 계획서 작성
	과제수행	•연구 설계하기 •연구 수행하기
	결론 도출 및 발표	•토론을 통한 의사결정 •연구보고서 작성 및 발표
정보과제연구의 실제	정보과제 연구의 실제	•자율적인 정보과제 연구 수행하기

[그림] '정보과제 연구' 교과목의 주요 내용(광주광역시교육청 신설)

참고문헌

참고문헌

강현석·이경섭(2003). 미국교육과정 구성법의 전개와 그 발달사적 특징. 교육과정평가연구, 6(2), 25–50.

교육과정특별연구회 (2009). 미래형교육과정요약. 서울: 교과부 교육과학기술자문회의.

구병두·김범준 (2007). 교육과정 및 교육평가. 서울: 공동체.

김경배·김재건·이홍숙. (2009). 교육과정과 교육평가. 서울: 학지사.

김국현 (2010). 교과지식의 재구조화와 도덕과 교육과정의 개정 방향. 교과교육과정 개선·방안 세미나 [연구자료 ORM 2010–50]. 서울: 한국교육과정평가원.

김대현·김석우. (2010). 교육과정 및 교육평가. 서울: 학지사.

김진규 (2009). 교육과정과 교육평가. 서울: 동문사.

박성익, 김연경(2006). 온라인 학습에서 학습몰입요인, 몰입수준, 학업성취 간의 관련성 탐구. 열린교육연구,14(1), 93–115.

박현주 (2005). 교육과정 개발의 모형과 실제. 서울: 교육과학사.

박휴용(2019a). 포스트휴먼 학습자의 존재론적 이해와 학습이론 패러다임의 변화. 교육방법연구, 31(1), 121–145.

박휴용(2019b). 포스트휴먼 시대의 학교교육의 변화와 교사전문성의 방향. 교육철학연구, 41(2), 47–80.

박휴용(2019c). 포스트휴먼적 존재인식론과 학습주체성의 변화. 교육철학. 73, 81–119.

셰리 터클 이은주 역 2010 외로워지는 사람들: 테크놀로지가 인간관계를 조정한다. Along together. 청림출판.2012.

송인섭·김정원·김혜숙·정미경·신은영·최지은·박소연 공저 (2007). 교육과정 및 교육평가. 서울: 양서원.

신동로 (2009). 교육과정 및 교육평가: 이론과 실제. 서울: 형설출판사.

양미경(2009). 학제연구의 목적과 방법에 대한 비판적 검토. 열린교육연구, 17(3), 51–72.

오만록 (2010). 교육과정론. 서울: 동문사.

유광찬 (2008). 교육과정의 이해. 서울: 교육과학사.

이성호 (2009). 교육과정론. 서울: 양서원.

이해명·피재성·손춘자·이은주·김현주·정경숙 (2008). 현대교육과정 및 평가. 서울: 교육아카데미.

이홍우 (2010). 교육과정 탐구. 서울: 박영사.

최호성 (2008). 교육과정 및 평가: 이해와 응용. 서울: 교육과학사.

홍후조 (2009). 교육과정의 이해와 개발. 서울: 도서출판 문음사.

힌센, 피터. (2013). 뉴노멀. 이영진 역. 서울: 흐름출판.

Aceland, R. (1967). A move to the integrated curriculum. Exeter, England: University of Exeter.

Adams, F. G. (1954). Educating America's children: Elementary school curriculum and methods (2nd ed.). New York: Ronald Press.

Alberty, H. (1947). Reorganizing the high school curriculum. New York: Macmillan.

Alberty, H. B., & Alberty, E. L.(1963). Reorganizing the High School Curriculum. New York :The Macmillan.

Alexander, W. M. (Ed.). (1967). The changing secondary school curriculum: Readings. New York: Holt, Rinehart & Winston.

Alpren, M. (Ed.). (1967). The subject curriculum: Grades K—12. Columbus, OH: Charles E. Merrill.

American Educational Research Association Monograph Series on Curriculum Evaluation (No. 1). (1967). Perspectives of curriculum evaluation (by R. W. Tyler, R. M. Gagne, & M. Scriven). Chicago: Rand McNally.

American Educational Studies Association. (1983). The humanities in education: Rebirth or burial in The 1980's. Ann Arbor, MI: Prakken.

Anderson & Krathwohl, 2001;

Anderson, L. W., & Krathwohl, D. R. (Eds.) (2001). A Taxonomy for Learning, Teaching, and Assessing: A Revision of Bloom's Taxonomy of Educational Objectives. New York: Longman.

Anderson, W. G. (1967). What are the subject matter boundaries? Danville, IL: Interstate Printers.

Apple, M. W. (1979). Ideology and curriculum. London: Routledge & Kegan Paul.

Apple, M. W. (1986). Teachers and texts: A political economy of class and gender relations in education. London: Routledge & Kegan Paul.

Association for Supervision and Curriculum Development Elementary Education Council. (N. V. Overly, Ed.). (1963). The unstudied curriculum: Its impact on children. Washington, DC: Association for Supervision and Curriculum Development.

Association for Supervision and Curriculum Development. (1967). Curriculum materials. Washington, DC: National Education Association.

Association for Supervision and Curriculum Development. (A.W. Combs, Ed.). (1962). Perceiving, behaving, becoming: A new focus in education. 1962 Yearbook. Washington, DC: Author.

Bagley, W. C. (1910). Educational values. NY: Macmillan.

Bagley, W. C. (1934). Education and emergent man. NY: T. Nelson & Sons.

Bagley, W. C. (1939). The significance of the essentialist movement in educational theory. *The Classical Journal, 34*(6), 326–344.

Baofu, P. (2008). *The Future of Post-human Knowledge: A Preface to a New Theory of Methodology and Ontology*. London: Elsevier.

Barad, K. (2007). *Meeting the universe halfway: Quantum physics and the entanglement of matter and meaning*. Durham, NC: Duke University Press.

Beauchamp, G. (1972). Basic components of curriculum theory. Curriculum Theory Network, 80, 51‐65.

Beauchamp, G. A. (1961). Curriculum Theory. Wilmette, IL: The Kagg Press.

Beauchamp, G. A., & Beauchamp, K. E. (1967). Comparative analysis of curriculum systems. Wilmette, IL: The Kagg Press.

Becker, J. M. (1979). Schooling for a global age. New York: McGraw‐Hill.

Bennett, J. (2010). A vitalist stopover on the way to a new materialism. New materialisms: Ontology, agency, and politics, 91(1), 47–69.

Berman, L. M. (Ed.). (1967). The humanities and The curriculum. Washington, DC: Association for Supervision and Curriculum Development.

Bernstein, B. (1971). Class, Codes and Control. *Theoretical Studies towards a Sociology of Language*. London: Routledge.

Bishop, L. J. (1967). Collective negotiation in curriculum and instruction: Questions and concerns. Washington, DC: Association for Supervision and Curriculum Development.

Bloom B. S., Engelhart, M. D., Frost, E. J., Hill, W.H., & Krathwohl, D. R. (1956). Taxonomy of Educational Objectives (Handbook 1: Cognitive Domain). NY: David Mckay.

Bloom, A. (1987). The closing of the American mind: How higher education has failed democracy and impoverished the souls of today's students. Chicago: University of Chicago Press.

Bloom, B. S. (Ed). (1956). Taxonomy of educational objectives (Handbook I: Cognitive domain). New York: David McKay & Company.

Bloom, B., Madaus, G., &Hastings, J.T. (1981). Evaluation to improve learning. New York: McGraw Hill.

Blum, E. K., & Li, L. K. (1991). Approximation theory and feedforward networks. Neural networks, 4(4), 511–515.

Boaler, J. (1998). Open and closed mathematics: Student experiences and understandings. Journal for research in mathematics education, 29(1), 41–62.

Bobbitt, F. (1915). What the schools teach and might teach. Cleveland, OH: The Survey Committee of The Cleveland Foundation.

Bode, B. H. (1938.) Progressive education at the crossroads. New York: Newson.

Bogost, I. (2013). *Alien phenomenology, or, what it's like to be a thing*. Twin Cities, MN: Univ. of Minnesota Press.

Bourdieu, P., & Zanotti-Karp, A. (1968). Structuralism and theory of sociological knowledge. Social Research, 681-706.

Brady, L. (1992). Curriculum development (4th ed). New York: Prentice Hall.

Brady, L. (1992). Curriculum development in Australia (4th ed.). Sydney, Australia: Prentice‐Hall.

Braidotti, R. (2006). Posthuman, all too human: Towards a new process ontology. Theory, culture & society, 23(7-8), 197-208.

Braidotti, R. (2013). Metamorphoses: Towards a materialist theory of becoming. London: John Wiley & Sons.

Braidotti, R. (2016). Posthuman critical theory. In Critical posthumanism and planetary futures(pp. 13-32). New Delhi: Springer.

Brameld, T. (1955). Philosophies of education in cultural perspective. New York: Holt, Rinehart & Winston.

Brameld, T. (1956). Towards a reconstructed philosophy of education. New York: Dryden Press.

Brent, A. (1978). Philosophical foundations for The curriculum. Winchester, MA: Allen & Unwin.

Broudy, H. S. (1988). The uses of schooling. New York: Routledge & Kegan Paul.

Bruner, J. S. (1960). The process of education. Cambridge: Harvard University Press.

Bruner, J. S. (1966). *Toward a theory of instruction* (Vol. 59). Harvard Univ. Press.

Bruner, J. S. (1973). *The relevance of education*. WW Norton & Company.

Bruner, J. S. (1996). *The culture of education*. Harvard University Press.

Burnham, D. (1967). New designs for learning: Highlights of the reports of the Ontario Institute 1963—1966. Toronto: University of Toronto Press.

Burton, W. H. (Ed.). (1929). *The supervision of elementary subjects*. New York: Appleton.

Busch, L. (1997). Actor Networks and the Division of Knowledge in the University. Paper presented at AERA (March 24-28, 1997). Chicago, IL

Bybee, R. W., Taylor, J. A., Gardner, A., Van Scotter, P., Powell, J. C., Westbrook, A., & Landes, N. (2006). *The BSCS 5E Instructional Model: Origins and effectiveness*. Colorado Springs, CO: BSCS.

Cannon, S. (2017). Theory in mathematics education: Intra-action and (re) configuration.

Cardwell, D. S. L. (1971). . The Organisation of Science in England London: Heinemann.

Cassirer, E. (1953). The philosophy of symbolic forms: The phenomenology of knowledge (Vol.

3). Yale University Press.

Caswell, H. L., & Campbell, D. S. (1935). Curriculum development: New York: American Book.

Cataldi, S. L., & Cataldi, S. L. (1993). Emotion, depth, and flesh: A study of sensitive space: Reflections on Merleau-Ponty's philosophy of embodiment. New York: SUNY Press.

Césaire, A. (2001). Discourse on colonialism. NYU Press.

Chaffin, D. (2004). Hegel, Derrida, and the sign. In Derrida and Deconstruction(pp. 83-97). London: Routledge.

Charteris, J., Smardon, D., & Nelson, E. (2017). Innovative learning environments and new materialism: A conjunctural analysis of pedagogic spaces. Educational Philosophy and Theory, 49(8), 808-821.

Charteris, J., Smardon, D., & Nelson, E. (2017). Innovative learning environments and new materialism: A conjunctural analysis of pedagogic spaces. Educational Philosophy and Theory, 49(8), 808-821.

Conner, F., & Ellena, W. (1967). Curriculum handbook for school administrators. Washington, DC: American Association of School Administrators (also 1973).

Conti, M., Passarella, A., & Das, S. K. (2017). The Internet of People (IoP): A new wave in pervasive mobile computing. Pervasive and Mobile Computing, 41, 1-27.

Cooperative Curriculum Project. (1967). Tools of curriculum development for the church's educational ministry. Anderson, IN: Warner Press.

Corey, S. M. (1953). Action research to improve school practices. New York: Bureau of Publications. Teachers College, Columbia University.

Cornbleth, C. (1990). *Curriculum in context*. New York: Falmer Press.

Costa, A. L., & Liebmann, R. M. (Eds.). (1996). Envisioning process as content: Toward a renaissance curriculum. Thousand Oaks, CA: Corwin.

Counts, G. S. (1932/1969). Dare the school build a new social order? New York: John Day.

Cremin, L. A. (1976). Public education. New York: Basic Books, Inc.

Cuban, L. (1993) . How teachers taught: Constancy and change in American classrooms, 1890& # 8212; 1990 (2nd ed.). New York: Teachers College Press.

Cummins, J. (2000). Language, power, and pedagogy: Bilingual children in the crossfire. Clevedon, UK: Multilingual Matters.

Dan Sperber (2003), 'Why Rethink Interdisciplinarity?', Interdisciplines.org [website], 〈http://www.interdisciplines.org/interdisciplinarity/papers/1〉 (accessed 19 January 2009).

Davis, A., & Williams, K. (2002). Epistemology and curriculum. The Philosophy of Education,

253.

Davis, R. B. (1967). The changing curriculum: MaThematics. Washington, DC: Association for Supervision and Curriculum Development.

Deleuze, G., & Guattari, F. (1988). A thousand plateaus: Capitalism and schizophrenia. Bloomsbury Publishing.

Dewey, J. (1897). My pedagogic creed. School Journal, 54

Dewey, J. (1900). *The school and society*. Chicago: University of Chicago Press.

Dewey, J. (1902). *The child and the curriculum*. Chicago: University of Chicago Press.

Dewey, J. (1910). *How we think: A restatement of the relation of reflective thinking to the educative process*. New York: D. C. Heath.

Dewey, J. (1916). Democracy and education. New York: Macmillan.

Dewsbury, J. D., Harrison, P., Rose, M., & Wylie, J. (2002). Enacting geographies. *Geoforum, 33*(4), 437–440.

Dietz–Uhler, B., & Hurn, J. E. (2013). Using learning analytics to predict (and improve) student success: A faculty perspective. *Journal of Interactive Online Learning, 12*(1), 17–26.

Doll, W. E. (1993). *A postmodern perspective on curriculum*. New York: Teachers College Press.

Donovan, B. M. (2015). *Reclaiming race as a topic of the US biology textbook curriculum. Science Education, 99*(6), 1092–1117.

Douglas, I., & Schaffer, S. P. (2002). Object–oriented performance improvement. *Performance Improvement Quarterly, 15*(3), 81–93.

Drake, S. M. 저, 박영무,허영식, 유제순 공역. (2009). 교육과정 통합의 기초. 서울: 교육과학사.

Duncan, Andrade, Jeffrey, & Morrell, E. (2008). The Art of Critical Pedagogy: Possibilities for Moving from Theory to Practice in Urban Schools. New York: Peter Lang.

Eisner, E. W. (1994). The educational imagination: On the design and evaluation of school programs (third edition). New York: Macmillan.

Eisner, Elliot W. (1985). The art of educational evaluation: a personal view. London: Falmer Press.

Eisner, Elliot W. (1998) The kind of schools we need : personal essays, Portsmouth, NH: Heinemann.

Eisner, Elliot W. (2004) 'Artistry in teaching.' Cultural Commons,

Ellis, A. K. (2014). Exemplars of curriculum theory. London: Routledge.

English, F. W. (1978). Quality control in curriculum development. Washington, DC: American Association of School Administrators.

Fantini, M. D., & Weinstein, G. (1967). Toward a contact curriculum. New York: AntiDefamation League of B'nai B'rith.

Feyerabend, P. K. (1977). Rationalism, relativism and scientific method. Philosophy in Context, 6, 7–19.

Fitzgerald, J. A. & Fitzgerald, P. G. (1955). Methods and curricula in elementary education. Milwaukee, WI: Bruce Publishing Company.

Florida State Department of Education. (1967). Report on strategies for curriculum change. Tallahassee, FL: Author.

Frazier, A. (Ed.). (1963). New insights and the curriculum. 1963 Yearbook. Washington, DC: Association for Supervision and Curriculum Development.

Frean, M. (1990). The upstart algorithm: A method for constructing and training feedforward neural networks. *Neural computation*, *2*(2), 198–209.

Freire, P. (1972). Pedagogy of the Oppressed (Original published in 1968). (M. Bergman Ramos, Trans.). New York: Herder.

Frost, S. (2011). The implications of the new materialisms for feminist epistemology. In Feminist epistemology and philosophy of science(pp. 69–83). Springer, Dordrecht.

Frymier, J. R. (Ed.). (1967). Curriculum Theory development: Work in progress. Theory into Practice, Volume 6, Number 4 (October), Ohio State University.

Garber, E. (2019). Objects and New Materialisms: A Journey Across Making and Living With Objects. *Studies in Art Education*, *60*(1), 7–21.

Gelman, S. A. (2004). Psychological essentialism in children. *Trends in cognitive sciences*, *8*(9), 404–409.

Gelman, S. A., & Medin, D. L. (1993). What's so essential about essentialism? A different perspective on the interaction of perception, language, and conceptual knowledge. Cognitive development, 8, 157–167.

Giroux, H. A. (1981). Ideology, culture, and the process of schooling. Philadelphia: Temple University Press.

Giroux, H. A. (1983). Theory and resistance in education: A pedagogy for the opposition. *South Hadley*, MA: Bergin and Garvey.

Giroux, H., & McLaren, P. L. (1989). Critical pedagogy, the state, and cultural struggle. Albany: State University of New York.

Goodlad, J. I. (1984). A place called school. Prospects for the future. Hightstown, NJ: McGraw-Hill.

Goodlad, S. (1979). What Is an Academic Discipline?. In Roy Cox (Ed.), Cooperation and Choice in Higher Education. London: University of London Teaching Methods.

Gough, N. (2016). Postparadigmatic materialisms: A "new movement of thought" for outdoor environmental education research?. *Journal of Outdoor and Environmental Education*, *19*(2), 51–

65.

Gramsci, A. (1971). Selections from the Prison Notebooks. International Publishers

Greene, M. (1973). *Teacher as stranger. Berkeley*, CA: Wadsworth.

Grimaldi, D. A., & Engel, M. S. (2007). Why descriptive science still matters. *BioScience*, *57*(8), 646–647.

Gronlund, N. E. (1985). Messurement and evaluation in teaching(5th ed.). New York: Macmillan.

Gronlund, N. E. (1995). How to write and use instructional objectives (fifth edition). Columbus, OH: Merrill.

H. H. Giles, S. P. McCutchen & A. M. Zechiel. (1942). Eight Year Study. *Adventures in American education series* (vol. II). New York: Harper Brothers.

Habermas, J. (1970). Knowledge and interest. *In Sociological theory and philosophical analysis* (pp. 36–54). London: Palgrave Macmillan.

Hadorn, G. H., Biber, K. S., Grossenbacher, M. W., Hoffmann, R. H., Joye, D., Pohl (2008). The emergence of transdisciplinarity as a form of research. In Handbook of transdisciplinary research (pp. 19–39). Springer, Dordrecht.

Hanfling, O. (1981). Logical positivism. Routledge History of Philosophy, 193.

Harap, H. (1953). Curriculum trends at mid‐century. Cincinnati, OH: Southwestern Publishing Company.

Haraway, D. (1985). Cyborg Manifesto. A Socialist Review.

Harman, G. (2018). *Object-oriented ontology: A new theory of everything*. London: Penguin.

Harrow, A. J. (1972). *Taxonomy of the Psychomotor Domain: a guide for developing behavioral objectives,* New York: McKay.

Hass, G. (1987). *Curriculum planning: A new approach* (fifth edition). Boston: Allyn & Bacon.

Hauenstein, A. D. (1998). A Conceptual Framework for Educational Objectives: A Holistic Approach to Traditional Taxonomies. Lanham, MD: University Press of America.

Hauenstein, A. D. (1998). A conceptual framework for educational objectives: A holistic approach to traditional taxonomies. Lanham, MD: University Press of America.

Hayles, N. K. (1999). How we became posthuman: Virtual bodies. Cybernetics, Literature, & Informatics, 9–24.

Henderson, C. H. (1902). *Education and the large life*. Boston: Houghton Mifflin.

Henry Jenkins The skill of the future: In a word multitasking. PBS.org. The Tech Fix. Defenders of the Book.

Herrick, V. E., & Tyler, R. W. (Eds.). (1950). Toward improved curriculum Theory. Supplementary Educational Monographs. Chicago: University of Chicago Press.

Hickey–Moody, A., Palmer, H., & Sayers, E. (2016). Diffractive pedagogies: Dancing across new materialist imaginaries. *Gender and Education, 28*(2), 213–229.

Hickey–Moody, A., Palmer, H., & Sayers, E. (2016). Diffractive pedagogies: Dancing across new materialist imaginaries. *Gender and Education, 28*(2), 213–229.

Hiebert, J., Carpenter, T. P., Fennema, E., Fuson, K., Wearne, D., Murray, H., ... & Human, P. (1997). Making sense: Teaching and learning mathematics with understanding. Portsmouth, NH: Heinemann.

Hird, M. J. (2004). Sex, gender, and science. New York: Palgrave Macmillan.

Hirsch, E. D. (1987). Cultural literacy: What every American needs to know. Boston: Houghton Mifflin.

Hirst, P. (1974). *Knowledge and the curriculum*. London: Routledge & Kegan Paul.

Hjørland, B. (2012). Is classification necessary after Google? *Journal of documentation, 68*(3), 299–317.

Hjørland, B. (2012). Is classification necessary after Google?. *Journal of documentation.*

Hmelo–Silver, C. E. (2004). Problem–based learning: What and how do students learn?. *Educational psychology review, 16*(3), 235–266.

Holloway, W. J. (1928). *Participation in curriculum planning as a means of supervision in rural schools.* New York: Teachers College, Columbia University.

Honoré, C. (2004). *In Praise of Slowness: Challenging the Cult of Speed.* San Francisco, CA: Harper-SanFrancisco.

Hoyles, C., & Noss, R. (2003). What can digital technologies take from and bring to research in mathematics education?. Second international handbook of mathematics education, 2, 323–349.

http://www.culturalcommons.org/eisner.htm

Hultman, K., & Lenz Taguchi, H. (2010). Challenging anthropocentric analysis of visual data: A relational materialist methodological approach to educational research. *International Journal of Qualitative Studies in Education, 23*(5), 525–542.

Husserl, E. (1970). The crisis of European sciences and transcendental phenomenology: An introduction to phenomenological philosophy. Northwestern University Press.

Hutchins, R. M. (1952). *The great conversation*. Chicago: Encyclopedia Britannica.

Ihde, D. (2009). Postphenomenology and technoscience: The Peking university lectures. New York: Suny Press.

Imig, D. G., & Imig, S. R. (2006). The teacher effectiveness movement: How 80 years of essentialist control have shaped the teacher education profession. *Journal of Teacher Education, 57*(2), 167–180.

Jackson, P. W. (1968). *Life in classrooms*. New York: Holt, Rinehart and Winston.

Jacobs, H. H. (Ed.). (1989). Interdisciplinary curriculum: Design and implementation. Alexandria, VA: Association for Supervision and Curriculum Development.

Johnson, D. W., & Johnson, R. T. (1999). Learning together and alone: cooperative, competitive, and individualistic learning (5th ed.). Boston: Allyn and Bacon.

Johnson, H. T. (1968). *Foundations of curriculum*. Columbus, OH: Charles E. Merrill.

Johnson, M. (1967). Definitions and models in cutticulum theory. *Educational theory 17*, 127‐140.

Kaiser, B. M., & Thiele, K. (2014). Diffraction: Onto−epistemology, quantum physics and the critical humanities (B. Kaiser & K. Thiele, Eds.). *Parallax*, *20*(3), 165−167.

Kaku, M. (2018). The future of humanity: Terraforming Mars, interstellar travel, immortality, and our destiny beyond Earth. Anchor.

Kayumova, S., & Bazzul, J. (2019). The Ethical and Sociopolitical Potential of New Materialisms for Science Education. In Material Practice and Materiality: Too Long Ignored in Science Education (pp. 51−64). Springer, Cham.

Keller, E. F. (1985). Dynamic Objectivity: Love, Power, and Knowledge. Reflections on Gender and Science, 115−26.

Kelly, J. A. (1955). *Guidance and The curriculum*. Englewood Cliffs, NJ: Prentice‐Hall.

Kilpatrick, W. H. (1918). The project method. New York: Teachers College, Columbia University (Reprinted from the Teachers College Record, 19

Kincheloe, J. (2008). *Critical Pedagogy Primer* (2nd ed). New York: Peter Lang.

Kincheloe, J. L. (2005). Autobiography and critical ontology: Being a teacher, developing a reflective persona. Auto/biography and auto/ethnography: Praxis of research method. Rotterdam: Sense Publishers, 1−21.

Kincheloe, J. L. (2007). Critical Pedagogy in the Twenty‐First Century: Evolution for Survival. In McLaren, P. & Kincheloe, J. L. (Eds.), Critical Pedagogy: Where Are We Now? (pp. 9‐42). New York: Peter Lang.

King, K. M. (2019). Can Google Translate be Taught to Translate Literature? A Case for Humanists to Collaborate in the Future of Machine Translation. Translation Review, 105(1), 76−92.

Knochel, A. D. (2018). An object−oriented curriculum theory for STEAM: Boundary shifters, materiality and per(form)ing 3D thinking. *International Journal of Education Through Art*, *14*(1), 35−48.

Koehn, P. (2020). Neural machine translation. Cambridge University Press.

Kolodner, J. L., Camp, P. J., Crismond, D., Fasse, B., Gray, J., Holbrook, J., ... & Ryan, M.

(2003). Problem–based learning meets case–based reasoning in the middle–school science classroom: Putting learning by design (tm) into practice. *The Journal of the Learning Sciences, 12*(4), 495–547.

Kotze, R., Perold–Bull, K., Costandius, E., & Alexander, N. (2018). Posthumanist and new materialist perspectives as navigational tool in art education research: A diffractive analysis. *Critical Studies in Teaching and Learning, 6*(1), 35–57.

Krarup, T. M., & Blok, A. (2011). Unfolding the social: quasi–actants, virtual theory, and the new empiricism of Bruno Latour. *The Sociological Review, 59*(1), 42–63.

Krathwohl, D. R, Bloom, B. S., & Masia, B. B. (1964). Taxonomy of Educational Objectives: the classification of educational goals. (Handbook II: Affective Domain). NY: McKay.

Kuhn, T. (1962). *The structure of scientific revolutions*. Chicago: Chicago Univ. Press.

Latour, B. (1993). *We Have Never Been Modern*. Hemel Hempstead, England: Harvester Wheatsheaf.

Latour, B. (2005). *Reasssembling the Social: An introduction to actor-network theory*. Oxford University Press.

Lave, J., & Wenger, E. (1991). *Situated learning: Legitimate peripheral participation*. Cambridge University Press.

Lawton, D. (1973). *Social change, educational Theory, and curriculum planning*. London: University of London Press.

Lawton, D., Gordon, P., Ing, M., Gibby, B., Pring, R., & Moore, T. (1978). Theory and practice of curriculum studies. London: Routledge and Kegan Paul.

Lister, M., Giddings, S., Dovey, J., Grant, I., & Kelly, K. (2008). New media: A critical introduction(Vol. 2). Taylor & Francis.

Lorenzen, S. (1940). Planning a core curriculum. Bulletin Number 9. Connecticut Curriculum Center. Storrs: Connecticut Curriculum Center.

Lorimer, H. (2005). Cultural geography: the busyness of being 'more–than–representational'. *Progress in Human Geography, 29*, 83–94.

Macdonald, J. (2000/1971). Curriculum and human interests. In W. Pinar (ed.), Curriculum studies: The reconceptualization (pp. 283‐294). Troy, NY: Educator's International Press.

Macdonald, J. B., Wolfson, B. J., & Zaret, E. (1973). Reschooling society: A conceptual model. Washington, DC: Association for Supervision and Curriculum Development.

Madhavji, N. H., Fernandez–Ramil, J., & Perry, D. (Eds.). (2006). Software evolution and feedback: Theory and practice. John Wiley & Sons.

Mager, R. F. (1962). *Preparing instructional objectives*. Palo Alto, CA: Fearon.

Maggie Jackson. 2008. *Distracted: The erosion of Attention and the coming Dark Age*. New York: Prometheus.

Malakoff, M., & Hakuta, K. (1991). Translation skill and metalinguistic awareness in bilinguals. Language processing in bilingual children, 141–166.

Mannheim, K. (1984). Sociology of knowledge. Tavistock Publication.

Marzano, R. J. (2000). Designing a new taxonomy of educational objectives. *Thousand Oaks*, CA: Corwin.

Marzano, R. J. (2001). Designing a New Taxonomy of Educational Objectives. *Thousand Oaks*, CA: Corwin Press

Marzano, R. J.(2001). Designing a new taxonomy of educational objectives. Corwin Press. CA: A Sage Publication.

Marzano, R. J., Kendall, J. S.(2007). The New Taxonomy of Educational Objectives(2nd Ed.). Corwin Press. CA: A Sage Publication.

McKnight, L., Rousell, D., Charteris, J., Thomas, K., & Burke, G. (2017). The invisible hand: designing curriculum in the afterward. *International Journal of Qualitative Studies in Education, 30*(7), 635–655.

McLaren, P. (1989). Critical pedagogy: A look at the major concepts. In Life in schools: An introduction to critical pedagogy in the foundations of education. White Plains, NY:Longman, 166‐191.

McMurry, C. A. (1906). Course of study in the eight grades (Vols. I and II). New York: Macmillan.

McNeil, J. (1977). Curriculum: A Comprehensive introduction. Boston: Little Brown. Boston College. Sage Publication.

Meier, A. R., Cleary, F. D., & Davis, A. M. (1952). A curriculum for citizenship. Detroit, MI: Wayne State University Press (Reprinted by Greenwood Press, New York, 1969).

Merleau-Ponty, M. (2013). *Phenomenology of perception*. London: Routledge.

Meyer, B. (1993, May). Towards an Object-Oriented Curriculum. In TOOLS, 11, 585–594.

Miller, J. P., & Seller, W. (1985). Curriculum, perspectives and practice. New York: Longman.

Miller, J. P., & Seller, W. (1990). Curriculum, Perspectives and Practice. Mississauga: Copp Clark Pittman.

Miller, L., & Stronach, I. (2005). From structuralism to poststructuralism. Research Methods, 310.

Naisbitt, J. (1982). Megatrends: Ten New Directions Transforming Our Lives. New York: Warner Books.

National Society for the Study of Education. (1927/1969). Curriculum making: Past and present. Twenty‐sixth Yearbook, Part I (Harold O. Rugg, Chairman). Bloomington, IL: Public School Publishing Company.

Negroponte, N. (1995). *Being Digital*. New York: Alfred A. Knopf.

Neimanis, A. (2017). Bodies of water: Posthuman feminist phenomenology. Bloomsbury Publishing.

Noddings, N. (1984). *Caring: A feminine approach to ethics of moral education*. Berkeley, CA: University of California Press.

Null, J. W. (2003, December). An intellectual progressive Educator: Toward a rereading of traditionalists, the integrationists, the technicians, and the romantics. *The Educational Forum*, *67*(4), 300–207.

Oizumi, M., Albantakis, L., & Tononi, G. (2014). From the phenomenology to the mechanisms of consciousness: Integrated information theory 3.0. PLoS Comput Biol,10(5), e1003588.

Oliva, P. F. (1997). Developing the curriculum (fourth edition). New York: Longman.

Ophir, E., Nass, C., & Wagner, A. D. (2009). Cognitive control in media multitaskers. *Proceedings of the National Academy of Sciences*, *106*(37), 15583–15587.

Ornstein, A., & Hunkins, F. P. (1993). Curriculum: Foundations, principles and issues (second edition). Boston: Allyn & Bacon.

Phung, T. (2016). New materialisms in curriculum theorizing: From literacy to sensibility. Curriculum Studies Summer collaborative, 30. https://digitalcommons.georgiasouthern.edu/cssc/2016/2016/30

Picciano, A. G. (2012). The Evolution of Big Data and Learning Analytics in American Higher Education. *Journal of Asynchronous Learning Networks*, *16*(3), 9–20.

Pierre, E. A. S. (2016). Rethinking the empirical in the posthuman. InPosthuman research practices in education(pp. 25–36). London: Palgrave Macmillan.

Pina–Cabral, J. (2004). The Future of Social Anthropology. *Social Anthropology*, *13*(2), 119–128

Pinar, W. (Ed.). (1974). Heightened consciousness, cultural revolution, and curriculum Theory. *Berkeley*, CA: McCutchan.

Pinar, W. F. (1981). Life history and educational experience: Part two. *The Journal of Curriculum Theorizing*, *3*(1), 259‐286.

Pinar, W. F., & Grumet, M. R. (1976). Toward a poor curriculum: Introduction to The Theory and practice of currere. Dubuque, IA: Kendall/Hunt Publishing Company.

Pinar, W.F. (1999b). The reconceptualization of curriculum studies. In W. F. Pinar (ed.), *Contemporary curriculum discourses: Twenty years of JCT*. New York, NY: Peter Lang, 483‐497.

Popper, K. R. (1970). Normal science and its dangers (pp. 51–58). Cambridge: Cambridge University Press.

Posner, G. J., & Rudnitsky, A. N. (1982). *Course design: A guide to curriculum development for teachers*.

New York: Longman.

Posner, G. J., & Strike, K. A. (1974). An Analysis of Curriculum Structure. AERA (April 15–19). Chicago, IL.

Pring R (1984) Personal and social education in the curriculum Sevenoaks: Hodder and Stoughton.

Radomska, M. (2010). Towards a Posthuman Collective 1: Ontology, Epistemology and Ethics. Praktyka teoretyczna, 01, 93–115.

Raths, James D. (1971). Worthwhile activities. In James D. Raths, John R. Pancella, & James S. Van Ness (Eds.), Studying teaching (2nd ed., pp. 131‐137). Englewood Cliffs, NJ: Prentice‐Hall.

Reddington, S., & Price, D. (2018). Pedagogy of New Materialism: Advancing the Educational Inclusion Agenda for Children and Youth with Disabilities. *International Journal of Special Education*, *33*(2), 465–481.

Ridley, M. (2010). The Rational Optimist: How Prosperity Evolves. HarperCollins Publishers.

Rubinstein, J. S., Meyer, D. E., & Evans, J. E. (2001). Executive control of cognitive processes in task switching. *Journal of Experimental Psychology: Human Perception and Performance*, *27*(4), 763–797.

Rugg, H. O., & Shumaker, A. (1928). The child‐centered school. Yonkers, New York: World Book. Burke, A., Conrad, E. U., Dagliesh, A., Hughes, E. V., Rankin, M. E., Thorn, A. G., & Garrison, C. G. (1923). A conduct curriculum for kindergarten and first grade. New York: Charles Scribner's Sons.

Russell, B. (1932). *Education and the modern world*. New York: W. W. Norton.

Salvucci, D. D., & Taatgen, N. A. (2008). Threaded cognition: An integrated theory of concurrent multitasking. *Psychological Review*, *115*(1), 101–130.

Sayer, A. (1997). Essentialism, social constructionism, and beyond. *The Sociological Review*, *45*(3), 453–487.

Saylor, J. G., & Alexander, W. M. (1974). *Planning curriculum for schools*. New York: Holt, Rinehart and Winston.

Saylor, J. G., Alexander, W. M., & Lewis, A. J. (1981). *Curriculum planning for better teaching and learning (fourth edition)*. New York: Holt, Rinehart, & Winston.

Schiro, M. S. (2008). Curriculum Theory. Conflicting Visions and Enduring Concerns.

Schubert, W. H., Schubert, A. L. L., Thomas, T. P., & Carroll, W. M. 저, 강익수, 민부자, 김상돈, 이승미, 서하나, 김대영 공역. (2009). 교육과정100년. 서울: 학지사.

Schwab, J. (1962). The concept and the structure of a discipline. Educational Record, 43, 197‐205.

Schwab, J. (1978). Science, curriculum and liberal education: Selected essays. Chicago, IL: The University of Chicago Press.

Schwab, J. J. (1969). *College curriculum and student protest*. Chicago: University of Chicago Press.

Schwab, J. J. (1970). *The practical: A language for curriculum*. Washington, DC: National Education Association.

Seeman, M. (1972). Alienation and engagement. In A. Campbell & P. Converse (Eds.), *Human meaning of social change*. New York: Russell Sage.

Serre, T., Kouh, M., Cadieu, C., Knoblich, U., Kreiman, G., & Poggio, T. (2005). A theory of object recognition: Computations and circuits in the feed-forward path of the ventral stream in primate visual cortex. MIT.

Shor, I. (1986). Culture wars: School and society in the conservative restoration, 1969—1984. Boston: Routledge and Kegan Paul.

Shor, I. (1992). *Empowering Education*. Chicago: University of Chicago Press.

Shor, I., & Freire, P. (1986). A pedagogy for liberation: Dialogues on transforming education. Westport, CT: Bergin & Garvey.

Shute, V. J., & Kim, Y. J. (2014). Formative and Stealth Assessment. In J. M. Spector, M. D. Merrill, J. Elen, & M. J. Bishop (Eds.), Handbook of Research on Educational Communications and Technology (pp. 311-321). Springer.

Siemens, G. (2013). Learning Analytics: The Emergence of a Discipline. *American Behavioral Scientist, 57*(10), 1380-1400.

Simonsen, K. (2013). In quest of a new humanism: Embodiment, experience and phenomenology as critical geography. *Progress in Human Geography, 37*(1), 10-26.

Snaza, N., Sonu, D., Truman, S. E., & Zaliwska, Z. (2016). *Pedagogical matters: New materialisms and curriculum studies*. London: Peter Lang.

Snow, C. P. (1959). Two cultures. *Science, 130*(3373), 419-419.

Snyder, B. R. (1970). *The hidden curriculum*. New York: Knopf.

Sørensen, E. (2009). The materiality of learning: Technology and knowledge in educational practice. Cambridge University Press.

Sorensen, M. D. (2018). Attuning to the Quantum Leap: New Materialism and Field Experience in Teacher Education (Doctoral dissertation, Faculty of Graduate Studies and Research, University of Regina).

Spencer, H. (1861). *Education: Intellectual, moral, and physical*. New York: D. Appleton & Co.

Spinoza, B. (1996). Ethics. London. Penguin.

Steve Vogel. Teen Driver Menace: Text-messaging. Suite101, 2007 oct 22

Sundström Sjödin, E., & Wahlström, N. (2017). Enacted realities in teachers' experiences: Bringing materialism into pragmatism. *Journal of Curriculum Studies*, *49*(1), 96–110.

Taba, H. (1962). Curriculum development: Theory and practice. New York: Harcourt, Brace and World (also British reprint, 1971).

Takaya, K. (2008). Jerome Bruner's theory of education: From early Bruner to later Bruner. *Interchange*, *39*(1), 1–19.

Tanguy, L. (1985). Academic studies and technical education: new dimensions of an old struggle in the division of knowledge. *Sociology of Education*, *58*(1), 20–33.

Tanner, D., & Tanner, L. N. (1980). Curriculum development: Theory into practice. New York: Macmillan.

Taylor, P. H., & Johnson, M. (Eds.). (1974). Curriculum development: A comparative study. Windsor, England: National Foundation for Educational Research.

Thayer, V. T., Zachry, C. B., & Kotinsky, R. (1939). *Reorganizing secondary education*. New York: D. Appleton‐Century.

Thrift, N. (1996). *Spatial Formations*. London: Sage.

Thrift, N. (1997). *The Still Point*. In Pile, S. & Keith, M. (Eds.) Geographies of Resistance. London: Routledge.

Thrift, N. (1999). Steps to an Ecology of Place. In Massey, D., Allen, J. & Sarre, P. (Eds.) Human Geography Today. Cambridge: Polity Press.

Thrift, N. (2000). Afterwords. Environment and Planning D. *Society and Space*, *18*, 213–255.

Thrift, N. (2003). Practicing Ethics. In Pryke, M., Rose, G. & Whatmore, S. (Eds.) Using Social Theory: Thinking through Research. London: Sage.

Thrift, N. (2007). Non–representational theory: Space, poltics, affect. London: Routledge.

Toohey, K. (2019). The onto–epistemologies of new materialism: implications for applied linguistics pedagogies and research. *Applied Linguistics*, *40*(6), 937–956.

Toohey, K. (2019). The onto–epistemologies of new materialism: implications for applied linguistics pedagogies and research. *Applied Linguistics*, *40*(6), 937–956.

Trowler, P. (2009). Beyond epistemological essentialism. The university and its disciplines: Teaching and learning within and beyond disciplinary boundaries (pp. 181–195). *Teaching in Higher Education*, *15*(1), 117–119.

Tyler, R. W. (1949). *Basic principles of curriculum and instruction*. Chicago: University of Chicago press.

Tyler, R.W. (1949). *Basic principles of curriculum and instruction*. Chicago, IL: The

Tyler, R.W. (1975). Specific approaches to curriculum development. In J. Schaffarzick and D. Hampson (eds.), *Strategies for curriculum development*. Berkeley, CA: McCutchan, 17‐33.

Uebel, T. (2013). *Logical Positivism—Logical Empiricism: What's in a Name? Perspectives on Science*,

21(1), 58–99.

Vannini, P. (Ed.). (2015). Non–representational methodologies: Re–envisioning research. London: Routledge.

Weheliye, A. G. (2014). Habeas viscus: Racializing assemblages, biopolitics, and black feminist theories of the human. Durham, NC: Duke University Press.

Wiles, J., & Bondi, J. (2007). *Curriculum Development: A Guide to Practice*. Columbus, OH: Pearson.

Willis, G. (Ed.). (1978). Qualitative evaluation: Concepts and cases in curriculum criticism. Berkeley, CA: McCutchan Publishing Company.

Willis, M. (1961). *The guinea pigs after twenty years*. Columbus: Ohio State University.

Wirth, A. G. (1966). John Dewey as educator: His design for work in education (1894‐1904). Melbourne, FL: Krieger Publishing.

Wolfe, C. (2009). Human, all too human: Animal studies and the humanities. PMLA, 124(2), 564–575.

Zais, R.S. (1976). *Curriculum: Principles and foundations*. New York: Thomas Y. Crowell.

저자소개

박휴용(Park, Hyu-Young)

- 연세대학교 교육학과(1992: B. A.) 및 동 대학원 졸업(1994: M. A.)
- 미국 위스콘신-매디슨 대학(University of Wisconsin-Madison), 교육과정 및 수업(Curriculum and Instruction) 전공, 박사(2008: Ph.D.)
- 성신여자대학교 조교수, 전북대 사범대 부학장 역임
- 현) 전북대학교 교육학과 교수
- 현) 한국연구재단 한국사회과학연구(SSK) 디지털기반 교수학습연구단(DiTEL: 2021~2030) 연구책임자

- 주요 연구 관심 분야
  교육과정 이론, 다문화교육, 이중어교육, AI융합교육, 질적연구방법론 등
- 연구 업적
  SSCI 3편 외 연구재단 등재지 100여 편
  『4차산업혁명과 인공지능시대의 포스트휴먼 학습론(2021)』,
  『인공지능 기반 교육의 원리와 실제(2023)』 등 저술 16편 출판

4차 산업혁명과 인공지능 시대의

교육과정

초 판 1쇄 인쇄 2023년 7월 10일
초 판 1쇄 발행 2023년 7월 14일

지 은 이 | 박휴용
펴 낸 이 | 김기섭
책임편집 | 이현남
펴 낸 곳 | www.changjisa.com
08589 서울시 금천구 가산디지털 1로 83 파트너스타워1차 9층
전화 (02) 719-2211~3
팩스 (02) 701-9386
등 록 | 1977년 4월 28일 · 제1-421호

ISBN 978-89-426-1827-9 (93370)

값 20,000원